Bruni Prasske

IMMER NOCH TRÄUME ICH VON DEUTSCHLAND

Reise in ein Leben zwischen Deutschland und Vietnam

Ehrenwirth

Ehrenwirth in der Verlagsgruppe Lübbe

Originalausgabe

Umschlaggestaltung: Guter Punkt, München
Einband- / Umschlagmotiv:
© shutterstock / szefei, © shutterstock / Lukk, © Privat
Satz: Druck & Grafik Siebel, Lindlar
Gesetzt aus der Bembo
Druck und Einband: Friedrich Pustet, Regensburg

Printed in Germany
ISBN 978-3-431-03784-5

5 4 3 2 1

Sie finden uns im Internet unter: www.luebbe.de
Bitte beachten Sie auch: www.lesejury.de

Inhalt

VORWORT 7

EINFÜHRUNG 11

1 SAIGON. ANKOMMEN 15
Wiedersehen mit Dien 15
Annäherung an den Rollstuhl 35

2 MEKONG. SPURENSUCHE IM DELTA 45
Reifeprüfung auf der Nationalstraße 45
Reise in die Vergangenheit 74
Aberglaube und Superstars 92
Bananenblüten und Körpermaße 104
Im Labyrinth des Deltas 111
Ein Freund aus Deutschland 150

3 SAIGON. VERTRAUTE FREMDE 167
Im kulinarischen Paradies 167
Verwirrte Langnasen und grellbunte Torten 174
Erbsen auf halb 6 181

4 HOI AN. UNBESCHWERTE TAGE 189
Aufatmen 189
Haute Couture und Speichel-Vogelnester 195
Rollstuhltanz 201
Schwimmen 224

Wolkenbruch ... 234
Der amerikanische Vietnamese ... 238

5 SAIGON. HITZE UND ANDERE LASTEN ... 247
Dankbarkeit und Verletztheit ... 247
Eine Langnase im Rollstuhl ... 256
Eheberater ... 263
Yen ... 267
Vietnamesische Barrieren ... 274
Verlorene Nerven ... 285

6 MUI NE. ZURÜCK ANS MEER ... 291
Helden der Straße und der Lieder ... 291
Glaube ... 299
Schimmerndes Blau ... 312

7 SAIGON. ABSCHIED UND NEUBEGINN ... 319
Ein beschwerlicher Aufstieg ... 319
Abschied und Neubeginn ... 330

Nachwort von Dien ... 335
Vietnamesisches Namensregister ... 345
Nachbemerkung ... 347

Vorwort

Die Sonne brannte erbarmungslos vom Himmel, als wir uns zum ersten Mal begegneten. Es war an einem der letzten Tage im Jahr des Hundes. Die Straßen Saigons waren Anfang Februar 2007 für das kommende Jahr des Schweins geschmückt. Ich stand unter dem schützenden Dach einer Suppenküche und wartete auf Dien. Ich wusste nicht, wie er aussah, aber verfehlen konnte ich ihn trotzdem nicht, denn er sitzt im Rollstuhl. Diese Verabredung war der Beginn einer wunderbaren Freundschaft, der Auftakt zu einer unvergesslichen Reise in die Vergangenheit und durch ein rätselhaftes Land.

Ich freute mich auf den Mann, der mich am Telefon mit seinem makellosen Deutsch beeindruckt hatte. Dien hatte einige Jahre seiner Kindheit als Opfer des Vietnamkrieges in Deutschland verbracht. Mehr wusste ich nicht über ihn. Er würde mir Saigon zeigen, das war unsere Abmachung. Ich war nach Vietnam gekommen, um das Land kennen zu lernen und an einer Geschichte über ehemalige Vertragsarbeiter aus der DDR zu arbeiten. Doch die Begegnung mit Dien änderte alle Pläne.

Schon nach wenigen Stunden legte Dien seine Fremdheit ab, und nach einigen Tagen war er mir bereits seltsam vertraut. Wir sind Kinder der gleichen Generation, Anfang der sechziger Jahre geboren. Er war im Jahr des Affen, im Februar 1968 zu einem schwer verletzten Kriegsopfer geworden. Ein Granatsplitter hatte seine Wirbelsäule verletzt und den Fünfjährigen querschnittsgelähmt. In einer spektakulären Hilfsaktion von *terre des hommes* wurden Dien und andere kriegsverletzte Kinder im Dezember 1968 zur Behandlung und Rehabilitation nach Deutschland ausgeflogen. Der Krieg hatte damals einen seiner traurigen Höhepunkte erreicht. Ich erinnerte mich an die unbegreiflichen Bilder jenes Krieges aus Fernsehberichten, die ich im elterlichen Wohnzimmer gesehen hatte. Hamburg und Dehme, bei Bad Oeynhausen waren die Stationen seines fünfjährigen Aufenthaltes in Deutschland. Im Herbst 1974 wurde Dien mit einigen seiner Freunde nach Vietnam zurückgeschickt. Was bleibt von solch einem Aufenthalt im reichen Westen? Wie lebt man als Rollstuhlfahrer in einem Land, das lange von der Außenwelt abgeschottet war? Was bedeutet Heimat – und welches ist eigentlich die Heimat, wenn ein Kind prägende Jahre allein in einem fremden Land verlebt? Diese Fragen bedrängten mich, seitdem ich Dien kennen gelernt hatte. Das Ergebnis war eine Reise im September und Oktober 2007, durch ein Land im Wandel, mit einem querschnittsgelähmten Reisebegleiter, der sein eigenes Land mit mir kennen lernte. »Immer noch träume ich von Deutschland« erzählt die Geschichte dieser Reise. Und es erzählt die Geschichte von Dien, meinem charismatischen, unendlich starken Reisegefährten, der zum Freund wurde und mich täglich neu beeindruckte mit seiner Sicht auf das Leben.

Während ich »Immer noch träume ich von Deutschland« schrieb, standen wir fast täglich über unsere Frühstücksmails in Kontakt. Aufgrund der Zeitverschiebung zwischen Deutschland und Vietnam erreichten ihn meine am Abend geschriebenen Mails zum Frühstück und seine Antworten waren morgens auch meine erste Nachricht im Postfach. Dien war ein aufmerksamer Leser der einzelnen Kapitel, und in unseren stundenlangen Telefonaten habe ich mich nah bei ihm gefühlt, habe manches Mal sein Lachen oder sogar seine Stimme unter Rührung versagen gehört. Über fast zehntausend Kilometer hinweg konnte ich die Fahrradglocke des Nudelverkäufers auf der Straße vor seiner Wohnung läuten hören, die Nachbarskinder spielen und den Hund von nebenan kläffen.

Dien ist auch in Saigon immer eng verbunden mit Deutschland. Wenn ich ihm mitteilen will, wie das Wetter in Hamburg ist, dann weiß er es zumeist schon. In Hoi An, einer alten Hafenstadt am Südchinesischen Meer, sagte er einmal zu mir: »Die Straßen von Husum an der Nordseeküste sagen mir mehr! Sie sprechen zu mir! Diese Gassen mit ihren Pagoden und Handelshäusern schweigen mich an.« So ist Dien! Immer noch träumt er von Deutschland.

Das Schreiben dieses Buches beschenkte mich Seite für Seite mit einer zweiten gemeinsamen Reise in ein Leben zwischen Deutschland und Vietnam. Ich habe versucht Diens Geschichte in ein Format zu bringen, das seinen Erlebnissen, Gefühlen, Gedanken und Hoffnungen gerecht wird und trotz aller Fülle immer noch zwischen zwei Buchdeckel passt. Dafür habe ich aus seinen Lebenserinnerungen und aus unseren gemeinsamen Erlebnissen auswählen müssen. Manche Begebenheit musste unerwähnt bleiben und manche Person, der ich gern mehr Raum gegeben hätte, wird hoffentlich nicht traurig über die verkürzte Darstellung sein.

Es sind Diens Erinnerungen. Die Erinnerungen eines wunderbaren und vor Lebensmut strotzenden Mannes im Rollstuhl, der einst ein kriegsverletztes vietnamesisches Kind in Deutschland war. Manche seiner Erinnerungen decken sich möglicherweise nicht mit den Erinnerungen seiner Zeitgenossen. Manche Personen, die in diesem Buch auftauchen, leben nicht mehr, zu anderen gestaltete sich die Kontaktaufnahme schwierig. Manche reagierten nicht auf Nachfragen, andere hatten vielleicht mit bestimmten Aspekten der Vergangenheit abgeschlossen. Manche Namen sind aus Rücksichtnahme verändert und ich hoffe, allen Personen gerecht geworden zu sein.

Es erforderte Unabhängigkeit und Freiheit, mich auf dieses Buch uneingeschränkt einlassen zu können. Nicht zuletzt habe ich diese Basis Thomas Mauersberger zu verdanken, dessen Vertrauen und Verständnis mich unbeschwert reisen und arbeiten lassen.

Einführung

Er sei Uhrmacher geworden, weil er die Zeit zurückstellen wolle. Zurück auf schöne Stunden. Zurück auf die Zeit in Deutschland. Auf die Jahre der Liebe. Zurück zu den Umarmungen seiner Pflegemutter.

Sie kam an den Wochenenden. Samstags um neun Uhr hob sie ihn aus dem Rollstuhl und setzte ihn in den VW-Käfer. Im Auto duftete es nach Zigarren. Dien mochte den Geruch. Der Rauch vermengte sich mit Worten, die er nicht verstand. Ein großer Mann steuerte den Wagen durch fremde Straßen, und er musste sich recken, um aus dem Fenster sehen zu können. Seine Pflegemutter wurde von ihrem Mann Schnuckelchen genannt. Das klang lieb. Der Mann, an dessen Namen er sich nicht mehr erinnern kann, half seiner Pflegemutter aus dem Mantel und hielt ihr Türen auf. Am Nachmittag setzte sie ihn in eine Sportkarre. Die bunten Plastikbälle am Zierbügel hat er noch deutlich vor Augen.

Im Tierpark Hagenbeck fütterten sie die Elefanten. Als ihm eines der Tiere seinen langen Rüssel entgegenstreckte, zog er seine Hand blitzschnell zurück und ließ das Stückchen Brot zu Boden fallen. Damals trug er seine Haare lang. Spaziergänger lächelten ihn an und fragten, ob er ein Junge oder ein Mädchen sei. In seiner Heimat war Krieg und die Menschen fanden ihn süß. Manche haben ihm sogar eine Mark zugesteckt. Das mochte er nicht.

Als sie den Fernsehturm besuchten, wurden im Panoramarestaurant gerade die Fenster geputzt. Arbeiter hielten sich an

Seilen fest, trugen Helme und hantierten mit Wischtüchern und Bürsten. Er liebte die Höhe und das Schweben über der Stadt. Er konnte nie genug davon bekommen, die Welt von oben zu betrachten. Die Autos auf den Straßen und die Züge auf der nah gelegenen Bahnstrecke waren so klein wie die Spielzeuge auf der Kinderstation. Sonntagabends brachte seine Pflegemutter ihn zurück ins Krankenhaus. Beim Abschied bekam er Kinderschokolade, manchmal gingen sie vorher auch Pommes frites und ein halbes Hähnchen essen. Bald nannte er sie Mama. Jeden Samstag nach dem Aufstehen machte er sich für sie fein. »Dien, du siehst heute aber schick aus. Kommt deine Mama?«, fragten ihn die Krankenschwestern, wenn er mit seiner hellblauen Latzhose und dem weißen Hemd im Flur auf sie wartete.

Die Schwestern brachten ihm bei, dass er alle drei Stunden seine Windeln wechseln musste. Auch das Blasentraining gehörte zu seinen täglichen Aufgaben. Es gab nie eine Ausnahme, selbst wenn im Fernsehen »Bonanza« lief.

Anfangs verstand er nicht, was die Therapeuten, Ärzte und Schwestern zu ihm sagten. Die fremdartigen Worte prasselten auf ihn nieder und ließen Tränen über seine Wangen laufen. Männer und Frauen in weißen Kitteln drückten auf seinen Bauch, tasteten seinen Rücken ab und stachen ihm Nadeln in die Arme. Dabei schauten sie ihn aufmunternd an, lächelten und sprachen mit weicher Stimme. Manche wischten ihm zärtlich die Tränen weg. Bald konnte er die ersten deutschen Worte verstehen, und nach einer Weile vermengte er sie mit seinem Vietnamesisch. Schließlich träumte er auf Deutsch, und irgendwann wusste er nicht mehr, wie seine vietnamesische Mutter aussah. Ihr Gesicht war verschwunden und ihre Stimme verstummt.

Als Apollo 11 zur Mondlandung ansetzte, verfolgte er das Ereignis mit Schwester Marion am Fernsehapparat, obwohl es mitten in der Nacht war. Zu Weihnachten bekam er sogar einen Astronauten mit einer amerikanischen Flagge auf dem weißen Raumanzug geschenkt. Damals wollte er unbedingt Astronaut werden oder zumindest Pilot. Er wollte fliegen und über der Erde schweben können.

Dass er niemals wieder würde gehen können, hatte er schon damals geahnt. Zu leblos hingen seine Beine herunter. Es hatte überhaupt nicht wehgetan, als sie ihn kurz nach der Explosion operiert hatten und einen Splitter aus seiner Wade zogen. Das Gefühl war verschwunden. Auch wenn sein Bein unkontrolliert zuckte, ohne dass er es beeinflussen konnte, hatte diese Bewegung nichts mit ihm selber zu tun gehabt. Selbst als er später Schienen als Gehhilfe angepasst bekam, wusste er, dass er seine Beine nie wieder spüren würde. Die Therapeuten steckten seine Füße in feste Schuhe und passten seinen Beinen ein Gestänge an, das bis zu den Hüften reichte. Nach einiger Zeit konnte er mit zwei Gehhilfen in seinen Händen zunächst stehen und sich dann sogar fortbewegen. Es war eine Abwechslung vom ewigen Sitzen.

Ob die Zeit vor seinem Kriegsunfall auch schön war, weiß er nicht mehr. Sie muss schön gewesen sein, denn er konnte laufen und seine Beine so bewegen wie andere Menschen auch.

Es war an einem Tag in der Trockenzeit passiert. Eine heftige Angriffswelle war vorüber, und seine Eltern dachten, das Schlimmste sei vorbei, also stiegen sie aus dem Bunker. Doch dann erfolgte ein erneuter Angriff, und er rannte zusammen mit seiner Mutter zurück zum Schutzraum. Es war der erste Tag des neuen Jahres, der 31. Januar 1968, und die Tet-Offensive erschütterte den Süden des Landes. Der höchste Feiertag des Jahres, das Tet-Fest zum Jahreswechsel, kam mit den bisher stärksten Angriffen des langen Krieges.

Seine Heimatstadt hieß Ben Tre. Vater war Soldat bei der südvietnamesischen Armee gewesen, Mutter arbeitete als Lehrerin. Sie hatten ein Auskommen und vielleicht auch eine Zukunft gehabt. Aber der Krieg war bis in ihr Städtchen am Mekong vorgedrungen. Die Luft hatte den Geruch von Verbranntem angenommen. Manchmal roch es nach gegrilltem Fleisch. Während der Angriffe hatten die Wände gewackelt, der Boden gezittert und die Menschen geschrien. Nachbarn waren gestorben.

Er war damals fünf Jahre alt, der älteste Sohn. Nummer Drei nannten sie ihn. Vor ihm hatte es noch eine Schwester gegeben, Phuong, mit der Nummer Zwei. In Südvietnam gibt es keine Nummer Eins. Phuong war an einer Krankheit gestorben.

Er ist Uhrmacher geworden, weil er ruhige und geschickte Hände hat. Seine Arme und Hände müssen seine Beine ersetzen. Sie sind feingliedrig und gleichzeitig kräftig. Die Handflächen tragen die Spuren des Rollstuhlfahrens. Unermüdlich gleitet die gehärtete Haut über den Greifreifen. Sein Oberkörper ist athletisch, und wenn er Späße macht und lacht, erinnert er an den Schauspieler und Kampfsportler Jackie Chan, der berühmt ist für seinen gewitzten Charme und sein einnehmendes Lächeln.

1 Saigon. Ankommen

Wiedersehen mit Dien

Als sich die Schiebetür öffnet, schlagen mir Hitze und Lärm entgegen. Die Luft ist geschwängert von einer Feuchtigkeit, die undurchdringlich erscheint. Reflexartig atme ich tiefer ein, um an den Sauerstoff zu gelangen, der sich selbst in dieser schwülen Luft verbergen muss. Die Hitze ist allgegenwärtig, sie durchdringt jeden Winkel und schwebt über der lärmenden Stadt. Ich fühle den Schweiß auf der Stirn. Schon klebt mir die Kleidung an der Haut.

Wo ist er? Meine Augen wandern über die Menge der Wartenden. Asiatische Gesichter, schwarze Haare, zarte Gestalten. Ich bin mir sicher, dass er mich längst gesehen hat. Mein Gepäck wiegt schwer auf dem Wagen, das Lenken ist mühsam. Ich versuche, den Karton und die Koffer im Gleichgewicht zu halten. Ich schaue über die Rücken der anderen Passagiere hinweg, die im Strom der Ankommenden hinauseilen und ihre Begrüßung kaum erwarten können.

Da sitzt er. Mein Herz klopft. Er lacht, und plötzlich ist alles so vertraut, als würde ich ihn und diese verrückte Stadt schon ewig kennen.

»Da bist du wirklich«, sagt er und reicht mir seine Hand.

»Hast du nicht daran geglaubt?«

»Ach, du kennst mich doch. Ich glaube erst an das Schöne, wenn es direkt vor mir steht. Willkommen in Saigon! Wie war der Flug?«

Wir tauschen Nettigkeiten aus. Ich würde ihn gern in den Arm nehmen und so begrüßen, wie ich sonst einem lieben

Freund meine Zuneigung und Freude zeige. Aber das ist hier nicht üblich, schon gar nicht zwischen Männern und Frauen, die eine derart lose Verbindung zueinander haben wie Dien und ich. Selbst gute Freunde berühren sich kaum, allenfalls fassen sie sich an die Schulter. Dien findet, ich sähe irgendwie anders aus, ohne sagen zu können, was es sei. Ist er allein gekommen? Seinen Bruder kann ich nirgends entdecken. Er schaut auf mein Gepäck. In ein einfaches Taxi wird es nicht hineinpassen.

»Für dich«, sage ich und zeige auf den Karton.

»Hast du es tatsächlich geschafft?«

»Wie versprochen.«

Vor Wochen musste ich ihn nach seinen Maßen fragen, obwohl es mir unangenehm war. Oberschenkellänge, Unterschenkellänge, Körpergröße, Gewicht, Beckenbreite im Sitzen und einiges mehr. Ich entschuldigte mich für meine intimen Nachfragen, aber er freute sich darüber. Noch nie sei er nach seinen Maßen gefragt worden, aber er wisse, dass die Behinderten in *normalen* Ländern wie Deutschland solche Auskünfte häufig geben müssten. Dort werde man regelrecht vermessen. Welch ein Luxus!

Nun hoffen wir darauf, dass der neue Rollstuhl auch passt. Fast sein Leben lang hat er ausrangierte Stühle bekommen. Sie waren nicht schlecht, aber nie waren sie auf seine Körpermaße abgestimmt.

Eine Frau kommt näher, Dien stellt sie als unsere Taxifahrerin vor. Sie führt uns zu einem großen, makellosen Wagen. Er kenne die Frau schon lange, sagt er, früher sei sie Straßenkehrerin gewesen, in der Gegend, wo er seinen Uhrenstand hatte. Sie sei noch immer seine Kundin und komme regelmäßig zu ihm nach Hause. Manchmal lässt sie eine Batterie auswechseln, aber meistens möchte sie nur plaudern. Der Wagen sei ihr ganzer Stolz.

Als das Gepäck verstaut ist und wir die Türen schließen, bleiben der Lärm und die Hitze vor den Scheiben des Vans zurück.

Wir sitzen auf der Rückbank und schauen uns an. Seine Hand liegt zwischen uns. Ich muss nach ihr greifen, wie nach der Hand eines Vertrauten. Die Mails und Telefonate der letzten Monate hatten uns einander nähergebracht. Mein Gefühl sagt mir, dass wir gut miteinander auskommen werden. Egal was passiert.

»Ich kann es noch immer nicht glauben. Du bist zurückgekommen«, sagt er und umschließt meine Finger.

»Wohin fahren wir?«

»Wohin möchtest du? In dein Hotel oder erst zu mir? Bist du müde? Möchtest du dich vielleicht hinlegen?«

»Ich komme doch nicht den weiten Weg nach Saigon, um mich ins Bett zu legen. Ich möchte eine Suppe!«

»Hätte ich mir denken können. In deinem *Pho*?«

Mein Pho. Wie schön das klingt. *Meine Suppenküche* in Saigon ist ein kleines Ecklokal an der Pham Ngu Lao. Dort habe ich im Frühjahr fast jeden Morgen eine Suppe gegessen. Meistens habe ich *beefsoup without meet* bestellt und kann mir seitdem kaum etwas Köstlicheres vorstellen, als den Tag mit einer vietnamesischen Nudelsuppe zu beginnen.

Dien überzeugt die Fahrerin davon, die Klimaanlage zu drosseln, obwohl sie überaus stolz auf die frostige Temperatur im Wageninnern ist. Draußen zeigt sich das Leben von seiner ungestümen Seite und folgt den Regeln der Stärksten und Schnellsten. Fast unwirklich rauscht es an uns vorbei. Es ist nicht so wie gewohnt, nicht so wie vor einigen Monaten, als ich mich auf dem Rücksitz von Diens Moped mitten im Verkehr befand. Gern würde ich die Fenster öffnen, um dem Trubel ein wenig näher zu sein. Aber die beigefarbene Innenausstattung, das Edelholzimitat des Armaturenbretts und der nervöse Blick unserer Fahrerin, der allen Mopeds gilt, die die unsichtbare Bannmeile ihres Wagens durchbrechen, verbieten mir diesen Frevel.

Als wir den *schlimmen Kreisverkehr* erreichen, recke ich den Hals. Ich hatte ihm den Namen im Frühjahr gegeben, weil in dieses Ungetüm eines Knotenpunkts Dutzende von Mopeds, Fahrrädern, vereinzelte Autos und Transporter in stetem Strom aus allen Richtungen gleichzeitig hineinfahren, um sich, möglichst ohne die Bremse zu betätigen, hupend zu verknäulen, sich wieder entwirren und durch weitere hupende Zwiesprachen der gewünschten Abzweigung zustreben, um dann mit einem letzten Gruß aus ihrem neuzeitlichen Horn davonzubrausen.

Dien freut sich, dass ich erkenne, wo wir uns befinden. Wir hatten kaum mehr als eine Woche zusammen verbracht, und auch wenn die Stadt mir in dieser Zeit ein wenig vertrauter geworden war, so könnte ich den Weg von meinem Hotel zu seiner Wohnung trotzdem nicht auf Anhieb wiederfinden. Zu verwirrend und zu ähnlich wirken die Straßenzüge auf mich. Nur die wenigen, von uralten Flügelfrucht- und Mahagonibäumen bestandenen Alleen und einzelne markante Gebäude erleichtern die Orientierung zwischen den Straßenzügen mit gesichtsloser Bebauung. Die Bäume scheinen unverwundbare Zeugen der Stadtgeschichte zu sein. Ihre geraden, unverzweigten Stämme schlagen erst in schwindelnder Höhe ihr immergrünes Blätterdach aus. Jeder Baum trägt eine Nummer, und Dien hatte mir erklärt, sie stammten noch aus der Zeit der französischen Kolonialherrschaft.

Im Innern unseres Vans ist selbst der schlimme Kreisverkehr nicht derselbe. Ich möchte raus aus dem Taxi und hinein in die quirlige Welt. Wenn ich Dien anschaue, dann sehe ich in seinem Blick die gleiche Freude, die mich selbst erfüllt. Könnte er jetzt doch nur vor mir auf dem Moped sitzen, wie sonst immer. Ich könnte sein Lachen und seine bitteren Kommentare über diese Stadt und ihre Menschen mit dem Fahrtwind aufnehmen. An der Art, wie er sich kaum merklich im Nacken bewegt, würde ich wissen, dass ich die Ohren spitzen muss, um seine Worte aufzunehmen. Seine leise Stimme müsste sich einen – wenn auch nur kurzen – Weg durch den Lärm bahnen, um mich zu erreichen. Ich würde über seine Schultern schauen und mich in Sicherheit wiegen, weil er immer eine passende Lücke für sein dreirädriges

Gefährt findet. Ihm meinen Schrecken ins Ohr schreien, wenn uns in einer Einbahnstraße ein wagemutiger Fahrer mitsamt seiner vierköpfigen Familie auf Tank und Rücksitz entgegenkommt und uns in letzter Sekunde den Weg abschneidet. Stöhnen, wenn die Hitze und die Abgasschwaden unerträglich werden. Jubeln, wenn ich ein wagemutig beladenes Moped entdecke und mir davon sogar ein Foto gelingt. Einmal war es eine Fahrerin, die mindestens ein Dutzend lebender Ferkel auf ihrem Rücksitz transportierte. Und zu später Stunde waren es drei Schöne der Nacht, die gemeinsam auf einem weißen Motorroller saßen, in feinen Abendkleidern, mit Stilettos und dem obligatorischen Mundschutz über den aufwändig geschminkten Gesichtern. Lachen über die Neugierigen, deren Blicke uns unverhohlen treffen und deren Fragen nach den Details unserer Verbindung ihnen ins Gesicht geschrieben stehen. Manche konnten diese Frage nicht für sich behalten und riefen sie während der Fahrt zu uns herüber. Andere drehten sich beim Überholen beängstigend lange herum, so dass ich ihnen etwas auf Englisch zurief, was manche zusätzlich verwirrte und andere belustigte. Nicht selten schloss ich vor Schreck die Augen, weil ich im nächsten Moment einen Unfall befürchtete. Schon nach unserem ersten gemeinsamen Tag in Saigon waren wir davon überzeugt gewesen, dass *Mr. and Mrs. Smith* alias Brad Pitt und Angelina Jolie nicht halb so viele Blicke auf sich gezogen haben konnten, als sie kurz zuvor höchstpersönlich mit einem Moped in diesem Chaos unterwegs gewesen waren. Zwei Langnasen sind bei weitem nicht so interessant wie ein einheimischer Rollstuhlfahrer auf einem dreirädrigen Moped mit einer blonden Europäerin auf dem Sozius.

Mit größter Vorsicht biegt unsere Fahrerin in die schmale Abzweigung ein, die zu Diens Wohnung führt. Vorbei geht es an den offenen Feuern der Essensstände mit ihren Plastiktischchen und -stühlchen. Ich entdecke Fleischstücke auf einem Grillrost und dampfende Töpfe auf Feuerstellen. Frauen mit Spitzhüten halten Schälchen an ihre Unterlippen und schieben voll

Reisportionen in ihre Münder. Wir rollen im Schritttempo am Sonnenschirm der Kosmetikerin vorbei, die ihre Dienste der Finger- und Fußnagelpflege direkt am Bordstein anbietet. Sie schaut auf und nickt Dien kurz zu, während sie mit einer Kundin beschäftigt ist.

Hocherfreut erblicke ich einen Goldfischhändler. Eine Entdeckung, die man nicht alle Tage macht. Sein Fahrrad hat er so geschickt bestückt, dass mindestens zwei Dutzend mit Wasser gefüllte Plastikbeutel – die vorläufige Heimstatt für jeweils zwei Fische derselben Sorte – an Stangen und Verstrebungen Platz finden. Ich greife ausnahmsweise nicht nach meiner Kamera, sondern vertraue auf unzählige weitere Kuriositäten. Denn das habe ich in diesem Land sofort gespürt: Es ist ein Paradies für Momentaufnahmen-Sammler.

Wenn ich mit den Augen fotografieren könnte, hätte ich eine wunderbare Kuriositätensammlung. Sechs Monate nach der Fußball-Weltmeisterschaft in Deutschland fand ich in einer ärmlichen Hütte im vietnamesischen Hochland einen akribisch ausgefüllten Spielplan aller Mannschaftsbegegnungen. Er war an eine Bretterwand genagelt, und der Hausherr, mit grünem Tropenhelm in der Art der Kommunisten und von unserem gemeinsam konsumierten Reisschnaps zur heißen Mittagsstunde bereits ein wenig angetrunken, erklärte mir den Verlauf des Endspiels zwischen Frankreich und Italien. Da ich weit und breit keine Stromzufuhr entdecken konnte, schaute ich ihn fragend an. Er führte mir daraufhin den Batteriebetrieb vor und schilderte, wie sich die Männer des Dorfes jede Nacht vor dem Apparat des Schnapsbrenners versammelt hatten. Dabei redete er sich derart in Rage, dass der Helm schließlich schief auf seiner verschwitzten Stirn saß. Hinter seinem Rücken schauten mich die Gesichter von Ronaldinho, Ronaldo, Zidane, Kahn und Ballack von der Bretterwand herab an. Aber damals konnte ich kein Foto machen, denn in jenem Moment waren wir einfach zwei Reisschnapstrinker, die sich für Fußball begeisterten. Da war kein

Platz für einen Fotoapparat. Außerdem war mir seine Meinung zu Zidanes Kopfstoß wichtiger als eine gelungene Aufnahme.

Wie überall in der Stadt empfängt uns auch in Diens Straße ein rotes Flaggenmeer. Vor fast jedem Hauseingang weht die Nationalfahne, weil sie heute dort wehen muss. Es ist der 2. September, einer der wichtigsten Nationalfeiertage, an dem der Unabhängigkeit des Landes gedacht wird. Die Vorrichtung für die Fahne vor Diens Haus jedoch ist leer. Er rechnet mit einer Nachfrage der zuständigen Kontrolleurin des Wohnblocks, aber wie soll er als Rollstuhlfahrer an den Schaft in Höhe des Garagentores heranreichen?, fragt er mich mit einem Schmunzeln.

Nur noch wenige Eingänge, und wir haben unser Ziel erreicht. Der lang gestreckte Häuserblock hat zwei Etagen. Der Zugang zu den unteren Wohnungen besteht aus einer Art Garagentor, das frühmorgens zur Seite geschoben und erst vor dem Schlafengehen wieder geschlossen wird. Das Tor ist beinah so breit wie der ganze Raum, und so leben die Bewohner von früh bis spät unter den Blicken der Nachbarn, der Händler, der Schüler aus dem gegenüberliegenden Gebäude und der zufälligen Passanten. Im Vorbeifahren sehe ich Hausaltäre mit Speiseopfern und Räucherstäbchen, eine alte Frau schläft auf kühlenden Bodenfliesen, Männer ziehen an Zigaretten, und Fernseher flimmern. Eine kleine Rampe führt zu Diens Wohnung und ermöglicht es ihm, mit seinem Moped direkt hineinzufahren bis an den Tisch, an dem ich schon mit den leckersten Speisen verwöhnt worden bin. Dort konnten seine Freunde sich darüber amüsieren, wie unbeholfen eine Langnase frische Frühlingsrollen aufwickelt. Hier hatte ich auch meine Einweisung in das dekorative Schälen einer Ananas bekommen. Das dazugehörige Brett aus einer Baumscheibe und das machetenartige Messer haben später einen Ehrenplatz in meiner heimischen Küche eingenommen.

Diens Bruder Hai begrüßt uns, nimmt den Rollstuhl aus dem Kofferraum, klappt ihn auseinander und schiebt ihn an die hintere Tür, wo Dien in seiner von Geschmeidigkeit und Kraft strotzenden Art ohne jede Hilfe aus dem Wagen steigt und sich in den Rollstuhl setzt. Erst sehr viel später werde ich begreifen, welch starken Willens und welcher Übung es bedarf, um sich bei seinen körperlichen Einschränkungen so zu bewegen. Hai lädt mein Gepäck aus dem Taxi. Er spricht ein wenig Englisch, und so tauschen wir die üblichen Begrüßungsformeln aus. An die vietnamesische Zurückhaltung muss ich mich erst wieder gewöhnen. Ohne jeden Überschwang werden Gäste hier willkommen geheißen.

Wenig später steht eine Frühstückssuppe auf dem Tisch, obwohl es fast Mittag ist. Kaum steigt mir der Duft dieser Köstlichkeit in die Nase, da läuft mir das Wasser im Mund zusammen, und ich greife nach den Stäbchen. Aber im letzten Moment denke ich an Diens Tischgebet und warte auf seine stille Einkehr mit den gefalteten Händen. Er ist der einzige Christ in seiner Familie, und manchmal scheinen selbst seine Verwandten sein Ritual zu vergessen und plappern munter weiter. Ich erinnere mich daran, wie wir einmal in aller Frühe gemeinsam zum Gottesdienst fuhren. Die evangelische Kirche, in der Dien mehrmals in der Woche am Frühgottesdienst teilnimmt, liegt in einem entfernten Stadtteil. Noch weit vor Sonnenaufgang fuhren wir durch Saigon, und ich hatte das Gefühl, in einer Stadt zu sein, die wirklich niemals schläft. Auf den wenigen Grünstreifen und winzigen Parkflächen der wild wuchernden Metropole bestimmten um fünf Uhr morgens Frühsportler jeden Alters das Bild. Selbst am Straßenrand des schlimmen Kreisverkehrs wurde Indiaca mit Händen und Füßen gespielt, und drei ältere Damen boxten mir im morgendlichen Zwielicht das Spielzeug mit dem Federkiel zu. Über eine kleine Rampe fuhren wir vom Bürgersteig mit dem Moped bis zum Eingang der Kirche und bis zur letzten Bank in das moderne evangelische Gotteshaus. Was der Glaube für Dien bedeutet, habe ich noch nicht verstanden, aber es ist eine der vielen Fragen, die mich beschäftigen und über die ich mich mit ihm austauschen möchte.

Sobald mein Gaumen eine Kostprobe der Frühstückssuppe genießen darf, durchströmen mich freudige Schauer. Es ist die Sorte Reisnudeln, die ich besonders gern mag. Das Weiterverarbeiten von Reis ist eine hohe Kunst, die in ihrer Vollendung auch größte Genießer verwöhnen kann. Reisnudeln und hauchdünnes Reispapier sind nur zwei Varianten dieser kulinarischen Spielart. Die kräftige Brühe unserer Pho wird seit dem Morgengrauen auf offener Flamme gekocht worden sein. Ein Geheimnis der Suppenkunst ist das lange Kochen der Fleischbrühe. Dagegen kann eine rasch zubereitete Suppe nur eine Enttäuschung sein. Unter den Nudeln und Lauchzwiebeln entdecke ich ein festes Wurststückchen. Während ich es genauer betrachte, möchte Dien das Stückchen aus meiner Schüssel fischen. Aber ich lasse es nicht zu und schnappe es mit meinen Stäbchen, bevor er es erwischt.

»Das magst du nicht«, sagt er.

»Doch, lass mich ein kleines Stück probieren. Dieses Mal will ich alles essen.«

»Alles?«

»Na ja, fast alles.«

»Aber doch nicht etwa …?«

»Nein, nein, keine Schlangen und anderes Getier, das ich nicht kenne oder lieber lebend auf meinem Schoß sitzen lassen würde. Aber ansonsten bin ich bereit für kulinarische Abenteuer. Ich habe sogar einige Seiten aus einem Kochbuch kopiert, weil ich die Gerichte unbedingt probieren möchte. Es soll Gerichte aus Bananenblüten geben.«

Diens Erfahrungen mit europäischen Besuchern haben ihn gelehrt, was wir Langnasen für gewöhnlich ablehnen. Aber in seinem Wohnviertel gibt es keine Köche, die aus Rücksicht auf fremdländische Besucher auf Ingredienzien wie Wurst aus Schweineblut und Innereien verzichten. Diese Suppe schmeckt ein wenig anders, aber mindestens genauso gut wie im Hotelviertel, meiner vertrauten Gegend in Saigon. Dort fühle ich mich wohl und sicher aufgehoben. Selbst spät in der Nacht habe ich keine Bedenken, durch die belebten Straßen zu ziehen.

Als Ausländerin dürfte ich, selbst wenn ich wollte, nicht ohne weiteres bei Dien wohnen. Dazu müssten eine Genehmigung eingeholt und unzählige Fragen beantwortet werden. Sicher müssten auch viele Scheine vietnamesischer Dong den Besitzer wechseln. Aber in dieser Wohnung wäre ohnehin kaum Platz für einen Gast, zumindest nicht für einen Gast mit gewissen Ansprüchen. Leider kann ich auf die Fähigkeit von Diens Landsleuten, in jeder erdenklichen Lage und bei jeder noch so lärmenden Geräuschkulisse zu schlafen, nur neidisch sein. Diens Bett besteht aus Holzbrettern ohne Auflage, wie es bei vielen Menschen vom Mekong üblich ist. Da er keine Klimaanlage besitzt und das Tor in der Nacht geschlossen ist, gibt es in der schmalen Wohnung dann keinen Lufthauch mehr.

Die Hitze der Regenzeit und der Suppe fahren mir gleichermaßen in die Glieder. Schweiß tropft mir von der Stirn, und ich versuche es zu ignorieren, denn das Schwitzen wird von nun an mein ständiger Begleiter sein. Stattdessen widme ich mich den Sojasprossen, die vorsichtig blanchiert sind. Die Köchin hat sie vermutlich nur wenige Sekunden mit einem Netz in die kochende Brühe getaucht. So mag ich sie lieber als vollkommen roh. Drei Sorten frischer Kräuter und die obligatorische Fischsauce runden die Mahlzeit ab. Ich tunke feine Rindfleischstückchen in die Sauce und schlürfe die Fleischbrühe direkt aus der Schüssel. Köstlich. Ich bin angekommen!

Während Dien Geschenke auswickelt und sich über jede Kleinigkeit riesig freut, mache ich es mir bequem und blicke hinaus auf die Straße. Vor knapp fünfzehn Stunden war ich noch in Frankfurt. Im Flugzeug konnte ich nicht schlafen, und nun lassen mich eine diffuse Müdigkeit, gepaart mit Überdrehtheit, albern kichern. Dien stellt mir Fragen, und ich brauche länger als üblich, um die Bedeutung der Worte zu verstehen. Das Antworten funktioniert noch schleppender. Ich habe als Botin für

Freunde von Dien und auch für eine Hilfsorganisation fungiert. Man hat mir Briefe, Geschenke und Geld mitgegeben, von dem Dien das Meiste an Dritte weiterreichen soll. Nun sortiert er die einzelnen Posten und scheint ein wenig beschämt über die lieben Worte und Mitbringsel. An den Rollstuhl traut er sich offensichtlich noch nicht heran, und ich dränge ihn auch nicht. Der Karton steht unberührt in einer Ecke des Zimmers und blockiert den schmalen Durchgang zur Küche. Was mag ein neuer Rollstuhl für einen Querschnittsgelähmten bedeuten? Womit ist er vergleichbar? Mir ist diese Welt noch weitgehend fremd. Nicht stehen, gehen und laufen zu können, liegt außerhalb meiner Vorstellungskraft. Es ist nicht so, dass ich mir keine Gedanken darüber gemacht habe, eher im Gegenteil, wenn auch unter umgekehrten Vorzeichen. Als Langstreckenläuferin habe ich meinen Beinen und Füßen gegenüber ein besonders bewusstes Gefühl. Nicht selten betrachte ich sie voller Dankbarkeit für ihr wunderbares Wirken. Ich massiere, dehne und pflege sie und horche auf jede noch so kleine Missstimmung. Vor Jahren machte ich mir während eines Marathonlaufs ausgiebig Gedanken über eine Rollstuhlfahrerin, die mir vom Straßenrand aus zugejubelt hatte. Sie hatte an der für Marathonläufer kritischen Dreißigkilometermarke gesessen und mir etwas zugerufen. *Super, lauf! Weiter so! Es ist nicht mehr weit!,* und mit ihren Worten war ich in eine Gedankenwelt abgetaucht, die mich weit weg von der Rennstrecke brachte. Was mochte sie fühlen, diese Frau, die im Rollstuhl saß, zwanzigtausend Läufer an sich vorbeiziehen ließ und ihnen zujubelte? Ich hatte gerade noch gesehen, dass sie amputiert war. Ich wollte zurückjubeln und mich bedanken für ihren Zuspruch. Aber ich musste gegen meine Rührung und die Schmerzen in den Beinen ankämpfen. Im nächsten Moment plagte mich eine Stimme aus dem Unterbewusstsein, die mich zur Aufgabe überreden wollte, aber ich dachte an die Frau, die mich persönlich angespornt hatte. Sie will, dass ich laufe, sagte ich mir. Die Kraft, mich nach ihr umzudrehen, hatte ich nicht mehr.

»Was ist in diesem Päckchen?«, fragt Dien mich leise und scheint mein Entrücktsein zu spüren. »Ach, ich lass dich lieber. Du schläfst ja fast. Ruh dich ein wenig aus. Nimm doch den Liegestuhl, der ist viel bequemer. Warte, ich bringe dir den Ventilator.«

»Danke, ist der neu?«, frage ich mit einem Blick auf den transportablen Ventilator. Ich erinnere mich nur an einen fest montierten an der Wand.

»Für dich! Diese Monate sind schrecklich. Viel schlimmer als Januar und Februar. Auch wenn du Sonne und Hitze liebst, wird es sicher zu viel für dich. Viel schlimmer als im Frühjahr. Ruh dich aus.«

»Wunderbar! Die Brise ist fantastisch«, sage ich, als der Ventilator auf höchster Stufe vor meinen Füßen rotiert. »Jetzt geht es mir *noch* besser, ich bin nur ein wenig müde. Vielleicht ist meine Seele auch noch irgendwo unterwegs. Angeblich soll sie zeitversetzt ankommen. Vielleicht ist sie jetzt erst in Indien oder Burma.«

»Glaubst du an so etwas?«

»Ich weiß nur, dass ich nach meiner letzten Vietnamreise zehn Tage brauchte, um wirklich wieder zuhause zu sein.«

»Ja, das kenne ich. Was ist das hier?«, fragt Dien erneut und zeigt auf ein kleines Paket in der Größe zweier Zigarettenschachteln.

»Eine Überraschung. Hoffentlich ist es das Richtige.«

Wir wollen zusammen reisen, aber was das in der Praxis bedeutet, weiß ich eigentlich nicht. Meine Erfahrungen mit Querschnittsgelähmten beschränken sich auf meine kurze Freundschaft mit Dien. Unzählige Male habe ich ihn gefragt, was ich ihm aus Deutschland mitbringen könne, und dabei bewusst betont, dass er jeden erdenklichen Wunsch äußern solle. Schließlich könne ich immer noch ablehnen, wenn es mir aus irgendwelchen Gründen nicht möglich sei, das Gewünschte aufzutreiben. Und mindestens genauso oft behauptete er, nichts, aber auch wirklich nichts zu benötigen. Immerhin wurden aus dem »Nichts« im

Laufe der Wochen ein Glas Nutella, später eine Dose Erbsen mit Möhren, Kartoffelpüree, Schokolade, aber bitte von ALDI, und irgendwann sogar der Wunsch nach einer bestimmten Film-DVD. Ich solle ihm, aber nur, wenn es keine Umstände mache und nicht zu teuer sei, doch bitte den Film »Der Liebhaber« mitbringen. Das gleichnamige Buch von Marguerite Duras, das ich im Frühjahr für ihn zurückgelassen hatte, fand er ganz wunderbar. Die Liebesgeschichte zwischen einer jungen Französin aus verarmten Verhältnissen und einem viel älteren und wohlhabenden Chinesen spielt an den Ufern des Mekong.

Kurz vor meinem Abflugtermin war Dien schließlich so weit, einen weiteren Wunsch zu äußern. Wenn es wirklich kein Problem sei, dann würde er sich über eine Urinflasche aus Plastik mit einem Fassungsvermögen von einem halben Liter freuen. Weitere Angaben machte er keine in seiner Mail, und ich mochte auch nicht nach Details fragen. Bisher haben wir kaum über die genauen Folgen und Begleitumstände seiner Lähmung gesprochen. Über Inkontinenz wusste ich so gut wie nichts.

Ich stellte mir vor, er brauche ein praktisches Gefäß für unsere gemeinsame Reise, falls es mal keine rollstuhlgerechte Toilette gäbe. Im Sanitätshaus bekam ich die unbefriedigende Antwort, dass es in der gewünschten Größe keine Urinflaschen gebe. Die sei doch viel zu klein.

Schließlich erinnerte ich mich an die Welt jener ungewöhnlichen Dinge, die es Globetrottern erleichtert, unseren Globus jenseits der ausgetretenen Pfade zu bereisen. Zu ihrer Ausrüstung gehören Gegenstände, von deren Existenz ich nichts geahnt hatte, bevor ich sie in einem Spezialkatalog entdeckt hatte. Vage erinnerte ich mich an ein Hilfsmittel, das es Frauen ermöglicht, im Stehen zu pinkeln. Es erleichtere angeblich das Reisen in Gebieten mit extrem verschmutzten oder nicht vorhandenen Toiletten. Wer eine derartige Vorrichtung anbietet, der muss auch etwas Praktisches für Rollstuhlfahrer im Angebot haben, überlegte ich. Ich machte mich auf den Weg zu einem Globetrotterausrüster und wurde auf Nachfragen bei einem männlichen Verkäufer schließlich fündig. Praktischer ging es wirklich nicht! Das Hilfsmittel besteht aus einem kurzen Plastikrohr mit Deckel, aus dem bei Bedarf ein Auffangbeutel aus Latex herausgezogen wird. Es nenne sich Uribag und sei für Kajakfahrer und ähnliche Abenteurer auf Extremrouten konzipiert, eigne sich aber selbstverständlich auch für den Gebrauch an jedem anderen Ort, wie mir der kompetente junge Mann versicherte. Ich war sofort begeistert. Dieses Teil konnte Dien unauffällig an der Seite seines Rollstuhls platzieren.

»Wunderbar. Woher hast du das?«, fragt er mich mit strahlendem Gesicht, als er die äußere Verpackung sieht.

»Weißt du denn schon, was es ist?«

»Ja, es ist das tollste Uringefäß, das es gibt.«

»Aber warum hast du mir nicht gesagt, dass es solch ein Ding überhaupt gibt? Ich habe im Internet rumgeforscht, um es zu finden. Ich kenne mich nicht besonders gut aus mit diesen Dingen. Und mein Besuch im Sanitätshaus war auch nicht hilfreich.«

»Ich habe vor Jahren das Gleiche schon einmal geschenkt bekommen. Leider hatte ich es in der Sonne liegen lassen. Das hat der Latexbeutel nicht vertragen. Es ist furchtbar teuer. Du solltest nicht so viel ausgeben.«

»Du immer mit deiner Bescheidenheit! Es ist ein Geschenk, und es macht mich glücklich, wenn es dir gefällt.«

»Nein, das kann ich nicht annehmen, schließlich habe ich ein Gefäß bei dir bestellt. Natürlich auch, um es zu bezahlen. Hier gibt es keine praktischen Uringefäße.«

»Keine Widerrede! Bitte! Sonst werde ich sauer. Außerdem bin ich müde. Sauer und müde ergeben bei mir eine schlimme Mischung. Also, ich warne dich. Aber warum hast du mir nicht wenigstens einen Tipp gegeben?«

»Weil ich dich doch schon ein bisschen kenne. Ich habe mir gedacht, dass du nichts dafür haben willst. Das Ding kostet doch sicher zwanzig, dreißig Euro, nicht wahr? Ein Vermögen!«

Es gibt viele Menschen in Vietnam, die kaum einen Euro am Tag verdienen. Dien bringt es selten auf über fünfzig Euro im Monat. Gemessen daran ist das kleine Hilfsmittel in der Tat ein Luxus.

»Schau mal! Es passt genau an meine Seite. Wenn ich es hier in die Ecke der Sitzfläche drücke, dann sieht man es nicht. Besser geht es nicht. Toll für unsere Reise.«

Nur wenige Schritte von meinem Liegestuhl entfernt werde ich vom Treiben auf der Straße verzaubert. Ich erkenne Geräusche wieder, die sich in meinem Gedächtnis eingeprägt haben, ohne dass ich seit meiner letzten Vietnamreise an sie gedacht habe. Ein Nudelverkäufer fährt auf seinem Fahrrad langsam an den offen stehenden Wohnzimmern vorbei und betätigt eine Glocke an seinem Lenker. Die Reisnudeln hat er auf dem Gepäckträger in Lagen übereinandergestapelt. Von morgens bis abends fährt er durch das Viertel und kommt dabei viele Male an den gleichen Wohnungen vorbei. Seine Ware ist von hervorragender Qualität und günstig, und so findet er in fast jedem Haus seine Kundschaft. Ich schaue dem Mann mit dem konischen Blätterhut nach und lausche seiner hell klingenden Glocke.

Die Kosmetikerin kommt von ihrem Platz unter dem Sonnenschirm herüber und grüßt mich. Von ihr hatte ich mir Fuß- und Fingernägel verschönern lassen, und so bietet sie mir auch jetzt ihre Dienste an. Dankend lehne ich ab, und Dien vertröstet sie auf ein nächstes Mal.

»Möchtest du etwas Bestimmtes essen? Ich kann Hai losschicken, damit er etwas holt. Wie wäre es mit Lotuskernen? Die haben dir doch geschmeckt?«

»Bin ich davon nicht ganz müde geworden?«

»Ja, genau, weil du viel zu viele davon gegessen hast. Möchtest du welche?«

»Nein, danke, ich bin wunschlos glücklich.«

Wie ich so im Liegestuhl sitze und mit schweren Lidern die Umgebung betrachte, erscheint mir alles seltsam vertraut. Und wenn ich Dien anschaue, der noch immer mit den Briefen von Freunden und den Mitbringseln beschäftigt ist, dann spüre ich, dass es seine Nähe ist, die mir diese Vertrautheit schenkt. Ich fühle mich in diesem einfachen Stadtviertel inmitten Saigons so wohl, weil ich mich durch ihn in seiner Welt willkommen fühle.

»Möchtest du einen Artischockentee?«, fragt er mich, faltet den Brief einer Freundin aus Deutschland und legt ihn zurück in den Umschlag.

»Ja, gerne.«

»Na, endlich.«

Dann ruft er seinem Bruder etwas zu, der daraufhin im hinteren Teil der Wohnung einen Wasserkessel auf die Gasflamme setzt.

Nach dem Tee, dessen süßlichen Geschmack meine Zunge auf Anhieb wiedererkennt, brechen Dien und ich auf zu meinem Hotel. Weil ich heute nicht noch einmal in ein Auto steigen möchte, packe ich nur eine kleine Tasche, lasse einen Großteil meines Gepäcks in seiner Wohnung und mache mich bereit für eine Mopedfahrt. Der Platz auf seinem Rücksitz ist mein bevorzugter Aussichtspunkt auf die Stadt. Gleich nach der ersten Abzweigung reihen wir uns ein in den ewig fließenden Strom der Zweiradfahrer. Noch vor wenigen Jahren bestand die Mehrzahl der Fahrzeuge aus Fahrrädern. Inzwischen sieht man sie nur noch vereinzelt.

»Wohin fährst du? Das ist doch nicht der Weg zu meinem Hotel.«

»Lass uns ein wenig herumfahren. Ich habe es vermisst, dich hinter mir zu spüren.«

Ich drücke kurz seine Schulter und hoffe auf sein Verständnis für diesen europäischen Gefühlsausbruch.

Angeblich fahren auf Saigons Straßen über drei Millionen Krafträder. Ausreichend Platz ist vermutlich nur für die Hälfte von ihnen. Endlich bin ich wieder inmitten des Wahnsinns. In der vorabendlichen Rushhour weichen manche Fahrzeuge sogar auf die Fußgängerwege aus. Dien manövriert geschickt und findet immer eine Lücke und eine Route, auf der wir schneller als im Schritttempo vorankommen. Manchmal bringt der Fahrtwind sogar ein wenig Erleichterung von der Hitze, die in den letzten Stunden immer quälender geworden ist. Der Himmel ist von schweren Wolken verhangen. Wie heiß mag es erst bei klarem Himmel sein? Der September liegt noch in der Regenzeit, und ich bin gespannt auf die hiesigen Güsse, von denen ich schon viel gehört habe. Bevor die Wolken in ihrer Farbe von Grau zu Dunkelblau und hinüber zu Schwarz wechseln, erreichen wir mein Hotel, und Dien macht sich schleunigst auf den Heimweg.

Mich hält es nur für eine Begrüßung und einen kurzen Kleiderwechsel im Hotel. Das Treiben im Viertel zieht mich an wie ein Magnet, und ich ignoriere meine Müdigkeit. Wenig später spaziere ich auch schon durch die Gassen zwischen der Pham Ngu Lao und der Bui Vien und darf sogar meinen ersten südvietnamesischen Regenschauer samt Vorspiel erleben. Noch vor den ersten Tropfen bricht auf den Straßen eine enorme Hektik aus. Mopedfahrer wechseln die Spur noch halsbrecherischer als sonst, die Hupen klingen ungeduldiger, und Fußgänger hasten quer über die Fahrbahnen und müssen dafür einen Pakt mit diversen Schutzengeln geschlossen haben. Einige Fahrer tragen bereits Regencapes, die übers Lenkrad und manchmal auch bis über die Vorderlampe reichen. Wie ich erstaunt feststelle, drängen sich im Notfall bis zu vier Personen unter einem Cape. Schirme werden aufgespannt, und dann öffnen sich die Wolken. Ein Trommelwirbel auf Blechdächern und den Markisen der Geschäfte setzt ein, der selbst den Straßenlärm übertönt. Im Nu stürzen Wasserfälle von den Dächern, laufen Abwasserkanäle über und ergießen sich auf die Straße. Fette Mäuse rennen panisch aus ihrem Verlies und suchen Schutz. Ich wate durch Pfützen und genieße das warme Wasser auf meiner Haut. Jemand will mir einen Plastikumhang verkaufen. Wenn ich richtig umrechne, soll er dreißig Cent kosten. Ein Cyclofahrer bietet mir eine Rundfahrt an, und ich halte es für einen Scherz. Der Mann sitzt unter einer Plane auf seinem Fahrradsattel und deutet auf den Doppelsitz vor ihm.

»Madame, you like tour? Good price!«

Ich suche Unterschlupf in einem kleinen Laden mit nordvietnamesischem Kunsthandwerk. Der Verkäufer heißt mich willkommen und lächelt. Er ist jung, trägt überraschenderweise geflochtene Zöpfe und hat dezent geschminkte Augen. Durch seine Körperhaltung und das traditionelle Hemd der Bergvölker zu einer abgeschnittenen Jeans wirkt er avantgardistisch und gleichzeitig ausgesprochen mädchenhaft. Woher ich komme, fragt er mich auf Englisch, und woher ich meine Flipflops habe.

Nachdem ich ihm erklärt habe, dass ich sie am Amazonas von der Familie einer Freundin geschenkt bekommen habe und sie von Hand bestickt sind, schlüpft er auch schon hinein. Die bunten Glasperlen auf den Riemchen seien genau nach seinem Geschmack. Er prüft die Machart und reicht sie mir zurück. Ich lobe die Qualität und erkläre ihm, sie seien unverwüstlich und die einzigen Schuhe, die ich nach Vietnam mitgebracht habe. Anderes Schuhwerk brauche ich hier nicht. Dann verabschieden wir uns, und ich springe im dichten Regen über Pfützen und weiche dem Spritzwasser der Mopedfahrer aus, die ungeachtet der Sturzbäche vorbeirasen. Ich hangle mich von Lädchen zu Lädchen und stöbere im Angebot von Raubkopien der neuesten Hollywood-Filmproduktionen, von billigen Souvenirs und von Schmuckstücken des Kunsthandwerks. Die landestypischen Werke mit den vietnamesischen Grazien in *Ao Dai* und typischem Spitzhut vor Sonnenuntergängen finden offenbar auch genügend Interessenten. Kaum ein Souvenir aus Vietnam, das nicht mit Ao Dai tragenden Frauen geschmückt ist. Das wadenlange Nationalkleid mit den hohen Schlitzen, die bis über die Hüfte reichen, wird über weiten Seidenhosen getragen. Das Oberteil ist eng geschnitten und betont die zarte Statur der meisten Vietnamesinnen. Ao Dai ist die Schuluniform der Oberschülerinnen, die Kleidung der Mitarbeiterinnen in großen Hotels, in Behörden, bei vietnamesischen Fluggesellschaften und bei festlichen Anlässen. Ao Dais gibt es in allen Farben und mit raffinierten Mustern.

Eine alte Frau mit Schulterjoch eilt an mir vorüber. In zwei Körben transportiert sie einen Tonofen, Geschirr und übereinandergestapelte Hocker aus Plastik. Vermutlich hat sie ihr Straßenlokal bei Einsetzen des Regens geschlossen. Einmal habe ich versucht, ein Schulterjoch mit prall gefüllten Obstkörben zu tragen, doch weder fand ich die Balance noch die Kraft für das Tragen am schmalen Brett, das einseitig über die Schulter gelegt wird.

Ich kann es nicht lassen, auch in einem Sportgeschäft nach Markenware Ausschau zu halten. Die Preise sind erschreckend niedrig. Was die Einheimischen wohl über Daunenjacken und Skianzüge denken mögen? Allein schon die Anprobe wird bei den hiesigen Temperaturen zur Qual. Inzwischen bin ich vollkommen durchnässt und ärgere mich, den Umhang nicht gekauft zu haben. Fast alle Passanten laufen mit den gleichen hauchdünnen Plastikhüllen umher. An einer Ecke entdecke ich die junge Verkäuferin, bei der ich meinen raubkopierten Reiseführer und andere Lektüre erstanden habe. Sie gehört zu einer Gruppe von Verkäuferinnen, die mit geschickt gestapelten Büchern durch die Cafés ziehen und ihre Ware anbieten. Die Stapel überragen die Verkäufer zumeist bei weitem. Überwiegend handelt es sich um englisch-, französisch- und deutschsprachige Romane und Reiseführer, die an die internationale Kundschaft verkauft werden. Die junge Frau ist transsexuell und in gewisser Weise noch ein junger Mann. Ihre kleinen Brüste stecken in einem aufreizenden Dekolletee, und ihr Hüftschwung ist perfekt. Doch ihre Breitschultrigkeit, die in etwa meinen Maßen entspricht und kaum bei einer Vietnamesin anzutreffen ist, verleiht ihr einen ausgeprägt androgynen Touch. Ihr exzentrisches Auftreten gefällt mir. Einmal habe ich gesehen, wie sie nachts vor einem teuren Wagen posierte und sich fotografieren ließ. Dieser Stadtteil bietet auch den Unangepassten eine Nische.

Schließlich lande ich in der Schneiderei von Tien, ohne mich vorher an den unscheinbaren Eingang zwischen den vielen anderen Geschäften erinnert zu haben. Tien erkennt mich sofort und begrüßt mich freudig. Die junge Frau mit der Brille und dem Äußeren einer Studentin bedankt sich für das Geschenk, das ich im Februar während ihrer Abwesenheit im Geschäft für sie zurückgelassen habe. Leider war sie an dem Tag, als ich meine Hose abholte, nicht im Dienst. Nein, erkläre ich ihr, es sei kein Mitbringsel aus Dalat, der vietnamesischen Stadt in den Bergen, sondern Schnitzhandwerk aus dem deutschen Erzgebirge gewesen.

Ich freue mich, sie wiederzusehen. Ihr Englisch ist noch besser geworden. Tien stammt ursprünglich aus Sa Dec, dem kleinen Ort am Mekong, in dem auch die französische Schriftstellerin Marguerite Duras ihre Jugend in den zwanziger und frühen dreißiger Jahren verbracht hat. Tien zog es nach Saigon, wo sie mit Menschen aus aller Welt in Kontakt sein kann.

Was aus meinem Buch über die vietnamesischen Vertragsarbeiter aus der DDR geworden sei, will sie von mir wissen. Und wie es meinem Freund, dem Rollstuhlfahrer, gehe. Sie habe ihn einmal vor dem Geschäft auf mich warten sehen. Ich bin erstaunt über ihr gutes Gedächtnis und erinnere mich daran, mit ihr übers Schreiben gesprochen zu haben, weil sie selbst gern Autorin werden möchte. Ihr Englisch reiche zum Schreiben leider nicht aus, und in ihrer Muttersprache könne sie sich nicht poetisch ausdrücken, erklärte sie mir. Auf Vietnamesisch mache ihr das Schreiben keinen Spaß. Die Vorbilder aus ihrer Heimat, an denen sie sich orientiere, seien unerreichbar. Bei den wenigen Gesprächen, die wir in der Schneiderei geführt hatten, hatte ich versucht, sie zum Schreiben zu ermutigen. Es waren ausgesprochen kurzweilige Unterhaltungen, und ich war erfreut, durch sie etwas über die Gedanken und Träume einer jungen Vietnamesin zu erfahren. Tien ist achtundzwanzig Jahre alt und lebt allein. Wenn etwas von ihrem Verdienst übrig bleibt, dann leistet sie sich Englischstunden. Irgendwann möchte sie reisen, so wie die vielen Ausländer, die in dieses Viertel kommen. Ihre Pläne sind allerdings bescheiden im Vergleich zu denen der Weltenbummler. Eines Tages, vielleicht schon im nächsten Jahr, möchte sie in das Nachbarland Kambodscha reisen und sich die Tempelanlage Angkor Wat anschauen. Alle Touristen schwärmten davon.

Tiens Aufgabe in der Schneiderei ist es, den Kontakt zu den Kunden herzustellen und sie kompetent zu beraten. Sie kennt den Geschmack der Ausländer und kann ihre Wünsche in die vietnamesische Sprache und Denkart übersetzen. Tien wirkt als Mittlerin zwischen den Kulturen und ist immer neugierig darauf, von den Fremden zu lernen.

»Es sind die Menschen, die mich bewegen«, erzähle ich ihr. »Ihre Geschichten, ihre extremen Erlebnisse, ihre Nähe zum Tod, ihre Schwächen und Stärken. Das fasziniert mich. Die Geschichten von Menschen, die intensiv und bewusst leben, die nicht aufgeben und ihren Weg auch aus aussichtlosen Lagen heraus finden. Deshalb bin ich nach Vietnam zurückgekommen. Ich möchte Dien näher kennen lernen.«

»Und ein Buch über ihn schreiben?«

»Vielleicht, ich hoffe es zumindest.«

Annäherung an den Rollstuhl

Von einem Vielklang an Geräuschen erwacht, schaue ich auf die Uhr. Es ist sechs, und seit mindestens einer Stunde ist das Leben um mich herum in vollem Gang. Im Halbschlaf habe ich das Quietschen der eisernen Tore aus der Nachbarschaft wahrgenommen, es aber einem Traum zugeschoben. Erst als ich den Singsang des Baguetteverkäufers gehört habe, bin ich schmunzelnd aufgewacht und habe gewusst, wo ich mich befinde. *Banh mi nong giong day – Hier gibt es knuspriges und heißes Brot!*, klingt der Ruf des Verkäufers durch die Gasse. Seine Ware steckt duftend in einem Korb auf dem Gepäckträger seines Fahrrads.

Meine Lider sind schwer und schmerzen. Nur mit Mühe kann ich sie offen halten. Für mich ist es mitten in der Nacht. Ich drehe mich noch einmal um, aber das Treiben lockt mich aus dem Bett. Ein starker vietnamesischer Kaffee auf der Dachterrasse wird mich sicher munter machen. Der Ventilator verquirlt die heiße Luft in meinem Zimmer. Wenn er für eine Weile in meine Richtung schwingt, genieße ich den kühlenden Wind. Ausnahmsweise habe ich die Klimaanlage vor dem Schlafengehen angestellt und dabei die höchste Stufe gewählt, 28 Grad, und mich erschrocken, als mir in der Nacht im ungekühlten Bad eine Wand aus Hitze entgegenschlug. 28 Grad können sich überraschend kühl anfühlen.

Meine Bitte nach einem Zimmer zu den Hinterhöfen war erfolgreich. Ich habe sogar ein großes Fenster und einen freien Blick über das Viertel. Aus dieser Perspektive habe ich die Gegend bisher noch nicht gesehen. Von der vierten Etage hat man einen wunderbaren Blick auf das Gewirr von Gassen, Durchgängen, verschachtelten Häusern, schmalen Stiegen und Leitern. Die Bebauung scheint keinem vorgegebenen Plan zu folgen. Einfachste Wellblechbehausungen schmiegen sich an extrem schmale Häuser, die aufgestellten Streichholzschachteln ähneln. Bis zu sechs Etagen hoch türmen sie sich und haben nur jeweils ein Zimmer und ein enges Treppenhaus pro Stockwerk. Viele Häuser verfügen über Dachterrassen, auf denen Wäsche trocknet, Wasserbehälter, Hausrat, Fernsehantennen und Klimaanlagen stehen. Die allgegenwärtigen Baustellen der modernen Hochhäuser rücken dem Viertel beängstigend nahe, und es braucht nicht viel Fantasie, um sich vorzustellen, dass diese kleinen Häuser irgendwann weichen müssen. Hier verläuft die Zeit in einem rasanten Tempo. Vor acht Monaten wurde in der Gasse vor meinem Hotel ein altes Gebäude abgerissen. Ich fotografierte, wie Arbeiter mit einfachsten Mitteln das Dach abtrugen und die Wände einrissen. Nun steht dort ein zwölfstöckiges Gebäude kurz vor der Vollendung. In das untere Stockwerk ist bereits ein Restaurant eingezogen, obwohl in der Fassade noch Fenster und Türen fehlen.

Träge schleppe ich mich auf die Terrasse. Durch den Neubau ist der Blick auf den kleinen Park an der Pham Ngu Lao fast verstellt. Zumindest kann ich die älteren Damen bei ihren Tai-Chi-Figuren nicht mehr sehen, und auch das Geräusch ihrer übergroßen Fächer, die sie bei bestimmten Übungen gleichzeitig schließen, dringt nicht mehr bis zur Terrasse hoch.

Ich stütze das Kinn in die Hände und betrachte die Zutaten für mein Frühstück. Der Kaffee tröpfelt direkt in ein Glas. Die extrem dunkel gerösteten Bohnen färben ihn tiefschwarz. Er wird portionsweise aufgebrüht, indem ein metallener Aufsatz mit Sieb auf ein Glas gesetzt wird. Die Vietnamesen trinken ihn mit gesüßter Kondensmilch, oft auch mit Eiswürfeln. Vor dem ersten Schluck zögere ich noch ein wenig, weil die Stärke mir sicher gleich das Herz klopfen lassen wird. Aber auch der Kaffee macht mich nicht munterer. Es wird noch einige Tage dauern, bis ich meinen normalen Rhythmus gefunden habe.

Als mich jemand ruft, schrecke ich hoch. Das junge Mädchen, das auf der Terrasse das Frühstück serviert, winkt mich zum Telefon.

»Guten Morgen. Hast du gut geschlafen?«, begrüßt mich Dien.

»Nicht schlecht. Ich habe noch lange dem Regen gelauscht. Es war ein heftiger Guss bis spät in die Nacht.«

»Heute wird es sicher auch wieder regnen. Wollen wir uns vorher treffen?«

»Weißt du denn, wann es regnet?«

Wir verabreden uns zum Mittagessen, auch wenn ich mich wie nach einer durchgemachten Nacht fühle und besser schlafen sollte. Es gibt eine kleine Hollywoodschaukel auf dem Dach, die mich magisch anzieht. Um mich hinzulegen, ist sie zu kurz, aber das sanfte Schaukeln bringt mich auch sitzend in einen Zustand größter Entspannung. Wenn ich die Augen schließe, bin ich noch immer nicht ganz in Saigon. Ich frage mich, wie die Vielflieger mit ständigem Zeit- und Klimazonenwechsel zurechtkommen. Sodann stelle ich mir vor, dass eine Schiffsreise von Europa in das damalige Indochina im letzten Jahrhundert wochenlang dauerte und man die Entfernung bis nach Südostasien dadurch wahrhaftig spürte. Ein elfstündiger Flug für die gleiche Distanz muss das Gehirn zwangsläufig durcheinanderbringen.

Ich beuge mich über die Brüstung und schaue vom Dach aus zu, wie Dien mit seiner Honda in die Hotelgasse einbiegt. Er hält direkt vor dem Eingang und grüßt jemanden an der Rezeption. Mein Rufen wird von den zahllosen Geräuschen in der Nachbarschaft übertönt. Warum hat er keinen Rollstuhl mitgebracht? Solange er ohne unterwegs ist, können wir weder in ein Lokal gehen noch durch mein Viertel bummeln. Erst zweimal waren wir mit dem Rollstuhl unterwegs, und das auch nur, nachdem ich ihn dazu gedrängt hatte. Im Frühjahr folgten wir einer Einladung des Goethe-Instituts zum chinesischen Neujahrsfest. Die Feier fand in einem modernen Gartenlokal statt, und unter den Sprachstudenten herrschte eine ausgelassene Stimmung. Wir amüsierten uns in dem schicken Ambiente, und mir wurde schnell klar, dass es für Dien eine Ausnahme darstellte, in einem derartigen Restaurant zu sitzen und teure Getränke serviert zu bekommen. Ich stellte ihn dort als *meinen Freund Dien* vor. Tage später fragte er mich, warum ich das gesagt hätte. *Freund* sei ein sehr wertvolles Wort, wertvoll und zerbrechlich. Ja, es habe ihm gefallen, aber verstanden habe er es nicht.

»Dien, ich komme gleich!«, rufe ich vom Dach herunter, und endlich hört er mich und winkt. Er kann nicht hinaufkommen, kann mich nicht in meinem Zimmer besuchen und nicht mit mir auf der Dachterrasse sitzen. Das Hotel hat keinen Fahrstuhl. Keine der günstigen Unterkünfte verfügt darüber. Die Treppenhäuser sind meist sogar so eng, dass es bereits mit einem großen Koffer Probleme gibt. Unvorstellbar, einen Rollstuhl hinaufzubugsieren. Wenn ich ihn dort unten warten sehe, dann versetzt es mir einen Stich. Verdammt!

Ich laufe hinunter.

»Du sieht schon viel besser aus!«, begrüßt er mich.

»Danke, welch ein geschicktes Kompliment! Habe ich gestern so schlecht ausgesehen?«, frage ich lachend.

»Oh, war das falsch?«

»Na ja, es bedeutet, dass ich gestern nicht besonders gut aussah. Eigentlich sollte man so etwas nicht unbedingt zu einer Dame sagen.«

»Du weißt doch, mein Deutsch ist schlecht, und mit Frauen kenne ich mich nicht aus.«

»Ach so! Das ist ja interessant.«

»Wem soll ich Komplimente machen?«

»Deiner Freundin zum Beispiel.«

»Das ist doch was anderes. Auf Vietnamesisch klingt das ganz anders. Außerdem bin ich nicht solch ein Mann.«

»Was heißt das denn?«

»Du willst aber auch immer alles ganz genau wissen. Wir haben viel Zeit. Du wirst noch einiges über mich erfahren.«

Ich steige auf, und meine Müdigkeit ist verflogen. Wir verabschieden uns von den Hotelangestellten, und beim Vorbeifahren erkennen uns auch die Bewohner der Nachbarhäuser wieder und grüßen freundlich. Der Rollstuhlfahrer und die Langnase! In dieser Gasse fühle ich mich ein wenig heimisch. Sie verläuft parallel zur chaotischen Pham Ngu Lao, wo Busladungen von Touristen einen Lotsen an die Seite gestellt bekommen, der sie über die Straße leitet. Neuankömmlinge vom Flughafen sind an ihren entsetzten Blicken zu erkennen.

In der engen Hotelgasse ist davon nichts zu spüren. Hier gibt es viele kleine Familienbetriebe, in denen sich die Frauen um die Gäste kümmern. Nicht selten dient die Küche auch als Rezeption und als »Internet-Café« mit einem altersschwachen Computer. Im Vorbeifahren sehe ich vertraute Gesichter, die alte Frau von nebenan liegt auf dem Fliesenboden am Eingang und fächelt sich Luft zu. Ein westliches Pärchen kommt uns entgegen und macht Platz. Der Mann trägt eine große Mineralwasserflasche mit sich herum, eines der vielen Erkennungszeichen der Touristen. Praktischerweise sind die Flaschen mit einem Plastikgriff bestückt. Man könnte meinen, es herrsche Wassermangel wie in der Wüste, und man müsse auf alle Eventualitäten gefasst sein.

»Wohin fahren wir?«

»Zu mir zum Essen. Das war doch so abgemacht.«

»Essen war abgemacht, aber nicht bei dir. Ich wollte eigentlich gern in ein Restaurant oder in die Hallen vom Benh-Thanh-Markt.«

»Das können wir morgen immer noch tun.«

Als wir über die kleine Rampe in seine Wohnung fahren, ist der Tisch bereits gedeckt. Und ich sehe den neuen Rollstuhl, der ausgepackt neben Diens Arbeitsplatz steht.

»Holst du ihn mir?«, fragt Dien, und ich steige ab.

Geschmeidig gleitet er vom Moped und setzt sich hinein.

»Er fährt wie von selbst. Es ist der schönste Stuhl, den ich je hatte. So leicht, wendig und schnell. Ich verhalte mich komisch, wenn es um Geschenke geht. Ich kann meine Freude nicht richtig zeigen. Aber glaube mir, ich freu mich riesig darüber. Die Farbe ist auch sehr schön. Er sieht fröhlich aus, nicht grau, wie die meisten. Rot und blau, das gefällt mir. Und die Tasche im Rücken ist praktisch. Jetzt brauche ich keinen Rucksack mehr. Und das Fünfundzwanzig-Euro-Ding passt auch gut hinein.«

»Welches Ding?«

»Du weißt schon. Das zum Pinkeln.«

»Ach so. Hat der Stuhl die richtige Größe?«

Er erscheint mir ein wenig groß. Diens Füße rutschen manchmal von den Stützen und fallen durch die Mitte. Er merkt es nicht sofort, wie mir auffällt, und muss seine Beine dann wieder mit den Händen anheben und die Füße an die richtige Stelle setzen. Aber Dien meint, man könne die Stützen verändern. Da ich keine Ahnung von solchen Dingen habe, wusste ich in Deutschland nicht, worauf ich achten sollte. Als ich ihm erzähle, dass ich stundenlang mit dem Stuhl durch die Wohnung gerollt bin, schaut er mich überrascht an.

»Ich kann mich schon ganz gut damit bewegen«, sage ich stolz.

In dieser Wohnung ist leider kein Platz, um es ihm vorzuführen. Ich bin mir ein wenig unsicher, ob es nicht merkwürdig ist, so viel Spaß am Rollstuhlfahren zu haben. Aber es entspricht der Wahrheit. Mir hat das Fahren richtig Spaß gemacht, und das sage ich ihm auch so.

»Das würde hier niemand machen.«

»Wie meinst du das?«

»Keiner setzt sich in meinen Rollstuhl.«

»Möchtest du es nicht?«, frage ich ihn und habe Bedenken, in einen großen Fettnapf getreten zu sein.

»Doch, das heißt nein. Natürlich möchte ich nicht, dass sich jeder einfach in meinen Stuhl setzt, aber hier würde auch niemand auf die Idee kommen. Bei dir ist es genau das Gegenteil: Ich finde es toll. Meine Landsleute sind sehr abergläubisch. Sie denken, es könnte Unglück bringen. Sie hätten Angst, selbst eines Tages im Rollstuhl zu landen.«

»Was? Sie glauben, wenn sie sich hineinsetzen, dann kann ihnen etwas passieren? Ich meine, sie denken, sie könnten selbst eine Lähmung erleiden?«

Dien nickt und zuckt mit den Schultern.

»Wie furchtbar!«

»Ich habe gelernt, damit zu leben. Du wirst es selbst sehen. Es passieren noch ganz andere Dinge. Aber ich möchte dir nicht gleich so viel Merkwürdiges über meine Landsleute erzählen. Du bekommst sonst einen schlechten Eindruck.«

Ich schaue ihn an und halte meine Fragen zurück. Ich habe bereits eine Ahnung davon, wie schwierig es sein muss, als Querschnittsgelähmter in einer Gesellschaft zu leben, die von Aberglauben und Schicksalsergebenheit geprägt ist. Ich bewundere

Diens Lebensfreude und frage mich einmal mehr, woher er die Kraft dafür nimmt.

»Wenn du willst, kann ich dir einige Tricks fürs Rollifahren zeigen. Aber vorher muss ich sehen, was du kannst. Das probieren wir mal, wenn wir ein wenig Platz haben.«

»Ich habe versucht, auf zwei Rädern zu fahren, hatte aber Angst, nach hinten zu kippen. Wie machst du das nur? Ich habe es zigmal probiert. Bei dir sieht es so einfach aus. Ich kam mir unbeholfen und steif vor. Du machst es so sanft und geschmeidig.«

»Das schaffst du auch noch.«

Ich kann mir kaum vorstellen, wo es einen Platz geben soll, an dem wir ungestört üben könnten, zumindest nicht in Saigon. Ich muss meine Ungeduld ein wenig zügeln.

Diens Wohnung fungiert auch als Uhrenwerkstatt. Seitdem er seinen Stammplatz in einer belebten Einkaufsstraße verloren hat, müssen die Kunden zu ihm nach Hause kommen. Leider finden nur wenige den Weg, und er ist quasi arbeitslos geworden. Aber manchmal schaut jemand vorbei und lässt eine Batterie wechseln oder sogar ein Uhrwerk reparieren. Meist sind es Frauen, die sich während der Wartezeit mit Dien unterhalten wollen. Er hat mir erzählt, dass es einige Frauen gibt, die seinen Rat suchen, besonders bei Problemen mit ihren Ehemännern. Ihm vertrauen sie. Er bekomme die unglaublichsten Geschichten zu hören und schäme sich manchmal für seine Geschlechtsgenossen.

Über viele Jahre stand Dien mit seinem mobilen Uhrenschränkchen am selben Platz. In dieser Zeit entwickelten sich Vertrautheiten und manche Freundschaften. Im vorigen Jahr musste er seinen Platz räumen, weil das Haus, vor dem er immer stehen durfte, verkauft wurde. Immer wenn Dien darüber spricht, bekommt seine Stimme einen traurigen Unterton.

Während wir am Esstisch sitzen, kommt eine alte Frau an die Türschwelle. Wortlos steht sie da und schaut herüber. Zunächst weiß ich nicht, was sie möchte und warum sie nicht spricht.

Dien sagt mir schließlich, sie sei eine Bettlerin. Wenn wir ihr jetzt etwas geben würden, dann kämen sofort weitere Bittsteller. Es würde sich schnell herumsprechen, dass hier eine Langnase säße und es was zu holen gäbe.

Aber auch so kommt laufend jemand vorbei, um ein kurzes Gespräch zu führen. An den Klang der vietnamesischen Sprache habe ich mich bisher nicht gewöhnen können. Oft habe ich das Gefühl, die Leute beschimpfen einander. In meinen Ohren klingen die Laute disharmonisch und quasi unaussprechbar. Ich habe das Gefühl, nicht ein einziges Wort richtig betonen zu können. Über einen Minimalwortschatz, den ich an zwei Händen abzählen kann, komme ich nicht hinaus. Zu fremdartig ist diese Sprache und auf Lauten basierend, deren feine Nuancen ich nicht erfasse.

Einige Kunden möchten das öffentliche Telefon benutzen, das in einer Ecke des Raumes steht und in der Vergangenheit ein zusätzliches Geschäft für Dien bedeutete. Doch inzwischen hat fast jeder einen eigenen Telefonanschluss.

Wir können uns nicht in Ruhe unterhalten, aber ich habe das Bedürfnis, mit Dien über die kommenden Wochen zu sprechen. Auch er hat mich schon beiläufig gefragt, was ich für uns geplant habe.

Als wir schließlich in einen kleinen Park flüchten und skeptisch auf die schweren Wolken schauen, zeigt er sich überrascht, als ich auf seine Frage mit einem »Nichts« antworte. Ich habe nichts Konkretes für uns geplant. Schließlich wollen wir doch zusammen etwas unternehmen. Wie soll ich für uns beide planen?

»Du bist zwar erst einen Tag hier, aber ich habe ein gutes Gefühl«, sagt er schließlich.

Eine Deutsche ohne Pläne sei zwar verwirrend, aber irgendwie sei sie ihm mindestens genauso angenehm, wie die meisten Deutschen ihm ohnehin schon seien – auch wenn diese oft mit äußerst genauen Plänen anreisten.

In der Regel bleibt Dien mit seinen Besuchern in Saigon. An andere Orte reisen sie ohne ihn. Allenfalls mieten sie einen Wagen, um seiner Familie einen kurzen Besuch abzustatten.

Und so schmieden wir gemeinsam Pläne.

2 Mekong. Spurensuche im Delta

Reifeprüfung auf der Nationalstrasse

Dien hat mich gewarnt. Ich müsse viel Geduld aufbringen, wenn ich mit ihm unterwegs sein wolle. Und so erhalte ich meine erste Lektion bereits vor der Abfahrt. Es ist nicht einfach, das kleine Moped mit dem Reiserollstuhl, unseren Taschen und den Geschenken für die Familie zu bepacken. Dien gibt Anweisungen, Hai folgt ihnen, und ich halte mich mit Vorschlägen zurück. Wegen der Regenzeit müssen unsere Capes stets griffbereit und das Gepäck geschützt sein. Alle Varianten des Festgurtens werden probiert, und ich versuche, meine skeptischen Blicke auf das brüchige Material der Spanngurte zu verbergen. Ich verstehe nicht, worüber die Brüder sich unterhalten, aber es klingt nach Meinungsverschiedenheiten. Und so gehe ich in der Zwischenzeit zwei Häuser weiter, wo Diens Freundin Yen mit ihrer Familie wohnt und mit ihrer Schwester einen Kaffee- und Frühstücksstand betreibt. Yen lächelt mich an, und ich bedaure, dass wir uns nicht unterhalten können. Yen ist seit vielen Jahren mit Dien zusammen und verbringt die meiste Zeit des Tages in seiner Wohnung. Doch jeden Abend geht sie zurück in das Haus ihrer Eltern, wie es sich für eine unverheiratete vietnamesische Frau gehört.

Ich genehmige mir ein Kotelett und eine Portion Reis. Neugierig schauen Nachbarn und Gäste mir beim Frühstücken zu. Ein alter Mann tunkt mein Fleisch mit seinen Stäbchen in Fischsauce, reicht es mir zurück und zeigt mir lächelnd seinen zahnlosen Kiefer. Yen grinst verlegen und häuft mir gedünstete Frühlingszwiebeln auf den Teller. Ich hocke auf einem Plastikschemel, wie man sie in Deutschland kleinen Kindern vor das Waschbecken stellt, damit sie an die Armaturen gelangen. Ich komme mir dick und unbeholfen vor, die unvermeidliche Begleiterscheinung bei einem Aufenthalt in Vietnam. Für europäische Verhältnisse bin ich normal groß und schlank. Hier überrage ich die meisten Frauen und viele Männer bei weitem, auf den Märkten findet sich in meiner Größe kaum passende Kleidung. Dort wurde ich einmal mit einer abweisenden Handbewegung abgespeist, die ich nur so interpretieren konnte, dass es dort für dicke Monster nichts Passendes gebe. Ständig komme ich mir klobig und übergewichtig vor. Entspannung von diesem Gefühl bietet sich nur im Touristenviertel, wo andere Langnasen, zumeist aus Australien, mich wieder schlank erscheinen lassen. Ansonsten bestätigt jeder Blick doch nur, dass alle anderen viel zarter, feingliedriger, geschmeidiger und eleganter sind. Ich bin der Elefant im Porzellanladen, der auf Kindergartenschemeln hocken und an Miniaturtischchen speisen muss.

Der Frühstücksstand von Yen und ihrer Schwester befindet sich am Straßenrand, direkt vor ihrem Hauseingang. Gegen Mittag wird das Feuer gelöscht, und alle Utensilien werden beiseitegeschafft, um in den frühen Morgenstunden des folgenden Tages wieder hervorgeholt zu werden. Dann wird ein Feuer entzündet, und die Töpfe werden aufgesetzt.

Dien nimmt vor unserer Abreise nichts zu sich, weder gönnt er sich ein kleines Frühstück, noch trinkt er etwas. Das sei besser so, erklärt er mir, schließlich gäbe es unterwegs keine Toilette für ihn. Und den Uribag möchte er nicht gleich bei unserer ersten Tour benutzen. Vielleicht würde ich dann nicht mehr mit ihm weiterfahren wollen, sagt er scherzhaft.

Als ich das Gefühl habe, dass die Abfahrt unmittelbar bevorsteht, greife ich zum Sturzhelm. Seit einiger Zeit muss außerhalb der Ortschaften ein Schutzhelm getragen werden. Es handelt sich dabei zumeist um einfache Halbschalen, die Fahrradhelmen gleichen. Doch ich habe mich getäuscht. Dien verschwindet für lange Zeit im Bad, um bei seiner Rückkehr erneut die Gurte und den Inhalt seiner Taschen zu prüfen.

»Und du willst dich wirklich da hinten draufsetzen und mit mir bis an den Mekong fahren?«, fragt Dien mich mit einem nervösen Lächeln, und ich begreife, dass er tatsächlich bis jetzt daran gezweifelt hat. Wie oft hat er mir den furchtbaren Verkehr geschildert, den unbequemen Rücksitz betont und die weite Entfernung mit den Fährpassagen in düsteren Farben ausgemalt.

Ich nicke einfach nur zustimmend und fingere erneut an meinem Helm herum. Wenn ich es mir genau überlege, so habe ich wirklich keine Vorstellung davon, was mich erwartet, aber ich freue mich auf die Fahrt und mache ihm ein Zeichen, kein Wort mehr darüber zu verlieren. Als Alternative bliebe uns nur ein Mietwagen mit Fahrer, was mir wenig verlockend erscheint. Unser Chauffeur bliebe notgedrungen mit uns vor Ort und würde einen Schlafplatz und Verpflegung brauchen. Mit Diens Moped hingegen sind wir unabhängig. Außerdem stelle ich mir vor, von seinem Heimatort bei Ben Tre weiter ins Mekongdelta hinein- und nach Can Tho zu den schwimmenden Märkten zu fahren. Aber da ich den Weg bisher nur auf der Karte gesehen habe und Dien auch noch nie dort war, werden wir uns erst erkundigen müssen, ob die Strecke für uns zu schaffen ist.

In seinem Heimatland hat Dien weniger Orte gesehen als jeder Tourist, der nur vierzehn Tag umherreist. Wohin sollte er schon reisen? Warum? Mit wem? Wer will schon mit einem Behinderten reisen? Wozu? Diese Fragen stellt er mir, und ich versuche sie zu verstehen. Was soll ich ihm antworten? Ich bin weit gereist. Das Reisen gehört zu meinem Leben. Fremde Orte und fremde Menschen lösen dieses wunderbare Gefühl von Spannung und Neugier in mir aus, das ich niemals missen möchte.

Als das Packen endgültig beendet und alle Gurte festgezurrt sind, rollt Dien in dem neuen Rollstuhl an die Honda heran. Er wird bei dieser Reise nicht gebraucht, denn die schmalen Räder sind für die Sandwege in seinem Heimatdorf ungeeignet. Außerdem würde er bei der langen Fahrt und auf den überfüllten Flussfähren sicher Schrammen bekommen. Das Moped steht noch im Wohnzimmer, Dien macht sich an der rechten Seite bereit zum Aufsteigen. Zunächst greift er unter seine Kniekehlen, nimmt die Beine hoch und setzt seine Füße auf die Fußraste. Sie ist wie ein kleiner Tritt angelegt, auf dem der gesamte Fuß Platz findet und während der Fahrt nicht verrutscht. Dann stützt er sich mit der einen Hand auf der Sitzfläche seiner Honda ab und hält sich mit der anderen am Lenker fest. Nun zieht er sich ausschließlich mit der Kraft seiner Arme und seines Oberkörpers hoch und sitzt im nächsten Moment auf dem Sattel. Für diese Bewegung kann er weder Schwung aus seinem Unterkörper noch aus seinen Beinen holen. Der Bereich unterhalb seiner Brust ist gefühl- und kraftlos. Er greift nach dem linken Bein und stellt es auf der anderen Fußraste ab. Danach fasst er reflexartig nach seinem Hosenbund, um zu prüfen, ob etwas verrutscht ist. Mir war zunächst nicht klar, dass er nicht spüren kann, ob seine Hose heruntergerutscht ist und möglicherweise ein Stück seiner Windel herausschaut. Als alles sitzt, zieht er schwungvoll am Lenker und lässt das Moped rückwärts die Rampe herunterrollen.

Zum Abschied winken wir Hai und Yen zu. Ich kann nur hoffen, dass Diens Freundin wirklich Verständnis für unsere gemeinsame Reise hat. Dien ist auffallend zurückhaltend, wenn ich ihn nach ihrem Verhältnis frage.

Nach über einer Stunde haben wir die Stadtgrenze erreicht, ohne dass es einen nennenswerten Unterschied in der Bebauung gibt. Überfüllte Straßen, hupende Fahrzeuge aller Art und erschreckend viele LKWs, die allein durch ihre Größe Vorfahrt haben. Manche Lastwagenfahrer betätigen eine ohrenbetäubende Dauerhupe, die wie der Strahl aus einem Wasserwerfer wirkt. Automatisch flüchten alle kleineren und langsameren Fahrzeuge und machen die Bahn frei. Als wir zum wiederholten Male lärmend von unserer Spur verscheucht werden, steigen Aggressionen in mir hoch. Mancher Fahrer lässt lässig seinen Arm mit einer brennenden Kippe aus dem Fenster baumeln und scheint sich wie ein Held der Landstraße zu fühlen. Moped- und Radfahrer, die auf die Nationalstraße einbiegen, schauen sich nicht um, sondern werden vom Verkehrsfluss aufgenommen, der sich ihretwegen entweder teilt oder nach links ausweicht. Es ist ein Schauspiel, auf das ich nicht gerade erpicht bin, aber wir sind Teil dieser Masse, die alles daransetzt, möglichst schnell voranzukommen. Meine Anspannung steigt, denn Dien muss nicht nur auf den wahnwitzigen Verkehr achten, sondern auch Schlaglöchern und Wasserlachen ausweichen. Der gestrige Regen hat an manchen Stellen die Hälfte der Fahrbahn überflutet, und so drängen sich die Fahrzeuge auf den trockenen Abschnitten zusammen. Er fährt vorsichtig, aber eine Mindestgeschwindigkeit muss er einhalten, weil wir sonst permanent von Bussen und LKWs bedrängt und von der Straße vertrieben werden.

Nach einer weiteren halben Stunde taucht in der Landschaft das erste Grün auf und wirkt wie eine Offenbarung. Als hätte ich diese Farbe seit langer Zeit nicht mehr gesehen, staune ich über den Anblick eines Reisfeldes und bekomme schon bald das Gefühl einer Farbüberflutung. Saftig und voller Lebendigkeit wiegen sich die Pflanzen im Wind. Wie überall in Vietnam finden sich auch hier die Gräber der Ahnen inmitten der Felder. Für einen kurzen Moment ist mein Blick auf die Ackerflächen durch ein überdimensionales Werbeschild für Bleichcreme verstellt. Doch gleich darauf kann ich einen Wasserbüffel beobachten, der träge am Rande eines Feldes in der Sonne liegt. Die Spitzhüte der Bauern leuchten aus dem grünen Meer heraus wie kleine Bojen, die in der Dünung auf und nieder wippen. Neben der Nationalstraße verläuft ein Kanal. Zu manchen Häusern führen einzig Fußgängerbrücken aus Kokosbaumstämmen.

Als wir nach Stunden den Fähranleger Rach Mieu am Mekong erreichen, sind wir erleichtert. Endlich können wir ein wenig entspannen. Im Nu stecken wir in einem Pulk aus Dutzenden von Mopeds, die auf das Öffnen einer Schranke warten. Eine Fähre legt soeben ab, während eine andere zum Beladen fertig gemacht wird und eine dritte einläuft. Ich steige ab, strecke meine Beine und setze den Helm ab. Wir schauen uns an und lächeln. Ein großes Stück des Weges haben wir geschafft. An die neugierigen Blicke der Wartenden haben wir uns längst gewöhnt. Hier bietet sich ihnen die günstige Gelegenheit, unserer Sprache zu lauschen. Einige werden vermutlich merken, dass es kein Englisch ist, und umso interessierter zuhören. Als die Schranke sich öffnet, gleicht die Geräuschkulisse dem Start eines Motorradrennens. Ich flüchte an den Rand der Fahrbahn und schließe mich den Fußgängern an, während Dien im Pulk der anderen an Bord fährt.

Hier fließt einer der mächtigsten Arme des Mekong, der Tien Giang, was so viel wie vorderer Arm bedeutet. Wenn man in seine bräunlichen Fluten schaut, fällt es schwer, sich seine Quelle im Hochland von Tibet vorzustellen. Der Mekong ist mächtig, und seine Strömung wirkt hier, an einem der Hauptarme, bedrohlich und eigenwillig. Dieses Gewässer scheint unzähmbar. Der Mekong trägt auch den Namen Großer Drache. Auf seinem langen Weg durch China, Burma, Laos, Thailand und Kambodscha lässt er über 4500 Kilometer hinter sich, um beim Erreichen des großen Meeres seine neun Köpfe aufzubäumen. Im Süden Vietnams beherrscht der Neunköpfige oder auch Neunarmige Drache das gesamte Leben im Delta. Streng genommen sind es nur acht Arme, aber die Zahl Acht steht in bestimmten Zusammenhängen für Unglück, und so nennen die Vietnamesen ihn aus weiser Vorsicht heraus den Neun-Drachen-Fluss. Zwei mächtige Arme formen das Delta, der Tien Giang und der Hau Giang, der hintere Arm, der an Can Tho, der Hauptstadt des Mekong, vorbeifließt. Seine acht Arme verzweigen sich zu tausend Fingern und lassen die Kraft des Wassers bis in ihre äußersten Spitzen fließen. Dieser Strom trägt Leben in jeglicher Form mit sich. Fruchtbare Schwebstoffe geben dem Fluss seine bräunliche

Farbe und werden bei Überflutung durch ein weit verzweigtes Kanalnetz bis auf entlegene Reis- und Gemüsefelder getragen. In dieser Region sind bis zu drei Ernten im Jahr möglich. Schwimmende Inseln aus Pflanzen treiben im Strom und prägen das Gesicht des Mekong. Manche sind nur so groß wie ein Fahrradreifen, andere haben Durchmesser von mehreren Metern. Während des Vietnamkrieges waren die schwimmenden Inseln bevorzugte Verstecke für die Untergrundkämpfer der Nationalen Front für die Befreiung Südvietnams, der Front de Libération Nationale, der FLN, die in internationalen Zusammenhängen zumeist Vietcong genannt werden. *Vietcong* bedeutet »vietnamesischer Kommunist« und wurde von den Kämpfern selber nicht gebraucht. Die Guerillas nutzten das schwimmende Gestrüpp als Basis für spektakuläre Überraschungsangriffe, die den Soldaten der südvietnamesischen Armee sowie den Amerikanern schwere Verluste bereiteten.

Der Fluss ist die Hauptverkehrsader im Mündungsgebiet. Von winzigen Einbäumen bis zu hochmodernen Schnellfähren, die mehr Flugzeugen als Schiffen ähneln, finden sich hier alle möglichen Arten von Wasserfahrzeugen. Doch die Straßenverbindungen gewinnen immer mehr an Bedeutung. Vom Anleger aus können wir den Bau einer gigantischen Brücke sehen. Einige Pfeiler ragen bereits in die Höhe und wirken fremd in dieser Landschaft. Einem Ungetüm gleich erhebt sich die Baustelle aus dem undurchdringlichen Grün des Deltas.

Mein Aussichtsposten auf dem Oberdeck der Fähre gestattet mir einen guten Überblick. Nicht weit von hier hat auch Marguerite Duras den Mekong regelmäßig überquert.

Damals bestand die Bebauung zumeist aus einfachen Holz- und Palmwedelhütten oder aus den Kolonialbauten der Franzosen und den Anwesen der wenigen wohlhabenden Vietnamesen und Chinesen. Ende der dreißiger Jahre war das Mekongdelta ein wichtiger Teil Indochinas und vollständig von der französischen Kolonialmacht beherrscht.

Während Frauen mit Spitzhüten ihre kleinen Boote in der Strömung navigieren, dabei gleichzeitig das Ruder am Heck umschlagen und im Stehen das Gleichgewicht halten, fallen die Schatten eines Stahlpfeilers auf ihre zeitlos wirkenden Holzboote mit der Last aus frischen Kokosnüssen. Die Arbeiten an der Brücke sind schwierig, weil das gesamte Delta keinen festen Untergrund bietet. Dien erzählt mir, dass ausländische Investoren regelmäßig in Verzweiflung geraten, weil der Bau immer wieder unterbrochen werden muss. Neben den unwirtlichen Bedingungen der Natur werden ihre Pläne durch Korruption und Misswirtschaft durchkreuzt. Nur selten wird in der vietnamesischen Presse offen darüber berichtet, meistens werden die wahren Probleme vertuscht, erklärt Dien mir mit einem Schulterzucken, das wohl ausdrücken soll, er würde ohnehin nichts anderes erwarten.

Auf der anderen Seite des Flusses haben wir glücklicherweise die Nationalstraße hinter uns gelassen und können uns endlich auch während der Fahrt unterhalten.

»Früher brauchte ich mit dem Bus fast sechs Stunden für die Fahrt, inzwischen nicht viel mehr als die Hälfte. Es war immer eine Tortur für mich. Jedes Jahr zum Neujahrsfest habe ich mich in den Bus gequält. Und immer wenn ich ins Dorf fahre, denke ich an den Tag im Jahr 1976, als ich zum ersten Mal hierherkam. Es ist ein seltsames Gefühl, mit dir in meine Vergangenheit zu reisen. Die Jahre am Mekong waren die schwersten in meinem Leben. Ich war dreizehn Jahre alt, als meine Mutter mich hierherbrachte. Ich hatte zuvor schon einiges mitgemacht, aber was mich hier erwartete, war manchmal kaum zu ertragen. Du wirst es dir vielleicht vorstellen können, auch wenn meine Familie jetzt unter viel besseren Bedingungen lebt.«

Dien war nie zuvor in einer derart abgelegenen Gegend gewesen. Als kleines Kind, bevor er als Fünfjähriger nach Deutschland kam, hatte er mit seinen Eltern in Ben Tre gelebt, das damals schon eine richtige Stadt war. Nach seiner Rückkehr nach Vietnam als

Elfjähriger, einer Odyssee durch Südvietnam und Laos während der letzten Kriegsmonate des Jahres 1975 und einem einjährigen Aufenthalt in Saigon unter widrigen Umständen, war es allein einem Zufall überlassen, dass seine Mutter ihn wiedergefunden hatte und mit sich ins Mekongdelta nahm. Zu jener Zeit gab es nicht einmal richtige Autobusse, sondern merkwürdige Fahrzeuge, die eine Art Ofen hatten, der mit Kohle und Holz beheizt wurde, um einen Motor zu betreiben. Benzin war nach dem Krieg Mangelware. Stundenlang mussten die beiden es auf einer überfüllten Ladefläche aushalten. Unterwegs kam es zu Kontrollen, der Busfahrer musste Schmiergeld zahlen, das Gepäck wurde durchsucht, sie durften weder Reis noch andere Lebensmittel mit sich führen. Nach der Endstation hatten Dien und seine Mutter noch immer einige Kilometer vor sich. Die Straße war eine Piste voller Schlaglöcher. Auf dem letzten Stück des Weges zu seinem neuen Zuhause packte Dien eine furchtbare Angst. Bald gab es keine befahrbaren Wege mehr. Beim Anblick des Dschungels und der Felder stieg eine brennende Hitze in seinen Kopf, und Krämpfe erfassten ihn. Ein Mann begleitete seine Mutter und ihn, vielleicht war es einer seiner Onkel. Mehrere Männer trugen ihn abwechselnd auf dem letzten Stück des Weges. Es war mitten in der Regenzeit, alles war überschwemmt und voller Schlamm. Einerseits war Dien glücklich, seine Mutter endlich wiedergefunden zu haben. Als sie kam, um ihn aus Saigon abzuholen, fühlte er sich gerettet, aber da wusste er noch nicht, was ihn auf dem Land erwartete. Auf dem letzten Kilometer bis zum Haus seiner Mutter hatte er das Gefühl, auf dem Weg in ein Gefängnis zu sein. Man trug ihn über Trampelpfade und Brücken, die aus nichts weiter als umgestürzten Kokospalmen bestanden. Überall war Wasser, Seitenarme des Mekong, Kanäle und Gräben. Sie kamen an den ärmlichsten Hütten vorbei, die er je gesehen hatte. Wie sollte er hier leben? Mit einem Rollstuhl? Als er die Hütte seiner Mutter sah, kämpfte er mit den Tränen. Es war nicht viel mehr als ein

Unterstand, ein kleiner Raum aus Palmwedeln mit einem Blätterdach. Der Boden bestand aus Lehm.

Bei der Ankunft verabschiedete er sich im Stillen von seiner Vergangenheit. Obwohl er fast noch ein Kind war, wusste er sofort, dass es ihm nicht helfen würde, hier, am Ende der Welt, weiterhin an die schönen Jahre in Deutschland und an seine Freunde zu denken; einige von ihnen hatte er dort und andere in Saigon zurücklassen müssen. Sie hätten genauso gut auf dem Mond leben können.

Hier komme ich nie wieder weg, sagte er sich im Stillen, und niemand wird je den Weg zu mir finden.

Auf diese Zeit in seinem Leben wollte Dien seine Uhr niemals mehr zurückstellen. Damals erklomm er mit seinen starken Armen die Bäume und schlug die kärgliche Reisernte von Hand aus, um keines der kostbaren Körner zu vergeuden. Schließlich musste er seinen kleinen Geschwistern etwas zu essen bieten. Er war kein Kind mehr, aber auch noch kein Mann. Auf seinen Schultern lastete eine schwere Verantwortung. In den Nachkriegsjahren war die Reisernte verdorben, und die Bauern am Mekongdelta durchlitten eine Hungersnot. Sein Vietnamesisch war dürftig und seine Gedanken an Deutschland wirr. Damals fragte er sich manchmal, ob die Jahre in der Ferne Wirklichkeit waren. Hatte er mit seinen Freunden wirklich Schneebälle geformt, und hatten sie sich damit mit dieser wunderbaren Kälte beworfen? Oder war es nur ein Traum gewesen? In der flirrenden Hitze am Mekong, wohin er wie ein Fremder zurückgekehrt war und wo die Räder seines Rollstuhls im Schlamm der aufgeweichten Erde versanken, versuchte er, nicht ständig an Deutschland zu denken. Der Verlust schmerzte zu sehr. In Hamburg und Dehme war er zu Selbstständigkeit und Stärke erzogen worden. Die Worte seiner Pflegemutter, Erzieher, Lehrer, Therapeuten und Freunde hatte er stets im Ohr. Sie halfen ihm, die schweren Jahre am Mekong zu überstehen. Die Vergangenheit war sein Segen und sein Fluch zugleich. Er musste stark sein. Er wollte stark sein. Er war stark. Aber die Menschen in den einfachen Behausungen zwischen den Reisfeldern hielten ihm unentwegt den Spiegel der Schwäche und des Andersseins vor.

Wir fahren durch eine bäuerlich geprägte Landschaft, die in ihrer Üppigkeit einem Garten Eden ähnelt.

»Hier ist die Haltestelle«, sagt Dien, als wir die Stadtgrenze von Ben Tre erreicht haben.

»Den Kreisverkehr und die Tankstelle gab es früher natürlich nicht. Es war nur eine kleine Abzweigung. Ich möchte so gern, dass du dir vorstellen kannst, wie es ausgesehen hat. Hier fing damals die Sandpiste an. Nachdem ich als Erwachsener wieder zurück nach Saigon gezogen war, bin ich einmal im Jahr zum Tet-Fest hierhergekommen. Das ganze Jahr habe ich darauf gespart, weil ich meiner Mutter und meinen Geschwistern Geschenke mitbringen wollte. Für einen Querschnittsgelähmten war es eine beschwerliche Reise. Schon Tage vorher konnte ich kaum schlafen, weil es allein schon schwierig war, überhaupt eine Fahrkarte zu erwischen. Zum Tet-Fest wollen alle Vietnamesen in ihre Heimatorte. Für die Busfahrt musste ich meine Schienen anlegen. Mit dem Rollstuhl hätte ich nie eine Fahrkarte bekommen. Es war ein harter Kampf, denn es gab nie genug Plätze. Nur die Stärksten konnten sich durchsetzen. Ich habe mich mit meinen Krücken durchgekämpft. Und hier, an dieser Kreuzung, bin ich dann ausgestiegen. Mein erster Blick galt immer dem Rollstuhl, der auf das Dach geschnallt war. Ob noch alles dran war und nichts verbogen. Dann musste ich diesen Weg nehmen«, sagt Dien und zeigt in die Richtung, in die wir nun einbiegen.

Als wir schon über eine Viertelstunde auf der Asphaltstraße fahren, frage ich mich, wie er diesen Weg im Rollstuhl gemeistert hat. Selbst jetzt ist die Straße in einem schlechten Zustand; ohne Asphalt muss es eine Qual gewesen sein. Zu beiden Seiten säumen Felder und Gärten unseren Weg. Kokospalmen und Bananenstauden spenden ein wenig Schatten. Wohin das Auge auch reicht, es trifft auf üppiges Grün. Hier ist kaum Verkehr, nur vereinzelt kommen uns Hondas und Radfahrer entgegen.

»Es ist ziemlich weit. Hat dich jemand von der Haltestelle abgeholt, wenn du aus Saigon gekommen bist?«

»Wie denn? Sie wussten doch nicht, wann ich komme. Telefone gab es hier nicht. Bis heute wurde keine Leitung gelegt, aber jetzt haben viele ein Mobiltelefon.«

Es sind fast zehn Kilometer, bis wir von der Straße auf einen Weg abbiegen. Wir halten an, und Dien ruft seinen Bruder an, damit er uns entgegenkommt. Allein würden wir den Weg nicht finden, erklärt mir Dien, und ich bin überrascht.

Wir warten am Rand einer Grünfläche, die offenbar als Fußballfeld genutzt wird. Vor den aus Baumstämmen gezimmerten Toren haben sich Wasserlachen gebildet, in denen Enten baden.

»Hier haben sie einen Mann hingerichtet. Wir haben die Schüsse gehört. Das hatten sie Tage vorher per Lautsprecher angekündigt. Es war eine Sensation in unserer abgelegenen Gegend. Selbst aus den Nachbardörfern kamen die Leute zum Zuschauen. Der Mann, den sie erschossen haben, soll mehrere Menschen ermordet haben. Normalerweise wurden auf dem Platz Kinofilme gezeigt. Die kamen meistens aus der Sowjetunion. Einmal haben meine Brüder mich mitgenommen. Es war ein Märchenfilm, eigentlich etwas für Kinder, aber auch die Erwachsenen haben sich das angeschaut, weil es die einzige Möglichkeit war, überhaupt einen Film zu sehen. Das war 1980, und ich musste immer daran denken, wie oft ich in Deutschland in richtigen Kinos gewesen bin. Dort haben wir auf gepolsterten Stühlen gesessen und Eis geschleckt.«

Als Diens Bruder kommt, erkenne ich ihn wieder. Es ist Bruder Acht, sein offizieller Name ist Phu. Ich habe ihn im Frühjahr in Saigon kennen gelernt. Phu hat das sonnenverbrannte Gesicht der Reisbauern und die schüchterne Art der Landbewohner. In Saigon hat er kaum gesprochen, aber ich erinnere mich daran, wie er eine unreife Papaya in erstaunlich feine Streifen geschnitten hat und ich es ihm nachmachen sollte. An jenem Tag habe ich den köstlichsten Papayasalat meines Lebens gegessen. Die Brüder grüßen sich knapp und wechseln ein paar Worte. Mich schaut Phu kaum an, er lächelt kurz und nickt mir einen Gruß zu. Leider spricht niemand in der Familie Englisch.

Wir folgen seiner Honda und müssen uns beeilen, an ihm dranzubleiben. Im Nu befinden wir uns mitten in einem Gewirr aus Wegen und Trampelpfaden. Schon nach der dritten Abzweigung habe ich die Orientierung verloren. Um uns herum ragt das Grün so weit auf, dass wir kaum den Himmel sehen können. Die Wege werden immer schmaler. Wenn uns hier jemand entgegenkommt, wird es eng. Diens Moped nimmt deutlich mehr Raum ein als ein normales Zweirad. Vor einer Brücke, die nur aus einer Betonplatte besteht, halten wir, um die Breite zu prüfen.

»Früher gab es solch einen Luxus nicht«, sagt Dien mir noch, bevor er wieder Gas gibt, um Phu nicht zu verlieren. Als der Weg halb überwuchert ist, kommen wir ins Schlingern. Die Honda kippt ein wenig nach links, und im nächsten Moment sehe ich Dien zur Seite fallen. Reflexartig greife ich in sein Hemd und ziehe ihn hoch. Die Maschine geht glücklicherweise von selber aus und steht beängstigend schräg am Wegesrand. Als Dien wieder gerade sitzt, springe ich ab.

»Was war das?«, ruft er aus.

»Das fragst du mich?«

»Du bist aber stark! Du hast mich einfach hochgerissen. Danke.«

»Gut, dass du ein Hemd trägst und kein Shirt. Der Stoff ist schön fest.«

Ich steige ab und ziehe die Honda ein Stückchen zurück. Eines der Hinterräder ist vom Weg abgekommen, und Dien hat die Balance verloren. Ich werde mich mit dem Bein abgestützt und gehalten haben, überlege ich.

»Also, ich muss schon sagen. So eine deutsche Frau, die kann zupacken.«

»Das gefällt dir, was?«

»Super!«, sagt er lachend. »Einfach mal zugreifen und einen kleinen vietnamesischen Mann hochziehen. Wie ein Kätzchen! Woher wusstest du, was du machen musst? Hast du keinen Schrecken bekommen?«

»Wir sind doch nur Schritttempo gefahren. Außerdem habe ich überhaupt nicht nachgedacht. Das kam wie von selbst. Ich habe dir doch schon gesagt, ich fühle mich hier wie ein Elefant, und die sind nun mal stark! Auch wenn sie aus Europa kommen.«

Phu schaut sich um und wartet. Der Weg ist vom letzten Regen noch feucht und an manchen Stellen schlammig.

»Fahr allein weiter. Ich laufe euch nach.«

Erst jetzt nehme ich die Geräusche dieses tropischen Dickichts in vollem Ausmaß wahr. Aus allen Richtungen stürmt ein Zirpen und Zwitschern auf mich ein.

Ich strecke die Glieder und schüttle mich kurz, um meine steifen Beine zu lockern, dann laufe ich los. Schon nach wenigen Schritten bremst mich die Hitze wie ein unsichtbarer Vorhang, in dessen feinen Stofflagen ich mich verfange. Dien verschwindet hinter einem Palmengrüppchen, und ich versuche mich an den Motorgeräuschen zu orientieren. Ich tauche ein in einen Dschungel aus blühendem Hibiskus, Farnen, Fächerpalmen, Mangobäumen und Bananenstauden. Reife Pomelos und Orangen locken am Wegesrand. Hunde bellen und hetzen sich gegenseitig auf. In diesem Dickicht ist keiner von ihnen zu entdecken, aber weit können sie nicht sein. Hähne krähen, und dann stehe ich plötzlich vor einem Gartentor. Ein einfaches Holzhaus mit einer kleinen Veranda duckt sich unter mächtigen Kokospalmen. Eine Katze döst im Schatten auf matten Steinfliesen, die sich in ihrem Farbton an die rotbraune Erde dieser Region anlehnen. Kein Mensch ist zu sehen. Die Tür zum einzigen Raum der Behausung steht offen. Ein Bett steht gegenüber der Tür. Liegt jemand darauf und schaut heraus? Hier kann es nicht sein. Ich drehe mich um und laufe zurück. Motorgeräusche kommen näher, und im nächsten Moment fährt ein Mann vorüber, der nur mit einer kurzen Hose und Plastiksandalen bekleidet ist. Auf seinem Oberkörper zeichnet sich ein feines Geflecht von Muskeln und Sehnen ab, schmal und gleichzeitig voller Kraft. In seinem Mundwinkel glimmt eine Zigarette. Wo sind die Brüder abgeblieben? Ich folge einer Palmenallee. Die hellen Stämme säumen den Weg und ragen mit einem leichten Schwung in den Himmel. In schwindelerregender Höhe wiegen sich die Wedel im Wind. Das Wurzelwerk der kräftigen Bäume durchzieht den angelegten Pfad und gibt ihm Halt. Daneben liegt ein kleines Feld mit Pflanzen, die mich an Maniok erinnern.

Beim Weitergehen habe ich das Gefühl, als Zwergin durch einen botanischen Garten zu streifen. Ich schaue in alle Richtungen gleichzeitig. Fremdartige Pflanzen recken sich kraftstrotzend in die Höhe. Hier scheint es keine welken Blätter zu geben, alles schimmert in Grüntönen, durchwirkt von vielfarbigen Blüten und exotischen Früchten. Manche Palmblätter ragen vom sumpfigen Untergrund in luftige Höhen. Allein könnte man einen derartigen Palmwedel vermutlich kaum tragen. Manche Blumen kommen mir bekannt vor, wenn ich sie auch nur als Miniaturausgabe im heimischen Blumenladen kennen gelernt habe. Das feuchtwarme Klima am Mekong lässt sie zu ihrer wahren Größe reifen. Orchideen klammern sich an Bäume und zeigen ihre verschwenderische Blütenpracht. Ich höre Stimmen, kann ihre Herkunft aber nicht orten. Das Grün erscheint undurchdringlich und ist übertönt von Zirpgeräuschen und Vogelschreien. Dunkle Schmetterlinge, so groß wie Meisen, flattern durch die Luft; auf ihren Flügeln changieren tiefe Blautöne. Hinter Hecken und dichtem Buschwerk tauchen weitere Häuser auf, deren Grundstücke von Zäunen aus trockenem Astwerk gesäumt sind. Einige Behausungen haben gemauerte Wände und Wellblechdächer, andere sind mit Palmwedeln oder gar Tonziegeln gedeckt. Bauern schauen mich neugierig an, und ich spreche einen kurzen Gruß, woraufhin sie mir ein Lächeln schenken. Dann erreiche ich eine Lichtung mit einem Tümpel. Zunächst erfreue ich mich an Wasserhyazinthen, deren hoch aufragender Blütenstamm fast künstlich perfekt wirkt. Doch dann regt sich in dem schlammigen Gewässer unbekanntes Getier, und ich eile weiter. Sollte ich das Haus von Diens Familie nicht bald erreichen, wird sicher jemand nach mir suchen. Wie schnell ich die beiden Brüder doch verloren habe. Dien konnte sich bei den schlechten Wegverhältnissen nicht nach mir umschauen, weil er sich am Lenker festhalten muss. Inzwischen verstehe ich auch, warum wir abgeholt werden mussten. Dien hat in den sieben Jahren, die er hier gelebt hat, die Hütte und den winzigen Hof nur zweimal verlassen.

Eine Frau auf einer schwer beladenen Honda kommt mir entgegen. Sie lächelt erkennend und muss ihre Last aus Kokosnüssen im Gleichgewicht halten. Dien ist vermutlich der Einzige, der ausländische Besucher hierherbringt. Im nächsten Moment stehe ich vor einer offenen Gartenpforte, wo mein Freund nach mir Ausschau hält.

Mindestens acht Personen umringen ihn. Ich suche nach Diens Mutter und begrüße sie als Erste. Sie ist auffallend klein und agil und scheint niemals still zu sitzen. Auch jetzt fragt sie sofort, ob wir hungrig seien, und bittet uns mit Gesten ins Haus. Ich nehme ihre Hand und merke, dass ihr der europäische Gruß vertraut ist. Durch Dien hat sie in den letzten Jahren zahlreiche Ausländer kennen gelernt und unser zudringliches Gebaren erlebt. Ich senke den Kopf als Zeichen des Respekts, wiederhole diese Geste einige Male und deute eine kleine Verbeugung an.

Phu und ein Schwager machen sich an den Packgurten zu schaffen, während Dien ihnen offenbar etwas erklärt. Ich überlege, ob ich ihnen zur Hand gehen oder erst die gesamte Familie begrüßen soll. Lächelnd nicke ich in die Runde, möchte aber auch, dass Dien endlich vom Moped absteigen kann, denn für ihn war die Fahrt sicher genauso unbequem wie für mich. Im Rollstuhl sitzt er bestimmt angenehmer.

»Soll ich?«, frage ich ihn, weil ich inzwischen sein spezielles Befestigungssystem der Spanngurte kennen gelernt habe. Ein anderer könnte sich beim Zurückschnellen der Gummibänder verletzen.

»Dien, soll ich deinen Rollstuhl runternehmen?«

»Ja, bitte!«

»Dann sag es den beiden. Sie sehen aus wie Männer, die sich ungern etwas aus der Hand nehmen lassen.«

Dien lacht, und nach wenigen Worten lachen auch die beiden Männer. Endlich ist der Rollstuhl befreit, und ich schiebe ihn an seine Seite.

Die meisten Gesichter sind mir vertraut, weil seine Familie anlässlich des Neujahrsfestes im Februar nach Saigon gekommen ist. Dien ist über zwei Jahre nicht mehr im Dorf gewesen. Ich bin gespannt auf Schwester Sieben, auf Ngoc, weil sie Diens engste Vertraute ist. Sie hat viele Jahre bei ihm gelebt, und was Dien mir über ihr Verhältnis erzählt hat, klingt nach inniger Geschwisterliebe. Weil ihre Mutter darauf bestand, dass Ngoc endlich heiratete, kam sie zurück aufs Land. Inzwischen hat sie einen kleinen Sohn, der seit einigen Monaten laufen kann. Ngoc und ich geben uns die Hand.

Phus Frau ist hochschwanger. Han ist eine zarte Frau mit einem enormen Bauch, der auf die unmittelbar bevorstehende Geburt hindeutet. Mir fehlen die Worte, um alle Anwesenden angemessen begrüßen zu können. Darüber solle ich mir keine Sorgen machen, sagt Dien. Alle freuten sich, dass wir gekommen seien, und sie wüssten auch, dass er ohne mich diese Fahrt nicht auf sich genommen hätte. Dass wir beide hier sind, reiche schon aus, um mich besonders willkommen zu heißen. Nun bin ich beruhigt.

»Sie sind überrascht, dass wir mit meiner Honda gefahren sind. Das haben sie nicht erwartet. Jedenfalls nicht von einer Langnase. Sie wissen, wie anstrengend und unbequem die Fahrt ist. Und mit meinem Dreirad stellen sie es sich noch schwieriger vor. Die wenigen Male, die ich mit dem Moped hier war, bin ich allein gefahren. Keiner von ihnen würde sich auf mein Moped setzen.«

»Wenn sie wüssten, was wir noch alles vorhaben«, sage ich und spüre eine Welle der Freude in mir aufsteigen. Die tropische Umgebung, das einfache Haus, die vielen Verwandten und das glückliche Gesicht von Dien beflügeln mich. Angekommen in der Fremde, inmitten von Fremden, die mir seltsam vertraut erscheinen, fühle ich mich auf Anhieb wohl.

Als wir Platz genommen haben, reicht Diens Mutter uns zwei Kokosnüsse, die noch in ihrer mächtigen grünen Schale stecken. Damit wir bequem trinken können, hat sie Strohhalme in je eines der drei Löcher gesteckt. Der Kokossaft hat genau die richtige Temperatur und schmeckt ausgesprochen lecker.

»Endlich etwas zu trinken«, sagt Dien. »Wenn ich Kokossaft trinke, muss ich ziemlich schnell zur Toilette. So etwas könnte ich unterwegs nie trinken. Wenn du auch mal musst, dann sag Bescheid. Meine Schwester zeigt dir die Toilette.«

»Wie fürsorglich von dir, danke«, sage ich lächelnd. Seitdem wir über das Problem der Toilettengänge gesprochen haben, wirkt Dien wie befreit und scheut sich nicht mehr, darüber zu reden.

Gestern hat er mir in erstaunlicher Offenheit erklärt, wie er durch gezieltes Essen und Trinken seine Ausscheidungen einigermaßen unter Kontrolle hält. Obwohl er im Bereich unterhalb seiner Brusthöhe kein Gefühl hat, weiß er genau, wann es so weit ist. Er musste tief durchatmen, bevor er mir sagte, dass er sicherheitshalber Windeln trägt. Kaum jemand wisse davon. In seinem Umfeld könne er nicht mit Verständnis rechnen. Genauere Kenntnisse hätten eigentlich nur seine Mutter und seine Schwester Ngoc. Die meisten Leute wüssten nicht damit umzugehen, und er nähme es ihnen auch nicht übel. Woher sollten sie über solche Dinge Bescheid wissen?

Die Kokosnuss enthält erstaunlich viel Flüssigkeit, und ich werde darüber aufgeklärt, dass es Saftfrüchte und Fleischfrüchte gebe. Diese sei gefüllt mit klarem Saft, ohne Milch und mit wenig Fruchtfleisch.

Im gesamten Ort gibt es keine Quelle und somit auch kein Frischwasser. Man fängt das Regenwasser auf und sammelt es in großen Tonkrügen. Wir beschließen vorsichtshalber, unsere Mägen damit zu verschonen. Zwar haben wir noch die Desinfektionstabletten, die ich Dien im Frühjahr gegeben habe, aber wir wollen kein Risiko eingehen. Es wäre bedauerlich, wenn wir beide krank im Bett lägen, statt gesund durchs Land zu reisen. Dien bittet seinen Bruder, aus einem Geschäft an der Hauptstraße einen Kanister Mineralwasser zu holen. Seit einigen Jahren gibt es dort diesen Luxusartikel zu kaufen.

Man badet sich und wäscht schmutzige Kleidung mit dem Wasser aus dem Mekong, denn dafür ist das Regenwasser zu schade. In der Trockenzeit kann es durchaus knapp werden. Die gefüllten Tonkrüge sind ein wertvoller Schatz. Das Flusswasser wird in Plastikfässer gepumpt und mit einem Pulver angereichert, durch dessen Wirkung sich die Schwebstoffe am Boden absetzen. Danach sei das Wasser zwar nicht klar, aber er habe mich ja gewarnt, sagt Dien. Komfort gebe es hier keinen.

»Kein Problem. Ich komme auch eine Weile ohne eine richtige Dusche klar. Ich finde es hier schön.«

Viel anstrengender als der Verzicht auf sauberes Leitungswasser erscheint mir die Hitze. Auch jetzt ist der Strom wieder ausgefallen, und somit kommen wir nicht in den Genuss eines wirbelnden Ventilators.

Das Haus hat nur wenig Ähnlichkeit mit dem Gebäude auf einem Foto von 1993, das Dien mir gezeigt hat. Und selbst damals war es bereits vergrößert und die Wände aus Palmwedeln waren durch grobe Holzbretter ersetzt worden. Und es hatte ein Blechdach bekommen. Inzwischen hat es Mauern aus Stein und ein festes Dach, das bis über eine kleine Veranda reicht. Neben dem Hauptraum mit Bänken, Stühlen und Betten gibt es einen weiteren Raum im Innern, in den kaum ein Lichtstrahl fällt. Hier stehen zwei Doppelbetten, Regale und ein Esstisch. Im hinteren Bereich befindet sich die Küche mit der offenen Feuerstelle. Daneben stehen ein Dutzend glasierter Tonkrüge aufgereiht, jeder mit einem Fassungsvermögen von mindestens dreißig Litern Wasser. Der schönste Raum ist merkwürdigerweise mit kniehohem Maschendraht umzäunt. Später erfahre ich, dass dort erst vor wenigen Tagen Fliesen gelegt worden sind und man so die Hunde, Hühner und Katzen fernhalten will. Die grün gemusterte Keramik ist der ganze Stolz der Familie. Die drei Außentüren zur Verandaseite seien zum Ausbessern beim Tischler, und so steht der Raum weithin offen und wirkt besonders einladend. Hier befindet sich auch der Ahnenaltar mit den gezeichneten Bildern und Fotos der Verstorbenen. Vier Stühle stehen an einem Tisch mit einer bunten Decke, über die eine Glasplatte gelegt ist. Ich steige über den Zaun und schaue mir den Tisch genauer an. Unter der Scheibe liegen Familienfotos. So sind sie geschützt vor den tropischen Schauern der Regenzeit, deren Wassermassen selbst das beste Dach nicht gänzlich abhalten kann. Zwischen den einzelnen Räumen gibt es keine Türen, und die Wände enden in etwa zwei Metern Höhe. Darüber spannt sich mit einigem Abstand ein spitzer Giebel. Diese Offenheit sorgt in der tropischen Hitze für ein wenig Belüftung. Andererseits kann hier nur schwerlich eine Privatsphäre entstehen, und ich frage mich, wie die drei Ehepaare Momente der Zweisamkeit finden. Auch der Rauch aus der Küche dringt durch das gesamte Haus. Eine sanfte Brise scheint ihn regelrecht in den vorderen Raum zu ziehen. Alles ist von einer feinen Rußschicht überzogen.

Wunderschöne Hähne laufen über die Veranda, dann in den vorderen Raum, um weiter in Richtung Esstisch zu rennen und nach Reiskörnern und Speiseresten zu picken. Ich bewundere ihr Gefieder und gebe zu verstehen, dass es die schönsten Hähne sind, die ich je gesehen habe.

»Mein Bruder züchtet sie. Aus manchen werden kostbare Kampfhähne.«

Einige Tiere sitzen unter Drahthauben, damit sie ihren Kampftrieb nicht ausleben und sich dabei verletzen. Phu befreit eines der Tiere, damit ich es genauer betrachten kann. Der Hahn hat seinen Platz in der Speisekammer neben den Wasserkrügen und muss ein besonders wertvolles Exemplar sein. Diens Bruder streicht liebevoll über das Gefieder. Es schimmert seiden, und die Farben reichen von einem hellen Braun an Kopf und Hals über ein Rotbraun an den Flügeln bis zu einem Blauschwarz an Bauch und Hinterteil. Phu freut sich über mein Interesse an den Tieren und führt mich hinaus. Er deutet auf einen Hahn, der auf einem Berg von Kokosschalen sitzt. Reglos, aber vollkommen konzentriert beobachtet er seine Umgebung, die Augen in steter Bewegung. Ich nicke begeistert mit dem Kopf und versuche mit meiner Mimik, Bewunderung für das Tier zu zeigen. Dien folgt uns auf die Veranda und über eine Rampe hinunter in den Hof. Zum Viehbestand gehört auch ein auffallend großes Schwein, das neben dem Haus in einem kleinen Gehege steht.

»Das ist ja eine Riesensau«, sage ich zu Dien. »Was denkst du, was sie wiegt?«

»Du stellst aber auch seltsame Fragen. Keine Ahnung, hundert Kilo vielleicht.«

»Das ist doch nichts. Mein Freund wiegt fast hundert Kilo. Das Schwein wiegt mindestens das Doppelte«, antworte ich spontan, um mir erst danach der möglichen Missverständlichkeit meiner Äußerung bewusst zu werden.

»So schwer ist dein Freund? Das Zweifache von mir!«

»Nein, nein, so viel wiegt er nicht. Er ist groß und kräftig, aber nicht dick. Er ist ein athletischer Mann mit schweren Muskeln.«

»Trotzdem, er muss ein Riese sein. Jetzt bekomme ich es langsam mit der Angst zu tun«, sagt er und lacht. Dann fragt er seinen Bruder nach dem Gewicht des Schweins, und ich kann weitere Punkte als langnasige Bäuerin sammeln. Um die zweihundert Kilo, lautet die Antwort. Nach meinen Fragen zum Kilopreis von Schweinefleisch und zu weiteren Details, was den Aufwand fürs

Füttern anbelangt, scheinen die Brüder sichtlich verwirrt über ihren Gast aus Deutschland.

Nach dem Essen begleite ich Ngoc aufs Feld zum Bohnenpflücken. Schon nach einem kurzen Wegstück erreichen wir eine Brücke. Ngocs achtjähriger Neffe Hiep läuft geschwind über die beiden Baumstämme, die in einigen Metern Höhe über einen Wasserlauf führen. Ngoc trägt ihren Sohn auf dem Arm und würdigt weder die Stämme noch das trübe Gewässer weit unter ihren Füßen eines Blickes. Sie erreicht fast tänzelnd die andere Seite. Nur ich stehe hilflos da und taste mich schließlich Schritt für Schritt vorwärts, ohne nach unten zu schauen. Ngoc lacht und redet ununterbrochen auf mich ein. Nach dem, was ich über Mekongbrücken gehört und was ich auf Fotos gesehen habe, handelt es sich hier um eine ausgesprochen komfortable Konstruktion.

Am Rande eines Reisfelds stehen Paprikabüsche, an denen sich eine ältere Frau zu schaffen macht. Ngoc ruft ihr etwas zu, und sie hebt den Kopf mit dem typischen Spitzhut. Vor mir breitet sich ein Bild von Vietnam aus, das bisher nur in meiner Fantasie existierte. Sich im Wind wiegende Reisfelder, gerahmt von Kokospalmen und Bananenstauden, Grün in allen Nuancen, so weit das Auge reicht. Ein Wasserbüffel reckt träge den Kopf aus einem Tümpel, und die Frau blickt fragend unter ihrem tief sitzenden Hut zu mir herüber. Sie hockt auf ihren Fußsohlen, die in Plastiksandalen stecken, und hält ein langes Messer in der Hand. Die Bäuerin versinkt beinahe in dem intensiven Grün des Feldes. Vom Himmel herab drücken schwere Wolken auf uns nieder. Wir setzen uns zu ihr, und ich bin hin- und hergerissen zwischen dem Gefühl, in einer exotischen Welt angekommen zu sein, die mich magisch anzieht und dem Wissen um die Tragödien, die sich auf diesen Feldern abgespielt haben. Vietnam! Ich bin in Vietnam! Neugier und Abenteuerlust haben mich in dieses Land geführt. Vietnam! Dieses Wort hatte ich als Kind oft genug gehört, fast jeden Abend wurde es in den Nachrichten genannt, zusammen mit Bildern, die mir Angst machten. Befremdliche Ängste, die Albträume in mir auslösten. Kriegsängste. Angst, dieser ferne Krieg könne bis in unser norddeutsches Dorf gelangen.

Erst in der jüngsten Vergangenheit Vietnams konnte eine Generation in Frieden heranwachsen. Nur jene, die heute jünger als dreißig Jahre alt sind, haben die Schrecken der Kriege, die das Land so lange erschütterten, nicht am eigenen Leib erlebt. In den vierziger und fünfziger Jahren kämpfte die Kolonialmacht Frankreich im ersten Indochinakrieg um ihre Machtansprüche. Doch der charismatische Ho Chi Minh und viele Gleichgesinnte stürzten sich für die volle Unabhängigkeit des Landes in erbitterte Gefechte. Mit ihrer Guerillataktik besiegten die Viet Minh, die Anhänger Ho Chi Minhs, den vermeintlich übermächtigen französischen Feind. Doch dem Sieg der Viet Minh folgte 1954 die Teilung des Landes in Nord- und Südvietnam am berühmten 17. Breitengrad. Nur zehn Jahre später griff die USA unter Vorspiegelung falscher Tatsachen in den schwelenden Konflikt zwischen dem kommunistischen Norden und dem von den USA unterstützten Süden des Landes ein. Von nun an kämpfte die reguläre südvietnamesische Armee in Kooperation mit den amerikanischen Streitkräften gegen das kommunistische Nordvietnam und die Guerillakämpfer der sogenannten Vietcong mitsamt ihren zahllosen »zivilen« und beinahe unsichtbaren Sympathisanten im Süden.

Der zweite Indochinakrieg dauerte von 1964 bis 1975 und ist in weiten Teilen der Welt schlicht als »Vietnamkrieg« in Erinnerung. Es war der erste Krieg, der unter den Kameras internationaler Berichterstatter wütete, die die Bilder des Schreckens in die Wohnzimmer der Amerikaner und Europäer sendeten. Dieser Krieg veränderte die Welt, denn immer mehr Menschen stellten die vermeintlich guten und gerechten Systeme der westlichen Demokratien in Frage. Der Vietnamkrieg ist als der Sündenfall des freien Westens im Gedächtnis vieler Menschen verankert. Auch in Deutschland zeigte eine breite Protestbewegung ihre Abscheu gegen das herrschende System.

In den abendlichen Nachrichten wurden nicht nur die Bombenangriffe in Vietnam gezeigt, sondern immer häufiger auch Demonstrationen und Straßenschlachten in den Großstädten. Studenten revoltierten, und ich konnte damals noch nicht verstehen, worum es ging. Es musste etwas mit den Amerikanern und dem Krieg zu tun haben. Manche Demonstranten riefen »Ho Ho Ho Chi Minh« und zeigten Plakate mit einem alten Mann, der einen langen Ziegenbart trug. Die Gewalt und die Wut der Fernsehbilder ließ mich fühlen, dass Krieg das Schlimmste sein musste, was es auf Erden gab. Wenn damals die Düsenjets der Bundeswehr über unsere norddeutsche Küstenregion hinwegdonnerten, dann fürchtete ich Bombenangriffe wie im fernen Vietnam. Sirenengeheul war für mich das Zeichen für Luftangriffe und nicht für den Brand einer Bauernscheune. In den Nachrichten hatte ich verletzte Kinder mit schmerzverzerrten Gesichtern gesehen. Was hatte man ihnen angetan? In den Zeitungen waren erschütternde Bilder abgedruckt. Einmal war es ein nacktes Mädchen, das eine Straße entlangrannte. Ihren Schmerz hatte der Fotograf auf das Bild gebannt und für immer festgehalten. Man meinte, die Schreie des Mädchens aus dem Zeitungspapier heraus zu hören. Ihre Leiden durch den Angriff mit Napalmbomben müssen unermesslich gewesen sein. Sie war ungefähr in meinem Alter, ein mageres neunjähriges Mädchen. Der Schrecken, den die Bilder aus Vietnam in mir ausgelöst hatten, verängstigte mich nachhaltig. Warum taten Menschen so etwas? Warum brachten sie Schmerzen, Verwundungen und Tod? Der ferne Krieg schien kein Ende zu nehmen, und es gab keinen Trost. Seine Schrecken hatten mich in meiner heilen Welt erreicht. Den Namen und die Geschichte des Mädchens auf dem Foto habe ich erst viel später kennengelernt. Kim Phuc hat überlebt, weil der Fotograf Nick Ut sie damals in ein Krankenhaus brachte. Jahre später wurden die Spätfolgen ihrer schweren Verbrennungen in Deutschland behandelt.

Nicht weit von diesem Reisfeld entfernt, in der Nähe von Diens Elternhaus, war einer der vielen Kriegsschauplätze des Landes. Die Region um Ben Tre war von der sogenannten Tet-Offensive zum Jahreswechsel Anfang Februar 1968 besonders stark betroffen. Das Jahr des Affen war gekommen, aber alle Hoffnungen auf ein besseres Jahr als das vorangegangene Jahr der Ziege und auf ein Ende des Krieges wurden durch die schweren Angriffe während der Tet-Offensive zerstört. Diens Vater hatte, wie die meisten südvietnamesischen Armeeangehörigen, für die Feiertage frei bekommen. Seit Jahren wurde während des Tet-Festes eine Kampfpause eingehalten. Als die ersten nächtlichen Schüsse zu hören waren, glaubte der Vater an Feuerwerkskörper, die von Jugendlichen gezündet worden waren, um das neue Jahr zu begrüßen. Erst als Detonationen folgten, die das Haus erzittern ließen, begriff er, dass es sich um einen Überraschungsangriff handelte. Daraufhin rannte die Familie in den Schutzraum. In der Nähe ihres Hauses lagen eine Kaserne und Generatoren zur Stromerzeugung. Sie waren das Ziel der nordvietnamesischen Offensive, die zeitgleich den gesamten Süden überraschte und dem Krieg eine neue Dimension gab.

Dien war fünf Jahre alt. Es ist nur ein winziger Splitter, ein kleines Stückchen Metall, das seit dieser Nacht in seinem Rückenmark steckt. Der Querschläger einer Granate, die am ersten Tag des Jahres des Affen in der Nähe seines Hauses auf bewohntes Gebiet abgefeuert worden war. Seine Verletzung sah nicht besonders schlimm aus. Sie blutete kaum. Die Familie dachte, das Schicksal habe sie mit dem Schlimmsten verschont. Doch für Dien hat diese Nacht eine immerwährende Bedeutung, für ihn wird der Krieg nie vorüber sein.

Für viele andere Menschen steht Vietnam längst nicht mehr für Krieg. Andere Bilder haben ihn verdrängt. Grüne Reisfelder,

Spitzhüte, schmale Frauen in Ao Dais, Radfahrer, Wasserbüffel, die bizarren Felsen in der Halong-Bucht, Tempelanlagen, exotische Speisen, freundliche Gesichter und unverständliche Klänge einer fremdartigen Sprache, einer fremdartigen Kultur, unergründlich fast und anziehend zugleich. Und nun sitze ich mit zwei Frauen am Rande eines Reisfeldes und fühle mich am richtigen Ort. Wenn ich mich doch nur mit ihnen unterhalten könnte. Ohne viele Worte an Ngoc schneidet die Bäuerin grüne Schoten von den Pflanzen. Wie die meisten Frauen auf dem Lande trägt sie leichte Baumwollkleidung, das langärmelige Oberteil gemustert und die Hose schwarz. Durch den schlichten Schnitt hat die Kleidung Ähnlichkeit mit einem Pyjama. Die Kombination wird *Ao Ba Ba* genannt, was übersetzt so viel heißt wie »die Bluse der Frau Drei«. Dagegen stellt Ngocs leuchtend roter Anzug eine moderne Abwandlung dieser traditionellen Kleidung dar. Er ist aus synthetischem Material, ärmellos und hat angesetzte Volants am unteren Saum der hüftlangen Bluse sowie am Halsausschnitt. Dien hat mir erzählt, dass er seiner Schwester in Saigon eine Ausbildung zur Schneiderin finanziert hat. Ob sie ihre Kleidung selber entwirft?

Die Bohnen wachsen an mannshohen Stangen. Eine Frau ist bereits mit dem Pflücken beschäftigt, und irgendwann begreife ich, dass es sich um Schwester Sechs, um Yen, handelt. Bisher hatte ich sie noch nicht kennen gelernt. Sie trägt einen Blätterhut mit breitem Stoffband über Hals und Gesicht. Ihr konisch geformter Hut wirkt so, als schütze er sie schon seit vielen Jahren vor Sonne und Regen. Der traditionelle *Non La* wird aus Ringen von Bambusrohr geformt und lagenweise mit Blättern einer speziellen Bambusart bedeckt. Eine Lackierung aus Baumlack macht ihn regenfest. Oftmals wird diese typisch vietnamesische Kopfbedeckung auch Reishut genannt, weil er von fast allen Reisbauern getragen wird. Ngos Schwester schützt ihre Haut zusätzlich mit einer langärmeligen Bluse, die bis zu ihren Fingerspitzen reicht. Wir helfen ihr beim Pflücken, aber die reifen Früchte sind schnell abgeerntet. Hiep führt mich über angrenzende Felder und zeigt mir Okrapflanzen, deren Früchte so groß gewachsen sind, dass sie die englische Bezeichnung *ladyfingers* nicht mehr verdienen. Reife Papayas und Pomelos hängen schwer an den Bäumen. Hiep nennt mir die vietnamesischen Bezeichnungen, und ich nicke dankend, unfähig, sie nachzusprechen. Der Junge steigt in den schlammigen Boden eines Reisfeldes, taucht seine Hand kurz ein und reicht mir eine Schnecke. Es ist mir ein Rätsel, wie er sie in dem grauen Brei zwischen den jungen Reispflanzen entdeckt hat. Er findet weitere Kleintiere und gibt mir zu verstehen, dass sie lecker schmecken. Bald habe ich beide Hände voller Schnecken und frage mich, wie ich so die Balance auf der Brücke halten soll. Bereits auf den schlammigen Wegen rutsche ich mit meinen Flipflops häufig aus. Dieses Problem scheinen meine Begleiter in ähnlichem Schuhwerk nicht zu kennen. Auf dem Rückweg pflücken wir wilde Kirschen, Mandarinen und Zitronen.

Wir erreichen das Haus von einer anderen Seite; unvermittelt stehen wir vor dem Gartentor und sehen Dien, der von der Terrasse aus nach uns Ausschau hält. Er wird versucht haben, uns durch die Lichtung vor dem Haus zu erspähen. Es versetzt mir einen Stich, ihn dort zu sehen und zu wissen, dass er die Felder seiner Familie nie betreten konnte.

Am Abend fallen mir bereits früh die Augen zu. Phu bringt eine Matratze und legt sie auf eines der Bettgestelle im vorderen Raum, dorthin, wo der Fernseher läuft und die Familie noch zusammensitzt und sich unterhält. Warum sie mir ausgerechnet diesen Platz anbieten, kann ich nur vermuten. Vielleicht denken sie, auf diese Art könne ich teilhaben an ihrem Beisammensein. In einer Gesellschaft, in der das Alleinsein weitgehend unbekannt ist und in der es offenbar nur wenig Bedürfnis nach Privatsphäre gibt, mutet man auch seinen Gästen keine Einsamkeit zu. Und weil ich mich ununterbrochen kratze, wird auch mein Moskitonetz heruntergelassen, und Phu bringt zusätzlich eine glimmende Spirale, die mit ihrem Rauch die Mücken vertreiben soll. Doch mich haben bereits unzählige Moskitos erwischt, und ich vermute, es hat sich unter den Plagegeistern herumgesprochen, dass es hier frisches Blut gibt. Mich quälen die juckenden Stiche, aber die Erfahrung hat mir gezeigt, dass ich sie stoisch ertragen muss, weil keine Creme die Blutsauger davon abhält, sich auf mich zu stürzen. Unterm Netz kann ich wenigstens für ein paar Stunden Ruhe vor weiteren Attacken finden. Dien setzt sich außerhalb des Netzes hin, was ein wenig merkwürdig ist, aber ich mag ihn auch nicht hereinbitten, denn ein Moskitonetz erzeugt ähnliche Intimität wie ein Zelt. Sehr gern würde ich noch eine Weile mit ihm unterm Netz plaudern, aber ich weiß nicht, was seine Familie darüber denken würde. Dien erzählt mir, dass sie sich früher viele Jahre ohne Netze behelfen mussten. Es gab so gut wie keine Stoffe, weder für Netze noch für Kleidung. Eigentlich war absolut alles Mangelware. Alles bis auf die feuchte Hitze im Mekongdelta.

»Wir reden gerade über dich«, sagt Dien nach einer Weile, als ich schon fast eingeschlafen bin, »meine Geschwister meinen, du wirst auf der Matratze sicher gar gekocht. Keiner von uns kann wegen der Wärme auf einer Matratze schlafen.«

»Es ist bestimmt warm, aber auf den Brettern wird es mir zu hart sein. Ich versuche es mal mit der Unterlage.«

»Ist es nicht langweilig für dich, wenn wir uns die ganze Zeit unterhalten?«

»Mach dir darum keine Gedanken. Ich bin es gewohnt, auch mal nichts zu verstehen. Es ist wirklich kein Problem. Ich bin so müde, dass ich sicher gleich einschlafen werde. Worüber redet ihr?«

»Über die Familie. Weil ich der Älteste bin, soll ich zu vielen Dingen meine Meinung sagen. Ich versuche immer, meine Mutter zu unterstützen. Sie ist viel zu gutmütig und wird von der Verwandtschaft manchmal ausgenutzt.«

»Bitte lass dich nicht von mir stören. Ich habe schon viele Abende mit Menschen verbracht, deren Sprache ich nicht konnte. Außerdem bist du in der Nähe, ich fühle mich hier bestens aufgehoben.«

»Wirklich?«

»Du immer mit deinen Zweifeln!«

Das Stimmengewirr klingt nach ernsten Gesprächen. Dien und seine Mutter sprechen weitaus mehr als die anderen Familienmitglieder. Manchmal sagt Ngoc auch etwas und klingt dabei aufgeregt, während ihr Mann kein Wort von sich gibt. Phus Stimme ist sehr leise. Der Hahnenzüchter ist ein zurückhaltender Mann. Als ich ihn in Saigon erlebte, hielt ich seine Schüchternheit für das ängstliche Verhalten eines Landbewohners in der Großstadt, aber auch hier wirkt er gleichermaßen zurückhaltend und bescheiden. Dien kann es nicht lassen, mich über das Gespräch auf dem Laufenden zu halten. Sie reden über seine schwer kranke Großmutter, die Schwiegermutter seiner Mutter, die wenige Häuser entfernt auf einem einfachen Holzbett liegt und nicht mehr ansprechbar ist. Aus Diens Erzählungen weiß ich, dass er keine guten Erinnerungen an die alte Frau hat. Die Familie spricht über die Frage des Verzeihens. Diens Mutter sei von einer Tochter der Großmutter um Vergebung für die schlechten Taten der Sterbenden gebeten worden. Sie hatte schließlich am stärksten unter dem Verhalten dieser Frau zu leiden. Das Verzeihen sei schon vor vielen Jahren geschehen, hat Diens Mutter auf diese Bitte geantwortet. Und wieder höre ich Diens Stimme, die auf Vietnamesisch ganz anders klingt als auf Deutsch. Die kurzen Laute mit ihrem nasalen Unterton kann ich weder als freundlich noch als gelassen, ärgerlich oder traurig einstufen. Ich höre nur, wie er lange spricht und alle anderen ihm zuhören. Manchmal lachen sie auch, aber meistens führt seine Redepause zu einem kurzen Beitrag seiner Mutter. Die angeheirateten Familienmitglieder schweigen. Im Hintergrund läuft der Fernsehapparat, dem aber niemand Beachtung schenkt. Wenn der Ventilator sich in meine Richtung neigt, spüre ich einen wohltuenden Windhauch. Im Hintergrund zirpen die Zikaden.

Irgendwann schiebt Phu die Mopeds ins Haus und schließt die Türen. Diens Dreirad steht genau neben meinem Bett. Nachdem der Fernseher ausgeschaltet und die Netze über allen Schlafstätten heruntergelassen worden sind, tritt für einen kurzen Moment eine merkwürdige Stille ein. Die Nacht ist tiefschwarz. Ich kann die Hand vor Augen nicht sehen und liege ohne Decke und leicht bekleidet in der tropischen Hitze. Später gibt es sogar eine Abkühlung, wie ich sie in der Stadt nie erlebt habe. Ich atme ein wenig durch und genieße den Moment des Einschlafens. Doch dann bieten sich die Hunde der Siedlung ein bellendes Duell, und die Hähne warten leider auch nicht bis zum Morgengrauen mit ihrem kräftigen Krähen, auf das aus verschiedenen Richtungen geantwortet wird. Mit einem morgendlichen Weckruf hat dieses Getöse nichts zu tun. Es kann höchstens drei Uhr sein, tiefste Nacht. Ich muss schmunzeln. Die Lautstärke Saigons habe ich gegen den ländlichen Lärm einer Tierfarm eingetauscht. Frösche quaken, das Schwein grunzt, und den Hunden würde ich in der wilden Fantasie meines Halbschlafs gern den Hintern versohlen. Phu und seine Frau Han schlafen im selben Raum mit mir. Als die Hochschwangere aufsteht und zur Taschenlampe greift, vermute ich, sie muss zur Toilette, und so schließe ich mich ihr an. In der Dunkelheit hätte ich meine eigene Lampe nie gefunden. Ich sollte daran denken, sie griffbereit zu platzieren.

Reise in die Vergangenheit

Am Morgen finde ich Dien im hinteren Raum, wo er hinter einem Vorhang gerade sein Bettzeug zusammenlegt.

»Guten Morgen. Hast du gut geschlafen?«

»Guten Morgen. Ja, alles o.k. Und du?«, frage ich ihn.

»Ich habe mir Sorgen um dich gemacht, weil es so laut war.«

Beim Frühstück erzählt er mir, wie merkwürdig seine Familie es findet, dass wir beide uns nach dem Aufstehen begrüßen. So etwas gäbe es hier nicht. Sie können nicht verstehen, warum man sich an einem neuen Tag grüßen soll. Da sie es von anderen Ausländern schon kannten, haben sie ihn sofort gefragt, ob ich es auch so mache. Für sie sei es ein abwegiges Verhalten. Schließlich sei man über Nacht doch nicht weg gewesen.

Dien und ich bleiben lange am Esstisch sitzen. Üblicherweise gibt es hier kein gemeinsames Frühstück. Jeder greift sich eine Schale Reis mit diversen Beigaben und schiebt sich das Mahl zügig in den Mund. Diens Brüder setzen sich dafür nicht einmal hin. Die Tiere lauern auf die Reste, und ich fühle mich zum wiederholten Male an den Amazonas versetzt, wo sich die Menschen in den abgelegenen Regionen ganz ähnlich verhalten. Dien entschuldigt sich für die derben Tischsitten, aber ich gebe ihm erneut zu verstehen, dass ich gut damit zurechtkomme.

»Ngoc hat mir übrigens die eigentliche Toilette gezeigt. Ich meine die alte, die da draußen über dem Tümpel. Auf die werde ich wohl lieber verzichten. Sieht aber toll aus. Ich habe sie fotografiert«, sage ich, während ich unser benutztes Geschirr nehme und es in den Hof zum Abwaschen tragen will. Doch bevor ich einen Schritt gegangen bin, nimmt Diens Mutter mir alles aus der Hand. Sie sagt etwas, und Dien übersetzt mir, dass sie sich darüber wundert, wie lange wir am Tisch sitzen können. Wir würden immer nur reden.

»Die moderne Toilette am Haus gibt es erst seit ein paar Jahren«, erzählt er mir. »Meine Familie benutzt sie kaum. Sie ist eigentlich für mich. Dort kann ich bequem mit dem Rollstuhl hineinfahren. Und sie ist für Gäste und für nachts, oder wenn mal jemand krank ist und nicht so weit laufen kann.«

»Und wie hast du es früher gemacht? Ich meine … dort hinten ist in der Regenzeit alles voller Schlamm. Dahin kommt man nicht mit dem Rollstuhl.«

»Frag lieber nicht. Zur Not habe ich mich wie ein Affe fortbewegt, meine Arme mussten mich tragen. Mein Rollstuhl war unter diesen Bedingungen nicht lange fahrbereit.«

Ein Stück abseits des Hauses führen zwei Baumstämme über einen Tümpel, der durch einen Graben mit dem Fluss verbunden ist. Zwischen den Stämmen gibt es eine handbreite Lücke. Ein kniehoher Vorhang aus getrockneten Bananenblättern gibt den Benutzern der Toilette ein wenig Sichtschutz, sobald sie sich hinhocken. An einem kräftigen Ast kann man sich festhalten und sich dem Kreislauf der Natur sehr nahe fühlen. Selbst an diesem Tümpel spürt man die Auswirkungen der Gezeiten. Am gestrigen Nachmittag war der Wasserstand deutlich niedriger.

»Was wollen wir heute machen?«, fragt mich Dien. »Was möchtest du sehen?«

»Am liebsten würde ich mit dir im Salon am Tisch sitzen und reden. Ich habe noch tausend Fragen an dich. Hoffentlich wird es dir nicht zu viel.«

»Ganz bestimmt nicht. Das Wort *Salon* habe ich noch nie gehört.«

»Ich weiß nicht, wie ich den schönen Raum sonst nennen soll. Er strahlt eine wunderbare Atmosphäre aus, ganz so wie ein Salon eben.«

»Aha. Wenn ich daran denke, wie dieses Haus früher aussah! Von schönen Fliesen hatten die Bewohner des Dorfes noch nie etwas gehört. Ein blanker Betonboden war ihr größter und meistens unerfüllbarer Wunsch«, sagt Dien mit einem Lächeln, und ich bemühe mich um weitere Erklärungen zum Thema Salon, Wohnzimmer und Stube.

»Vielleicht können wir auch mal deine Mutter dazubitten. Ich würde sie gern ein paar Dinge fragen.«

»Das macht sie bestimmt. Aber ist es nicht langweilig für dich, den ganzen Tag zu Hause zu bleiben?«

»Das fragst ausgerechnet du! Hast du nicht sieben Jahre hier verbracht?«

Wir setzen uns an den Tisch mit den Familienfotos unter der

Glasplatte. Es gibt hier sogar einige Stühle, die den üblichen europäischen Maßen entsprechen, und so mache ich es mir bequem. Kokospalmen beschatten das Dach, und die offenen Türen und Fenster bescheren uns eine angenehme Zugluft. Trotzdem ist es selbst jetzt um neun Uhr morgens sehr warm. Ein Vogel schreit, oder ist es ein anderes Tier? Irgendwo schnattern Enten; ihr Plantschen an einer nahe gelegenen Wasserstelle durchdringt die tropische Hitze. Im Dickicht ist keines der Tiere zu entdecken, und ein Blick in das undurchdringliche Grün zeigt einen winzigen Ausschnitt aus der geheimnisvollen Welt des Mekong. Kein Mensch ist zu sehen und kein Moped zu hören.

Hier hat Dien die Jahre seiner Jugend verbracht. Den Klang der Natur, den Anblick der Vegetation und die lähmende Hitze hat er tagtäglich erlebt. Aber dieser schöne Raum hat nicht einmal in seinen kühnsten Träumen existiert. Dien stützt sich auf der Tischkante ab, wie er es gern macht, wenn er dort ausreichend Halt findet. Er schaut mich erwartungsvoll an und beobachtet, wie ich in meinen Aufzeichnungen blättere. Ich blicke auf, und wir schauen uns lächelnd in die Augen.

»Ich möchte dir etwas zeigen«, sagt er und greift neben sich auf den Sitz seines Rollstuhls. Dort hortet er daheim meist einen Schlüsselbund und manchmal auch sein Telefon. Wenn wir unterwegs sind, dann ist dies der Platz für seine Geldbörse. Er holt ein abgegriffenes Büchlein hervor. Schon auf den ersten Blick ist es als etwas Wertvolles zu erkennen.

Dien hütet das rote Notizbuch wie einen Schatz. Schon als Junge hat er die Namen und Adressen seiner Betreuer und Freunde hineingeschrieben. Manche Eintragungen zeigen eine Kinderschrift, die trotz des Ungelenken ein Streben nach Harmonie und Schönheit erkennen lässt. Unzählige Adressen mit Aktualisierungen füllen die Seiten. Aus jeder säuberlich veränderten Straßenangabe, jeder neuen Postleitzahl und jedem Kommentar spricht die Befürchtung, jemanden zu verlieren. Das Buch verströmt den Geruch vergangener Zeiten, und der Umschlag aus dem gummiartigen Material trägt die Spuren tausendfacher Berührungen. Dien schaut auf die Namen, und vertraute Gesichter tauchen vor ihm auf. Mal huscht ein Lächeln über seine Züge, und dann wirkt er plötzlich wie erstarrt. Bei dem Namen Birgit schaut er auf. Die Kinderschrift ist verblasst, und die Buchstaben hüpfen über die Linien. Birgit arbeitete als Therapeutin im Pädagogischen Zentrum in Dehme an der Weser. Wochenlang bastelte sie mit den Kindern im Werkraum eine Rakete. Sie sollte bis zum Mond fliegen. Dien taufte das beeindruckende Objekt »Zack« und malte mit breiten Pinselstrichen den Namen darauf. Er war mächtig stolz auf ihr Flugobjekt. Birgit brachte ihnen bei, wie man mit Säge, Hammer, Schraubenzieher und Leim umgeht. Kurz nachdem die Rakete fertig war, sprach Birgit vom Abschiednehmen. Sie würde gehen müssen, sagte sie den Kindern. In einem anderen Land warte ein neues Leben auf sie. Dien traf die Nachricht wie ein Schlag. Wieder ein Abschied! Wieder ein trauriges Erwachsenengesicht und starke Arme, in denen er für einen Moment versinken durfte. Warum musste es immer wieder Abschiede geben? Warum hat er bereits so vielen geliebten Menschen »Auf Wiedersehen« sagen müssen, und warum hat er einige von ihnen nie wiedergesehen? Bevor sie endgültig gehen musste, war Birgit mit ihm nach Bad Oeynhausen gefahren. Weil er Düfte so gern mochte, sollte sich der knapp Zehnjährige in einer Drogerie ein Parfüm aussuchen. Seine Birgit, die er so gern mochte, wollte ihm ein Abschiedsgeschenk machen! Sie war ganz allein mit ihm in die Stadt gefahren! Im Geschäft durfte er verschiedene Sorten ausprobieren, aber er war viel zu aufgeregt, um sich entscheiden zu können. Alle Düfte rochen wunderbar. Schließlich sah er sich die Flaschenformen genauer an und entschied sich für die Marke 4711. Der Flakon im schmucken Stil der damaligen Zeit ist auch heute noch fast ganz voll. Das Abschiedsgeschenk hat einen Ehrenplatz im Wohnzimmerschrank erhalten. Manchmal hält er die Nase daran, und dann strömt für eine Weile ein Hauch von Deutschland aus dem Fläschchen und hüllt ihn in einen Kokon aus Erinnerungen. Seine Brüder nehmen sich zu besonderen Anlässen einige Tropfen davon, was Dien ihnen nur widerwillig gestattet.

Birgit wanderte nach Peru aus. Von dort schrieb sie den Kindern und Betreuern Briefe. Immer wenn in Dehme Post eintraf, saßen die Bewohner und Mitarbeiter des Zentrums gemeinsam am Tisch. Als jemand vorlas, dass Birgit in der Ferne der Anden einen Sohn zur Welt gebracht und ihm den Namen Dien gegeben habe, jubelten und klatschten alle vor Freude. Dien weiß nicht, was aus Birgit geworden ist, aber ihr Abschiedsgeschenk hat seitdem einen abenteuerlichen Weg hinter sich gebracht. Als Dien und einige andere Kinder 1974 zurück in ihre Heimat geschickt wurden, kam der Flakon mit auf die Reise, die aber in Vietnam noch lange nicht zu Ende sein sollte.

Damals durfte jedes Kind nur zwanzig Kilo Gepäck mitnehmen. Viele lieb gewonnene Dinge mussten Diens strenger Auswahl zum Opfer fallen und in Deutschland zurückbleiben. Er hatte in den sechs Jahren eine Sammelleidenschaft entwickelt, die zu einem wahren Fundus an ungewöhnlichen Steinen und Flaschen in besonderen Formen geführt hatte. Sein Zimmer war voll davon gewesen.

In seine Erinnerungen vertieft bemerkt Dien kaum, wie Ngoc in den Salon tritt und zwei Kokosnüsse auf dem Tisch abstellt. Die junge Frau wirft einen Blick auf das rote Notizbuch. Sie muss es seit ihrer frühesten Kindheit kennen. Ein steter Begleiter ihres Bruders. Aber es gab Jahre, in denen sein Schatz ihm keinen Nutzen brachte. Abgeschnitten von der Außenwelt, in einem entlegenen Teil des Mekongdeltas, hatten die Adressen ihre Funktion verloren. Sein Leben hätte sich ebenso gut auf einer einsamen Insel inmitten eines endlosen Ozeans abspielen können. Eine ärmliche Hütte unter Kokospalmen, deren Kronen sich damals genauso im Wind wiegten und Früchte reifen ließen wie heute.

Als Dien in das Dorf kam, gab es hier noch keinen elektrischen Strom. Die neue Regierung hatte sich jedoch beeilt, die Gegend aus Lautsprechern heraus zu beschallen. Man hatte Leitungen verlegt und Kästen an den Stämmen der Kokospalmen befestigt. Aus ihnen plärrten stundenlange Ansprachen. Die Bauern lebten und arbeiteten unter den endlosen Übertragungen der Propagandasendungen aus dem Radio. Zumeist ging es dabei um die neuesten Bestimmungen der Regierung. Mal wurden die Bauern über die Pflicht zur Registrierung des Eigentums aufgeklärt, bei der jedes Schwein und jede Ente gemeldet werden musste und keinesfalls privat verkauft werden durfte. Mal schallten aus den Lautsprechern die Errungenschaften des Sozialismus, von denen die Dörfler ansonsten nicht viel mitbekommen hätten. Niemand schenkte den Übertragungen besondere Aufmerksamkeit. Doch schließlich kam die Zeit, in der Dien einen ganz besonderen Grund hatte, genauestens hinzuhören. Irgendwann im Lauf des Tages, zumeist im Anschluss an eine Radiosendung, kam es zu einer Direktübertragung aus der Bezirksverwaltung. Dann schallte die Stimme eines örtlichen Vorlesers aus den grauen Kästen. Der Mann hatte eine schöne Stimme, viel schöner als die Sprecher der Radiosendungen voller Propaganda. Seine Durchsagen begannen stets mit den Worten: *Con day la phan thu tin! Und hier kommen die Briefe!* Dann trommelte Diens Herz vor Aufregung gegen seine Brust, und er lauschte jedem Wort. Er stellte sich immer vor, wie der Mann vor einem Mikrofon saß und die eingegangenen Briefe durch seine Hände gleiten ließ. Nach sechs Jahren im Mekongdelta, ab 1982, war es Dien endlich gelungen, einen Briefkontakt nach Deutschland aufzunehmen. Doch bis es so weit war, hatte er zahlreiche Hürden überwinden müssen. Er war in seinem ganzen Leben nie über einen längeren Zeitraum zur Schule gegangen, weder in Deutschland noch in Vietnam, und hatte nie richtig lesen und schreiben gelernt. Im Krankenhaus in Hamburg hatte er zwar eine prall gefüllte Schultüte bekommen, die beinahe genauso groß war wie er selbst, aber eine richtige Schule hatte er nie besucht. In der Krankenhausschule waren ihm nur einige Worte der deutschen Schreibsprache beigebracht worden, *Mama, Papa, Ute,* nichts Kompliziertes. Später in Dehme hatten die Kinder Unterricht in Vietnamesisch, aber diese Sprache mochte er nicht. Dien hat immer Deutsch gesprochen, genauso wie die anderen Kinder in seinem Alter. Im Vietnamesischunterricht hat er nur widerwillig aufgepasst. Das Schreiben in seiner Muttersprache ist wegen der Betonungszeichen viel schwieriger als im Deutschen, und er verstand nicht, warum er es lernen sollte. Die älteren Kinder aus ihrer Gruppe wurden damals in deutscher Sprache unterrichtet. Manche von ihnen konnten sogar eine Berufsausbildung machen. Weil das Vietnamesisch der Älteren ausgereift war, bestand bei ihnen keine Gefahr, die Muttersprache zu vergessen. Die vietnamesischen Betreuer in Dehme hatten es schwer mit den Jüngeren. Dien teilte sein Zimmer damals mit seinem gleichaltrigen Freund Ngoc. Die beiden Jungen sprachen ausschließlich Deutsch miteinander. Wenn sie miteinander spielten, waren es meistens Spiele wie Topfschlagen, Blindekuh oder Verstecken. Einer der älteren Jungen aus ihrer Gruppe war blind. Nga hatte als Kind mit einer Mine gespielt. Die Explosion hatte ihm den Arm zerfetzt und das Augenlicht genommen. Die Kinder waren begeistert, wenn Nga sie beim Versteckspielen suchen musste. Es war unglaublich schwer, sich mit einem Rollstuhl zu verstecken, aber wenn Nga sie suchen musste, dann glich sich dieser Nachteil ein wenig aus. Aber ihr blinder Freund konnte extrem gut hören, und so durften die Kinder in ihren Verstecken keinen Laut von sich geben.

Wenn einer von ihnen mal keine Luft im Reifen hatte, dann machten sie ihre Späße darüber. *Plattfußindianer, Plattfußindianer!* So etwas konnten und wollten sie nicht auf Vietnamesisch sagen. Vietnamesisch verlor zunehmend an Bedeutung für die Kinder. Aber ihre eigentliche Heimat war Vietnam, und weil sie eines Tages dorthin zurückgebracht werden sollten, kamen vietnamesische Lehrer zu ihnen. In Dehme lebten zusätzlich zwei vietnamesische Frauen bei ihnen, die sie betreuten und für sie kochten. Ihre Landsleute waren zwar nett, aber deutlich strenger als die deutschen Mitarbeiter. Mit ihnen konnte man nicht rumtoben, aber bei den Deutschen durften die Kinder fast alles. Sie sprachen alle Mitarbeiter mit ihren Vornamen und per du an. Ihnen gegenüber durften sie Widerworte haben und ihnen sogar aus Spaß einen Klaps auf den Po geben. Manche Zivildienstleistende tobten mit ihnen herum, als seien sie selber noch Kinder, die Spaß am Spiel hatten. Solch ein zwangloses Verhalten war gegenüber vietnamesischen Erwachsenen unvorstellbar. In Vietnam denkt man, ein Kind sei noch kein richtiger Mensch und müsse einem Erwachsenen bedingungslos gehorchen.

Dien fühlte sich als deutsches Kind. Die Briefe, die seine Mutter ihm nach Dehme schickte, wurden für ihn ins Deutsche übersetzt und vorgelesen. Sich flüssig und verständlich auf Vietnamesisch auszudrücken, hat er erst lange nach seiner Rückkehr von seiner Mutter und seinen Geschwistern gelernt. Seine Brüder Nguyen und Hai gingen damals in die Grundschule. Mit ihren Schulbüchern brachte er sich selbst das Schreiben bei. Seiner Mutter fehlte nach der schweren Arbeit auf dem Feld die Kraft, ihn zu unterrichten. Unter dem schwachen Licht einer Petroleumlampe übte er in den Abendstunden, und nach einigen Monaten konnte er seinen Geschwistern bereits bei deren Schulaufgaben helfen.

Tagsüber musste er die Hütte und den Hof in Ordnung halten, Feuer machen, kochen, Wäsche waschen und sich um die Kinder kümmern.

Das ohnehin entbehrungsreiche Leben nach dem Krieg verschlimmerte sich, als ihre Reisernte Ende der siebziger Jahre einer Schädlingsplage zum Opfer fiel. Sie hatten nicht mehr genügend zu essen, und über Wochen und Monate litten die Bauern Hunger. Damals kannte Dien die Zusammenhänge für ihr Leiden nicht. Er wusste nichts über den Zusammenbruch der Wirtschaft nach dem Krieg. Von der Flucht von Millionen seiner Landsleute übers Meer hatte er nie etwas gehört. Er wusste nichts davon, dass die Roten Khmer aus Kambodscha auch in Vietnam ihr Unwesen trieben und vietnamesische Soldaten ins Nachbarland einmarschiert waren. Auch China hatte Vietnam angegriffen und dem kleinen Land einen weiteren Krieg aufgezwungen. Überall gab es Probleme, aber die Welt seiner Familie endete an der Grenze ihres Reisfeldes. Sie dachten, ihre Probleme kämen einzig von der Schädlingsplage, die den Reis zerstörte. Die gefräßigen Tiere waren überall und sogen die Milch aus den jungen Reiskörnern. Die Bauern waren machtlos gegen Insektenschwärme, die sich auf ihre Felder stürzten und nichts als leere Rispen zurückließen. Das Unwesen der Schädlinge kam den Menschen am Mekong so vor, als werde ihnen selbst das Blut aus dem Körper gesogen. Die Ernte war kaum noch der Rede wert. Die Pflanzen trugen so wenige Körner, dass Dien sie von Hand ausschlug. Den ganzen Tag saß er in seiner zerfetzten Kleidung im Hof und kämpfte um jedes einzelne Reiskorn. Seine Geschwister weinten vor Hunger. Schließlich mussten sie sogar unreife Bananen ernten. In seiner Verzweiflung fragte er sich immer wieder, wie er den Kindern erklären sollte, warum es nichts zu essen gab. Heute fällt es ihm schwer zu begreifen, wie die Familie diese Zeit überstanden hat. Beinahe zu spät traf endlich Hilfe ein. Man gab ihnen ein merkwürdiges Nahrungsmittel aus der Sowjetunion. Es wurde *Bo Bo* genannt und soll aus Mais bestanden haben. Es wurde mit Wasser aufgekocht und mit Kokosnussmark angereichert, wenn es welches gab. Manchmal mussten sie *Bo Bo* nur mit Salz essen. Keinem schmeckte es, und sie wussten nicht einmal, was es eigentlich war, aber vor Hunger aßen sie alles. Heute, wo es Nahrungsmittel in Hülle und Fülle gibt, denkt Dien immer wieder an diese Zeit zurück. Sie konnten ihre Reisschalen nicht füllen! Das ist das Schlimmste, was einem Vietnamesen passieren kann. Es gab nicht einmal eine Schale Reis am Tag! Jetzt isst er mindestens drei Schalen zu jeder Mahlzeit. Zur selben Zeit fanden sich in den Schulbüchern seiner Geschwister Geschichten über Lenin. Der Gründervater der Sowjetunion wurde als starke Persönlichkeit mit gutem Herzen und Kampfgeist für den Sozialismus dargestellt. In einer dieser Geschichten wurde berichtet, wie Lenin nach einem harten Kampftag am gedeckten Tisch saß. Die Speisen, die dem großen Lenin vorgesetzt wurden, waren in aller Ausführlichkeit beschrieben. Beim Lesen schmerzte Dien vor Hunger der Magen, und das Wasser lief ihm im Mund zusammen.

In dieser schweren Zeit fragte er sich manchmal, ob er wirklich fast sechs Jahre seines Lebens in Deutschland verbracht hatte. In seiner Verzweiflung traute er seinen Erinnerungen nicht mehr und hielt sie für Hirngespinste. Solch eine heile Welt konnte es doch gar nicht geben! Genug zu essen und liebevolle Menschen, die nur eines im Sinn hatten: ihm und seinen behinderten Freunden zu helfen! Er misstraute seinem Gedächtnis und zweifelte an den schönen Bildern in seinen Gedanken. Aber es gab Beweise für seine Jahre in Deutschland. Die Parfümflasche, das Adressbuch, zwei Gummihosen, ein paar Fotos und noch einige andere Andenken. Er war dort gewesen, aber warum war er nun hier? Warum mussten sie hungern? Warum lebte er wie eingesperrt in einer winzigen Hütte? Ein trostloses Leben, ohne jede Abwechslung, ohne Gespräche, ohne Besuche, ohne Briefe, ohne Telefon, ohne alles. In dem anderen Leben war er auf Jahrmärkten gewesen, hatte Zuckerwatte gegessen, war im Sommer in Dänemark am Meer gewesen, einmal waren sie sogar mit einem Sportflugzeug geflogen. *Terre des hommes* hatte alles getan, damit seine Freunde und er glücklich sein konnten. Er war ein Mensch wie andere Menschen auch, nur laufen konnte er nicht. Das war der einzige Unterschied. Was war geschehen? Warum mussten seine geliebten Betreuerinnen ihn und seine Freunde verlassen? Warum waren sie aus Deutschland zurück nach Vietnam geschickt worden, mitten im Krieg? Warum haben selbst ihre geliebten Betreuer aus Deutschland sie nach dem Kriegsende verlassen müssen und in einem Altenheim in Saigon zurückgelassen, wo seine Freunde und er zwischen Sterbenden und Kranken nutzlos vor sich hin litten?

Irgendwann tat er in der ärmlichen Hütte am Mekong etwas, das ihn allergrößte Überwindung kostete. Er schrieb einen Brief an seine Pflegemutter in Hamburg. Es war ein flehender Bittbrief an Frau Lohse, für den er sich noch heute manchmal schämt. Am Mekong, fernab von der Welt, war er am Ende seiner Kräfte angelangt und träumte insgeheim davon, in ein lebenswertes Leben zurückzukehren. Im Gegensatz zu seinen Geschwistern wusste er zumindest, was das war. Er war achtzehn Jahre alt und hatte seine deutsche Pflegemutter als Zehnjähriger zum letzten Mal gesehen. Nachdem er von Hamburg in das Pädagogische Zentrum nach Dehme umgezogen war, hatte sie ihn dort einige Male besucht. Zum Geburtstag und zu Weihnachten hatte sie ihm immer Päckchen geschickt. Für ihn war sie wie seine Mutter. Eigentlich hat jeder Mensch nur eine Mutter, aber für ihn war es anders. Er hatte eine deutsche und eine vietnamesische Mutter.

Der Kauf einer Briefmarke war eine Last für die Familie, und er musste lange warten, bis sie das Geld dafür übrig hatten. Er schrieb seinen ersten und auch alle folgenden Briefe jener Jahre auf Vietnamesisch und hoffte, dass die Empfänger in Deutschland jemanden kannten, der sie übersetzen würde.

Und dann kam eines Tages aus dem Lautsprecher an der Palme der schönste Singsang, den er je gehört hatte, das wertvollste Geschenk seit Jahren. *Con day la phan thu tin! Und hier kommen die Briefe!* Der Vorleser begann immer mit den Absendern der eingetroffenen Briefe. Als die Stimme des Mannes auffällig stockte, horchte Dien auf, denn seltsamerweise konnte der Vorleser kein einziges Wort verständlich aussprechen. Es klang kaum noch vietnamesisch, aber Dien konnte auch das Wort *Germany* oder *Deutschland* nicht heraushören. Er flehte im Stillen und wünschte sich von ganzem Herzen, dass dieses Stocken etwas mit ihm zu tun hatte. Dann wurde der Empfänger genannt. Aufgrund der fehlenden Betonungszeichen, die der ausländische

Absender nicht gesetzt hatte, konnte er seinen Namen nicht verstehen. Aber er war sich ganz sicher, dass es ihre Adresse war, die der Sprecher versucht hatte zu entziffern. Dien schossen Tränen in die Augen. Er hatte eine Antwort erhalten. Endlich!

Als seine Mutter den Brief abholen wollte, gab es jedoch eine böse Überraschung. Sie wurde stundenlang verhört. Warum die Familie Kontakte zum Ausland unterhielt, wollte man wissen. Wer die Person sei, die den Brief verfasst hatte? Ob ihr Sohn flüchten wolle, wie so viele andere Vietnamesen in der damaligen Zeit. Diens Mutter wurde gezwungen, an einer Art Umerziehung teilzunehmen, weil sie Kontakte zum westlichen Ausland hatte. In dem speziellen Unterricht saßen ausschließlich »Schüler« wie sie, Menschen aus ihrer Gegend, die »feindliche« Kontakte pflegten, wie es damals hieß.

Diens Brief nach Deutschland war mehr als zwei Monate unterwegs gewesen, die Antwort ließ dann noch einmal drei Monate auf sich warten, aber zum Glück hatte seine Pflegemutter ihre Nachricht ins Vietnamesische übersetzen lassen. Dien hatte ihr erklärt, dass er nach über sechs Jahren in Vietnam die Sprache seiner Kindheit fast vollständig verloren hatte und ohnehin nie Deutsch lesen gelernt hatte.

Die Reaktion der Behörden auf die ausländische Post verhinderte zunächst jeden weiteren Briefkontakt und seine Adressensammlung hatte wenig Nutzen.

In seinem roten Notizbuch befand sich auch die Anschrift der Familie Dreifert. Dien war dem Elternpaar und ihrem Sohn Thomas zwar nie persönlich begegnet, aber sie waren bereits in Deutschland Brieffreunde gewesen. Die Dreiferts waren einst durch einen Zeitungsbericht über die vietnamesischen Kriegskinder und *terre des hommes* auf Dien aufmerksam geworden. Sie hatten ihn auf einem Foto gesehen, und weil ihr eigener Sohn im gleichen Alter war, hatten sie ihn gefragt, ob er Dien nicht einen Brief schreiben wolle. Damals waren die Kinder neun oder zehn Jahre alt gewesen. Daraus war ein regelmäßiger Briefkontakt entstanden. Sie hatten ihm Geburtstags- und Weihnachtsgeschenke gemacht. Einmal bekam er ein Buch über Flugzeuge, weil er alles liebte, was mit dem Fliegen zu tun hat. Heute gehört es zu seinen Schätzen aus Deutschland, die er sorgsam aufbewahrt.

Als Dien von einem Teenager zu einem jungen Mann herangewachsen war, hielt er seine Lebenssituation am Mekong kaum noch aus. Die Verzweiflung nahm ihn in manchen Momenten gänzlich gefangen. Aber erst Jahre später, als endlich die erste Besucherin aus Deutschland eintraf, eröffneten sich neue Möglichkeiten. Seine Freundin Tho war als Kind mit ihm in Dehme gewesen und in Deutschland geblieben. 1983 kam sie zu einem Besuch nach Vietnam und Dien konnte ihr Briefe mitgeben, die sie ins Deutsche übersetzte und weiterleitete.

Familie Dreifert gehörte zu den Ersten, die ihm antworteten, und seine Welt wurde plötzlich wieder größer und hoffnungsvoller. Zuvor gab es jahrelang nur seine Mutter und seine Geschwister, die Hütte, den Hof, einen Tisch und zwei Töpfe. Von den Großeltern bekamen sie nur selten Hilfe. Diens Mutter war schließlich nur ihre verwitwete Schwiegertochter und konnte keine gute Behandlung erwarten. Das Schicksal der Schwiegertöchter ähnelt häufig dem von Dienstboten. So hatte es auch seine Mutter erfahren. Ihr war es lieber, in einer erbärmlichen Hütte mit ihren Kindern allein zu leben, als noch länger bei den Schwiegereltern.

Diens Mutter war zur täglichen Arbeit auf den Feldern gezwungen. Ihren Beruf als Lehrerin durfte sie nicht mehr ausüben. Schließlich war sie die Witwe eines Mannes, der in der südvietnamesischen Armee gedient hatte und 1973 im Krieg umgekommen war. Zu jenem Zeitpunkt war Dien bereits seit fünf Jahren in Deutschland gewesen, und seine Mutter hatte drei weitere Kinder geboren. Nach dem Kriegsende konnte die Witwe von den neuen Machthabern keinerlei Hilfe erwarten. Sie hatte nicht nur ihren Mann, sondern auch das Dach über dem Kopf verloren. Für das Leben als Bäuerin und Tagelöhnerin auf den Reisfeldern hatte sie denkbar schlechte Voraussetzungen, aber danach fragte keiner. Es galt, die Kinder satt zu bekommen. Ihren Sohn Dien hatte sie nach seiner Rückkehr nur einmal besuchen können. Zu jener Zeit, einige Monate vor Kriegsende im Winter 1974 lebte er in einem Zentrum von *terre des hommes* im vietnamesischen Hochland. Die Reise dorthin war gefährlich und für eine Mutter mit Kleinkind kaum zu bewältigen. Trotzdem hatte sie Dien für kurze Momente in die Arme schließen können, bevor sie den beschwerlichen Rückweg antreten musste. Doch in den letzten Kriegswirren war ihr Kontakt abgebrochen. Seine Mutter konnte nur vermuten, dass Dien noch irgendwo in Vietnam sein musste. Aber wen sollte sie fragen? Selbst Saigon, wo *terre des hommes* ein Zentrum unterhielt und sicher weiterhelfen konnte, war weit entfernt, in ihrer Lage kaum erreichbar, ganz zu schweigen vom Hochland. Eine mittellose Witwe mit fünf Kindern. Die beiden jüngsten, Schwester Sieben, Ngoc, und Bruder Acht, Phu, sind Zwillinge und waren damals noch Kleinkinder.

Als Dien endlich wieder bei ihnen war, wurde ihm, als Ältestem die Aufgabe der Kinderbetreuung anvertraut. In den ersten Jahren war er selbst noch ein Kind, aber er versuchte trotzdem, seine Geschwister nach den deutschen Methoden zu erziehen. Immer wieder erklärte er ihnen, wie wichtig es sei, etwas zu lernen und in der Schule aufzupassen. Er zeigte in den Himmel, wenn in seltenen Momenten ein Flugzeug zu entdecken war. Nur wenn sie eifrige und gehorsame Schüler seien, könnten sie eines Tages mit einem Flugzeug fliegen, versuchte er ihnen deutlich zu machen. Aber bei den Verhältnissen im Dorf waren seine wortreichen Erziehungsmethoden nur schwer umzusetzen. In der Schule wurden seine Geschwister von den Lehrern geschlagen und zeigten ihm gegenüber keinen Respekt, wenn er zu nachlässig und weich mit ihnen war. Der Einzige in Diens Verwandtschaft, der zumindest schon einmal von anderen Erziehungsmethoden gehört hatte, war sein Großvater. In seiner Jugend war er in Kontakt mit einigen Franzosen gekommen. Er hatte Diens Mutter geraten, Dien anders zu behandeln als die übrigen Geschwister, weil er in Europa gewesen war. »Ihn schlagen wir nicht!«, sagte er immer. »Dien ist anders, ihn haben die Deutschen anders erzogen.« Der Großvater war Tischler, und Dien kannte aus den Therapiestunden mit Birgit die Arbeit mit unterschiedlichen Werkzeugen und Materialien. An einem endlosen Regentag zeigte er seinen Brüdern, wie man eine stabile Zwille baut. Doch dafür mussten die beiden Jüngeren zunächst aus der Werkstatt des Großvaters Holz stehlen. Als der alte Mann den Diebstahl seiner besten Hölzer bemerkte, setzte es dann doch eine Tracht Prügel. Aber Dien sah dem Großvater an, dass er trotz allem Anerkennung für die Wahl des besonders festen Holzes zeigte.

Zwei Jahre nach Diens Ankunft im Dorf hatte sein Rollstuhl keine Bereifung mehr. Er hatte eine wahnsinnige Angst davor, der Rolli könne vollkommen zusammenbrechen. In seiner Verzweiflung umwickelte er die Reifen mit allem, was sich nur irgendwie dafür eignete. Luft hatten sie ohnehin nur in den ersten Wochen. Der Rollstuhl war das einzige Fortbewegungsmittel für ihn, und er war bald nicht mehr als der Stuhl zu erkennen, den er aus Deutschland mitgebracht hatte. Um ihn zu schonen, kroch Dien häufig über den Boden, aber das war gefährlich. Eine infizierte Wunde in den Tropen und bei diesen Lebensbedingungen konnte schlimme Folgen haben. Eine Krankenstation gab es nicht. Wenn Dien damals daran dachte, wie umsorgt sie in Deutschland gewesen waren, wurde er manchmal verrückt vor Kummer. Was sie nicht alles über ihre Gesundheit, Ernährung, den Körper, über Gymnastik und Kraftübungen gelernt hatten! Er wusste genau, wie wichtig Hygiene ist, aber wie sollte er sich hier sauber halten? Niemand aus seiner Familie begriff überhaupt, was eine Querschnittslähmung bedeutet. Dass er seine Ausscheidungen nicht so kontrollieren konnte wie andere Menschen, war eine Schande. Eine große Schande. Es war etwas, für das er sich schämen musste. Und so versuchte er, alles zu verstecken, was nicht normal war. Während der Regenzeit stand ihre Hütte manchmal unter Wasser. Nachts schwamm seine Urinflasche davon. Er konnte in dem Schlamm nicht einmal mehr rollen. Der Fußboden war aus Lehm und zerfurcht von seinen Reifenspuren. Das machte alles noch viel schlimmer. Manchmal träumte er von seinem Zimmer in Dehme.

Dien sitzt neben mir am Tisch, und seine Augen füllen sich mit Tränen. Er versucht nicht, sie zu verbergen, sondern schaut mich an, als solle ich seine Gedanken lesen. Als stecke in ihm das Buch, das noch geschrieben werden muss. Wort für Wort und Satz für Satz steckt es in ihm, und er wird sich meiner Feder anvertrauen. Ich danke ihm mit einem Blick, der ihn unter seinen Tränen lächeln lässt.

Ich spüre die leichte Brise, die durch das Haus weht, und lausche den Geräuschen aus dem Dickicht. Mein Blick sucht die mächtigen Stämme der Kokospalmen ab. Hätte ich es nicht gewusst, so wären mir der graue Kasten und das Kabel zur nächsten Palme sicher nicht aufgefallen. Gleich neben dem Gartentor steht das »Sprachrohr« der Bezirksverwaltung. Noch immer gibt es Durchsagen, wenngleich im heutigen Vietnam die Bauern am Mekong nur noch zu bestimmten Anlässen informiert werden. Unterwegs haben wir in einer Kleinstadt eine Durchsage gehört, mit der die Bevölkerung über Familienplanung aufgeklärt werden sollte.

»Quälen dich die Erinnerungen?«, frage ich flüsternd.

Dien sieht aus hellwachen Augen zu mir herüber, als könne er mit diesem Blick nach Belieben zwischen den Zeiten und Welten hin- und herschauen. Er lässt das Zurückliegende mühelos lebendig werden und ist gleichzeitig ganz nah bei mir und im weit offen stehenden Salon.

»Nein, ganz im Gegenteil. Das Erzählen lässt mich aufatmen. Du fragst merkwürdige Dinge, von denen ich nie dachte, dass sie interessant sein könnten. Und was ich dir schon lange sagen wollte …« Dien scheint nach den richtigen Worten zu suchen. »Erinnerst du dich an den Tag, als wir beide uns kennen gelernt haben? Du hast vor deinem Pho gestanden und mich sofort erkannt.«

»Das war nicht besonders schwer. Aber du hast eine andere Frau erwartet und warst überrascht, dass ich blonde Haare habe.«

»Gefreut habe ich mich.«

»*Oh, eine Blondine*, hast du gesagt. Das Wort *Blondine* hatte ich ewig nicht mehr gehört. Es klang nach den siebziger Jahren. Das war lustig.«

»Ich weiß nicht, warum, aber auf deiner Website war ein Foto mit zwei Frauen, und ich dachte, du bist die Dunkelhaarige. Jedenfalls hast du dich einfach auf mein Moped gesetzt und bist mit mir nach Hause gefahren. Du hattest sogar Spaß am Mitfahren. Saigons Straßen haben dir keine Angst gemacht. Du hast gesagt, du seist schließlich auch schon allein in Teheran gewesen und dort sogar ohne Hilfe lebend über die Straße gekommen. Was kann dir Saigon schon tun? Und dann haben wir fast sechs Stunden lang vor meinem Bildschirm gesessen und uns die Filme über mich angeschaut. Du hast alles genau wissen wollen und bist überhaupt nicht müde geworden. Und als ich dich fragte, was dich sonst noch interessiere, also als Touristin in Saigon, und was ich dir vielleicht zeigen solle, da hast du eine seltsame Antwort gegeben. Weißt du noch? Du wolltest unbedingt lernen, wie man eine Ananas auf vietnamesische Art schneidet. Das fand ich toll.«

»Habe ich dir auch gesagt, dass ich es lernen wollte, um zu Hause mit der raffinierten Schneidetechnik anzugeben?«

»Ja, so ehrlich warst du da auch schon«, sagt er und nimmt meine Hand. »Es ist wirklich schön, mit dir hier zu sein und dir alles zeigen zu können. So wohl habe mich an diesem Ort schon lange nicht mehr gefühlt. Es ist merkwürdig, dieses Haus und den Garten mit deinen Augen zu sehen.«

»Du hast mir noch nicht gesagt, was deine Pflegemutter damals geantwortet hat. Was stand in dem Brief, den sie dir geschrieben hat?«

»Du bist aber streng«, sagt Dien und zieht seine Hand zurück, »denkst nur ans Arbeiten … na gut, wie du willst. Meine deutsche Mutter hat sich dafür entschuldigt, dass sie mir nicht helfen könne, zurück nach Deutschland zu kommen. Es war sehr traurig, was sie schrieb, und ich habe gespürt, wie leid es ihr tat. Erst viele Jahre später habe ich erfahren, dass sie zu diesem Zeitpunkt bereits schwer krank war und kurze Zeit später gestorben ist. Von ihrer Krankheit hatte sie mir nichts geschrieben.«

Ich lege meine Hand auf Diens Arm und sehe erneut auf den Lautsprecher. Schweigend sitzen wir am großen Tisch mit den Fotos unter der Glasplatte. Die Ahnen schauen vom Hausaltar zu uns herunter, und draußen stolziert ein Hahn über den Hof.

Aberglaube und Superstars

Vor der Hitze flüchten wir in den Garten hinter dem Haus, wo die Vegetation besonders üppig ist und die Sonne keine Chance zum Durchkommen hat. Das Grundstück endet an einem Seitenarm des Mekong. Von Zeit zu Zeit tuckert ein Lastkahn vorbei, der Waren für die nah gelegene Zuckerfabrik transportiert. Seitdem es diese Fabrik gibt, sei das Wasser deutlich schmutziger geworden, sagt Dien, und manchmal weht ein unangenehmer Geruch herüber. Es ist ein merkwürdiges Gefühl, durch das Dickicht am Ende des Gartens zu spähen und auf der anderen Seite des Flusses eine Lagerhalle und rauchende Schornsteine zu sehen.

»Als Kind habe ich oft auf die Weser geschaut«, erzählt Dien. »Das Zentrum von *terres des hommes* lag nah am Fluss. Unsere Adresse lautete Im Weserbogen. Im Speisesaal gab es ein großes Fenster mit Blick über das andere Ufer.«

»Manchmal klingt es noch ungewohnt, wenn du von der Weser sprichst. Besonders hier, am Ufer des Mekong. Die Weser war auch mein Fluss. In Sandstedt, zwischen Bremerhaven und Bremen, ist ein Strandabschnitt, an dem ich als Kind auch mal gebadet habe, aber das Wasser wurde immer schmutziger. Erst in den letzten Jahren ist die Weser wieder viel sauberer geworden.«

»Das würde ich gerne sehen.«

Diens Mutter spannt eine Hängematte für mich auf. Hier sei zwar der kühlste Platz, aber sie habe Bedenken wegen der Kokosnüsse. Hoffentlich falle keine herunter. Aber da es windstill sei, dürfe eigentlich nichts passieren. Beim Taifun im Oktober sei eine Kokospalme umgestürzt. Die Familie habe eine Nacht und einen halben Tag gemeinsam im Toilettenhäuschen verbracht. Der gemauerte Raum mit dem kleinen Flachdach biete den besten Schutz. Obwohl der Sturm ungewöhnlich heftig war, sei alles glimpflich verlaufen. Andere Familien seien viel stärker betroffen gewesen. Jedes Jahr würden die Taifune heftiger und dauerten länger an. Aber deswegen brauche man sich jetzt keine Sorgen zu machen. Hier im Garten könnten Dien und ich uns ungestört unterhalten.

Zunächst war sie erstaunt, dass wir uns stundenlang unterhalten, aber nachdem Dien ihr gesagt hat, dass wir über sein Leben redeten und ich eine Journalistin sei, zeigt sie Verständnis dafür. Eine Weile hat sie mit uns am Tisch gesessen und in ihrer Erinnerung geforscht. Dien hat die Gelegenheit genutzt, um bisher Unausgesprochenes in Erfahrung zu bringen. Er solle einfach so tun, als wolle ich es wissen, habe ich ihm geraten. Dien gefällt die Methode, denn so kann er sie nach Erlebnissen fragen, die lange zurückliegen und die er vermutlich nicht mehr angesprochen hätte.

Dien erzählt mir, seine Mutter freue sich sehr, dass wir hier seien. Sie sage es auffallend häufig. Und dass ich mich fast so benehme, als sei ich gar nicht so fremd, wie ich erscheine.

»Hoffentlich bezieht sich diese Beobachtung nicht auf die Tischsitten«, sage ich scherzhaft.

»Ganz bestimmt nicht. Du isst ja fast so langsam wie ich, und schmatzen tust du auch nicht.«

»Manche Geräusche sind wirklich ein wenig gewöhnungsbedürftig.«

»Ich mag das auch nicht, aber was soll ich machen? Wenn alle mit vollem Mund durcheinanderreden, ist mir das besonders unangenehm. Manchmal sage ich etwas dazu, aber sie kennen es nicht anders.«

Diens Mutter scheint mit allem einverstanden zu sein, was wir tun. Nur als ich am Vormittag ihre schwangere Schwiegertochter fotografieren wollte, hat sie eingegriffen, denn das Fotografieren einer Schwangeren bringe Unglück. Später machte ich noch den Fehler, drei Personen auf einem Bild abzulichten. Auch das sei nicht gut. Schnell setzte sie ihren kleinen Enkel ins Bild, denn vier Personen könne man unbedenklich fotografieren.

Dien hat sie nach weiteren Beispielen für ihren Aberglauben gefragt, aber für sie handelt es sich keineswegs um Hokuspokus oder reinen Volksglauben. Es seien Erfahrungswerte, und jeder im Dorf wisse das doch. Es sei traurig, dass die jungen Leute in der Stadt so sorglos seien. Auf meine Bitte hin gibt sie uns dann doch noch einige Beispiele. Niemals dürfe man am Abend einen Nagel in die Wand schlagen. Nach Sonnenuntergang würden Nägel nur beim Zimmern eines Sargs eingeschlagen. Wer diese Regel missachte, der müsse damit rechnen, dass der Tod in die eigene Familie komme. Und man dürfe keine Tücher, auch keine Kopftücher verschenken, denn das erinnere an ein Leichentuch und bringe den Tod ins Haus. Wenn man trotzdem ein Tuch geschenkt bekäme, müsse man dem Schenker ein wenig Geld dafür geben, dann sei es wie gekauft.

Dien und Ngoc schmunzeln über die Beispiele, aber Diens Mutter versteht keinen Spaß. Es sei bereits so viel Unglück über die Familie gekommen, und für manches gebe es eben Erklärungen. Einiges hätte vermieden werden können. Selbst für seine Querschnittslähmung habe sie eine Erklärung, erzählt Dien mir später. Angeblich habe er als vierjähriger Junge eine hinkende Nachbarin imitiert und sich lustig über sie gemacht.

Es ist wunderbar, in der Hängematte zu liegen und beim Schaukeln einen Lufthauch in der schwülen Hitze zu spüren. Jetzt in der Regenzeit ist der Boden ständig feucht und klebt an unseren Gummisohlen und an Diens Reifen. Mit jedem Schritt ins Haus tragen wir Schmutz hinein, ganz zu schweigen von den Reifenspuren und den Fußspuren der Hunde, Katzen und Hühner. Es ist unmöglich, das Haus sauber zu halten. Nur im gefliesten Raum ziehen wir unsere Schuhe aus.

Dien gibt meiner Hängematte immer wieder einen Schubs und hält sie in Schwung. Ich frage ihn, warum die Menschen am Mekong nicht auch in Hängematten schlafen, so wie am Amazonas. Es sei doch viel praktischer, würde Platz sparen und auch angenehme Kühlung bringen. Das könne sich hier keiner vorstellen, gibt er mir zu verstehen. In Hängematten liegen nur die kleinen Kinder oder aber die Erwachsenen zur Mittagspause. Entlang der Nationalstraße haben wir einige Cafés gesehen, die Hängematten an Gummibäumen befestigt hatten. Auf einem Beistelltischchen standen die Getränke. Nachts schlafen die Menschen lieber in ihren Holzbetten. Hängematten für die Nacht seien nur eine Notlösung, für Menschen, die kein Bett hätten. Während des Krieges mussten viele darauf zurückgreifen. Dien kann sich nicht denken, dass jemand freiwillig die Nacht in einer Hängematte verbringt. Er hält es für furchtbar unbequem. Dass ich über Wochen darin geschlafen habe, mag er sich nicht vorstellen. Aber ich sei ohnehin merkwürdig, findet er, jedenfalls nicht normal. Aber das sei vielleicht auch gut so.

Als die größte Hitze vorüber ist, machen wir uns auf den Weg zu einem Onkel von Dien. Der kleine Hiep begleitet uns, weil wir uns in dem Labyrinth sonst verlaufen würden. Ich schiebe

Dien, was noch ungewohnt für mich ist. Normalerweise fährt er selbst, aber auf den rutschigen Wegen ist es ihm lieber, wenn ich ihn schiebe. So bleiben seine Hände sauber, und außerdem muss ich es schließlich lernen, wenn wir gemeinsam unterwegs sind.

»Du erinnerst dich doch: Wenn wir über eine Stufe müssen, dann drückst du hinten runter, damit die Räder sich vorne anheben. Bei zwei oder mehr Stufen drehst du mich, und wir fahren rückwärts hinauf.«

»Gibt es hier irgendwo Stufen?«, frage ich Dien mit einem Blick auf den Trampelpfad. Nur die Brücken steigen in einem kleinen Bogen an, der kaum der Rede wert ist.

»Eigentlich nicht«, sagt Dien, und im nächsten Moment sehe ich nur noch, wie er nach vorne und fast aus dem Rollstuhl kippt. Ich bekomme ihn nicht mehr zu fassen, aber er hat sich selbst einigermaßen gefangen und drückt sich hoch. Ich stehe hilflos hinter ihm und starre ihn an.

»Zurück!«, ruft er.

»Entschuldige, das tut mir leid. Das war dumm von mir.«

Erst jetzt sehe ich das Loch im Weg, in das ich ihn hineingeschoben habe. Ich schäme mich für meine Unachtsamkeit, aber Dien lacht und meint, wir hätten in unserem Unterricht schließlich noch nicht über Schlaglöcher gesprochen.

»Ich habe verstanden. Bei Löchern und Schrägen muss ich hinten runterdrücken.«

»Und vielleicht sogar ein wenig kippen.«

»O.k., ich versuche es. Hast du dir wehgetan?«

»Schön wäre es. Es sieht nicht so aus. Sollten meine Beine etwas abbekommen haben, dann habe ich es zumindest nicht gespürt«, sagt er grinsend. »Dabei würde ich mich wahnsinnig freuen, mal richtige Schmerzen in den Beinen zu haben.«

Dien trägt auch bei größter Hitze Strümpfe und Schuhe, um seine Füße vor Verletzungen zu schützen. Er hat mehrere Paar weiße Sportschuhe, die ich im Frühjahr bereits gesehen habe. Sie sehen preiswert aus und für meinen Geschmack nicht besonders hübsch. Ich habe in Saigon tolle Schuhe gesehen, mich aber nicht getraut, ein Paar für Dien zu kaufen. Möglicherweise braucht er spezielle Schuhe, habe ich gedacht, aber diese sehen keinesfalls nach einer Sonderanfertigung aus. Er lebt bescheiden, und auf seine Kleidung scheint er keinen besonderen Wert zu legen. Er ist ein gut aussehender Mann, dessen Charme und Ausstrahlung mich sofort begeistert haben. Mit modischer Kleidung könnte er viel mehr aus sich machen. Ich frage mich, ob er überhaupt jemals darüber nachgedacht hat, sich etwas zu gönnen. Mir fehlen die passenden Worte, um ihm zu sagen, dass ich gern mit ihm einkaufen gehen würde und ein paar Jeans und modische Shirts für ihn aussuchen möchte. In Saigon ist das Angebot riesig und günstig. Aber was ist, wenn er sich deswegen gekränkt fühlt?

Als wir nach einer Viertelstunde vor dem Haus des Onkels stehen, ist die Armut augenscheinlich. Eine einfache Holzhütte duckt sich unter Palmen. Sie ist ebenerdig und der Boden aus gestampften Lehm. Der Hof ist penibel gefegt, und nirgendwo liegt etwas herum. Ein Berg Kokosnussschalen türmt sich neben dem Schweinestall auf. Hühner laufen hektisch umher, und ein Hund kommt uns schwanzwedelnd entgegen.

»Als mein Onkel geheiratet hat, war dies eines von den beiden Ereignissen in sieben Jahren, zu denen ich unseren Hof verlassen habe«, sagt Dien, und mir schießen Tränen in die Augen. Ich schlucke, wie manches Mal, wenn ich mir nicht nur vorstelle, wie mein Freund leben musste, sondern es sogar deutlich vor Augen habe.

Sein Onkel heißt Nha, er ist die Nummer acht in seiner Familie. Nha ist kaum älter als wir, aber er wirkt, als gehöre er einer anderen Generation an. Seiner Frau und ihm ist ein entbehrungsreiches Leben anzusehen. Nha reicht Dien seine kräftige Bauernhand und entblößt mit einem Lächeln eine breite Zahnlücke. Das Ehepaar heißt uns willkommen, und wir setzen uns an den Tisch. Auf einem Regal an der Wand steht ein Fernseher. Es läuft eine grellbunte Show, und ich werde darüber aufgeklärt, dass es sich um so etwas Ähnliches wie »Vietnam sucht den Superstar« handelt. Der Sohn des Hauses ist im Teenageralter und schaut wie gebannt auf die Darbietungen der Künstler in Fantasiekostümen. Der junge Mann ist ausgesprochen hübsch und hat eine auffallend kräftige Statur. Dien gibt ihm meine Komplimente weiter, und er lächelt schüchtern. Als ich ihn frage, ob er schon eine Freundin hat, wird er rot und windet sich mit einer Antwort. Ganz sicher, spreche ich meine Vermutung aus, wer so hübsch sei, dem müssten die Mädchen doch scharenweise hinterherlaufen. Nha grinst, stellt eine Flasche Reisschnaps auf den Tisch und bietet mir eine Zigarette an. Warum nicht, denke ich. Unter südlicher Sonne rauche ich gern mal eine Zigarette und werfe alle Bedenken über Bord. Es gefällt mir hier. Mit sechs Personen lässt es sich für Dien und mich einfacher kommunizieren als mit einem Dutzend. Dem Hausherrn macht es Spaß, mit mir zu trinken und meine Neugier zu befriedigen.

In der Landwirtschaft habe sich viel geändert, erzählt er mir, Reisanbau allein lohne sich nicht mehr, die Leute würden heutzutage lieber Obst und Gemüse anbauen. Das ließe sich besser verkaufen. Er selber habe nun auch auf Papayas, Bananen, Pomelos und Orangen umgestellt. Das mache auch weniger Arbeit als die Reisfelder. Viele Produkte gingen nach Saigon. Die Stadt werde niemals satt. Ständig sehe er die großen Lastwagen voller Obst und Gemüse, die auf der Nationalstraße unterwegs seien. Manches werde sogar exportiert. In Hongkong seien sie ganz verrückt nach vietnamesischen Drachenfrüchten. Das habe er im Fernsehen gesehen. Tonnenweise würden sie dorthin transportiert.

An den amerikanischen Krieg habe er zwar Erinnerungen, aber er selbst war damals noch zu jung, um kämpfen zu müssen. Bei seinen älteren Brüdern war das anders. Einer sei bei den Vietcong gewesen und der andere bei der südvietnamesischen Armee. Im Krieg waren sie erbitterte Gegner. So etwas war damals keine Ausnahme. Durch viele Familien ziehe sich dieser Riss. Ja, es habe deswegen auch Grausamkeiten innerhalb der

Verwandtschaft gegeben. Im Krieg und in der Politik kennen viele Menschen kein Pardon. Heute gehe es den Leuten nur noch ums Geld, was allemal besser sei. Auch ihm und seiner Familie gehe es viel besser als früher. In den letzten zwanzig Jahren sei es stetig bergauf gegangen. Wenn er an die Nachkriegszeit denke, dann mache es ihn traurig. »Befreiung des Südens« wurde es genannt, doch in Wirklichkeit empfanden viele Südvietnamesen die Nachkriegszeit als Besatzung durch die Machthaber des Nordens. Alles wurde ihnen verboten, und den Bauern wurde das Land weggenommen.

Diens Onkel schaut mich prüfend an und möchte wissen, ob mich die alten Geschichten wirklich interessieren.

»Ich habe ihm schon gesagt, dass du immer alles ganz genau wissen willst und den Leuten Löcher in den Bauch fragst«, sagt Dien.

»Danke, mein Freund. Das ist sehr lieb von dir.«

Gehungert hätten sie, es gab nicht genug Reis. Manche Felder lagen brach, privater Handel war nicht mehr erlaubt. Jedes Schwein und jedes Huhn wurden irgendwo notiert. Überall mischte sich der Staat ein, aber wie sollte das funktionieren? Wer es nicht mehr aushielt und es sich leisten konnte, sei übers Meer ins Ausland geflohen. So etwas kam für die armen Bauern natürlich nicht in Frage. Die eigene Heimat und den eigenen Boden zu verlassen, sei ein großer Schritt. Andere verschwanden damals in Umerziehungslagern. Jetzt könne man über so etwas reden. Es war eine schwere Zeit, in der es an allem mangelte. Das könne man sich kaum noch vorstellen. Sein eigener Sohn wolle ihm nicht einmal zuhören, wenn er von früher erzähle. Dabei sei es doch kaum mehr als zwanzig Jahre her. Jetzt hätten sie genug zu essen, Kleidung, Schuhe, einen Fernseher und bald auch ein Moped für den Sohn. Seitdem es die günstigen Maschinen aus China gebe, könnten sich auch Bauern ein Moped leisten. Vor ein paar Jahren, als es nur die japanischen Hondas gegeben habe, sei es unerschwinglich für sie gewesen.

Auch Dien wird nie müde, mir zu erklären, wie reich das Leben inzwischen sei. Angesichts der Armut, die europäische Augen auch heute überall entdecken, fällt es nicht leicht, sich vorzustellen, dass die Vietnamesen infolge der beiden großen Kriege von 1946 bis 1954 und von 1964 bis 1975, der Teilung des Landes nach dem Indochinakrieg 1954 und der Wiedervereinigung 1975 unter wesentlich extremeren Entbehrungen gelitten haben.

Nha erzählt uns, wie ein spürbares Aufatmen und eine erstaunliche Dynamik einsetzten, nachdem die kommunistische Partei Mitte der achtziger Jahre eine »Politik der neuen Struktur«, *Doi Moi,* manchmal auch vietnamesische Perestroika genannt, beschlossen hatte. Zunächst wurden private Landwirtschaft und Handel wieder zugelassen und ausländische Investitionen erlaubt.

Die Zeit der weitgehenden Abschottung war vorüber. Anfang der neunziger Jahre wurden die Einreisebestimmungen für Ausländer gelockert, und so kamen auch die ersten deutschen Freunde von damals wieder ins Land und erfüllten Dien und die anderen ehemaligen Kriegskinder mit neuer Hoffnung.

Es wird schneller dunkel, als uns lieb ist. Bevor wir uns auf den Rückweg machen, zündet Nha ein Bündel getrockneter Bananenblätter an und reicht mir die brennende Fackel. Damit müsse ich über den Boden vor meinen Füßen streichen und sei vor Schlangen geschützt. Zunächst denke ich, er mache einen Scherz und wolle eine Langnase verschrecken, aber ganz offenbar meint er es ernst, denn auch Hiep entzündet eine Fackel und marschiert los. Diens Onkel begleitet uns und schiebt den Rollstuhl.

»Das mag ich nicht«, sagt Dien, »du sollst mich schieben.«

»Ich muss Schlangen verscheuchen. Es ist das erste Mal in meinem Leben. Willst du vielleicht lieber hier warten, und dein Bruder holt dich mit dem Moped ab?«

»Nein, es geht schon.«

»Ab morgen schiebe nur noch ich dich. Versprochen.«

»Wunderbare Aussichten.«

Meine Fackel ist so trocken, dass sie wie Zunder brennt. Ich muss sie hochhalten, damit die Flammen nicht sofort das ganze Bündel erfassen, aber dann streift sie nicht über den Boden, wo die Schlangen lauern könnten. Ich stelle mir ohnehin vor, die Reptilien hätten vor den Mopeds, die über die Wege knattern, längst die Flucht ergriffen.

»Dein Onkel ist nett«, sage ich zu Dien, als wir später auf meinem Bett sitzen. Inzwischen bin ich in das hintere Zimmer umgezogen, weil dort weniger Durchgangsverkehr ist.

»Wie war es bei seiner Hochzeit damals?«

»Ich habe nicht viel davon mitbekommen.«

»Wieso nicht? Ich denke, du warst dort.«

»Es war das erste Mal seit Jahren, dass ich unser Grundstück verlassen hatte. Man hat mich im Dunkeln zum Haus meines Onkels getragen und in ein Hinterzimmer gesetzt. Dort sollte ich auf die Sachen aufpassen, Geschenke und andere Dinge. Sie haben mich nicht zu den Gästen gelassen. Wie soll ich dir das erklären? Ich war sehr schüchtern. Ich hatte jahrelang nur meine Familie gesehen und war gehemmt. Und die einfachen Leute auf dem Lande wussten nicht, wie sie mit mir umgehen sollten. Dabei spielte der Aberglaube mit eine Rolle. Manche hätten es sicher als schlechtes Omen gewertet, wenn ein Behinderter bei einer Hochzeitsfeier dabei ist. Zum Essen durfte ich in das Kochzelt zu den alten Frauen. Später habe ich durch eine Tür gespäht und gesehen, wie die jungen Leute getanzt und gesungen haben.«

Dien schaut mich mit einem schiefen Grinsen an. Sicher wird er mir mit dem nächsten Satz sagen wollen, dass seine Verwandten es nicht besser wussten und keiner es böse mit ihm gemeint habe. Aber ich will diese Worte nicht hören, will sein Verzeihen und sein Mitgefühl nicht verstehen müssen. Mühsam zügle ich meine Wut und frage mich, wo er mit seiner bleibt. Was hat er nicht alles schlucken müssen? Was steckt nicht alles in seinem kleinen Körper?

»Bruni, du musst verstehen, dass sie nicht …«

»Psst!«, unterbreche ich ihn, halte ihm sanft den Mund zu und flüstere: »Lass Mutter Teresa schon mal schlafen gehen.«

»Wer soll schlafen gehen?«

»Mutter Teresa. Entschuldige, aber du erinnerst mich manchmal an die berühmte Missionarin der Nächstenliebe.«

»Ich weiß, wen du meinst«, sagt Dien unter Lachen.

»Mit kirchlichen Dingen kenne ich mich zwar nicht aus, aber ich kann mir vorstellen, dass ein Übermaß an Nächstenliebe und Verständnis ziemlich anstrengend sein muss. Vielleicht ist es manchmal zu viel des Guten. Man muss auch mal an sich selbst denken.«

»Ich weiß, was du meinst«, sagt Dien und schaut mich mit einem Blick an, den ich nicht deuten kann. »Darf ich deine Hand nehmen?«, fragt er und drückt im nächsten Moment meine Finger. Das Bett steht zur Hälfte hinter einem Schrank und ist zusätzlich von einem Vorhang verdeckt, der nur einen schmalen Einblick auf mein Lager erlaubt. Es ist ein gemütlicher Ort, und im Halbdunkel der Glühbirne wird niemand sehen können, dass wir so nah beieinander sitzen.

»Damals war ich sehr einsam. Ich fühlte mich ausgeschlossen. Ein normales Leben konnte ich mir nicht mehr vorstellen. Erst später habe ich verstanden, warum die Menschen so unbeholfen und manchmal ablehnend auf mich reagiert haben. Wenn es mal eine Gelegenheit gab, mit Fremden zu sprechen, merkte ich sofort, wie überrascht sie waren, dass ich geistig normal bin. Aus meiner Körperbehinderung zogen die Menschen falsche Schlüsse. Sie dachten, ich vegetiere in einer Hütte vor mich hin und wüsste nichts von der Welt.«

»Bist du jetzt nicht mehr einsam?«

»Ach, du und deine Fragen! Was machst du nur mit mir? Alles wird auf die Probe gestellt.«

»Entschuldige!«

»Jetzt spiel *du* nicht Mutter Teresa. Du musst dich nicht entschuldigen. Du stellst nicht nur Fragen, sondern … wie soll ich sagen … du kommst immer näher und näher.«

»Momentan kommst du ganz nah an mich heran«, sage ich und deute auf seine Hände.

»Entschuldige!«

»Heute bitte kein *Entschuldige* mehr, o.k.?«

»Auch nicht von dir! Wenn ich sage, dass du mir nahkommst, dann meine ich deine Gedanken über mich. Du sorgst dich um mich. Sogar über meine Kleidung machst du dir Gedanken. Das interessiert sonst niemanden.«

»Woher weißt du das? Ich meine … das mit der Kleidung?«

»Meinst du, ich habe nicht gesehen, wie du nach unserer Fahrt von Saigon auf mein schmutziges Hemd geschaut hast und mich irgendwann gefragt hast, ob ich mich nicht umziehen möchte?«

»Ich wollte, dass du hübsch aussiehst. Das Hemd war voller Staub.«

»Und einmal hast du gesagt: ›Oh, auf dem Foto siehst du aber toll aus, schönes Shirt, Hellblau steht dir wirklich gut.‹ Außerdem gefalle ich dir mit der neuen Sonnenbrille besser als mit meiner alten. Niemand macht sich solche Gedanken über mich.«

»Ich möchte, dass du gut aussiehst. Du bist ein hübscher Mann, und das solltest du auch zeigen, finde ich.«

»Aber ich sitze im Rollstuhl.«

»Was hat das denn damit zu tun?«

»Du glaubst nicht, wie oft ich mir schon anhören musste, wie bedauerlich es doch sei. Die Leute sagen ganz offen: ›Es ist so schade, dass so ein hübscher Mann im Rollstuhl sitzt.‹ Sie denken sich nichts dabei«, sagt Dien mit einem Grinsen, und ich pruste los.

»Entschuldigung!«

»Was hast du gesagt?«, sagt Dien und gibt mir einen Klaps. »Das findest du auch noch lustig, oder?«

»Es ist so traurig, dass es schon wieder lustig ist.«

»Schön, dass du über meine Landsleute lachen kannst. Sie denken, es sei Verschwendung, wenn ein Mann im Rollstuhl gut aussieht. Mit dem ist doch sowieso nichts anzufangen.«

»Wenn du hässlich wärest, wäre es nicht so schlimm, oder was?«

»Keine Ahnung, was in deren Köpfen alles vorgeht.«

Als Dien zurück in seinen Rollstuhl steigt, und dann etwas in seiner Tasche sucht, gehe ich ins Bad. Vielleicht möchte er sich hinter dem Vorhang für die Nacht fertig machen. Ich weiß nicht, welche Vorbereitungen er dafür treffen muss.

Mein neues Lager ist wunderbar, und ich falle müde in den Schlaf.

Bananenblüten und Körpermasse

»Was möchtet ihr beide heute essen?«, fragt Diens Mutter uns nach dem Frühstück.

»Mir schmeckt alles, wie du weißt«, sage ich zu Dien, als er auf meine Antwort wartet.

»Meine Familie will uns verwöhnen. Wir dürfen uns etwas wünschen. Das würde meiner Mutter und meinen Schwestern eine große Freude machen. Ngoc hat in der Früh schon Bananenblätter geschnitten. Sie liegen zum Antrocknen auf dem Hof. Später werden sie mit einem speziellen Reis gefüllt. Du kannst ihnen dabei zuschauen. Ich habe ihnen gesagt, dass es dich interessiert. Sie wollen noch andere Gerichte kochen. Magst du Huhn?«

»Hast du etwa meinen Blick auf die Hühner gesehen?«, frage ich und fühle mich ein wenig ertappt.

Tatsächlich habe ich mir bereits vorgestellt, wie gut ihr Fleisch im Gegensatz zu den Exemplaren aus dem heimischen Supermarkt schmecken muss. Den ganzen Tag laufen sie herum. Das gibt sicher leckeres Muskelfleisch.

Als ich später an der Küche vorbei zur Toilette gehe, sehe ich, wie Ngoc ein Huhn rupft. Die Federn liegen überall verteilt. In einem Wok auf der Feuerstelle kocht Wasser, mit dem sie das Huhn immer wieder überbrüht. So nah an einem geschlachteten Tier war ich lange nicht mehr dran. Ob es eines von den Hühnern ist, die ich dabei beobachtete, wie sie im Sand badeten?

Angesichts des gerupften Huhns plagt mich fast das schlechte Gewissen, aber ich deute es als naive und widersprüchliche Anwandlung einer Städterin, die nie ernsthaft versucht hat, Vegetarierin zu werden.

Phu macht mir ein Zeichen, in den Garten zu kommen. Er hält einen langen Bambusstab in der Hand, an den eine Sichel gebunden ist. Die Schneide seines Werkzeugs glänzt vor Schärfe. Ich folge ihm ins Dickicht, und Hiep schließt sich uns an. Die Bananenstauden sind erstaunlich hoch und wirken wie Bäume. Kein Vergleich zu den Pflanzen in einer Plantagenzucht mit bequemen Wuchshöhen für die Erntearbeiter. Auch die Bananenformen und vor allem das Aroma der Früchte variieren stark. Manche sind zuckersüß, und ihr Fleisch ist honigfarben, andere wirken eher unreif und blass und werden wie Gemüse zum Kochen verwendet. Es gibt Bananen, die regen die Verdauung an, und andere sind eher geeignet, das Gegenteil zu bewirken. Hier stehen schlanke Stauden, deren Früchte in großer Höhe weit über unseren Köpfen reifen. Phu hat es auf die kräftigen auberginefarbenen Blüten abgesehen. Wie Kunstwerke in einem Paradiesgarten leuchten diese geheimnisvollen Schöpfungen der Natur, prall gefüllt, als hätten sie in ihrem Innern einen Schatz zu verbergen. Phu ist wählerisch und setzt seine Sichel erst nach genauer Prüfung an. Hiep macht sich bereit zum Auffangen. Phu wählt drei Prachtstücke aus, und ich ahne bereits, wer uns hierhergeschickt hat.

Später sitze ich mit Diens Mutter und einer Tante auf dem Holzbett im Esszimmer und schaue ihnen beim Waschen, Ausputzen und Schneiden der Blüten zu. Die winzigen Ansätze von Bananen werden aus den Blüten herausgezupft. Auch in Fingernagelgröße ist die spätere Frucht bereits deutlich zu erkennen. In diesem Reifestadium ist nur die helle, kokonartige Umhüllung zum Verzehr geeignet. Sie wird herausgetrennt, in feine Streifen geschnitten und in Zitronenwasser getaucht.

Später werde ich die Blüten in einer Suppe wiederfinden. Ein deutliches Bananenaroma kann ich nicht herausschmecken, dafür einen etwas herben und unreifen Geschmack, der ein stumpfes Gefühl am Gaumen hinterlässt. In Kombination mit der süßlich abgeschmeckten Suppe sind die Blüten ausgesprochen lecker.

Als die Hitze kaum noch zu ertragen ist, nehmen die beiden Schwestern Yen und Ngoc nacheinander ein Bad. Dafür verschwinden sie in dem kleinen Raum, der auch als Gästetoilette dient. Mit einer Plastikkanne schöpft man Flusswasser aus einer Tonne und übergießt sich damit. Mindestens zweimal am Tag waschen die Frauen sich auf diese Weise und ziehen frische Kleidung an. Ngoc trägt immer die raffiniertesten Zweiteiler. Als Dien und ich mit den beiden erfrischten Damen im leichten Luftzug des vorderen Raumes sitzen und die heißen Nachmittagsstunden über uns ergehen lassen, erscheinen mir Ngoc und Yen wie zarte Feen. Im Esszimmer steht in einer dunklen Ecke ein Schuhregal. Darin befindet sich ein erstaunliches Sortiment an Damenschuhen in Größe fünfunddreißig mit Absatz. Wo tragen sie diese Schuhe? Hier gibt es keine gepflasterten Wege. Mit jedem Schritt würde man in den aufgeweichten Pfaden versinken, keine Baumstammbrücke ist damit zu überqueren. In meiner Suppenküche in Saigon trägt die Chefin ebenfalls unfassbar hohe Absätze und sieht trotzdem klein aus. Na ja, überlege ich, und mich halten sie trotz flacher Absätze für eine Riesin.

»Woran denkst du?«, fragt mich Dien, der es sich auf einem der Betten bequem gemacht hat.

»Daran, wie dick und groß ich mich hier fühle. Der bekannte Elefant, du weißt schon.«

»Nun hör aber auf! Da kenne ich ganz andere Frauen. Viel dicker als du.«

»Dien, ich bin nicht dick! Ich wiege sechzig Kilo bei einem Meter siebzig Körpergröße.«

»Aber du hast doch eben selber gesagt …?«

»Trotzdem! Du brauchst wirklich dringend einen Kurs im Komplimentemachen.«

»War das jetzt wieder falsch?«

»Na ja, nicht eben besonders charmant.«

Als ich trotz der glühenden Hitze merke, dass ich offenbar zu den unverbesserlichen Frauen gehöre, denen man es nie recht machen kann, muss ich schmunzeln und entschuldige mich bei Dien. Dann schalte ich mein kochendes Gehirn wieder ab, strecke mich lang auf den kühlenden Fliesen aus und höre die Schwestern und Dien munter plaudern. Erst als sie laut auflachen und mich anschauen, werde ich neugierig.

»Sie wollten wissen, worüber wir beide eben geredet haben«, sagt Dien und grinst.

»Hast du es ihnen etwa gesagt?«

»Na klar. Und weißt du, worüber sich die beiden unterhalten haben? Ngoc hätte gern ein Stück von deiner Nase und Yen ein Stück von deinen Beinen. Die gefallen ihnen besonders an dir.«

Ich sage den Schwestern, dass ich neben ihren zarten Figuren auch ihre Kleidung schön finde. Daraufhin verfallen sie in einen kräftigen Redeschwall, und Ngoc steht plötzlich mit Maßband, Stift und Zettel vor mir. Unverhofft werde ich, Hitze hin oder her, von Kopf bis Fuß vermessen. Ich stehe im gefliesten Salon, muss erst die Arme heben und dann senken und mich nach allen Seiten drehen. Dien scheint die Prozedur und das Übersetzen zu genießen. Ob nun bald das ganze Dorf weiß, welchen Umfang ich habe? Wenig später fahre ich mit Ngoc per Fahrrad zur Hauptstraße, was hier offenbar als kleine Attraktion betrachtet wird. Nicht nur die Schwestern und Dien sind vollauf begeistert, als wir losradeln. Auch unterwegs ernte ich zahlreiche erstaunte Blicke. Dass ich zu Hause fast täglich mit dem Fahrrad fahre, wollen sie mir nicht glauben. Aber dieses Zweifeln kenne ich auch aus anderen Ländern. Offenbar taugen Europäer in ihren Augen nur zum Autofahren und faulen Herumsitzen.

Ich radle Ngoc hinterher und genieße unsere Ausfahrt. Sie redet ununterbrochen auf mich ein, ohne dass ich auch nur das Geringste verstehe. Das Fahrrad ist zwar viel zu klein für mich, aber es macht mir Spaß, mich zu bewegen.

In einer Marktgasse unter freiem Himmel, die aus einem Dutzend Verkaufsständen besteht, soll ich mir Kleiderstoff für ein vietnamesisches Kostüm im Stil von Ngoc aussuchen. Doch zunächst staune ich über ein Kindershirt mit einem verwirrenden Aufdruck. Es zeigt in bunten Farben die Aufschrift *America* und darunter einen silbern glänzenden Panzer mit weit ausgefahrenem Kanonenrohr. Neben dem Ungetüm stehen die Worte *Export Since 2008*. Es sieht nicht danach aus, als wüsste eine der Marktfrauen, welche Botschaft hier mitgeteilt werden soll. Zudem haben wir erst das Jahr 2007 erreicht.

Für meinen Zweiteiler wähle ich einen schwarz gemusterten Stoff, der zu viel verzehrte Phos und entsprechende Pfunde kaschieren kann.

Mein Marktbesuch erregt einiges Aufsehen, und leider gibt es niemanden, der Englisch spricht. Ich versuche trotzdem, mich irgendwie zu verständigen, spreche mit Ngoc und anderen Frauen, schaue mal in amüsierte und mal in verdutzte Gesichter und verstehe kein einziges Wort.

Unterwegs will ich mir den Weg einprägen, aber wir machen noch einen Schlenker zu einer winzigen Schneiderei, wo ich ein weiteres Mal vermessen werde, ohne fragen zu können, warum es nötig ist.

Als wir zurückkommen, sitzt Dien auf der Terrasse und hält bereits Ausschau nach uns. Zunächst redet Ngoc aufgeregt auf ihn ein, und beide lachen laut los.

»Ich glaube, auf dem Markt gab es ein kleines Missverständnis. Ich habe noch immer nicht genau verstanden, worum es eigentlich ging. Es hatte mit deinem Namen zu tun«, sage ich.

»Allerdings, Ngoc hat es mir gerade erzählt. Du sprichst meinen Namen anders aus als wir. Alle Langnasen tun das.«

»Was ist daran falsch? Wie das englische Dean bei James Dean.«

»Mir gefällt es, wie du meinen Namen aussprichst. Es hört sich genauso an wie damals in Deutschland.«

Für Vietnamesen klingt »Dean« aber nicht nach einem Namen, erklärt er mir. Das »i« müsse kürzer ausgesprochen werden und das »n« irgendwo im Hals verschluckt und seltsam verdreht werden. Für den richtigen Ton könne man sich auch die Nase zuhalten. Offenbar will mein Freund mich auf den Arm nehmen, aber ich habe es ohnehin längst aufgegeben, mich um eine korrekte Aussprache zu bemühen. Bei meinem Marktausflug mit Ngoc wollte ich einer Frau erklären, dass ich die Freundin von Dien sei. Falsch ausgesprochen kann Dien jedoch Feld, Elektrizität oder auch verrückt bedeuten. Die Frau dachte offenbar, ich hielte sie für verrückt.

»Immerhin habe ich inzwischen begriffen, dass Yen nicht wie Jen ausgesprochen wird, sondern wie Ihn. Das ist leider verwirrend, besonders wenn du auf Deutsch über Ihn sprichst und damit deine Freundin meinst.«

»Belaste dich nicht damit.«

»Ich werde es versuchen, aber wenn ich daran denke, was du mir allein über das Wort du erzählt hast! Das ist ja eine Wissenschaft für sich. Warum müsst ihr Vietnamesen euch das Leben so schwer machen? An allen Ecken lauern Fettnäpfchen.«

»Das Wort du kannst du besser gleich vergessen. Ich darf ja nicht mal zu meinen Bruder du sagen, wie ihr es in Deutschland gebraucht. Allenfalls im Streit ist es mir mal rausgerutscht. Das ist respektlos. Wir müssen Große Schwester, Kleine Schwester, Großer Bruder, Kleiner Bruder, Tante, Onkel und noch viele andere Bezeichnungen als Anrede gebrauchen. Es kommt auf das Alter des Gegenübers an. Das muss man entweder richtig einschätzen, oder man fragt freundlich und charmant danach.«

»Aber als du aus Deutschland kamst, da kanntest du die Regeln doch sicher nicht.«

»Nein, überhaupt nicht, es war schlimm für mich. Wenn ich du gesagt oder einen älteren Menschen mit Namen angesprochen habe statt mit Großer Bruder oder Onkel, haben die Leute sich bei meiner Mutter über mein schlechtes Benehmen beschwert. Es war kompliziert für mich, aber irgendwie hat es mir auch Freude gemacht, das alles zu lernen. Seit ich erwachsen bin, kommen sogar Leute zu mir, um die richtige Bezeichnung für einen entfernten Verwandten zu erfragen. Zum Beispiel wollen sie wissen, wie man den Cousin der Tante mütterlicherseits nennt. So etwas weiß ich dann.«

»Ich verstehe überhaupt nichts mehr.«

»Ja, tut mir leid, aber es ist wirklich genauso kompliziert, wie du denkst. Ich versuche trotzdem, dir ein wenig davon zu erklären. Eine Frau, die genauso alt ist oder bis zu sieben oder vielleicht sogar bis zu zehn Jahren älter als man selbst, muss man mit Große Schwester, mit *Chi* ansprechen. Eine Frau oder ein junges Mädchen, das sieben bis zehn Jahre jünger ist, spricht man mit *Em* an. Das Gleiche gilt für jüngere männliche Personen. Ältere Männer nennt man Großer Bruder, *Anh*. Weitaus jüngere Personen nennt man Nichte, *Chau*, oder im Süden des Landes auch einfach Kind, *Con*. Dann gibt es noch Bezeichnungen für wesentlich ältere Personen, die Abwandlungen der Tante mütterlicher- oder väterlicherseits sind. Wenn die Person einem nähersteht oder sie einem sympathisch ist, dann nimmt man das Wort für Tante mütterlicherseits, *Di*.«

»Dien! Du glaubst doch nicht, dass ich mir irgendetwas davon merken kann?«

»Natürlich nicht. Denkst du, ich habe das am Anfang kapiert? Aber sie haben mit mir geschimpft, weil es frech und ungezogen ist, wenn man falsche Bezeichnungen wählt.«

»Eigentlich klingt es schön, was du erzählst. Es zeugt von großem Respekt vor den einzelnen Personen.«

»Ja, schon. Für mich bist du Große Schwester, *Chi*. Das ist eine sehr schöne Bezeichnung. Ich freue mich, dich als meine *Chi* gefunden zu haben. Du weißt, dass meine richtige große Schwester als Kind gestorben ist. Ich habe kaum Erinnerungen an sie. Manchmal denke ich, sie könnte vielleicht so sein wie du. Du machst dir Sorgen um mich, möchtest, dass es mir gut geht, dass ich ein besseres Leben führe und dass ich auch mal an mich selber denke.«

Im Labyrinth des Deltas

Nach dem Frühstück brechen wir auf nach Can Tho. Die Stadt liegt nur etwa achtzig Kilometer entfernt, aber da wir die Nationalstraße umgehen wollen, müssen wir einen Umweg machen. Bruder Vier hat von einer Fährverbindung gehört, die unseren Plänen von einer Fahrt über Nebenstraßen entgegenkommt. Der Weg dorthin sei allerdings schlecht, es handle sich um eine einfache Piste.

Dien lässt sich eine Wegbeschreibung geben, und ich wundere mich über die Diskussion, die ein derart nah gelegenes Reiseziel auslösen kann. Immer wieder deuten die Männer auf einen Zettel mit einer eigenhändig angefertigten Skizze und scheinen Fragen und Antworten hin- und herzujonglieren. Dabei rinnt Phu der Schweiß den nackten Rücken hinunter. Es erstaunt mich immer wieder, dass auch die Einheimischen derart schwitzen, aber dann denke ich daran, wie schnell ich selber in heimischen Gefilden ins Frösteln komme, obwohl ich die Kälte gewohnt bin. Manchmal glaube ich, den Ortsnamen *Can Tho* aus der hitzigen Debatte herauszuhören, aber es kann sich bei den verwirrenden Lauten des Vietnamesischen ebenso gut um ein anderes Wort handeln. Wenn ich selbst von *Can Tho* oder auch von der Stadt *Hoi An* spreche, schauen mich alle nur fragend an. Die Diskussion scheint kein Ende zu nehmen, und ich bedauere es, mich nicht einmischen zu können. Es kann doch nicht so schwer sein! Doch wie sich bald herausstellt, ist Dien noch nie in südliche Richtung gefahren, und auch seine Geschwister kennen Can Tho nur vom Hörensagen. Dabei ist es immerhin die größte Stadt am Mekong.

Nachdem wir von der Hauptstraße abbiegen, sind wir beide gleichermaßen ortsfremd, was mir ein wohliges Gefühl bereitet. Zusammen machen wir uns auf in die Fremde. Wir haben ein wenig Proviant und Frischwasser dabei. Was kann uns also passieren? Nach wenigen Kilometern erreichen wir die Abzweigung, die Bruder Vier beschrieben und auf seinem Zettel aufgezeichnet hat, und verlassen die asphaltierte Straße. Im Nu tauchen wir in die Abgeschiedenheit einer scheinbar vergessenen Provinz ein. Eine rote Sandpiste schlängelt sich durch das alles beherrschende Grün. Nur vereinzelt stehen Häuser aus Palmblättern oder Holzbrettern am Wegesrand. Die wenigen Menschen, die wir sehen, winken uns ausnahmslos zu. Die Piste ist voller Schlaglöcher, und wir kommen nur langsam voran. Selbst mit einem normalen Moped wäre dieser Weg kein Vergnügen, aber mit dem Dreirad ist es ein Kraftakt für Dien. Die Maschine liegt steif auf der Piste, und jede Unebenheit überträgt sich auf unsere Körper. Es ist ein permanentes Stoßen und Schütteln. Mal sinkt das eine Hinterrad ein, mal das andere. Ich verzichte auf die Frage, ob unser Moped keine Stoßdämpfer hat. Wenn Dien quasi nur über den Bereich oberhalb seiner Brusthöhe körperliche Kontrolle hat, wie kann er dann bei diesem Gerüttel die Balance halten und das Moped steuern? Ich versuche nachzuspüren, wie viel Kraft ich zu meiner eigenen Stabilisierung aus meinen Beinmuskeln, dem Becken, Hintern und meinem Oberkörper hole. Fast kommt es mir so vor, als nähme ich alle notwendigen Anspannungen aus den Körperzonen, die bei Dien gefühllos sind. Da er seit seiner Kindheit gelähmt ist, sind seine Beine im Vergleich zu seinem Oberkörper deutlich schwächer entwickelt. Sie haben kaum Muskeln und sind relativ kurz und dünn. Bisher habe ich sie noch nicht unbedeckt gesehen. Während Dien sich manchmal mit freiem Oberkörper zeigt, entblößt er selbst seine Füße nur selten. Auf dem Moped halte ich mich an einem Bügel hinter dem Sattel fest. Bei besonders tiefen Löchern schlagen die Vorderreifen des Rollstuhls an meine Schultern, der kopfüber hinter den Rücksitz geschnallt ist. Hoffentlich ist diese Route nicht zu anstrengend für Dien. Angeblich sind es zehn Kilometer bis zur ersten Fähre. Irgendwann kommt uns ein Bus entgegen, der aus einem weit zurückliegenden Jahrzehnt zu stammen scheint. In Vietnam habe ich schon häufiger das Gefühl gehabt, zu spät gekommen zu sein. Zu spät für Einblicke in weitgehend unmodernisierte Regionen und zu spät für den Anblick einer Welt jenseits der globalisierten Gleichförmigkeit mit ihrer dominierenden Produktpalette. In dieser abgelegenen Gegend bekomme ich zumindest einen Eindruck davon, wie das Land vor der Einführung günstiger Mopeds, dem »Wandel durch Handel« mit seiner Flut an Mobiltelefonen und dem Auftauchen phonstarker CD-Recorder mit beeindruckenden Lautsprechern ausgesehen und geklungen haben mag. Armut ist nur selten ein schöner Anblick, besonders wenn es sich um neue und städtische Armut handelt. Hier lässt die Armut und Einfachheit der Lebensumstände naive Gefühle von Unberührtheit und Exotik in mir aufkommen. Hier liegt kein Müll herum, weil es schlichtweg nichts zum Wegwerfen gibt. Niemand wird hier etwas in Plastiktüten verpacken, weil sie ein Luxusartikel sind und ohnehin niemand in einem Supermarkt einkaufen kann. Was in den Städten und auch vielen ländlichen Regionen inzwischen selbstverständlich geworden ist und die Umwelt verschmutzt, hat hier noch keinen Einzug gehalten. Hier schwimmen in den kleinen Seitenarmen und Kanälen des Mekong auch keine weggeworfenen Styropor-Verpackungen herum, wie ich sie auf dem Hauptarm gesehen habe. Dieses Produkt ist besonders beliebt und gilt neben Getränkedosen und Plastikflaschen als Zeichen von Moderne, auf das selbst die winzigen Garküchen gern zurückgreifen, um ihren Kunden etwas Besonderes zu bieten. Hier wird die Ruhe nur selten durch das Knattern von Hondas gestört, weil selbst ein Kredit über dreihundert Euro für ein chinesisches Moped kaum zu beschaffen ist. Geldverkehr spielt hier eine untergeordnete Rolle, weil Geld kaum vorhanden ist. Das Meiste von dem, was gegessen wird, wächst vor der Tür oder schwimmt im Wasser.

Wohin sollte man mit einem Moped überhaupt fahren? Es gibt kein größeres Dorf und keine Stadt in der Nähe. Dieses Stückchen Land befindet sich auf einer großen Insel im Mekongdelta. Wir staunen über die Abgeschiedenheit von Cho Lach, und Dien wird nicht müde zu betonen, dass ihn das alles an früher erinnert. Wir überqueren eine Holzbrücke, deren alte Bohlen verdächtig knarren. In der Mitte der Brücke halten wir an und genießen die Aussicht von unserem leicht erhöhten Standort. Ein rostiges Geländer bietet ein wenig Schutz. Unter uns fließt das bräunliche Wasser eines Nebenarms des Mekong, das Ufer ist von Palmen gesäumt, zwei Kinder baden und winken uns zu. Die Dächer einer kleinen Siedlung schauen aus dem Dickicht hervor. Zehn Kilometer auf einer Sandpiste können sehr lang sein.

»Gleich kommt ein berühmtes Dorf«, sagt Dien, und ich bin ein wenig verwundert. Als ein Dutzend Bretterbuden auftauchen, besteht die einzige Sehenswürdigkeit in einem kleinen Laden mit einem öffentlichen Telefon.

»Berühmt?«

»Ja, das hat mein Bruder gesagt.«

»Berühmt für was?«

»Hier gibt es einmal in der Woche einen Markt.«

Beim nächsten »berühmten« Dorf stellen wir fest, dass Dien die Worte berühmt und bekannt verwechselt hat. Von nun an ist jede noch so winzige Ansiedlung ein »sehr berühmter Ort«. »Weltweit berühmt« für seinen »wunderschönen Markt«.

Wir lachen und halten schließlich mitten auf der Piste, um uns gegenseitig zu fotografieren. Dann verdrehe ich das Display, strecke meinen Arm über uns aus und drücke den Auslöser. Auf dem Foto sehen wir, wie schmutzig und verschwitzt wir bereits sind. Die Helme sitzen schief auf unserer schweißnassen Stirn, und selbst die Sonnenbrillen sehen wie nach einer Wüstentour aus.

Als wir den Fähranleger erreichen, gibt es nicht einmal einen Fahrkartenschalter. Das Ufer ist vollkommen unbebaut, und auch auf der anderen Seite des Flusses sehen wir nur ein kleines Häuschen stehen. Die einzige Fähre von Tan Phu verkehrt im Pendelbetrieb und befindet sich auf der Überfahrt zu uns. Aus der Ferne sehen wir ein schwer beladenes Moped heranknattern. Der Fahrer ist einer von Millionen vietnamesischer Artisten, die ihren Fahrzeugen die unglaublichsten Lasten zumuten. Die Vorboten seiner Beladung erreichen uns in Form eines strengen Geruchs. Als er neben uns hält, zähle ich fünf ausgewachsene Ziegen, die er in Packtaschen verstaut und gestapelt hat. Entweder sind die Tiere den Transport per Zweirad gewohnt, oder sie haben ein Beruhigungsmittel verabreicht bekommen. Vollkommen unbeteiligt blicken die schwarz-weiß gemusterten Tiere aus den Taschen heraus und geben keinen Ton von sich. Selbst meine meckernde Animation kann ihnen keinen Laut entlocken. Von der anlegenden Fähre kommen zwei Frauen auf Hondas heruntergefahren und winken. Und dann rollen wir mit einigen anderen Fahrgästen an Bord. Ein Uniformierter in blütenweißem Hemd samt goldener Schulterklappen und Krawatte kassiert ab und möchte dann am liebsten alles über uns wissen. Dien kommt kaum dazu, ihm meine Fragen weiterzugeben. Seit ein paar Jahren gebe es diese Verbindung, erklärt er schließlich. Nein, hier sei selten mehr los, ein paar Händler, das ist es auch schon. Ausländer seien schon eine Weile nicht mehr auf der Fähre gewesen. Es gebe hier doch auch nichts zu sehen.

Während Dien die Neugierde des Uniformierten stillen muss, diene ich den wenigen Passagieren und dem Personal als langnasiges Anschauungsobjekt.

Dieser Arm des Mekong zeugt gleichermaßen von der Kraft des Stroms wie der Tien Giang, der vordere Arm bei Ben Tre. Die Motoren müssen schwer arbeiten, um die Fähre auf Kurs zu halten. Hier kann man das Südchinesische Meer fast spüren, und der Fluss lässt sich vor lauter Ungeduld nicht mehr bändigen. In wenigen Stunden wird sich das Wasser nach seinem langen Weg aus dem tibetischen Hochland in den Ozean ergießen.

»Lass uns bitte vor den Ziegen von der Fähre fahren!«, bitte ich Dien, aber binnen weniger Minuten hat der tollkühne Fahrer uns bereits überholt, und wir warten, bis seine Duftwolke verschwunden ist.

Hier ist die Straße geteert und der Verkehr ein wenig dichter. Als wir zur Mittagszeit an einer Schule vorbeikommen, bietet sich uns der wunderbare Anblick junger Mädchen in blütenweißen Ao Dais. Allein oder zu zweit radeln sie nach Hause. Ihre langen Oberteile halten sie zumeist mit einer Hand am Lenkrad fest oder sitzen auf den umgeschlagenen Enden. Ihre Körperhaltung zeugt von natürlicher Eleganz. Lange schwarze Zöpfe fallen über gerade Rücken. Manche tragen elegante Hüte, doch die meisten Mädchen bevorzugen eine Baseball-Kappe und winken uns zu. Wir fahren langsam und kommen mit einigen von ihnen ins Gespräch. Aufgeregt suchen sie nach englischen Vokabeln. *Hello, how are you? What's your name?*

Sie wissen kaum, wohin sie zuerst schauen sollen. Auf die fremde Frau, das merkwürdige Moped, den Rollstuhl, auf unser Lachen? Sie denken, wir sprächen Englisch, aber wir sagen, es sei eine Geheimsprache, die nur wir beide verstünden. Bald sind wir umringt von jungen Mädchen, manche zu schüchtern, um etwas zu sagen, und andere mutig fragend.

Nach der nächsten Fähre finden wir in einem Kreisverkehr unsere dringend benötigte Tankstelle.

»Wir müssen alles abladen«, sagt Dien, »ich brauche den Rollstuhl.«

Als er merkt, dass ich mich darüber wundere, zeigt er auf den Sitz.

»Der Tank ist unter dem Sitz. An meiner Tankstelle in Saigon kennen mich die Mitarbeiter. Sie bringen mir einen Hocker.«

Auch hier kommt ein Tankwart und fragt, ob er uns helfen kann. Als Dien im Rollstuhl sitzt, klappt er die Sitzbank hoch und führt den Stutzen ein. Von mehreren Seiten werden wir neugierig gemustert, und ich nicke grinsend in die Runde.

»Da hinten ist wohl die Toilette. Kannst du mal gucken, ob ich mit dem Stuhl hineinpasse?«, bittet mich Dien.

Als ich vor der Tür stehe, bin ich unsicher über die genauen Maße. Noch habe ich keinen Blick dafür. Es gibt zwei kleine Stufen, die sicher kein Problem darstellen.

»Könnte klappen«, sage ich.

Dien will allein zu dem Raum hinter dem Gebäude, damit ich auf das Gepäck achten kann. Er möchte wissen, wie hoch die beiden Stufen sind.

»Ich weiß nicht. Lass uns zusammen gehen. Unser Zeug klaut schon keiner«, sage ich, voller Vertrauen auf unsere Mitmenschen, weil ich bisher selten Pech hatte.

»Nein, das geht nicht.«

»Dann schiebe ich das Moped bis in die Nähe der Toilette und behalte es im Auge.«

»Versuchen wir es.«

Das gesamte Unternehmen wird kritisch beäugt, und wir müssen lachen. Ich ziehe Dien rückwärts zwei Stufen hinauf, aber der Rollstuhl lässt sich in der kleinen Toilette nicht mehr drehen. Schließlich schiebe ich ihn vorwärts hinauf und schließe die Tür hinter ihm.

»Und jetzt? Soll ich irgendetwas machen?«

»Ich rufe dich, wenn ich fertig bin. Jetzt kommt das Fünfundzwanzig-Euro-Ding zum ersten Einsatz.«

»O.k. Ich warte in der Nähe.«

Dien hat mir erklärt, er müsse seine Blase zunächst abklopfen. Dann würde er daraufdrücken und auf diese Art die Blase entleeren. Wirklich verstanden habe ich es nicht, aber der richtige Zeitpunkt für genauere Nachfragen wird sich schon ergeben. Das Wort Blasentraining bestimmte einen Teil seiner Kindheit in Deutschland, hat Dien mir erzählt. Alle zweieinhalb Stunden wurde mit den Krankenschwestern trainiert. Sie machten niemals eine Ausnahme. Immer wieder hieß es »Blasentraining!«, und immer wieder wurde ihm und den anderen querschnittsgelähmten Kindern erklärt, wie wichtig diese Übungen seien. Wenn sie ihre Blase auf die gezeigte Art regelmäßig leerten, würden sie gesund bleiben. Manchmal ärgerte es ihn, wenn die Krankenschwestern ihn vom Fernsehapparat wegholten und er spannende Szenen verpasste.

Als wir bereits wieder eine Weile unterwegs sind, möchte Dien wissen, ob es mir nicht peinlich sei, ihn vor aller Augen in eine Toilette zu schieben.

»Stell mir doch nicht solche doofen Fragen«, sage ich und sehe im nächsten Moment sein Grinsen im Rückspiegel.

»Weißt du, was ich als Kind von den deutschen Pädagogen gelernt habe?«

»Kann ich mir schon denken. Doofe Fragen gibt es nicht.«

Zur Bestätigung kneift er mir ins Bein.

An einer Weggabelung dösen zwei alte Männer im Gras, als sei es ihr heimisches Sofa. Wir halten und fragen sie nach dem Weg. Allmählich erwachen sie aus ihrer Lethargie und betrachten uns eingehend. Wie in Zeitlupe gestikulieren sie schließlich mit sparsamen Bewegungen ihrer Hände und zeigen auf eine Ortschaft in Sichtweite. Wenn wir die Pagode sähen, dann seien wir richtig, kurz dahinter sei die Abzweigung in Richtung Can Tho. Wir danken, und sie verabschieden uns mit erstaunlich vielen Worten und Gesten, ganz so als machten wir uns auf zu einer weiten Reise.

Schon nach wenigen Minuten passieren wir die alte Pagode, deren Anstrich aus einem verblassten Rosa besteht. Sie ragt hoch auf und hat die typischen Dachvorsprünge. Dien fährt im Schritttempo, und so kann ich sogar einen Blick in das Innere werfen. Wie in allen Tempeln haben die Gläubigen Räucherstäbchen angezündet. Vor dem Eingang wird um Almosen gebettelt. Mein Freund weiß, wie magisch eine Langnase von solchen Bauwerken angezogen wird, und deshalb gönnt er mir die Aussicht auf den exotischen Ort. Er selbst kann der weit verbreiteten Volksfrömmigkeit und den Pagodenbesuchen nicht viel abgewinnen. In dieser Religion scheint kein Platz für ihn zu sein.

Als wir die letzte Fähre vor Can Tho erreichen, bieten sich uns ein Anblick und eine Geräuschkulisse der besonderen Art. Mindestens zweihundert Mopeds quetschen sich auf einer Fähre zusammen, die vermutlich nur zwanzig Pkw Platz bietet. Dicht gedrängt stehen sie nebeneinander, so dass ich Mühe habe abzusteigen. Irgendwie kann ich mich durch die unglaubliche Enge wühlen und erreiche schließlich eine Treppe, die in die obere Etage für Fußgänger führt. Zwischen den Passagieren fällt es mir schwer, Dien in der Menge auszumachen. Schließlich halte ich das Spektakel mit meiner Kamera fest. Wenige Minuten, bevor wir am anderen Ufer anlegen, lassen die ersten Fahrer ihre Maschinen an. Motoren heulen auf, und im Nu ist alles von einer ätzenden Abgaswolke eingehüllt. Man könnte meinen, kurz vor dem Start eines Motorradrennens zu stehen. Die meisten Passagiere schieben ihren Mundschutz hoch, und ich ärgere mich erneut, mir nicht endlich einen gekauft zu haben.

»Was würde man in Deutschland zu diesem Chaos sagen?«, will Dien von mir wissen.

»Frischluft für alle!«

Dien lacht, und wir fahren im Strom der Rennfahrer dahin. In meinem Reiseführer gibt es einige Adressen von günstigen Gästehäusern und sogar einen Stadtplan von Can Tho, der eine grobe Orientierung bietet. Trotzdem verfahren wir uns und bewegen uns zunächst ziellos durch die geschäftigen Straßen. Es ist ein ähnlicher Anblick wie in vielen vietnamesischen Städten.

Die zweigeschossigen Bauten beherbergen Geschäfte aller Art. Manchmal drängt sich auch ein schmales vierstöckiges Gebäude dazwischen. Überall sieht man Gruppen von Jugendlichen; sie zeigen ein Abbild der vietnamesischen Bevölkerungsstruktur, die zu einer der jüngsten der Welt zählt. Auch hier prägen Mopedfahrer den Verkehr. Wir überqueren eine Brücke und können diesen Teil der Stadt nicht auf unserem Plan wiederfinden. Ein junger Mann fährt langsam neben uns her und grüßt auf Englisch. Leider ist sein Sprachschatz nach einem freundlichen *Hello, how are you?* bereits erschöpft. Dien nennt ihm einen Straßennamen, und er sagt, wir sollen ihm hinterherfahren. Wir haben keine Ahnung, wohin er uns führt, und Dien ist skeptisch, ob er uns auch wirklich ans Ziel bringt.

»Sei doch nicht so misstrauisch. Denkst du etwa, er führt uns in einen dunklen Hinterhof und will uns ausrauben?«

»Bei Fremden kann man das nie wissen«, sagt er halb im Scherz.

An einer Kreuzung deutet der junge Mann in eine abzweigende Straße und ruft Dien noch etwas zu. Kurz darauf befinden wir uns im Trubel eines Gemüsemarkts. Die Straße wird immer enger, und wir müssen achtgeben, dass wir nichts umstoßen. Den Passanten bieten wir eine willkommene Abwechslung, und viele nicken uns freundlich zu. Unser Ziel ist ein kleines Hotel, das wir aber erst nach dreimaligem Vorbeifahren finden, weil es rückwärtig in einer unscheinbaren Seitengasse liegt. Schließlich entdecken wir ein winziges Hinweisschild. Die Anwohner in der Gasse haben ihre Türen weit geöffnet, und so fahren wir direkt an ihren Wohnzimmern vorbei. Auch hier liegt manch einer schläfrig auf den Fliesen und lässt den Fernseher laufen.

Ich kann mir kaum vorstellen, dass es hier wirklich ein Gästehaus gibt. Wenn uns jetzt ein Fahrzeug entgegenkommt, dürfte es eng werden. Nach einigen Metern verbreitert sich der Weg ein wenig und führt in einen Hof. Ein ebenerdiges Haus mit einem Blechdach, ein kleiner Schrein, zwei Laubbäume und eine hübsch verzierte Mauer, die von der Feuchtigkeit des Deltas gezeichnet ist, geben diesem Ort eine dörfliche Atmosphäre. Wir fahren noch ein wenig weiter und stehen plötzlich vor dem *Hien Guesthouse* am Ende einer Sackgasse, einem schmalen Neubau mit drei Etagen und einem Seitengebäude.

»Wie sollen wir es machen?«, frage ich Dien, als ich die typische Rampe für Mopeds sehe, die in den Salon des Hauses führt. An den Wänden hängen überdimensionale Fotos von zwei jungen Schönheiten. Im Wohnzimmerschrank stehen einige Bücher, ein Fernseher und zahlreiche Stofftiere. Hinter zwei Mopeds sind der Ahnenaltar und ein Kühlschrank zu entdecken. Niemand ist zu sehen. Der Rollstuhl ist derart festgezurrt, dass Dien nicht auf die Schnelle absteigen und nach den Betreibern Ausschau halten kann. Mir ist der Vorgang einer Zimmersuche vertraut, und meistens macht es mir Spaß, unterschiedliche Unterkünfte anzuschauen, aber Dien hat so etwas sicher noch nie gemacht.

»Ich gehe mal rein und frage. Vielleicht spricht jemand Englisch. Worauf soll ich eigentlich achten?«

»Nicht zu viele Stufen, und die Türbreite ist wichtig.«

»Klar, dumme Frage.«

Vom Salon aus führt eine Stufe in einen verwinkelten Gang und dann in einen Raum, der so etwas wie ein Empfang sein könnte. Eine Frau liegt auf dem Boden und schläft.

»Hello, excuse me. We are looking for a room.«

Sie lacht und ruft etwas durch das Haus. Es gibt offenbar zwei Gästezimmer im Erdgeschoss, aber zum Bad führen zwei Stufen hinauf. Ein Waschbecken ist über einen Sockel zu erreichen. Ich kann nicht beurteilen, ob Dien mit den Bedingungen zurechtkommt. Er hatte mir gesagt, dass die Worte behindertengerecht und barrierefrei in Vietnam nicht existierten. Und wenn ich an seine jetzigen und vor allem an seine früheren Lebensverhältnisse denke, kann ich mir vorstellen, dass seine Ansprüche an Komfort äußerst gering sind. Außerdem ist er muskulös und kann sich hochziehen und festhalten, wenn es notwendig ist.

Die Frau des Hauses spricht ein wenig Englisch und macht einen weltgewandten Eindruck. In der Lobby hängen Fotos von Reisenden und Angebote für Bootsausflüge zu den schwimmenden Märkten. Auf einem Bild ist ein Vietnamese mit erstaunlich langen Haaren zu sehen, der Gitarre spielt.

»*My husband*«, sagt sie, als sie meine neugierigen Blicke bemerkt.

»*Nice man!*«

Daraufhin zeigt sie mir ihr Hochzeitsfoto aus den späten achtziger Jahren, wie ich vermute.

»*More nice*«, betont sie.

»*Beautiful, you are very beautiful.*«

Die Zimmer sind schlicht, ohne Fenster und mit einem Luftschacht zu einem winzigen Hof. Die Ventilatoren funktionieren und laufen auf Hochtouren. Die Übernachtung soll zwischen sechs und acht Dollar kosten. So günstig habe ich bisher nur einmal in Mui Ne übernachtet. Mir reicht eine einfache Herberge, aber was mir noch wichtiger erscheint, ist ein günstiger Preis, um Dien nicht das Gefühl zu geben, er lebe auf meine Kosten. Ich weiß, wie unangenehm es ihm ist, dass jeder Dollar für ihn einen weit höheren Wert hat als für mich. Das Geld, das wir bei unserer Reise scheinbar verprassen, würde für viele Monate einfachen Lebensunterhalt reichen.

»Es ist o.k., finde ich. Wir wollen ja nicht lange bleiben«, sage ich zu Dien, als ich wieder draußen bin. »Irgendwie gefällt es mir hier.«

»Wie teuer?«

»Mach dir keine Sorgen. Es ist billig. Ich weiß aber nicht, ob du durch die Toilettentür passt. Wollen wir es mal ausprobieren?«

Es ist kein einfaches Unterfangen, mit dem Stuhl über die Schwelle zu kommen, weil gegenüber ein Kühlschrank steht und es fast keinen Raum für eine Drehung des Rollstuhls gibt. Der Weg in das Bad ist beschwerlich, aber Dien sagt, er müsse nur zweimal hinein, heute Abend und morgen früh. Das gehe schon, wenn ich ihm ein wenig helfe. Das Waschbecken stellt ein anderes Problem dar. Es ist nur notdürftig an die Wand geschraubt, was Dien sofort merkt, als er sich die Hände waschen will. Da er sich im Vorbeugen kaum Halt aus seinem Körper holen kann, muss er sich beim Waschen auf die Unterarme stützen, was hier denkbar schwierig ist.

»Wäre peinlich, wenn ich das Ding von der Wand hole«, grinst er.

»Warte, ich stütze es unauffällig ab.«

»Lass uns hierbleiben. Ich finde es auch nett. Außerdem ist es schon spät, und du bist bestimmt müde.«

»Ich bin hungrig. Aber wie ist es mit dir? Die Fahrerei war sicher anstrengend. Meinst du wirklich, wir sollten bleiben?«

»Ja, das Bad ist groß genug. Der Rolli passt rein, aber den brauche ich da drin eigentlich nicht. Besser wäre ein Plastikstuhl. Darauf kann ich mich setzen und duschen. Du nimmst den Rolli so lange nach draußen, damit er nicht nass wird. Bleibt nur noch das Problem mit den schmutzigen Rädern.«

»Wir können sie doch gleich ein wenig sauber machen.«

»Ich zeige dir nachher, wie man das am besten macht. Lass uns bleiben, wenn du magst.«

Später buchen wir in unserer Herberge noch einen Bootsausflug, wobei das Wort buchen vielleicht etwas übertrieben ist. Die nette Betreiberin ruft etwas in den Hinterhof, woraufhin nach einigen Minuten eine weitere Frau erscheint, die offenbar ein Boot besitzt. Sie will sich darum kümmern, dass wir morgen früh um sechs abgeholt werden. Wir fragen nicht einmal danach, mit welchem Boot wir eigentlich wohin fahren. Für uns ist alles neu und interessant.

Bevor wir frisch geduscht zum Essen aufbrechen, begegnen uns noch die beiden jungen Damen von den Fotos im Salon. Sie sehen aus, als bereiteten sie sich auf eine Disconacht vor. In bauchfreien Shirts, knappen Jeans und mit aufwändigem Makeup stolzieren sie durch den Salon. Die Ältere spricht hervorragend Englisch und erzählt freimütig, dass es ihr großer Traum sei, eines Tages bei Verwandten in den USA zu leben.

Doch dann sind wir an der Reihe, ausgefragt zu werden. Es bereitet Dien sichtliches Vergnügen, die Frauen mit seinen Geschichten zu verwirren. Mal behauptet er, ich sei seine große Schwester, und dann wieder bin ich eine Journalistin, der er das Land zeige. Auf der Fähre war ich die Mitarbeiterin einer Hilfsorganisation.

»Wohin gehen wir?«, fragt Dien, als wir vor dem Haus stehen und von der Mutter der beiden Schönheiten verabschiedet werden.

»Irgendwohin. Wird sich schon was finden. Im Reiseführer habe ich gelesen, dass es in der Nähe des Marktes einige Restaurants geben soll. Wir haben doch unseren tollen Stadtplan.«

»Das Ding gefällt mir nicht. Alles auf Englisch.«

»Du und deine Abneigung gegen die englische Sprache!«

»Die schleicht sich viel zu sehr in das Deutsche ein und verdirbt diese schöne Sprache.«

»Ach, da fällt mir etwas ein. Wie hieß die Jeans, die ich mir im Frühjahr gekauft habe?«

»Du bist gemein.«

»Bitte! Sag es nur einmal.«

»Stescht … äh … strasch, ach, ich weiß nicht.«

»Stretch! Stretchjeans«, sage ich unter Lachen, und Dien probiert es diverse Male.

»Was ist das denn?«, frage ich ihn, als wir vor einem Verkaufsstand stehen, an dem schwarze, knorrig anmutende Gewächse angeboten werden.

»Oh, wie schön! Die habe ich lange nicht gesehen. Bei uns im Dorf gibt es sie nicht. Das sind Wassernüsse. Sie wachsen unter Wasser und sind lecker.«

Dien kauft eine Tüte für uns und eine für seinen Neffen Hiep.

Unsere Herberge liegt zentral, und die Straßen sind zu dieser frühen Abendstunde überaus belebt. Es gibt zahlreiche neue Gebäude mit farbigen Fassaden und Geschäften im Untergeschoss. Die Waren der einzelnen Anbieter sind zumeist auf den Wegen ausgebreitet und werden erst nach Geschäftsschluss in die eigentlichen Verkaufsräume gebracht. Aus den Garküchen wehen uns verlockende Düfte in die Nasen, aber ich möchte gern bequem sitzen und uns Zeit für ein ausgiebiges Abendessen gönnen.

Als wir uns endlich in einem Restaurant gegenübersitzen und mir allein schon bei den Gerüchen aus der Küche das Wasser im Mund zusammenläuft, studiert Dien die Speisekarte und erklärt mir mit erstaunlicher Geduld die verschiedenen Gerichte. Manchmal fehlen ihm die passenden deutschen Worte, aber er kann auch die exotischsten Speisen wunderbar beschreiben. Can Tho sei für einige spezielle Fischsorten berühmt. Mich macht ein Fischgericht in Karamellsauce neugierig. Es wird im Tontopf gegart, was typisch ist für den Süden Vietnams. Ich mag die Mischung aus Süße und Schärfe, die in den karamellisierten Saucen steckt. Es heißt *ca ro kho toa,* Reisfeldfisch, und Dien bestellt noch ein weiteres Gericht und eine Suppe mit dem süßen Schnittlauch, der mir besonders gut schmeckt. Ungeduldig warte ich auf die Speisen.

Als wir uns über den Tisch hinweg anlächeln, durchströmt mich ein wohliges Gefühl. Alles erscheint mir vertraut, auch wenn ich in einer fremden Stadt in einem fremden Land bin und wir beide gerade erst dabei sind, uns kennen zu lernen. Das Vertraute ist die wohlige Begleiterin des Vertrauens. Ich vertraue ihm, und was besonders schön an unserer kurzen Freundschaft ist: Dien vertraut mir. Im Frühjahr existierte der Gedanke an eine gemeinsame Reise und ein Buch noch nicht. Dieser Wunsch keimte erst, nachdem ich wieder in Deutschland war. Vorsichtig sprach ich Dien darauf an. Ich erinnere mich an ein langes Gespräch aus einer Telefonkabine am Mannheimer Bahnhof. Dort musste ich auf dem Weg zu einer Lesung umsteigen und rief ihn spontan an. Auf meine Frage, was er von einem gemeinsamen

Buch halte, irritierte mich seine Zurückhaltung zunächst, aber dann begriff ich, welche Hürden er überspringen musste, um das nötige Vertrauen zu finden. Er brauche Zeit, sagte er, wir würden uns doch kaum kennen. Inzwischen behauptet Dien schelmisch, er habe nur die Zeit der Vorfreude möglichst in die Länge ziehen wollen. Als er heute beiläufig sagte, ich habe ein Ventil geöffnet, konnte ich ihm nur einen fragenden Blick zuwerfen. Er reagierte mit einem Bild, wie es typisch für ihn ist. Er fühle sich manchmal wie ein Topf mit einem Deckel, der auf einer heißen Platte stehe. Meine Fragen und meine Worte würden ihm zeigen, dass der Deckel ein Ventil besitze und dass der Druck nicht auf Dauer bleiben müsse. Viele Jahre dachte er, dieser Druck sei normal. So sei es eben, wenn man auf einer heißen Platte oder in einem Rollstuhl sitze.

Ich genieße mein Bier allein, weil Dien nie Alkohol trinkt. Gern würde ich das Vergnügen einer Flasche guten Weines mit ihm teilen. Aber leider kann ich ihn nicht mal zu einem winzigen Gläschen überreden. Er würde schrecklich rot werden, behauptet er immer. Einmal hat er auch etwas von »normal bleiben wollen« und »Kontrolle behalten« gemurmelt. Heute Abend wirkt er vollkommen entspannt, fast so, als habe er sämtlichen Ballast abgeworfen. Mit einem Dauerlächeln schaut er hinaus auf die Straße, und ich folge seinem Blick zu einem Gebäude auf der anderen Straßenseite. Es beherbergt ein Restaurant mit Balkonen im ersten Stock, auf denen die Gäste im Freien sitzen und Ausblick auf den Fluss haben. Bunte Lampions beleuchten die Brüstungen. Dort entdecken wir auch zwei Langnasen. Von touristischer Fülle im Restaurant *Nam Bo*, wie in meinem *lonely planet* beschrieben, kann jedoch keine Rede sein. Während der Regenzeit im Süden halten sich die Touristen vorwiegend im Norden des Landes auf.

»Du würdest sicher auch gern dort oben sitzen, nicht wahr?«, fragt mich Dien.

»Nein, von hier aus haben wir den allerbesten Ausblick auf

das schöne Gebäude. Die da oben müssen auf unser schlichtes Restaurant schauen. Wir haben die bessere Aussicht.«

»Darf ich?«, fragt Dien und nimmt meine Hand. Ich fühle seinen sanften Druck auf meinen Fingern und die rauen Stellen auf seinen Handflächen. Unwillkürlich kratze ich mit den Nägeln an seiner Hornhaut.

»Wie heißt das auf Deutsch? Meine Hände fühlen sich … wie an?«

»Warm.«

»Quatsch, du weißt schon, was ich meine.«

»Angenehm.«

»Ich meine das Gegenteil von weich, aber nicht hart.«

»Rau. Du hast raue Hände. So fühlen sich meine Fußsohlen an.«

»Meine Füße fühlen sich an wie deine Hände. Ganz zart.«

Dien ist ein langsamer Esser, und so versuche auch ich, die Köstlichkeiten, die uns aufgetischt werden, in angemessenem Tempo zu verspeisen. Seine Auswahl war exzellent. Der Kellner bemüht sich für uns »Ausländer« um ein besonders gewandtes Verhalten und wirft einige unverständliche, nach Englisch klingende Brocken ein. Seine ländliche Herkunft kann er dadurch nicht verbergen, doch seine Unbeholfenheit macht ihn nur noch sympathischer. Seine Füße stecken in ausgetretenen Flipflops, und man sieht ihnen an, dass sie häufig in Reisfeldern gestanden haben. Er möchte alles richtig machen und denkt sicher, wir seien eine zuvorkommende Behandlung gewohnt. Wir amüsieren uns bei der Vorstellung, wo wir die letzten Nächte verbracht haben, und lachen über die krähenden Hähne, kläffenden Hunde und das grunzende Schwein.

»Er glaubt, wir sind reich, und ich lebe natürlich auch im Ausland«, grinst Dien, »dabei wohne ich nur in einer Garage, oder wie hast du es genannt?«

»Entschuldige bitte! Ich habe es nicht so gemeint.«

»Du sollst dich nicht entschuldigen. Ich finde es toll, wenn du offen deine Meinung sagst. Du hast recht, in Deutschland wäre meine Wohnung nicht viel mehr als eine Garage.«

»Trotzdem, es war nicht richtig, dass ich das gesagt habe.«

»Doch! Du bist ehrlich. Ich kann mich bei dir darauf verlassen, dass du ehrlich deine Meinung sagst. Du ahnst nicht, wie viel mir das bedeutet. Und wenn du über die Abgase, den Dreck und die Rücksichtslosigkeit im Verkehr in Saigon schimpfst, dann tut es mir sogar gut. Dann weiß ich, dass ich nicht allein bin mit meinen Gedanken und meiner Meinung. Meine Familie und meine Freunde sehen es anders als wir beide. Sie haben einen anderen Blick. Sie kennen nur ihre eigene kleine Welt. Aber ich habe etwas anderes gesehen. Ich kenne saubere Luft, Wälder, Wiesen und große Parks. Du hast die Parks in Saigon gesehen. Sie sind lächerlich klein. Sieben Millionen Einwohner, und unser größter Park ist nicht viel größer als drei Fußballfelder! Das finden meine Freunde normal, weil sie nichts anderes kennen. Sie denken, so ist es eben in einer großen Stadt. Meine Gedanken und meine Meinung machen mich oft einsam. Nicht viel anders war es früher im Dorf. Das Gefühl der Einsamkeit war oft überwältigend. Einsam inmitten von Menschen.«

Als Dien erneut über meine Hand streicht, gebe ich ihm mit einem Zwinkern zu verstehen, dass dem Kellner gleich die Augen aus dem Kopf fallen.

»Wie schön! Soll er denken, was er will. Weißt du eigentlich, dass ich mich in Saigon nicht so frei fühlen kann wie hier? Es ist einfach wunderbar. Niemand kennt uns, alle sind nett, weil du Ausländerin bist, und keiner käme auf die Idee, dass ich nur ein armer Uhrmacher bin.«

»Ach Dien, du hast wirklich nicht viel Vertrauen zu deinen Landsleuten.«

»Es tut mir leid, aber ich kenne sie, es liegt wirklich an dir, dass wir überall so nett behandelt werden.«

»Irgendwann machen wir einen Test. Ich verstecke mich, und dann sehen wir mal, was passiert.«

Als die Rechnung kommt, versuche ich so selbstverständlich wie möglich die Summe zu begleichen. Dien soll nicht das Gefühl bekommen, auf meine Kosten zu reisen. Allerdings weiß ich nicht, wie ich das bewerkstelligen soll. Das Beste wird sein, in den nächsten Tagen darüber zu reden. Ich hatte ihm schon angedeutet, dass er unsere Reise als Arbeit betrachten soll, Arbeit an einem gemeinsamen Buch, und sämtliche Kosten seien eine Art Spesen. Aus seinen geschickten Nachfragen habe ich aber bereits entnommen, dass er sich Sorgen um meine Finanzen macht. Er kann sich vorstellen, dass man mit dem Bücherschreiben nicht unbedingt viel Geld verdient. Über finanzielle Dinge zu sprechen fällt mir schwer, denn das Preisniveau in Vietnam liegt bei etwa einem Zehntel des deutschen oder sogar noch darunter. Hier lässt es sich im Monat mit einhundert Euro durchaus leben, in Hamburg ist das mit tausend Euro kaum zu schaffen. Die Frage nach meinem Verdienst kann zu falschen Annahmen führen. Doch zum Glück kennt Dien sich mit dem deutschen Preisniveau aus. Ich weiß allerdings auch, dass er selbst niemals in ein Restaurant gehen würde. Auch wenn die Speisen nach meinem Verständnis extrem günstig sind, so kann man mit der Summe, die wir in diesem Mittelklasserestaurant für ein Abendessen ausgeben, sicher eine Woche lang am heimischen Herd kochen. Auf den Märkten gibt es ein überbordendes Angebot an Lebensmitteln, die sich die meisten Menschen auch leisten können.

Der Kellner verabschiedet sich überschwänglich von uns, und wir gehen in Richtung des Ufers. Die Luft ist noch immer extrem warm und feucht. Mir gefällt dieses Klima, und aus meinen Haaren zaubert es eine Lockenpracht.

Dien schaut mich fragend an, als solle ich den Weg bestimmen. Mir als erfahrener Reisender traut er offenbar zu, auch in einer fremden Stadt die Sehenswürdigkeiten herauszupicken. Zum Glück kann ich einmal gesehene Stadtpläne einigermaßen im Gedächtnis abspeichern, und so erinnere ich mich an die Uferpromenade und eine sehenswerte Markthalle, die irgendwo in der Nähe sein muss. Ich schlendere neben Dien auf der Straße, weil die hoch angelegten Bordsteine für Rollstuhlfahrer ungeeignet sind. Hier rauschen während der Regengüsse die Wassermassen entlang und lassen die Fußgänger auf den erhöhten Gehwegen einigermaßen trocken bleiben. Leider gibt es an den Straßenecken zumeist keine Absenkungen, und wir ersparen uns das ständige Hoch- und Niederkippen des Stuhls.

Vietnamesische Mopedfahrer sind wahre Künstler, und so verlasse ich mich mit einem beruhigten Gefühl darauf, dass sie uns rechtzeitig ausweichen werden. Jede Art von Hindernis wird selbstverständlich galant umfahren, niemand pocht auf das Recht des freien Weges. Manchmal wechsle ich die Seite, weil die schiefe Haltung, mit der ich mich unbewusst und seitlich zu Dien hinunterbeuge, zu Verspannungen führt.

Die Markthalle ist restauriert und erstrahlt im Charme der vorigen Jahrhundertwende. »Das muss man den Franzosen lassen, sie haben schön gebaut«, sagt Dien, und ich genieße den Anblick der verzierten Fassade in der milden Nachtluft und freue mich über unser Touristendasein. Nach einer Weile erreichen wir eine Ho-Chi-Minh-Statue, wie sie in keiner Ortschaft fehlen darf. Überlebensgroß überragt der Volksheld mit dem markanten Spitzbart den Platz. Nichts Herrisches oder gar Martialisches haftet diesem Denkmal an. Ho Chi Minh war und ist Onkel Ho, ein weiser Vater Vietnams, der für das Wohl seines Volkes gelebt und gekämpft hat. Viele Vietnamesen glauben, dass ihr Land schon lange nicht mehr in seinem Sinne geführt wird. Onkel Hos Erbe wird schlecht verwaltet. Selbst das bescheidene Grab, das er sich gewünscht hatte, wurde ihm nicht gegönnt. Nicht einmal eine einzige Steinstele oder Bronzestatue sollte auf seinem Grabe stehen. Stattdessen wurde sein Leib einbalsamiert und in einem Mausoleum sozialistischer Prägung in Hanoi ausgestellt, das wie ein Bunker wirkt. Gigantisch überragt es einen Paradeplatz und wird von Soldaten bewacht.

Wir machen eine Pause und beobachten das Treiben auf dem

Platz rund um die Statue. Die Einheimischen sitzen auf Bänken oder flanieren umher. Jugendliche umkreisen auf ihren Mopeds den zentralen Ort. Drei junge Frauen in hübschen Kleidern und mit gewagten Schuhabsätzen teilen sich einen modernen Motorroller und fahren ihre Eleganz spazieren. An einer Seite des Platzes sind Marktstände aufgebaut, die aber noch keine Waren anbieten. Sie sind Teil der Vorbereitungen für das bevorstehende Mitte-Herbst-Fest, *Tet Trung Thu,* ein traditionelles Kinderfest. In den nächsten Tagen werden bunte Laternen und Süßigkeiten in Hülle und Fülle verkauft.

»Das erste *Tet Trung Thu,* an das ich mich erinnern kann, war im Herbst 1975, einige Monate nach dem Kriegsende. Uns zurückgekehrte deutsche Kinder hatte man in den letzten Kriegstagen, im April, nach Laos evakuiert. Kurz vor dem Mitte-Herbst-Fest wurden wir zurückgebracht, weil die Lage sich beruhigt hatte.

Schon vorher war uns Kindern Vietnam fremd erschienen. Aber immerhin hatten wir uns in dem halben Jahr vor unserem Laos-Exil ein wenig eingelebt. Als wir nach der Evakuierung zurückkamen, hatte sich das Land erneut verändert. Überall in Saigon liefen Männer und Frauen in grüner Kleidung und mit den typisch grünen Schlapphüten der Nordvietnamesen herum. Wir hatten furchtbare Angst, weil manchmal noch geschossen wurde. Nachts hörten wir sogar Granaten. Es war ein einziges Chaos. Es gab nicht genug zu essen, und die Zukunft von *terre des hommes* war ungewiss. Nur noch zwei Mitarbeiter waren vor Ort, Margrit und Walter. Zum Mitte-Herbst-Fest mussten wir Lieder über Ho Chi Minh lernen. Die wurden überall in der Stadt über Lautsprecher gespielt, damit alle Menschen die Texte auswendig lernten. Ach, ich möchte jetzt nicht an damals denken. Es war schlimm für uns. Wir verstanden doch nicht, was überhaupt los war. Wir waren in einem fremden Land, und nach und nach verschwanden unsere deutschen Betreuer. Bereits in Laos hatten wir drei von ihnen zurücklassen müssen. Sie durften nicht mehr mit uns nach Vietnam kommen. Wir haben so viel geweint.

Ich dachte schon, dass alle Tränen aufgebraucht waren, aber es sollte noch schlimmer kommen.«

Auf dem Weg zu unserem Gästehaus bummeln wir durch Straßen, die den Charme einer belebten Kleinstadt ausstrahlen. Es ist kaum zehn Uhr abends, und vor den meisten Geschäften sind die Rollläden heruntergelassen. Einige Straßenverkäufer bieten noch Kokos- und Wassernüsse an, die kunstvoll aufgestapelt auf rollenden Wagen liegen. Ein junger Mann fährt mit seinem Fahrrad vorüber und preist über Lautsprecher eine Fischspezialität an. Auf seinem Gepäckträger glimmt ein winziges Feuer in einem Tongefäß, gesalzene Tintenfische hängen an einem Aufbau oberhalb des Sattels und werden vom Schein einer Glühbirne beleuchtet. Eine Autobatterie sorgt für die nötige Energie. Diese Art von salziger Zwischenmahlzeit ist besonders bei Biertrinkern beliebt. Die Tintenfische sehen aus wie mumifizierte Fledermäuse, deren Flügel schlapp herunterhängen. Der Radfahrer zieht einen strengen Fischgeruch hinter sich her, der noch extremer wird, als er auf Zuruf eines Kunden das Feuer entfacht und eins der ausgedörrten Exemplare auf den Rost legt. Spätestens bei dieser Spezialität endet meine Lust auf kulinarische Entdeckungen.

In einem Internetcafé ist um diese Uhrzeit noch reger Betrieb. Dicht an dicht besetzen Jugendliche die vorhandenen zwanzig Computer. Manche scheinen per Internet zu telefonieren, während andere sich mit lautstarken Spielen beschäftigen. Es ist überall das gleiche Bild, fast jeder öffentliche Computer findet Kundschaft. Am Nachmittag sind es oft sogar Kinder im Grundschulalter, die sich an modernsten Spielen versuchen.

Dien gibt seinen Reifen ausgelassene Schwünge, und so muss ich mich beeilen, um mit ihm Schritt zu halten. Als ich nicht aufpasse, rollt er über die Kante meiner Sandalen, und ich stehe einen Moment lang mit nur einem Schuh da.

»Habe meine Bereifung verloren«, sage ich übermütig, und Dien will zu einer Entschuldigung ansetzen.

»Darf ich?«, frage ich ihn stattdessen und fasse an die Griffe seines Rollis, um ihn zu schieben.

»Wenn du magst.«

»Ich schiebe dich gern. Oder ist es für dich komisch, wenn ich hier, mitten in der Stadt, hinter dir gehe?«

»Nein … es ist … ich weiß auch nicht … wenn du mich schiebst, dann fühle ich mich sogar wohl dabei. Ich spüre, dass es dir nichts ausmacht.«

In seinem Leben habe es schon viele Momente gegeben, in denen er spürte, dass es seinen Begleitern unangenehm war, mit ihm in der Öffentlichkeit zu sein. Das Geschobenwerden sei für ihn am schönsten, wenn er allein mit jemandem unterwegs sei, so wie jetzt mit mir. Dann könne es ihm eine vertraute Nähe geben, dann spüre er den Rhythmus des Gehens. Unerträglich seien ungefragte Griffe an seinen Stuhl und ungekonntes Schieben, das ihn mitunter sogar gefährde. Manche Menschen bildeten sich ein, sie würden ihn besser schieben, als er sich selber fortbewegen könne. Das Geschobenwerden sei eine empfindliche Angelegenheit. Manchmal fühle er sich dabei wie eine Last, besonders wenn Stufen und andere Hindernisse zu bewältigen seien. Aber er möchte keine Last sein, und vor allem möchte er sich nicht krank und hilfsbedürftig fühlen. Das Geschobenwerden zwinge ihn gewissermaßen auf eine untergeordnete Stufe.

Ohne uns zu verlaufen, finden wir unser Gästehaus wieder. Die Tür ist verschlossen und so klingeln wir. Die Frau, die am Nachmittag auf den Fliesen geruht hat, öffnet uns. Der Salon ähnelt nun einer Garage und ist mit Mopeds vollgestellt, einschließlich unserem. Wir haben Mühe, einen Durchgang zu finden.

Die Frau schaut uns dabei zu, wie ich Dien in seinem Rollstuhl zunächst auf den Sockel vor das Bad bugsiere und dann über eine weitere Schwelle in den Raum hinein. Während Dien sich für die Nacht fertig macht, zeigt die Frau mir eine weitere Waschgelegenheit im hinteren Bereich. Erst hier merke ich, dass wir uns nicht mehr im Haus befinden. Ein einfaches Blechdach spannt sich über eine Küchenzeile und einen Toilettenraum. Eine Tür führt zu einem schmalen Gang, der bis zur Hauptstraße reicht. Alle Gebäude an diesem Gang scheinen aus Flickwerk zu bestehen und sind je nach Möglichkeit vergrößert und erhöht worden. Manche Räume sind kaum größer als ein Doppelbett, und selbst in der kleinsten Nische parkt ein Moped. Die Angestellte hat in der Zwischenzeit ihr Nachtlager auf den Fliesen aufgeschlagen und liegt unter einem Moskitonetz.

Als Dien es sich auf seinem Bett bequem macht, sitze ich noch eine Weile in seinem Rollstuhl.

»Wenn etwas ist, dann klopfe einfach«, sage ich zu ihm.

»Es wird nichts sein. Und wenn doch, dann habe ich das Fünfundzwanzig-Euro-Ding.«

»Wann soll ich dich wecken? Ich kann mein Handy stellen. Wir werden schon um sechs Uhr abgeholt.«

»Ich wache von selber auf. Und so früh möchtest du sicher nicht aufstehen.«

»Was hast du so zeitig am Morgen vor?«

»Ich brauche eine Weile. Zunächst bete ich, dann mache ich meine Übungen, und dann muss ich ins Bad.«

»Übungen? So früh am Morgen?«

»Tagsüber wird es nichts. Dann sind wir unterwegs. Es gibt kaum einen Tag, an dem ich auf meine Kraftübungen verzichte. Hier kann ich zwar keine Klimmzüge machen, weil ich keine Stange habe, aber es gibt genügend andere Möglichkeiten.«

Dien sitzt mit freiem Oberkörper vor mir, und ihm ist das regelmäßige Training anzusehen. Ohne seine Übungen wäre er nicht der Mensch, der er jetzt ist. Vermutlich hätte er dann auch nicht die Kraft für diese Reise. In seiner Wohnung hat er mir seine Klimmzüge und andere erstaunliche Trainingselemente gezeigt. Als er sich zum ersten Mal vor meinen Augen an der im Flur befestigten Stange hochgezogen und sich schließlich sogar hinaufgesetzt hat, stockte mir der Atem. Ich konnte nicht begreifen, wie er den gelähmten Teil seines Körpers über die Stange bugsierte. Die Zimmerdecke in seiner Wohnung ist so niedrig, dass er sich klein machen muss, um überhaupt über die Stange zu kommen. Von oben schlug er einen halben Purzelbaum und ließ seine Beine hinabfallen, so dass seine Arme das gesamte Körpergewicht hinter dem Rücken halten mussten. In dieser Stellung vollzog er weitere Klimmzüge und schaffte einen erneuten Aufschwung. Sein tägliches Programm besteht neben anderen Übungen aus zweimal zwölf Klimmzügen, mit einer kurzen Erholungspause. Er ist ein vor Kraft strotzender Mann.

»Gute Nacht!«

»Setz dich noch ein bisschen zu mir.«

Ich rutsche rüber auf das Bett und weiß nicht, wohin ich mit meinen Händen soll. Stattdessen plappere ich etwas vor mich hin, ohne genau zu wissen, warum.

»Wir beide machen das ganz gut mit dem Reisen, finde ich. Bin mal gespannt, mit welcher Art von Boot wir morgen fahren. Hoffentlich kannst du gut an Bord kommen.«

»Das schaffen wir schon. Weißt du was? Ich habe mich in Vietnam vorher noch nie als Tourist gefühlt. Das kenne ich nur aus Deutschland, als ich in den Neunzigerjahren zum ersten Mal zu einem Besuch eingeladen war. Mir gefällt es, mit dir unterwegs zu sein. Alles ist so einfach. Wenn wir erst mal in Hoi An sind! Die Stadt wird vollkommen fremd für mich sein. Dort oben war ich noch nie. Und wir fliegen sogar. Ich bin schon jetzt aufgeregt.«

»In Hoi An kann ich dich vielleicht sogar führen«, sage ich mit angeberischem Unterton. Immerhin war ich im Frühjahr für knapp zwei Tage dort. Weil die Stadt mir auf Anhieb gut gefallen hat, werden Dien und ich in einigen Tagen dorthin fliegen. Viel lieber wäre ich mit dem Zug gefahren, aber Dien hat die unerfreuliche Auskunft erhalten, sie nähmen nur *normale* Passagiere mit.

»Es wird heiß bleiben, heute Nacht. Kannst du unter den Geräuschen des Ventilators schlafen?«, fragt er mich.

»Wenn es sein muss. Allemal besser als neben dem schönsten Kampfhahn des Mekongdeltas.«

Nach einer Weile fehlen uns die Worte, und wir sitzen schweigend nebeneinander, obwohl ich so viel sagen möchte. Eine merkwürdige Unsicherheit überkommt mich, und auch Dien schiebt sein Kissen von einer Ecke des Bettes in die andere und wirkt verunsichert.

»Meine Geschichten sollen dich nicht traurig machen«, sagt er schließlich.

»Ich bin überhaupt nicht traurig. Im Gegenteil, ich amüsiere mich sehr gut mit dir.«

»Danke.«

»Als ich im Sommer zum Bergwandern in den Dolomiten war, da habe ich von dir geträumt«, sage ich plötzlich, und die Worte kommen wie von selbst. Dabei hatte ich mir fest vorgenommen, ihm nichts von diesem Traum zu erzählen. Doch dieses Vorhaben ist nun hinfällig, wie meine Zunge mir beweist.

»Ich habe geträumt, du konntest laufen … es war ganz merkwürdig … in dem Traum warst du mit mir in den Bergen. Du bist ganz selbstverständlich auf den felsigen Wegen gegangen. Deine Beine waren kurz, und du hast schnelle Schritte gemacht. Ich habe mich wahnsinnig für dich gefreut, aber als ich dir meine Begeisterung zurufen wollte, war es plötzlich vorbei.«

»Das ist verrückt«, sagt Dien, und ich denke schon, ich hätte vielleicht doch besser meinen Mund halten sollen.

»Ich kenne solche Träume auch … manchmal kann ich im Traum richtig schnell rennen, sogar über weite Strecken, aber sobald ich mir Gedanken darüber mache und daran zweifle, dass es möglich ist, weil ich doch gelähmt bin, wache ich auf. Aber dass du auch so etwas träumst … Das ist wirklich verrückt.«

»Vergisst du manchmal sogar, dass du nicht laufen kannst? Ich meine, wenn du wach bist.«

»Ja, sogar das. Es kommt nur ganz selten vor, aber zweimal bin ich morgens schon aus meinem Bett gefallen, weil ich vergessen hatte, dass meine Beine mich nicht tragen können.«

Auch ich vergesse manchmal, dass Dien im Rollstuhl sitzt. Obwohl ich natürlich weiß, dass er gelähmt ist, denke ich an ihn nicht als einen Rollstuhlfahrer. Wenn ich mir die Belastungen und Ansprüche unserer Reise vorstelle, habe ich Dien als einen Sportler vor Augen. Als einen Athleten, wie auch Freunde von mir Athleten sind, denen ich größere Belastungen zutraue als Unsportlichen. Dien ist ein gesunder und starker Mann, er trainiert und kennt seinen Körper, und als ein Athlet wird er auch überallhin reisen können. Er geht bewusst mit sich und seinem Körper um, wie ich es von Sportlern gewohnt bin. Ich kenne genug gesunde Menschen, denen ich diese Art von Reise durch Vietnam nicht zutrauen würde. Dien und ich werden uns durch unsere Kraft und Ausdauer zu helfen wissen, er im Rollstuhl und ich auf zwei Beinen.

»Du siehst müde aus«, sagt Dien, »du möchtest sicher schlafen gehen. Meinetwegen brauchst du nicht sitzen zu bleiben … ich meine, nur weil ich gesagt habe, du sollst dich noch zu mir setzen … entschuldige bitte, falls ich …«

»Bla bla bla … keine weiteren Erklärungen bitte! Alles ist gut. Du musst nicht immer wie Mutter Teresa sein.«

Dien strahlt mich mit einem breiten Grinsen an und gibt mir einen kleinen Schubs in die Seite.

»Ich finde es total lustig, wenn du *Mutter Teresa* sagst. Meine Mutter und meine Geschwister sagen übrigens auch oft, ich sei wie eine Nonne. Schon damals im Dorf habe ich mich für sie aufgeopfert, sagen sie.«

»Zu einem Dasein als Nonne gehört nicht nur Barmherzigkeit, soweit ich weiß.«

Dien schaut mich gespannt an, und ich weiß nicht, wie ich weiterfragen soll. Steht es mir überhaupt zu, ihn nach derart persönlichen, ja intimen Dingen zu fragen? Er hat mehrfach Andeutungen gemacht, dass es keinen Grund gebe, ihn als richtigen

Mann zu betrachten. Er war überrascht, dass mein Freund in Deutschland meine Reisepläne mit einem gewissen Unbehagen betrachtete. Als ich Dien sagte, es sei für Thomas keine angenehme Vorstellung, uns beide wochenlang beisammen zu wissen, wobei sich doch sicher eine Nähe und Vertrautheit entwickelten, quittierte er das nur mit einem herzhaften Lachen. Wie könne ein deutscher Mann nur so etwas denken? Unglaublich! Er sei schließlich nur ein kleiner Frosch und ich eine Prinzessin. Und er könne sich beim besten Willen niemals in einen Prinzen verwandeln. »So etwas steht mir nicht zu. Ich kenne meine Grenze«, sagte er mit einer felsenfesten Überzeugung, an der ich nicht zu rütteln brauchte.

Mich schmerzen dieses märchenhafte Bild und seine klaren Worte. Warum zieht er derartige Vergleiche?

Ich stehe auf und versuche den Ventilator in unsere Richtung zu drehen. Länger als nötig hantiere ich an dem Gerät herum, während in meinem Kopf Gedanken über die vielen Wege der Liebe kreisen. Aus den Augenwinkeln sehe ich, wie Dien mich beobachtet. Er räuspert sich und bekommt einen ernsten Tonfall.

»Du darfst nicht denken, dass Frauen mich nicht interessieren … eigentlich … äh … eher im Gegenteil. Ich liebe die Frauen. Schon als Kind habe ich sie geliebt. Als Zehnjähriger habe ich mich zum ersten Mal verliebt. In ein sechzehnjähriges Mädchen.«

Er schaut mich an und erwartet eine Reaktion. Seine Worte kommen so überraschend, dass ich ihn nur aufmunternd anschauen kann.

»Sie hatte vietnamesisch-französische Eltern. In Dehme habe ich mit ihr Tischtennis gespielt. Noch viele Jahre später, als ich in unserer Hütte am Mekong auf meinem Bett lag, habe ich von ihr geträumt.«

»Hatte sie einen französischen Akzent?«

»Ja, den hatte sie.«

»Kein Wunder, dass du dich in sie verliebt hast. Ein französischer Akzent ist unwiderstehlich.«

»Du findest es normal, dass ich mich als Zehnjähriger verliebt habe?«

»Was ist schon normal?«

Er war vierzehn Jahre alt, als seine Mutter ihn nach seinen Gefühlen unterhalb der Gürtellinie fragte. Ihre Neugier war so unverhofft gekommen, dass es ihm die Sprache verschlug. Was, um Himmels willen, sollte er ihr darauf antworten? Nie zuvor hatte sie ihm eine derartige Frage gestellt. Und nie zuvor hatte er ein Wort über seine geheimen Gefühle verloren. Es kam ihm vor, als habe sie ihn durchschaut. Wie sonst schien sie etwas von den seltsamen Regungen zu erahnen, von denen er selbst nicht wusste, was sie mit ihm taten. Er konnte ihr nicht in die Augen sehen und senkte den Blick. Mit ihren Worten war sie in seine geheime Welt, in seine geheimen Träume, verwirrenden Gefühle, Sehnsüchte und Wünsche eingedrungen. Was sollte er sagen, wo er doch selber nicht wusste, was in ihm vorging? In Deutschland hatte er Geschichten über Frauen und Männer gehört. Er wusste, dass sie sich lieben konnten und zusammen schliefen, wie es hieß. Manche der älteren Kinder und Jugendlichen hatten Witze darüber gemacht. Dien kannte keine Details, aber er wusste, dass es etwas mit Küssen, dem Penis und der Scheide zu tun hatte.

Seine Mutter war seine engste Vertraute, der einzige Mensch, der immer für ihn da war. Ohne seine Mutter hätte er sich in der Hütte am Mekong vollkommen verlassen gefühlt. Seine Geschwister waren zu jung, um Freunde sein zu können, und andere Verwandte kamen nur selten zu Besuch. Niemand schien ihn verstehen zu können. Keiner konnte begreifen, was eine Querschnittslähmung bedeutete, und es gab auch niemanden, der sich ernsthaft dafür interessierte. Aber seiner Mutter gegenüber war er immer ehrlich gewesen, und so sollte es auch bleiben. Ihr wollte er alles sagen. Wem sonst hätte er sich offenbaren können?

Wer sonst hätte ihn trösten können? Wo sollte er beginnen? Sie sah ihn an und wartete. Ihr Blick traf ihn wie ein Pfeil und ließ eine schmerzliche Hitze in ihm aufsteigen. Gab es für die Gefühle, nach denen sie fragte, überhaupt passende Worte? Er überlegte fieberhaft, wie er sich verständlich ausdrücken könnte. Er wollte ihr Schritt für Schritt erzählen, was in ihm vorging, und versuchen, ihr zu erklären, dass er unterhalb seiner Brust nichts mehr empfinde, dass alles gefühllos und taub sei. Er sagte ihr, dass nicht nur seine Beine taub seien, sondern auch alle anderen Körperpartien unterhalb der Lähmung. Es sei eine Taubheit, für die es keine Worte gebe. Es existiere ein kleiner Übergangsbereich unterhalb seiner Brust, wo er Berührungen spüren könne. Er zeigte darauf und senkte dann erneut den Blick. Aber weiter unten gebe es eine komplette Taubheit. Als er dazu ansetzen wollte, etwas über die neuen Gefühle zu erzählen, die ihn immer stärker beschäftigten, unterbrach sie ihn.

»Dann bist du wie ein kastrierter Buddha! Frauen und alles, was damit zu tun hat, sind nichts für dich. Niemals! Für eine Frau wärest du nur eine Belastung!«

Ihre Reaktion traf ihn wie ein Schlag. Auch wenn sie leise gesprochen hatte, hallten ihre Worte in der winzigen Hütte wider, drangen tief in sein Inneres und schnürten ihm die Kehle zu. Sein Hinterkopf brannte, es war ein Gefühl wie Angst, aber gleichzeitig schien es noch mehr zu sein. Angst und größte Not! Einsamkeit und Eingesperrtsein! Er wollte nicht weinen. Nicht jetzt. Nicht vor ihr. Er biss sich auf die Lippen. Keine einzige Silbe würde jemals wieder einen Weg über diese Lippen finden. Nie wieder! Nie im Leben würde er seiner Mutter oder irgendjemand anderem etwas über das wohlige Brennen in seinem Körper, das angenehme Ziehen und den merkwürdigen Druck verraten. Von den Gefühlen und Regungen, die irgendwo in ihm ein wunderbares Spiel trieben, ohne dass er sagen konnte, wo genau. Sein Körper gab ihm Rätsel auf, und es verwirrte ihn, wenn er die Kraft seiner Lenden spürte, die ein Eigenleben führten und sich regten, ohne dass er es fühlen konnte. Es waren berauschende Gefühle, die er liebend gern geteilt hätte, Gefühle voller Zärtlichkeit und Wärme, aufwühlend, betörend und schön. Dabei dachte er manchmal an das schöne Mädchen aus Deutschland oder an die Mädchen aus der Nachbarschaft, die er von Zeit zu Zeit vorübergehen sah. Er schämte sich dafür. Bestimmt waren die Vorgänge in seinem Körper und seine Fantasien etwas Unrechtes und Schmutziges. Er wusste nicht, was mit ihm los war. War er normal? Niemand hatte je ein Wort über Liebe und Gefühle verloren. Aufklärung existierte nicht. Babys kamen irgendwie aus den Körpern der Frauen heraus, vermutlich aus dem Bauchnabel.

Eine geheime Hoffnung war zerbrochen worden und eine Sehnsucht zerstört, die erst vor kurzem in sein Leben getreten war und ihm eine winzige Tür in eine neue Welt geöffnet hatte. Seine Mutter hat diese Tür vor seinen Augen zugeschlagen und womöglich für immer verriegelt.

Sie hatte ihm seinen neuen Lebensmut genommen. Zurück blieb eine entsetzliche Leere, von der er nicht wusste, wie er sie jemals wieder füllen sollte. In manchen Momenten wurde er überwältigt von der Scham über seine Gefühle, die ihm zumindest in seinen Träumen eine wohlige Wärme bereiteten. Warum existierten dieses Brennen und dieses Begehren, wenn er es nach Meinung seiner Mutter nicht haben konnte?

Zu allem Übel hatte sich seine »Nutzlosigkeit« sogar noch in der Verwandtschaft herumgesprochen.

Manchmal wurden sogar Witze über sein Unvermögen gemacht. Wenn er in einem unbedachten Moment anerkennende Worte über ein hübsches Mädchen fand, wurde er ausgelacht. Mit so einer könne er ohnehin nichts anfangen, hieß es dann. Dien musste sich anhören, wie bedauernswert die Frau doch sei, die mit ihm ein Bett teilen müsse. Er könne ja doch nichts mit ihr anfangen und müsse vor lauter Enttäuschung nur die Zähne zusammenbeißen.

Einer seiner Onkel hatte sich Gedanken über ein Schicksal als Querschnittsgelähmter gemacht und sprach diese eines Tages offen aus. Ohne jede Zurückhaltung sagte er sie seinem Neffen direkt ins Gesicht.

»An deiner Stelle hätte ich mich schon längst umgebracht. Du wirst doch nur ein halber Mann sein. Ein Mann ohne Frau und ohne Kinder. Das ist doch kein Leben!«

Dien überlegte, dass der Onkel und die anderen vielleicht sogar recht hatten. Welch ein Leben wartete schon auf ihn? Woher sollte er die Kraft nehmen zu bestehen? Er war noch so jung, und gleichzeitig fühlte er sich bereits alt und müde.

Es brauchte eine lange Zeit, bis er sich wieder ein wenig aufgebaut hatte, aber das Thema der körperlichen Liebe blieb ein Tabu.

Seiner Mutter war er später nie böse wegen ihrer Worte. Sie wusste es nicht besser und hatte es nur gut mit ihm gemeint. Zumindest hatte sie ihm nie falsche Hoffnungen gemacht.

Manchmal schöpfte er Kraft aus der Ahnung, dass er mit seinen Problemen nicht ganz allein auf der Welt war. Er konnte doch nicht der Einzige sein, der unter dem Unverständnis seiner Mitmenschen leiden musste. Von seinen behinderten Freunden hatte er damals in Deutschland bereits die merkwürdigsten Geschichten über das Verhalten ihrer vietnamesischen Verwandten gehört. Besonders die Älteren hatten Dinge erzählt, an die Dien sich nun wieder erinnerte. Wenn er doch nur mit einem von ihnen reden könnte. Wenn doch nur Phu in der Nähe wäre. Phu würde ihm vielleicht etwas über seine eigenen Erfahrungen erzählen. Der Freund war älter. Er musste doch Bescheid wissen. Ob er ähnliche Empfindungen hatte? Ob auch er von Zärtlichkeit träumte? Wie konnte er Phu und die anderen nur finden? Plötzlich erinnerte er sich an Geschichten, denen er als Kind in Deutschland keine Beachtung geschenkt hatte. Vielleicht hatte er damals auch gedacht, sie seien übertrieben oder die Freunde wollten sich mit ihren vietnamesischen Geschichten wichtigtun.

Da er selbst erst fünf Jahre alt gewesen war, als er den Kriegsunfall erlitten hatte, bestand die Zeit davor nur aus vagen Erinnerungen. Andere Freunde waren viel älter gewesen oder hatten länger mit ihrer Lähmung in der Heimat leben müssen und hatten deshalb stärkere Erinnerungen an die Zeit vor ihrem Deutschlandaufenthalt. Eine Freundin von damals, die in Deutschland geblieben war, hatte von ihrem Bruder erzählt, der ihr nicht hatte glauben wollen, dass sie wirklich kein Gefühl in den Beinen hatte. Um sich davon zu überzeugen, hatte er ihr kochendes Wasser über den Fuß gegossen. Die Narben werden sie ein Leben lang daran erinnern.

Unser Ausflugsboot ist ein Lastenkahn, wie er am Mekong für Gemüse- und Obsttransporte genutzt wird. Er kann von einer einzelnen Person rudernd angetrieben werden, aber unser »Kapitän« hat einen Motor am Heck, der möglicherweise in früheren Zeiten ein Moped angetrieben hat. Als wir im Morgengrauen auf dem wackeligen Steg aufs Einsteigen warten, frage ich mich, wie Dien an Bord kommen soll. Nicht nur der Anleger, sondern auch das Boot schaukeln auf und ab. Getragen zu werden sei für ihn noch schlimmer, als schlecht geschoben zu werden, hat Dien mir gesagt. Doch hier gibt es wohl keine andere Möglichkeit. Noch ehe ich ihn fragen kann, was er von den Umständen hält und wie er sich das Einsteigen vorstellt, wechselt er auch schon einige Worte mit dem Kapitän und lässt sich aus dem Stuhl heben.

»Es geht nicht anders«, sagt er zu meinem Erstaunen und scheint bestens gelaunt.

Äußerst geschickt setzt der drahtige Mann seine Schritte über den Rand des Bootes, und weder das Tragen noch das Wanken scheinen ihm etwas auszumachen.

Schon sitzt Dien auf der einzigen Bank, und ich schaffe es gerade noch, den Stuhl hinüberzureichen, bevor der Kapitän ihn sich greift. Einen Rollstuhl zu tragen muss geübt sein, weil er leicht umschlägt und einem aus den Händen fallen kann.

Als der Motor knatternde Geräusche von sich gibt, kann die Fahrt beginnen. Aus einem Seitenarm biegen wir in den Hau Giang ein, einen der Hauptarme des Mekong, dessen Name *hinterer Arm* bedeutet. Der Bootsverkehr ist enorm. Kleine Fähren setzen über, die meisten von einer einzelnen Frau betrieben, die stehend an der Hinterseite des Bootes lange Ruder betätigt und geschickt in der starken Strömung manövriert. Größere Lastenkähne konkurrieren mit kleinen Booten um den Wasserweg. Schnellfähren schlagen hohe Wellen, und wir schaukeln beängstigend in der Dünung. Als unser Motor plötzlich ausfällt, dreht das Boot sich in die Wellen, und mir ist nicht wohl bei der Sache. Der Fluss mit seinen schlammigen Fluten und der starken Strömung wirkt bedrohlich, das Ufer ist zwar noch nah, aber wie gut kann Dien schwimmen? Als Kind hat er es gelernt, aber seit Jahrzehnten nicht mehr praktiziert. Wenn ihm etwas zustößt? Ich mache mir Vorwürfe. Warum musste ich unbedingt mit einer Nussschale die Gewässer um Can Tho erkunden anstatt mit einer regulären Touristentour?

Mit einem kräftigen Ruck drückt unser Bootsführer den Motor nach vorn, so dass die Antriebswelle mit der Schraube aus dem Wasser ragt. Eine Plastikplane hat sich im Antrieb verfangen, die er nun mühsam entfernen muss. Dabei dreht sich unser Boot manövrierunfähig im Strom. Eine Schnellfähre kommt immer näher, aber unseren Kapitän scheint das nicht zu beunruhigen. Auch jetzt lässt er seine Kippe seelenruhig zwischen den Lippen glimmen.

Endlich erreichen wir ruhigere Gewässer. Die Brückenbaustelle ist nah, und Betonpfeiler und Kräne ragen bedrohlich in den Himmel. Auch hier wird der Mekong in absehbarer Zeit von einer gigantischen Brücke überspannt werden. Von einem schwimmenden Markt vor idyllischer Kulisse kann weit und breit keine Rede sein. Dafür sind wir mitten im Alltag der Menschen auf dem Fluss bei Can Tho angekommen, und es gibt viel zu sehen. Unser Kapitän scheint sein Boot im Griff zu haben, und mein Vertrauen wächst. Dien und ich machen es uns bequem. Der Rollstuhl steht so nah vor mir, dass ich zur Entspannung meine Füße darauf ablegen kann. Der Bootsführer sitzt hinter uns und nimmt sich vor weiterem Plastikmüll und im Wasser treibenden Lotusgewächsen in Acht. Das Ufer ist zumeist von einfachen Behausungen aus Blech gesäumt, deren kleine Veranden zum Fluss ausgerichtet sind und vermutlich als Küche, Bad und Toilette gleichzeitig dienen. Die Bewohner der hinteren Häuser nutzen schmalste Gänge, um ans Ufer zu gelangen. Manche schöpfen Wasser in Eimer, das sie wohl nicht nur zum Waschen nutzen. Leitungswasser dürfte hier ein unbekannter Luxus sein. Stromkabel hängen in wildem Durcheinander an überladenen Masten und versorgen manche Hütten mit Elektrizität. Hier wird deutlich, wie arm dieses Land noch immer ist. Dabei befinden wir uns im wohlhabenden Süden, der Reisschüssel des Landes. Hier boomt zudem der Markt mit Zuchtfischen für den Export. Der Pangasius erobert seit geraumer Zeit den europäischen Markt. Seine ursprüngliche Heimatregion ist der Mekong bei Can Tho. Hier sind in den letzten Jahren unzählige Fischfarmen entstanden.

Als wir in der Ferne ein Ausflugsboot sehen, das den Fluss abwärtsrauscht, fragen wir unseren Kapitän, welches Ziel es haben mag.

»Ein anderer schwimmender Markt, sehr schön. Mit meinem Boot dauert die Fahrt vier Stunden.«

Da wir noch immer keinen Markt gesehen haben und nicht wissen, was uns hier oder dort erwartet, bleiben wir bei unserer Abmachung eines Halbtagesausflugs mit einer kurzen Rast. Außerdem bin ich keineswegs neidisch auf ein herausgeputztes Boot mit einem Dutzend Langnasen an Bord, die ihr Gewicht so schlecht verteilt haben, dass es an Backbord viel tiefer einsinkt als an Steuerbord. Zu allem Überfluss tragen sie orangefarbene Schwimmwesten, die weithin leuchten.

Nach einer Stunde Fahrt lichtet sich die Bebauung, und wir

treffen auf die ersten schwimmenden Marktbetreiber. Manche von ihnen sind Großhändler, die mit ihrer gesamten Familie auf ihren Schiffen leben und zumeist Obst und Gemüse an Kleinhändler weiterverkaufen. Manche Schiffe sind voll beladen mit Ananas, andere mit Kürbissen oder Gurken. Bereits aus großer Entfernung kann man ihre Ware erkennen, denn sie haben jeweils eines ihrer Produkte an einem Mast in die Höhe gehängt. Kleinhändlerinnen rudern von Schiff zu Schiff, vergleichen die Preise und beladen ihre Boote mit einem bunten Sortiment an Früchten, die sie in dem weit verzweigten Kanalnetz um Can Tho an Einzelhaushalte weiterverkaufen. Dazwischen dümpeln Kaffee-, Baguette- oder Suppenboote, die ebenfalls von Frauen betrieben werden und den Händlern ein Frühstück anbieten. Es ist ein geschäftiges Treiben und wirkt, als habe es nie einen anderen Rhythmus im Kaufen und Verkaufen gegeben, als sei es die einzig mögliche Art, die Produkte von den nah gelegenen Felder so frisch wie möglich und in großen Mengen an die Kundschaft zu bringen. Doch genau dieser Vorgang, der hier so logisch und natürlich erscheint, war über viele Jahre undenkbar, weil streng verboten. Erst die Wiedereinführung und Liberalisierung der Privatwirtschaft mit Öffnung der Märkte hat es den Bauern und Händlern erlaubt, sich den ursprünglichen Rhythmus wieder anzueignen.

Über dem Fluss hängt ein schwerer Himmel, und bald haben wir uns sattgesehen an dem Treiben der Händler. Außerdem lassen manche Schiffer ihre Motoren laufen, um gegen die Strömung zu kämpfen, und stoßen dabei unangenehme Rauchwolken aus. Wir bitten unseren Fährmann, den Hauptarm zu verlassen und uns durch die kleinen Kanäle rund um Can Tho zu fahren.

Sobald wir einige Minuten in einem Kanal verschwunden sind, tauchen wir ab in eine andere Welt, dringen ein in ein Dickicht und werden entschädigt für die Hektik der Großstadt. Hier ducken sich vereinzelte Häuser unter Baumriesen, und Radler fahren gemächlichen Tempos auf schmalen Uferwegen entlang. Hin und wieder öffnet sich die Vegetation und gibt einen Blick auf das flache Land des Deltas mit seinen Reisfeldern frei. In einem der vielen Seitenarme, die uns die Orientierung unmöglich machen, sehen wir eine der Händlerinnen vom Markt wieder, die am Ufer vorbeipaddelt und ihr Angebot lauthals anpreist. Sie rudert stehend am Heck des Bootes und schlägt geschickt die beiden langen Paddel um, die seitlich in Halterungen sitzen. Ein Spitzhut mit breitem Stoffband über dem Gesicht und lange Ärmel schützen ihre Haut vor der Sonne. Bräune gilt als unschön, bäuerlich und ärmlich, und so sind fast alle Frauen und auch viele Männer weitgehend vermummt.

Unser Kapitän beugt sich zu Dien herunter und deutet auf einige Pavillons am Ufer. Die schilfgedeckten Unterstände sehen einladend, aber derzeit unbenutzt aus. Im Hintergrund stehen kleine Bungalows.

»Das wird dich sicher interessieren«, sagt Dien und schmunzelt. »Das ist ein *Café Om,* ein Café der Umarmung. Hier können sich Männer von hübschen Mädchen umarmen lassen.«

»Aha, und wie läuft es ab in einem *Café Om?«*

»Wieso fragst du mich? Woher soll ich das wissen? Ich war noch nie in so einem Ding.«

»Das sagen alle Männer.«

»Bei mir stimmt es aber. Dort wird heftig gesoffen.«

»Gesoffen? Dass du dieses Wort überhaupt kennst!«

»Heißt doch so, oder? Es ist jedenfalls mehr als trinken, was sie dort machen. Die Mädchen sorgen dafür, dass die Männer möglichst viel saufen. Für einen Aufpreis lassen sie sich anfassen, und wenn ein Mann mehr will, also … ich meine … wie soll ich sagen?«

»Sex.«

»Ja, also, wenn einer … Sex will, dann gehen sie in einen Bungalow. Das kostet natürlich extra.«

»Es ist eine schöne Anlage.«

»Der Kapitän meint, es stecken entweder hohe Beamte dahinter, oder die Betreiber haben gute Beziehungen zu Beamten in den oberen Etagen. Eigentlich sind *Café Oms* illegal. Aber wie bei allen Dingen, die verboten sind, hilft ein Haufen Schmiergeld weiter.«

»*Om* heißt also umarmen! Das kenne ich doch von den Mopedtaxis. Die heißen doch *Xe Om.*«

»Genau, da musst du als Kunde den Fahrer umarmen.«

Wir lassen den Ort der speziellen Vergnügungen hinter uns und tuckern eine Weile an einer dörflichen Ansiedlung vorbei. Eine alte Frau nimmt ein Bad im Fluss und schaut uns ebenso neugierig an, wie ich sie bestaune. Und dann landen wir unverhofft unter einer als Affenbrücke bekannten Konstruktion aus Bambus, die den Kanal überspannt. Affenbrücken können erstaunlich hoch und schmal sein. Hier sind zwei Baumstämme in den Morast versenkt, und in ihren Verzweigungen dienen Bambusrohre als Überweg. Schmalere Streben unterstützen das Tragewerk und verhindern ein Verrutschen der Rohre. Auf mein Bitten halten wir am Ufer, damit ich mein Geschick herausfordern kann. Ich balanciere einige Schritte auf der Brücke, die sogar ein Geländer aus Bambusröhrchen hat, doch dieses Hilfsmittel ist so weit vom Überweg entfernt, das ich mich zu sehr zur Seite beugen müsste und mein Gleichgewicht verlieren würde. Mitten auf der Brücke traue ich mich kaum vor noch zurück und versuche, nicht nach unten zu schauen. Dien sitzt im Boot und lacht, während ich diese Brücke allenfalls Seiltänzern zumuten würde. Ich hätte weniger Angst, wenn das Wasser klar wäre und ich sehen könnte, was unter mir lauert. Langsam taste ich mich zurück und sehe erst jetzt eine junge Frau, die darauf wartet, auf die andere Seite zu gehen. Wir nicken uns einen Gruß zu, und dann eilt sie auch schon auf dem armdicken Bambusrohr davon. Das Geländer beachtet sie nicht, sondern hat flink die erste Schräge bis zum waagerechten Mittelteil geschafft und sucht erst beim Abstieg ein wenig Halt am Geländer. Das würde sie vermutlich auch mit einem Sack Reis auf den Schultern schaffen. Ungeschickt steige ich zurück ins Boot und werde mitfühlend ausgelacht.

Stundenlang lassen wir uns durch das Labyrinth fahren, und Dien wird sein Dauerlächeln nicht mehr los. Übermütig machen wir Fotos mit Selbstauslöser, indem wir die Kamera auf die Sitzfläche des Rollstuhls legen. Auf den Fotos ist sogar der Kapitän hinter unserem Rücken zu sehen. Bei einer Obstplantage machen wir eine kurze Pause und stärken uns mit Tee und frischen Früchten.

Als wir der Stadt über einen anderen Kanal näher kommen, reihen sich immer mehr Wellblechhütten eng aneinander. An einem besonders ärmlich wirkenden Uferabschnitt fahren wir unter einer Brücke hindurch, auf der sich der städtische Verkehr in Form von Mopeds und Lastfahrzeugen staut. Eine überdimensionale Plakatwand wirbt für spanisches Bier der Firma San Miguel. Darauf sind zwei junge Pärchen mit westlicher Erscheinung beim Strandbarbecue zu sehen. Sie sollen den Vietnamesen Appetit auf europäisches Bier machen.

Nachdem unser Bootsführer uns eine Weile durch die verwirrenden Wasserstraßen von Can Tho gesteuert hat, erreichen wir unverhofft unseren Anleger von einer anderen Seite.

»Schön«, sagt Dien, als wir unter den neugierigen Blicken der Passanten den festen Weg vor dem Steg erreicht haben. »Wieder ein Stückchen Vietnam, das ich nicht kannte.«

»Hat es dir gefallen?«, frage ich Dien, weil seine Tonlage nicht ganz eindeutig klang.

»Der Ausflug war schön, aber der viele Müll ist furchtbar. Überall schwimmt Plastik. Meine Landsleute haben kein Umweltbewusstsein.«

»Du meckerst wie ein reicher Tourist!«

»Lass mich doch. Schließlich stimmt es ja.«

Während wir auf dem ersten Stück unserer Rückreise noch auf ruhigen Straßen dahinfahren, schweifen meine Gedanken immer wieder ab. Ich versuche mir die damaligen Lebensbedingungen im Dorf vorzustellen. Es ist kein Wunder, dass Dien seine gesamte Kraft daransetzte, hier eines Tages wieder fortzukommen und sich und seinen Angehörigen ein besseres Leben zu ermöglichen.

Mit der ersten Lautsprecherdurchsage, in der sein Name genannt worden war, mit dem ersten *con day la phan thu tin! Und hier kommen die Briefe!,* mit den ersten Kontakten zur Außenwelt war der Keim für eine unstillbare Sehnsucht nach einem anderen Leben in ihm aufgegangen. Hier war er vom Jugendlichen zum jungen Mann gereift und damit auch der Wunsch nach einem selbstbestimmten Dasein. Über komplizierte Postwege hatte er seinen Freund Phu wiedergefunden, der am anderen Ende des Mekongdeltas, in der Nähe Kambodschas, lebte. Phu hatte sein Deutsch nicht verloren. Er war älter und hatte in Deutschland eine reguläre Schule besucht. Er hatte früher als Dien den Kontakt zu den alten Freunden herstellen können und sogar Nachrichten aus Deutschland erhalten.

Dien war neunzehn Jahre alt, als er 1982 durch Phus Briefe erfuhr, dass *terre des hommes* wieder ein Zentrum in Saigon aufgebaut hatte. Bereits 1980 waren ausreichend Hilfsgüter eingetroffen, und die Einrichtung konnte unter vietnamesischer Leitung und mit einem rein vietnamesischen Mitarbeiterstab eingeweiht werden. Dorthin waren jene querschnittsgelähmten Kinder aus seiner Gruppe gezogen, die nicht mehr bei ihren Familien leben konnten. Die Neuigkeiten drangen in seine Welt am Mekong wie ein Wind, der nach Monaten lähmender Hitze endlich Erleichterung verspricht. Nachdem er mit zwei Jahren Verspätung von dem Zentrum erfahren hatte, überwältigte ihn die Hoffnung auf einen neuen Rollstuhl und vielleicht sogar auf Gehapparate. Sein alter Stuhl war schon lange schrottreif, und ohne Ersatz war er praktisch an die Hütte und einen Bewegungsradius von wenigen Metern gefesselt. Mit Bedacht wählte er die Worte in einem ersten Brief an das Zentrum. Daraufhin wurde er aufgefordert, einen offiziellen Antrag auf einen neuen Rollstuhl zu stellen. Schon nach wenigen Wochen traf die frohe Botschaft ein: *Der Rollstuhl aus Deutschland steht in Ho-Chi-Minh-Stadt zur Abholung bereit!*

Diens Mutter und Tante machten sich auf den beschwerlichen Weg und kamen zwei Tage später mit dem größten Paket zurück, das je im Dorf gesehen worden war. Ungeduldig lösten sie die Schnüre und das Verpackungsmaterial, und ein fabrikneuer Rollstuhl der Firma Meyra kam zum Vorschein: ein robustes Gefährt mit Vollgummireifen, die frei und geräuschlos in ihren Halterungen liefen, mit glänzenden Metallteilen, blitzenden Speichen, Sitzfläche und Lehne verströmten den Geruch von Unberührtheit. Wenn es doch nur einen gepflasterten Weg gegeben hätte, um den wunderschönen Meyra auszuprobieren!

Seitdem der Rollstuhl angekommen war und immer mehr Informationen aus dem neuen Zentrum eintrafen, träumte er von einer Fahrt nach Saigon und einem Wiedersehen mit seinen Freunden. Er schmiedete Pläne, mit denen er sein kleines Gefängnis gegen ungewisse Freiheiten der Großstadt eintauschen konnte. In Saigon wäre er dem Weltenlauf zumindest ein Stück näher. Dort würden sich sicher mehr Möglichkeiten bieten.

Nach einigen Monaten erzählte er seiner Mutter, er müsse nach Saigon, um sich für die Anfertigung von Gehapparaten vermessen zu lassen. Auch wenn ihm mulmig war bei dem Gedanken an den Weg zur Bushaltestelle und die beschwerliche Fahrt, eine Kraft, von der er selber kaum wusste, woher sie kam, zog ihn fort.

Mit einem kleinen Bündel Proviant, einem verschlissenen Hemd zum Wechseln und zwei kurzen Gummihosen, die er als

Elfjähriger aus Deutschland mitgebracht hatte, fuhr er los. Eine dieser Hosen hatte ein Blümchenmuster und Rüschen am Hinterteil. Es war eine Mädchenhose, die Dien sich als Kind ausgesucht hatte, weil sie mit der Abbildung von Daisy Duck aus seinem Lieblingscomic geschmückt war. Durch die Jahre am Mekong war er so abgemagert, dass die Gummihosen von damals ihm immer noch passten, und so musste er als Neunzehnjähriger seine Kinderhosen tragen. Er hatte keinerlei Vorstellung, wo und wie er eine Toilette besuchen konnte. Damals war an Windeln noch nicht zu denken. Er würde sich irgendwie behelfen müssen, und mit all seinem Mut im Gepäck bewältigte er den Weg nach Saigon.

Er kannte sich kaum aus in dieser Stadt, die 1976 den Namen Ho Chi Minhs bekommen hatte. Die Straßen waren bei seiner Ankunft verlassen und ruhig. Keine Spur mehr vom hektischen Treiben der Kriegsjahre, von abgasgeschwängerter Luft und chaotischem Verkehr. Ho-Chi-Minh-Stadt war leer. Hunderttausende Vietnamesen hatten in den letzten Jahren das Land verlassen, viele von ihnen waren übers Meer geflüchtet. Andere waren in Umerziehungslagern gelandet. Hier in der Stadt machten sich die Flucht, Abwanderung und Vertreibung deutlicher bemerkbar als am Mekong. In der einst so quirligen Metropole gab es zu Beginn der achtziger Jahre nur noch vereinzelte Autos, aber dafür umso mehr Fahrräder und Cyclos, die beinahe lautlos durch die Straßen fuhren.

Sieben Jahre waren vergangen, seitdem Dien die Stadt an der Seite seiner Mutter verlassen hatte. Jetzt fiel ihm die Orientierung schwer, und er suchte nach markanten Punkten, die er wiedererkennen würde. Er wusste kaum, wo er sich befand, dennoch überwältigten ihn Glücksgefühle! Das Rollen auf gepflasterten Wegen versetzte ihn in einen regelrechten Rausch. Endlich konnte er den Greifrädern Schwünge geben und sich schnell und ohne fremde Hilfe fortbewegen. Ein Gefühl von Freiheit, wie er es seit Kindertagen nicht mehr gespürt hatte. Unermüdlich legte er kilometerlange Strecken zurück, rollte durch Wohnviertel, die er nicht kannte. Der Fahrtwind strich über sein lachendes Gesicht, seine Arme schmerzten unter der ungewohnten Bewegung, aber die Vibration der Räder auf dem Asphalt, die bis in seinen Oberkörper, die Arme und seinen Kopf reichte, durchströmten ihn mit einem wohligen Kribbeln. Nie zuvor hatte er sich in einem Rollstuhl so wohl gefühlt, und das Wiedersehen mit den Freunden machte sein Glück perfekt.

Niemand von ihnen hatte damit gerechnet, dass sie sich jemals wieder in den Armen liegen würden. Chinh und Manh hatten die schwere Zeit im Altenheim überstanden und waren wohlauf. Die jungen Frauen erzählten ihm von den Geschehnissen der letzten Jahre. Alle drei hatten ihr Deutsch weitgehend vergessen. Die Sprache ihrer Kindheit schien für immer verloren zu sein. Sie sprachen über ihren Abschied im Altenheim 1976. Damals waren sie davon ausgegangen, dass die Fotos mit den Widmungen, die sie sich gegenseitig geschrieben hatten, eine Trennung für immer besiegeln sollten. *Behalte bitte dieses Foto, um Dich an mich zu erinnern. Wenn wir eines Tages weit auseinander sind, wirst Du ab und zu an unsere schönen wie auch schlechten Tage denken, wenn Du Dir das Foto anschaust,* hatte Dien in ungelenkter Handschrift auf die Rückseite seiner Bilder geschrieben.

In der Zwischenzeit war eine ihrer Freundinnen, Kim Hoa, gestorben. Das Mädchen war erst in Vietnam zu ihnen gestoßen. Schlecht behandelte Druckstellen hatten sich bei ihr zu einem Geschwür entwickelt, gegen das Kim Hoas geschwächter Körper nichts mehr ausrichten konnte.

Dien würde sich Gehapparate anpassen lassen, deren Fertigstellung einige Wochen dauern würde. Es hieß zwar, dass der Körper sich nach so vielen Jahren kaum wieder daran gewöhnen könne, aber Dien glaubte an seine Kräfte und fühlte sich stark genug für die Belastungen einer aufrechten Haltung mit Gehapparaten. Bis zur Fertigstellung konnte er jedoch nicht bleiben. Er hatte weder Geld für eine Unterkunft noch eine Genehmigung, um sich überhaupt in der Stadt aufzuhalten. Die Freunde teilten ihre Essensrationen mit ihm und versteckten ihn für einige Nächte in ihrem streng geführten Heim, bis er sich wieder auf den Rückweg machen musste.

Dien setzte sich gegen alle Widrigkeiten durch, nahm die Fahrt nach Saigon ein zweites Mal auf sich und erzählte seiner Mutter, er habe bereits alles geregelt. Man erwarte ihn und er würde sogar eine Arbeit haben und Geld schicken können. Nichts davon war wahr, aber seine Mutter hätte ihn sonst nicht ziehen lassen.

Im Saigon jener Tage führte der Zufall ihn mit Tho zusammen, einem jungen Mann, der ebenfalls einige Jahre in Deutschland verbracht hatte. Sie waren 1968 mit demselben Flugzeug nach Stuttgart ausgeflogen worden und 1974 gemeinsam zurückgebracht worden. Der ebenfalls querschnittsgelähmte Tho war neun Jahre älter als Dien, und so waren sie zwar keine Kindheitsfreunde, aber gut miteinander bekannt. Tho war in Dehme zum Bandagisten ausgebildet worden. Auch Tho war zu seiner Familie in die Region von Hue zurückgekehrt. Doch dort hatten ihn nichts als Diskriminierungen, Hunger und medizinische Unterversorgung erwartet. Mit schwerwiegenden gesundheitlichen Problemen war er schließlich auf eigene Faust nach Saigon geflüchtet. Doch konnte eines seiner Beine nicht mehr gerettet werden und wurde amputiert. Als er Dien wiedertraf, lebte Tho mit Song zusammen, dem »Jungen ohne Gesicht«, der aufgrund seiner schweren Kopfverletzungen auch in Deutschland behandelt worden war.

Tho und Dien fanden einen Uhrmachermeister, der sie als Lehrlinge annahm. Aus Mitleid brachte er ihnen sein Handwerk bei, natürlich ohne Lohn zu zahlen. Er hatte den beiden nicht viel mehr als ein Dach über dem Kopf und ein Stück seiner eigenen Reisstrohmatte auf dem feuchten Boden einer schäbigen Behausung zu bieten. Sie lebten mit ihm und seiner Familie in einem alten Wasserpumpwerk in einem Park. Dort gab es keine

Toilette, kein Badezimmer, keinerlei Intimsphäre. Die Bewohner mussten im Schutz der Dunkelheit hinter dem Haus ihre Notdurft erledigen, sich waschen und ihre Kleidung wechseln.

Zu seinem Schutzengel in dieser schweren Zeit wurde Than, eine Mitarbeiterin von *terre des hommes*, die er noch aus seiner Zeit in Dalat, im vietnamesischen Hochland kannte. Sie sicherte Diens Überleben, indem sie ihm von ihrer zugeteilten Reisration den größten Teil schenkte. Than bekam als Angestellte in der Folgeeinrichtung von *terre des hommes* ihre Mahlzeiten gestellt. Und so brachte sie Dien jeden Monat mindestens fünfzehn Kilo Reis. Jeden Abend aßen der Uhrmachermeister, Tho und Dien von dem Reis. Es war sein Anteil an ihrem Lebensunterhalt, die beiden anderen Männer kümmerten sich um die weiteren Zutaten für eine sättigende Mahlzeit am Tag.

Von Anfang an liebte Dien das Uhrmacherhandwerk. Die Einzelteile der Uhrwerke faszinierten ihn, er bewunderte die Präzision, mit der sie ihre Aufgaben erfüllten, wie das Uhrwerk durch das Aufziehen Energie aufnahm und diese kontrolliert wieder abgab und die exakten Drehbewegungen der Getriebe steuerte. Er war ehrgeizig. Eines Tages wollte er ein guter Uhrmacher werden.

Es war nicht einfach, die Lehrzeit zu überstehen, aber trotz aller Widrigkeiten wurde er nach zwei Jahren von seinem Meister als talentierter Geselle entlassen.

Um seinen Beruf auszuüben, brauchte er einen mobilen Uhrenstand und Werkzeuge. Die Anschaffungskosten von umgerechnet etwa zwanzig Euro stellten ein kaum zu überwindendes Hindernis dar. Doch zum Glück erreichte ihn ein Päckchen von Familie Dreifert aus Deutschland. Es kam einem Wunder gleich, als er den Inhalt im Postamt fast vollständig ausgehändigt bekam. Der Kleiderstoff, die Körperpflegeprodukte und Vitamintabletten ließen sich gut verkaufen. Der Erlös reichte neben dem Kauf eines Uhrenstandes für eine Lupe, einfache Werkzeuge und fünf Ersatzarmbänder, mit denen er seinen Stand dekorierte und die er zum Verkauf anbot. Diese wenigen Dinge sollten seine Existenzgrundlage für die nächsten dreiundzwanzig Jahre sein, in denen Dien als Uhrmacher in der Cao-Thang-Straße arbeitete. So lange bis das moderne Saigon keinen Platz mehr bot für einen mobilen Uhrenstand in einer schick gewordenen Einkaufsstraße.

Auf dem Rückweg nach Saigon besuchen Dien und ich noch seinen Freund Ngoc. Er lebt in der Nähe der Fähre über den Tien Giang. Mit dem lebhaften Ngoc, der den gleichen Namen wie Diens Lieblingsschwester trägt, teilte Dien ein Zimmer in Dehme.

Meine Gedanken sind weit abgeschweift, als Dien plötzlich einen Gruß über die Straße ruft.

»Da vorn steht Ngocs Schwester!«, sagt Dien und setzt zum Wenden an.

Die Frau betreibt ein kleines Straßencafé und erkennt uns schon von Weitem an unserem dreirädrigen Moped und winkt. Dien war seit Jahren nicht mehr hier und bricht bei der Begrüßung in einen ungewohnt temperamentvollen Redeschwall aus. Ngocs Schwester nickt eifrig mit dem Kopf und lächelt. Dann schauen sie mich an.

»Ich habe gesagt, du bist meine Große Schwester.«

Es dauert nicht lange, bis ein Rollstuhlfahrer auf dem Pfad hinter dem Verkaufsstand auftaucht. Nur mit Mühe kann ich in ihm den kleinen Jungen von damals erkennen. Auf meine deutsche Begrüßung hin sagt er etwas auf Vietnamesisch, und Dien erklärt mir, dass Ngoc leider kein Deutsch mehr kann.

»Aber du verstehst bestimmt noch etwas, oder?«, frage ich langsam, und Ngoc schüttelt den Kopf.

»Ein wenig? Ein bisschen?«, versuche ich es weiter.

Ich spreche deutlich und suche nach Worten, die ihn vielleicht an seine Kindheit in Deutschland erinnern.

»Lachen, spielen, essen.«

»Ein, swei, drei«, sagt Ngoc und grinst, »Abenbrot, Nutella.«

»Zähne putzen.«

»Fensehe.«

Wir lachen, und Ngcos Schwester schaut uns fragend an.

»Sie laden uns ein, ins Haus zu kommen. Kannst du bitte Ngoc schieben? Es ist ein schlechter Weg. Ich fahre langsam hinterher«, sagt Dien.

Er deutet meinen fragenden Blick an die Griffe des Rollis und nickt mir kurz zu. Ngoc fehlen die Kräfte, um den Weg allein zu bewältigen. In Deutschland war Dien immer der Kleinste von allen vietnamesischen Kindern aus ihrer Gruppe. Heute ist er kräftig und beweglich, während Ngoc zart und zerbrechlich wirkt. Sein Körper sitzt eingesunken auf dem Stuhl, seine Beine hat er übereinandergeschlagen und auf der Sitzfläche abgelegt. Ngocs Arme wirken im Vergleich zu seinem Körper ungewöhnlich lang.

Das Haus der Familie liegt abseits der Straße und ist umgeben von einem üppigen Garten. Eine schattige Terrasse und ein höher gelegener Salon, dessen Türen weit geöffnet sind, lassen das Gebäude einladend wirken.

Im vorderen Raum liegt eine alte Frau auf einem Bettgestell. Als Ngoc hineinrollt und etwas sagt, richtet sie sich ein wenig auf. Sie sieht müde aus, aber dann erblickt sie Dien und ihre Augen strahlen. Sie hat einen gekrümmten Rücken, vom Bett kann sie nicht mehr aufstehen, aber ihr Blick ist wach und freundlich. Dien steigt um in einen von Ngocs Rollstühlen und rollt zum Schlafplatz der alten Frau. Sie fragt ihn nach dem Befinden seiner Familie und möchte wissen, ob seine Großmutter noch lebt. Währenddessen klettert ein kleines Mädchen auf das Bettgestell und setzt sich an ihre Seite. Es ist Ngocs dreijährige Großnichte, die nun in aufrechter Haltung auf der Bettkante hockt. Ihre Urgroßmutter wirkt kaum größer als sie selbst. Die Kleine schaut mich reglos an. Ich bin fasziniert von dem Anblick des jungen Mädchens und der alten Frau. Wie sie nebeneinander auf dem Holzgestell mit der Reisstrohmatte sitzen, strahlen sie einen Lebensrhythmus und eine Zufriedenheit aus, die ich selten zu Gesicht bekomme. Es müssen über achtzig Lebensjahre zwischen ihnen liegen. Das ungleiche Paar, der einfache Raum, der ganz nach den täglichen Bedürfnissen ausgestattet ist, die Mittagshitze und der Garten mit seinem Gezwitscher und Gezirpe strahlen Geborgenheit aus: an diesem Ort kann ein erfülltes Leben gedeihen. Eines Tages, wenn die alte Frau nicht mehr hier sein wird, wird dieses Bett sicher immer noch im Zentrum des Hauses stehen, und so wird sie in gewisser Weise weiterleben. In ihrem Sohn, ihren Töchtern und in deren Nachkommen.

Wir trinken ein Süßgetränk mit viel Eis. Heute ist ein besonderer Tag für die Familie. Sie gedenken des verstorbenen Schwiegervaters der alten Frau, der schon vor Jahrzehnten von ihnen gegangen ist. Jedes Jahr, an seinem Todestag, bereiten sie ihm zu Ehren ein besonderes Mahl aus seinen Lieblingsspeisen und folgen dem Ahnenkult. Ich begleite Ngocs älteste Schwester in den Garten. Hier sind ein Altar und ein üppig gedeckter Tisch aufgebaut. Mehrere Fleischgerichte, eine Reistafel, Schälchen, Stäbchen, Getränke, Obst und in Bananenblätter eingewickelte Süßspeisen bilden ein Festmahl für mehrere Personen. Doch der Tisch steht in der prallen Sonne, direkt vor den weit geöffneten Türen des Salons und niemand wird an ihm speisen. Ngocs Schwester entfacht das Ahnenfeuer, spricht sanft in Richtung des aufsteigenden Rauchs und verbrennt einige Spielgeld-Scheine, die symbolischen Beigaben, die dem Verstorbenen das Leben im Jenseits erleichtern sollen. Was im Hier und Jetzt von Belang ist, kann auch in der Ahnenwelt nicht schaden. Der Rauch wird seinen Weg zu Ngocs verstorbenem Großvater finden, dessen Seele seit dem neunundvierzigsten Tag nach seinem Tod umherschwirrt und Einfluss auf das Leben der Nachkommen nimmt. Die Opfergaben sollen ihn wohlwollend stimmen. Wenn diese Zeremonien nicht regelmäßig und angemessen ausgeführt werden, können die umherschwirrenden Seelen Unruhe stiften und die Hinterbliebenen sogar strafen. Besonders schwierig wird es, wenn Ahnen kinderlos geblieben sind. Ihre Seelen können zu hungrigen Geistern oder bösartigen Dämonen werden.

Das erklärt, warum sich allerorten Schreine finden, und in jedem Haus, jedem Geschäft, jedem Restaurant, an den winzigsten Marktständen, ja sogar auf kleinen Fährbooten Altäre stehen. Dort werden täglich Räucherstäbchen entzündet, um die Schutzgeister anzurufen. In den meisten Häusern steht der Ahnenaltar im Zentrum des schönsten Raumes. Oft handelt es sich dabei um den ersten Raum, wenn man die Wohnung betritt. Der Altar ist gegenüber den zumeist offen stehenden Türen platziert, und so kann man im Vorbeigehen den Rauch der brennenden Stäbchen und die Ahnentafeln und Porträts der Verstorbenen sehen, die aus den Wohnungen heraus ins Freie schauen.

Dien und ich haben im Salon seines Elterhauses einige Male unter dem Ahnenaltar seiner Familie gesessen. Manche der dort aufgestellten Porträts stammen noch aus der Zeit vor der Fotografie, andere, Schwarzweißfotos, wurden nachträglich koloriert. Als ältestem Sohn kommt Dien bei den Zeremonien zu Ehren der Ahnen eine besondere Rolle zu, doch da er nicht im Elternhaus lebt und sein Glaube christlich-evangelisch ist, hat er nur selten Anteil an den überlieferten Traditionen. Der Ahnenkult kann auch abhängig von dem persönlichen Verhältnis zu dem Verstorbenen sein. Diens Mutter gedenkt ihrer Großmutter, die sie als Kind noch erlebt hat, ihres Vaters und ihres Ehemannes mit aufwendigen Speisenopfern an den jeweiligen Todestagen und zusätzlich am landesweiten Totengedenktag. Bevor sie die papiernen Gaben verbrennt, spricht sie ein Gebet und nennt die Namen der Empfänger sowie ihre Geburts- und Todesdaten. Zur Sicherheit schreibt sie sogar die Namen der Ahnen auf das zu verbrennende Papier.

Nach der Zeremonie trägt Ngocs Schwester die Speisen ins Haus, die vorher im Garten zu bewundern waren. Dien erklärt mir die Besonderheiten der Gerichte, von denen eines mit scharfem Curry den indisch-thailändischen Einfluss auf die vietnamesische Küche deutlich macht, und eines, mit eingelegten Eiern sowie mehrfach gebratenem Schweinebauch, aus dem Norden des Landes stammt und chinesisch beeinflusst ist. Das habe dem Verstorbenen besonders gut geschmeckt, erzählt er mir auf Nachfrage bei der alten Frau. Dien trifft eine Vorauswahl für mich, weil er mir in Streifen geschnittene Schweineohren, Speckschwarten und Blutwurst ersparen möchte. Doch die Düfte sind so verlockend, dass ich von allen Gerichten zumindest die Gemüsebeilagen und köstlichen Saucen probiere. Die Süßkartoffeln in dem Currygericht lasse ich voller Genuss auf meiner Zunge zergehen. In Ngocs Familie gibt es hervorragende Köchinnen, die auch die Nachspeise mit besonderer Raffinesse zubereitet haben. In ein Bananenblatt ist eine klebrig süße Masse eingewickelt, die eine appetitlich rötliche Farbe hat. Im Inneren finden sich Kokosraspeln. Die Speise heißt *banh it*, was so viel wie »wenig Kuchen« bedeutet. Am Tisch wird über die Konsistenz gefachsimpelt, die sich aus dem zu Mehl gemahlenen Klebreis ergibt. Nicht nur der Anblick ist ein Genuss. Inzwischen habe ich das Gefühl, mit jeder Mahlzeit eine kulinarische Überraschung gereicht zu bekommen.

Diens Freund wird unentwegt von seinen fünf Schwestern verwöhnt. Jeder Wunsch wird ihm von den Lippen abgelesen, und offenbar schieben sie ihn auch überall hin, anstatt ihn selber fahren zu lassen.

Ngoc bittet seine Schwester um das Fotoalbum aus Deutschland. Daraufhin eilt sie zu einem Schrank im Salon und reicht es ihm. Auf der ersten Seite des Albums ist das Foto eingeklebt, das ich von einer alten *Terre-des-hommes*-Informationsbroschüre kenne. Auch heute findet es in Dokumentationen über die Geschichte der Hilfsorganisation noch häufig Verwendung. Die Evakuierung kriegsverletzter Kinder aus Vietnam und ihre medizinische und therapeutische Betreuung in Deutschland war der Beginn weiterer teils spektakulärer Hilfsaktionen in weiteren Ländern. Auf dem Foto sind Dien, Ngoc und zwei andere Jungen in viel zu großen Rollstühlen zu sehen, die Seite an Seite eine Straße entlangfahren. Eine junge Frau geht hinter ihnen und scheint ihnen Schwung zu geben. Dien ist auf dem Foto kaum zu erkennen, weil er wie so häufig bei alten Aufnahmen schüchtern nach unten schaut. Ngoc steckt in einem Kapuzenparka. Die langen Haare der anderen wehen im Wind.

Dann reicht Ngoc mir eine Ansichtskarte des pädagogischen Zentrums in Dehme. Bevor die Hilfsorganisation das Gebäude übernommen hatte, war es ein Hotel. Auf der Karte aus den frühen siebziger Jahren ist der Speiseraum mit Blick auf die Weser zu erkennen. Als könne Dien meine Gedanken lesen, schaut er mich mit der Postkarte in der Hand an und atmet tief durch. »Wenn *terre des hommes* uns nicht nach Deutschland geholt hätte, wären wir alle gestorben.«

Bei seinen Worten steigt mir eine unerträgliche Hitze ins Gesicht. Diese Kinder wären gestorben an Wunden, die in ihrer Heimat nicht richtig versorgt werden konnten. Und Dien, der hier so sprühend vor Vitalität vor mir sitzt, wäre unter ihnen gewesen.

In Ben Tre entließen die Ärzte Dien nach der Entfernung von Splittern aus seinen Beinen aus dem Krankenhaus, weil sie nichts weiter für ihn tun konnten. An seinen Rücken trauten sie sich nicht heran. Zuhause kroch er auf dem Boden herum, bald waren seine Beine und sein Rumpf von Schürfwunden übersät. Dien konnte seine Ausscheidungen nicht kontrollieren und niemand wusste, wie mit diesen körperlichen Einschränkungen umzugehen war. Sein Zustand verschlechterte sich rapide. Es kamen Druckstellen hinzu, die nicht heilen wollten. Schließlich landete er in einem Krankenhaus in Saigon. Seine Mutter konnte ihn nicht begleiten, weil sie schwanger war und sich um die jüngeren Geschwister kümmern musste. Eine Verwandte saß wochenlang an seinem Bett, wusch und bekochte ihn, wie es in vietnamesischen Krankenhäusern üblich ist. Dien nannte sie *Ba Co*, Urgroßmutter, denn sie war Zehnte Schwester der Großmutter seiner Mutter. Zu dieser Zeit, Mitte des Jahres 1968, waren die Krankenhäuser mit Kriegsverletzten und Schwerkranken überfüllt. Es mangelte an allem, was zur Versorgung der Patienten notwendig gewesen wäre. Wenn die Kranken nicht selber zahlen konnten, verschlimmerte sich die Lage noch. Es wurde nur das Nötigste getan, doch was bedeutete das bei einem querschnittsgelähmten Jungen mitten im Vietnamkrieg? Einem Jungen, der nie wieder laufen würde und der vermutlich sein Leben lang auf spezielle Hilfe angewiesen war. Wer sollte sich um seine Sauberkeit, seine Mobilität und ein angemessenes Training für seine geschwächten Muskeln kümmern? Wer sollte verhindern, dass seine Beine verkümmerten und sein Oberkörper einsank? Wer darauf, seine Haltung zu kontrollieren und seinen Körper zu stärken? Und wer sollte dafür sorgen, dass er möglichst wenig im Bett lag, sondern sich bewegte? Wie konnte in dieser Lage für angemessene Hygiene gesorgt werden und Rehabilitationsmaßnahmen durchgeführt werden? Wem konnte diese Notwendigkeit überhaupt wichtig erscheinen, angesichts der blutenden Körper, fehlenden Gliedmaßen und der Schmerzenschreie der vielen anderen Kriegsopfer? Dien hatte den Granatenangriff überlebt, aber die Chancen, seinen nächsten Geburtstag noch zu erleben oder gar ein erfülltes Erwachsenenleben waren äußerst gering.

Zu diesem Zeitpunkt hieß es plötzlich, er könne nach Deutschland. Weit weg, an das andere Ende der Welt, in ein fremdes Land, wo man ihm helfen werde. Mit einem Flugzeug würde er dorthin gebracht. In Deutschland gäbe es Krankenhäuser, die Palästen glichen. Papiere mussten besorgt, Einverständniserklärungen eingeholt und Dokumente unterschrieben werden. Dien verstand nicht, worum es ging, aber er wollte leben. Sein Vater kämpfte im Krieg, seine Mutter lag im Wochenbett. Man versprach Schwester Zehn, er würde bald zurückkommen, denn so war es in den vielen französischsprachigen Abkommen festgehalten, die den Anfang seiner Akte bei *terre des hommes* bildeten.

Das Flugzeug gefiel ihm. Er wusste, dass es wie durch ein Wunder in den Himmel steigt. Neugierig betrachtete er die vielen rollenden Betten, die zur Maschine geschoben wurden. Großgewachsene Menschen mit hellen Haaren, heller Haut und lächelnden Gesichtern nahmen Kinder auf den Arm, redeten ihnen gut zu und trugen sie in das Flugzeug. Er sah seine *Ba Co,* Urgroßmutter die Gangway hinaufgehen. Er selber wurde getragen. Neben seinem Platz kauerte ein kleines Mädchen auf einer Liege und wimmerte. Auch *Ba Co* hatte plötzlich Tränen in den Augen.

»Dien, *Con,* mein Kleiner, schau dir das Mädchen an! Sie ist viel kleiner als du und hat Angst. Pass gut auf sie auf, damit ihr nichts passiert. Du bist schon groß!«

»Das mache ich, *Ba Co.*«

Dann ging sie davon, und er wusste nicht, wie er dem kleinen Mädchen helfen sollte. Viele Menschen liefen durch die Gänge und gaben seltsame Laute von sich. Überall waren Kinder, manche weinten. Er suchte nach Phu, dem großen Jungen, der mit ihm im Krankenhaus gewesen war und auch nach Deutschland geflogen werden sollte. Erst als die Türen geschlossen wurden und das Flugzeug sich in Bewegung setzte, bekam auch er es mit der Angst zu tun und weinte.

Am 24. Dezember 1968 landete die Maschine am Flughafen Stuttgart.

»Seit wann habt ihr beide eigentlich wieder Kontakt zueinander? Ngoc war doch nicht mit euch in Dalat«, frage ich Dien.

»Ach, du und deine Fragen«, sagt Dien mit seinem schönsten Lächeln.

»Was ist mit dieser Frage? Stimmt was nicht?«

»Dazu muss ich eine Geschichte erzählen, die dich bestimmt wieder wütend macht. Und wenn du wütend bist, bekomme ich Angst vor dir. Deine Augen werden dann ganz groß und deine Stimme laut. Außerdem benutzt du dann schlechte Worte, für die wir in Dehme damals zehn Pfennig Strafe in die Kasse legen mussten. Frag Ngoc, er weiß es bestimmt auch noch. Nachdem ich selber mal für dein Lieblingswort zahlen musste, habe ich es nie wieder benutzt.«

»Du meinst Sch…?«

»Psst, sag es nicht. Also, ich erzähle dir die Geschichte nur, wenn du dich nicht aufregst.«

»In Ordnung.«

Zu der Zeit, als Dien bei seiner Familie auf dem Dorf lebte, war eine seiner Tanten mit einer von Ngocs Schwestern befreundet. Die Wohnorte der beiden Jungen waren kaum zwanzig Kilometer voneinander entfernt, doch die Freunde hatten keine Ahnung vom Verbleib des anderen. Diens Tante besuchte ihre Freundin regelmäßig und sah dort auch Ngoc. Sie muss auch erfahren haben, dass der Junge in Deutschland gewesen war, genau wie ihr eigener Neffe. Doch sie verlor kein Wort darüber. Sie erzählte auch nichts über ihren eigenen querschnittsgelähmten Neffen, der in einer kleinen Hütte ein weitgehend isoliertes Leben führte. Nach zehn Jahren, als Dien bereits wieder in Saigon lebte, war ein Verwandter von Ngoc auf eine mögliche Verbindung der beiden gestoßen. Er stand eines Tages vor Diens Uhrenstand und fragte ihn, ob er einen Ngoc kenne, der als Kind in Deutschland gewesen war. Dien konnte kaum fassen, dass sein Freund direkt an der Straße wohnte, die er zweimal im Jahr bei seinen Reisen ins Dorf nahm. Bis heute hat Dien seine Tante nicht danach gefragt, warum sie seine Existenz verschwiegen hatte.

»In Stuttgart habe ich meinen ersten Schnee gesehen«, sagt Dien, und auch Ngoc lauscht den deutschen Worten. »Ich weiß noch, dass ich meinen Augen nicht trauen wollte. Ein junger Vietnamese hat mich in ein Gebäude hineingetragen. Er ging mit mir in einen Fahrstuhl, und ich dachte, der große Kasten sei eine Waage. Dann legte er mich in ein Bett, aber ich wollte aus dem

Fenster schauen und das unbekannte Weiße sehen. Schließlich holte der Mann für mich einen Schneeball von draußen. Es tat weh, als ich ihn an meine Zunge hielt, und plötzlich war er weg.

Zwei Wochen später wurde ich in ein Krankenhaus nach Hamburg gebracht. Erst später habe ich erfahren, dass wir in Stuttgart nur zur Quarantäne waren und dass der junge Mann ein vietnamesischer Student war. Danach sind wir auf verschiedene Krankenhäuser im ganzen Land verteilt worden. Chinh kam mit mir. In unserer Zeit in Deutschland sind wir nie getrennt worden. Chinh war auch dabei, als wir zurückgeführt wurden, und jetzt lebt sie in einem Wohnheim von *terre des hommes* in Saigon. Wir werden sie besuchen, wenn wir wieder zurück in der Stadt sind.«

3 Saigon. Vertraute Fremde

Im kulinarischen Paradies

»Madam, where you go? Madam, Cyclo! Madam, mineralwater! Madam, motobike! Come in, sit down! Relax! Cigarettes! T-Shirts! We have you size! Madam, books, english, french, german! Maybe later? Madame, I show Saigon! Notre-Dame, Post Office, Museum. Madam, come in! Sit down! Good food! Madam, what are you looking for? Madam, Tourbus to Mui Ne, Tourbus to Nha Trang! Madam, Mekong Delta Tour! Flights to Phu Quoc! Cheap! Madam, ice-coffee! Daily bustours every day, Madam!«

»Thank you. Very nice! Thank you! Maybe later!«

Bevor ich aus dem Hotel gehe und einen Fuß auf die Straße setze, atme ich tief durch und mache mich bereit für diese Stadt und ihre Menschen. Nur wenige Schritte entfernt, im Durchgang zur Pham Ngu Lao, wo eine Suppenküche samt Stühlchen und Tischchen den halben Weg versperrt, wartet stets derselbe Mopedtaxifahrer und bietet sein *Xe Om,* seine »Umarmung« auf dem Moped an. Er trägt immer eine schwarze Schirmmütze und braune Badeschuhe. Ich bin noch nie mit ihm gefahren, aber er bietet mir jeden Tag erneut seine Dienste an. *Madam! Motobike!* Und immer lächle ich zurück und bedanke mich für sein Angebot. Vorher treffe ich manchmal auf den Portier von gegenüber, der sein Englisch verbessern möchte und mich nach der Schreibweise bestimmter Wörter fragt, die er für die Korrespondenz in den Chatrooms verschiedener Internetforen benötigt. Dann habe ich noch zehn Schritte Ruhe, bis mir das geballte Angebot jedweder Dienste und Genüsse dieser Stadt entgegenschallt. Meist gehe ich lächelnd weiter, manchmal spreche ich ein *thank you* aus, aber in einer gewissen Laune lasse ich alles, was um mich herum geschieht, stoisch an mir abprallen. Dann schaffe ich es sogar, das geräuschvolle Ausspucken der Männer zu überhören, die in der Tiefe ihrer Körper nach Schleim fahnden, um ihn dann kraftvoll hinauszuspeien. Wenn ich zügig gehe, keinerlei Neugier oder Interesse zeige und wie eine Einheimische die Straße überquere, ohne verunsicherte Blicke um mich zu werfen, verringern sich die Angebote rapide. Selbst auf dem Ben-Thanh-Markt ist es mir schon gelungen, aus dem Status der normalen und überaus begehrten Touristin herauszutreten. Im Vergleich zu den beiden australischen Damen, meinen Zimmernachbarinnen im Hotel, bin ich auch noch nicht angefasst und zu den Verkaufsständen gezogen worden. Ich war überrascht, als sie mir beim Frühstück davon erzählten, und musste bei ihrer Reaktion auf das obligatorische *Madame, we have your size!* laut auflachen. Sie antworten immer im Duett: *Oh no! You definitely do not have our size!* Damit liegen sie sicher richtig, denn ihre Leibesfülle fällt selbst in Europa in die Kategorie Übergröße. Die beiden Damen in den Fünfzigern besuchen ihre Töchter, die hier als Englischlehrerinnen arbeiten.

Der Ben-Thanh-Markt ist berühmt für sein überbordendes Angebot an Haushaltswaren, Handarbeiten, Kleiderstoffen, Schmuck, Garderobe, Kunsthandwerk und Nahrungsmitteln jeglicher Art. Die Markthalle wurde während der französischen Kolonialherrschaft gebaut und ist neben den imposanten Gebäuden der Oper, des Rathauses, der Kathedrale Notre-Dame und einiger Hotels ein Wahrzeichen Saigons und ein architektonisches Zeugnis europäischer Herrschaft in Indochina. Für mich ist der Ben-Thanh-Markt vor allem ein kulinarisches Paradies. Beim Anblick der ersten Garküchen läuft mir das Wasser im Mund zusammen, und ich muss mich beherrschen, nicht sofort eine Bestellung aufzugeben. Hier kochen, grillen, mixen, wenden, rollen, panieren, klopfen, braten, dünsten und kredenzen Frauen in Miniküchen an offenen Feuern und Herden die köstlichsten Mahlzeiten. Die kulinarische Vielfalt ist grenzenlos, und die Speisen werden vor den Augen der Genießer zubereitet. Ich gehe an einem Stand vorbei, an dem einige Köchinnen frische Frühlingsrollen wickeln. Es duftet nach den Zutaten, die durch ihre Finger gleiten. Geschwind feuchten sie kreisförmiges Reispapier mit Wasser an, um es geschmeidig zu machen und anschließend mit Salat, Kräutern, einem Stück gekochtem Schweinefleisch und einer Garnele zu füllen. Die Frauen falten und wickeln so schnell, dass ich kaum sehen kann, welche Seite des Papiers wohin übergeschlagen wird. An einem Ende schaut das Grün einer milden Lauchzwiebel heraus, und die Garnele schimmert durch das zarte Reispapier. Heute habe ich es auf einen Stand mit Muscheln abgesehen, und so rückt eine der Frauen am Frühlingsrollen-Stand mir vergeblich ein Stühlchen zurecht. Als sie auf gegrillte Zuckerrohrgarnelen zeigt, werde ich fast schwach, denn die haben mir hier vor Kurzem besonders gut geschmeckt.

»*Cam on! Thank you very much! Maybe tomorrow.*«

Als ich mein Ziel erreicht habe, versuche ich, der Köchin verständlich zu machen, dass ich gegrillte Muscheln essen möchte. Den Erläuterungen der Küchenchefin kann ich nicht folgen, setze mich aber dennoch auf einen Plastikhocker an ihren penibel gereinigten Tresen. Sie legt Essstäbchen und eine harkenförmige Gabel auf die Ablage aus Kacheln, die unterhalb ihres Schaufensters fünf Gästen nebeneinander Platz bietet. Hinter der Scheibe ist ihr Angebot aus Muscheln, Schnecken und weiteren Köstlichkeiten zu bewundern. Es herrscht Bewegung in den Schüsseln, Luftbläschen steigen auf und in den Schneckhäuschen regen sich die fleischigen Körper, womit sich die Frage nach der Frische erübrigt hat. Venusmuscheln glänzen cremefarben und schmücken sich mit einem schwarzen Streifen. Die Köchin stellt mir eine Mischung aus sechs verschiedenen Sorten zusammen und ich nicke zustimmend. Dann empfiehlt sie mir eine Vorspeise, deren Zutaten ich nicht erkennen kann. Kräftig grüne Blätter, die etwas umhüllen, werden einem Päckchen gleich auf dem Feuer gegart. Sie streut gemahlene Nüsse darüber, und schon beim ersten Bissen bin ich ihr dankbar für diesen Genuss, falte meine Hände und verbeuge mich kurz. Sie lächelt und reicht mir eine scharfe Sauce, die meine Vorspeise vollkommen macht.

»Bo la lot«, spricht sie mir vor, und ich schreibe es schnell auf. So finde ich später heraus, dass es sich um eine Füllung aus Rinderhack, Speck, Zitronengras und diversen Gewürzen handelt, die mit Betelblättern umwickelt wird.

Dann wird mein Muschel- und Schneckenteller serviert. Der rauchige Geschmack des Muschelfleisches kommt einer Offenbarung gleich. Ich genieße und schwöre mir, dieses Land niemals wieder zu verlassen und bis zu meinem Lebensende jeden Tag in einer anderen Garküche zu essen. Oder ich werde selbst Köchin oder zumindest passionierte Hobbyköchin. In jedem Fall werde ich in Zukunft auch in Hamburg nur noch in asiatischen Lebensmittelläden einkaufen gehen. Mir wird fast bange bei der Vorstellung, in absehbarer Zeit auf diese Genüsse verzichten zu müssen. Nein, das kommt nicht in Frage! Ich muss mir etwas einfallen lassen. Sicher gibt es irgendwo einen Kochkurs. Vielleicht sogar in Hoi An. Ich muss wenigstens die Grundfertigkeiten erlernen.

Als Abschluss bestelle ich ein Getränk, das eher einem Dessert gleicht. Es ist eine Art Bohnen-Kaltschale mit zahlreichen unbekannten Zutaten. Allein farblich könnte es abschreckend wirken, aber dank Dien weiß ich bereits um seinen leckeren Geschmack. Ich stütze mich auf den Ellenbogen und beobachte das Treiben im Markt. Doch für diese Körperhaltung ist es eindeutig zu heiß, weil der Schweiß den Arm herunterrinnt und der Ellenbogen von der Tischkante rutscht. Ich lache über diese Nebenwirkung der Hitze und suche eine andere Position.

Nach dem farbenfrohen Getränk fühle ich mich gestärkt und schläfrig zugleich, ich lasse meinen Blick schweifen. Auch für die Markbetreiberinnen wird es Zeit für eine Pause. Eine junge

Frau schläft mit Taschenrechner und Schreibblock in den Händen ein. Sie hat sich an mehrere Pakete mit Toilettenpapier gelehnt. Eine andere liegt mit einer Zeitung über dem Gesicht auf den kühlenden Kacheln eines Fischstandes neben Blechschalen voller lebender Krebse. Eine alte Frau liegt schlafend auf dem Boden ihres Marktstandes, der nicht viel größer als ein Kleiderschrank und bis auf den letzten Zentimeter ausgefüllt ist mit Dekorationsartikeln für Hochzeitsfeiern. Der Durchgang hat die Breite einer Fußmatte und reicht ihr für ein Mittagsschläfchen. Gegenüber entdecke ich merkwürdige Utensilien aus Papier, und erst bei genauer Betrachtung begreife ich, dass die Adidassportschuhe mit den drei Streifen, die Mobiltelefone, Krawatten, ja sogar Oberhemden mit Fliege, Badeschuhe und Sonnenbrillen für den Ahnenkult angeboten werden. Selbst ein Papiermoped, ein Auto und eine Pagode befinden sich im Angebot. Ob Ngocs Großvater im Reich der Ahnen wohl etwas mit einem Mobiltelefon anfangen könnte? Als er starb, gab es in seinem Dorf nicht einmal ein normales Telefon.

Vor dem Eingang zum Markt wird um Almosen gebettelt. Ein Mann ohne Unterschenkel hat winzige Schemel an seine Knie gebunden und bewegt sich damit fort. Eine gelähmte Frau hockt auf einem primitiven Rollstuhl, der einer Seifenkiste ähnelt. Sie treibt ihn an wie eine Draisine, wobei der Hebel aus einem Lenkrad besteht. Andere Bettler zeigen Arm- und Beinstümpfe. Es sind nicht mehr als ein Dutzend Versehrter, die sich in der Nähe des Marktes aufhalten, und doch sind es weitaus mehr als in anderen Teilen der Stadt. Wenn man die hohe Zahl an Kriegsverletzen, Minenopfern und die zahllosen Behinderten aufgrund der Vergiftung mit Agent Orange auch in der dritten Generation bedenkt, dann sind auffallend wenige von ihnen in der Öffentlichkeit zu sehen.

Den Nachmittagsguss, den dunkle Wolken bereits ankündigen, möchte ich im Trockenen in meinem Zimmer erleben. Bis zu meinem Hotel muss ich drei große Straßen überqueren, was mir in meinem derzeitigen Zustand keine Freude macht: Die Hitze erscheint mir heute besonders drückend, die Abgase lassen meine Augen tränen und mein Hals kratzt. Die weiße Bluse, die heute Vormittag noch strahlte, hat inzwischen deutliche Schmutzränder, und wenn ich mich kratze, sammelt sich eine graue Masse unter meinen Nägeln. Ich brauche eine Dusche. Mit diesem Gedanken mache ich mich auf den Weg.

Vor dem Ben-Thanh-Markt gibt es einen Kreisverkehr, der von den Verkehrsteilnehmern zumindest ein kurzes Abbremsen erfordert und meine Chancen aufs Überleben erhöht. Die allgegenwärtigen Mopedschwärme, Busse und Transporter flößen mir enormen Respekt ein, doch im geheimnisvollen System des Saigoner Verkehrs gilt zumindest eine Regel: Alles muss ständig in Bewegung bleiben und so schaffe ich die entscheidenden Schritte auf die andere Straßenseite. Hier genieße ich den Bummel durch den kleinen Le Lai Park. In den Beeten blühen Cellosia, zu Hunderten entfalten die Hahnenkämme hier ihre Pracht, und ich denke daran, welch exotische Rarität sie im heimischen Blumengeschäft darstellen.

Schüler der nahe gelegenen Ernst-Thälmann-Schule absolvieren im Schatten der vierreihigen Allee ihren Sportunterricht. Mit Trillerpfeifen geben die Lehrer das Kommando für Gymnastikübungen oder kurze Sprints auf den gepflasterten Wegen. Der Name des Hamburger Kommunisten, der 1944 im Konzentrationslager Buchenwald ermordet wurde, wirkt auf den türkisfarbenen Schuluniformen der Jugendlichen fremd. Was mögen die Mädchen und Jungen über den Deutschen wissen? Sie sind vermutlich Ende der achtziger oder Anfang der neunziger Jahre geboren, als selbst der Vietnamkrieg schon fast zwanzig Jahre beendet war. Sie sind die erste Friedensgeneration im Land.

Vor dem protzigen *New World Hotel* warten Cyclofahrer auf Kundschaft. Ihre Fahrradrikschas sind auf Hochglanz poliert, doch ihre Zeit ist unwiederbringlich abgelaufen. Das *New World Hotel* war das erste Hotel der Stadt, das nach der Öffnung des

Landes in den neunziger Jahren nach internationalem Standard erbaut und mit fünf Sternen dekoriert wurde. Hier residierten der ehemalige amerikanische Präsident Clinton und seine Frau Hillary, als sie im Jahr 2000 das Land besuchten. Clinton war um eine Normalisierung der Beziehungen mit Vietnam bemüht. Er beendete 1994 das Handelsembargo und setzte mit seinem Besuch ein deutliches Zeichen im Verhältnis der beiden Staaten. Heute sind amerikanische Touristen genauso willkommen wie alle anderen zahlungskräftigen Besucher. Das ehemalige »Museum für Gräueltaten des amerikanischen Feindes« wurde in »Museum für Kriegsrelikte« umbenannt. Für amerikanische Kriegsveteranen gibt es sogar Reiseveranstalter, die den ehemaligen Soldaten ihre alten Einsatzgebiete und Schlachtfelder zeigen.

Die meisten Cyclofahrer vor dem Hotel entstammen der gleichen Generation wie die ehemaligen Soldaten. Sie haben den Krieg erlebt und manche von ihnen haben Englischkenntnisse, die auf rege Kontakte zu den damaligen GIs hindeuten. Die Fahrer am Le-Lai-Park bieten mir ihre Dienste nur halbherzig an, so dass ich mich auch nur knapp dafür bedanken muss. Auch ihnen scheint es zu heiß und zu stickig für eine Rundfahrt zu sein. Lieber machen sie es sich zur Mittagsruhe auf ihren Sitzbänken bequem.

Eine Frau möchte mir Zigaretten verkaufen, aber eine ganze Schachtel ist mir zu viel. Ich nehme ihr zwei einzelne ab und lege ein Trinkgeld drauf. Auf dem Bett liegen, schwitzen und eine Zigarette rauchen, darauf freue ich mich. Beim Portier in meinem Hotel werde ich mir noch ein kaltes Bier aus dem Kühlschrank nehmen. Nur noch zwei breite Straßen bis zum Ziel. In Gedanken liege ich schon ausgestreckt auf dem Laken.

Als ich meine Hotelgasse fast erreicht habe, sehe ich aus den Augenwinkeln einen Ausländer im Rollstuhl vor einem Café sitzen. Er trinkt ein Bier und sieht sportlich und entspannt aus. Ich zögere nicht lange und gehe auf ihn zu.

»Hi, excuse me for asking. Are you travelling?«, frage ich ihn. Peter

ist Australier und seit einigen Monaten in Vietnam unterwegs. In Saigon fühle er sich schon fast heimisch. Er sei Künstler und fertige Skulpturen, insbesondere von Menschen mit körperlichen Beeinträchtigungen. Die Darstellung körperlicher Behinderungen als einer Form von Schönheit sei in diesem Land etwas vollkommen Neues. Die meisten Vietnamesen seien überrascht, wenn er von seinem Projekt erzähle. Trotzdem habe er bereits einige Modelle gefunden. Er habe Kontakte zu einer Rehabilitationseinrichtung für Querschnittsgelähmte. Dort gebe er auch Englischunterricht.

Ich bin total aus dem Häuschen, bestürme ihn mit Fragen und erzähle ihm von Dien und unseren Reiseplänen. Peter ist in Vietnam auch mit dem Zug unterwegs gewesen. Er hat sich nicht abwimmeln lassen.

Meine Annahme, er sei ein Athlet, bestätigt Peter. In den neunziger Jahren war er im Basketball-Nationalteam seines Landes. Dadurch ist er viel in der Welt herumgekommen. Auch hier in Saigon würde er gern ein Basketball-Team ins Leben rufen. Peter und ich haben eine Menge Erfahrungen auszutauschen, aber kurz bevor der Regen herunterbricht, setzt er sich auf sein dreirädriges Moped und braust davon. Wir tauschen nur noch unsere Telefonnummern aus. Ich brenne darauf, Dien alles zu erzählen.

Verwirrte Langnasen und grellbunte Torten

Als um sieben Uhr morgens mein Handy klingelt, bin ich schon lange wach und habe Notizen zu den Erlebnissen der letzten Tage gemacht.

»Guten Morgen, hast du gut geschlafen?«

»Sehr gut, und du?«, frage ich Dien.

»Viel zu wenig. Ich war noch lange mit meinen Reisevorbereitungen beschäftigt, und eben war ich in der Kirche.«

»Fleißig! Irgendwann begleite ich dich mal wieder zur Kirche. Die frühmorgendliche Stimmung ist so schön.«

»In der Kirche?«

»Auf den Straßen.«

»Hätte ich mir denken können.«

Ich höre sein Lächeln förmlich durch die Leitung. »Ich habe interessante Neuigkeiten. Wann treffen wir uns?«

»Willst du zum Mittagessen vorbeikommen?«

»Ich möchte heute ein wenig auf der Terrasse sitzen und schreiben. Ich habe Angst davor, etwas zu vergessen. Was ist mit dem Kinobesuch am Abend?«

»Ich weiß nicht. Wie soll ich die Treppen hinaufkommen? Mir gefällt das nicht.«

»Komm schon!«

»Nur wenn du zum Mittagessen vorbeikommst.«

»Gut, dann bis später. Holst du mich ab?«

Mit einem zufriedenen Lächeln gehe ich auf die Dachterrasse, wo Danny bereits mit einem Kaffee sitzt und freundlich winkt. Danny stammt aus Australien und genießt unsere Frühstücksgespräche, wie er mir gestern sagte. Er ist ungefähr zehn Jahre älter als ich und reist einige Monate im Jahr um die Welt. Seit drei Wochen ist er in Vietnam und hat sich bereits in eine Vietnamesin verliebt, die er in einem Souvenirshop kennen gelernt hat. Danny scheint sich um Geld keine Sorgen machen zu müssen. Mit der hiesigen Währung komme er nicht zurecht und zahle ohnehin lieber in Dollar, hat er mir anvertraut. Er ist vollkommen überrascht, als ich ihm erzähle, dass er allabendlich mit seiner Angebeteten und deren Verwandtschaft in den teuren Hotelbars, die sie besuchen, den Monatslohn einer Arbeiterin verprasst. Er glaubt zunächst an einen Umrechnungsfehler von Euro in australische Dollar. Aber weil Dien bei unseren Erkundungstouren nie müde wird, meine Fragen zu beantworten und für mich zu übersetzen, habe ich inzwischen gute Einblicke in den hiesigen Überlebenskampf bekommen. Danny möchte gern alles über meine Erfahrungen in Vietnam hören. Ich vermute seine morgendliche Fragestunde auf unserer gemütlichen Terrasse ist eine Art Gesellschaftskunde ohne Verständigungsprobleme. Hier kann er sich Geschichten aus dem normalen Leben anhören. Als ich ihn am Tag nach meiner Ankunft zum ersten Mal traf, litt er an Liebeskummer, den er mit Bier zu ertränken versuchte. Ich leistete ihm Gesellschaft und erfuhr diverse Details aus seinem Liebesleben. Seine vietnamesischen Abenteuer hatten sofort nach seiner Ankunft mit dem Besuch in einem Massagesalon begonnen, der nur entfernt etwas mit Massage zu tun hatte. Danny wollte seinen müden Gliedern nach einem Zwanzigstundenflug etwas Entspannung gönnen und war dem Mopedtaxifahrer mit den braunen Badeschuhen gefolgt. Der führte ihn in einen Salon, wo Danny von den hübschesten Masseurinnen begrüßt wurde, die er je gesehen hatte. Vietnam schien ihn auf die angenehmste Art willkommen zu heißen. Auch wenn die Räumlichkeiten für eine Massagepraxis ein wenig zu gemütlich wirkten, dachte Danny sich nicht viel dabei. Er war schließlich zum ersten Mal im Lande, und woher sollte er wissen, wie eine medizinische Einrichtung in der Sozialistischen Republik Vietnam aussah. Erst als die zwei Damen ihn vom Bauch auf den Rücken drehten und in seinen Slip griffen, ahnte der Neuankömmling, in welcher Art von Massagesalon er gelandet war.

Ähnliche Geschichten haben viele männliche Langnasen im Hotelviertel zu erzählen. Manche merken erst im Bett eines Hotelzimmers, dass ihre Begleiterin für das Vergnügen selbstverständlich eine entsprechende Gegenleistung in Bargeld verlangt. Nach übereinstimmenden Auskünften verhielten einige der hübschen Damen sich keineswegs wie professionelle Liebesdienerinnen, sondern eher wie abenteuerlustige und verliebte Mädchen, die dem Charme der Weltenbummler erlegen sind. Und egal welchen Alters und welcher äußerlichen Erscheinung die Herren selber sind, sie scheinen sich davon geschmeichelt zu fühlen. Über die Schüchternheit und Keuschheit vietnamesi-

1 *(links)* Dien vor seiner Verletzung.

2 *(unten)* Dehme, 1973. Angeln an der Weser

3 *(oben)* Saigon, 2008. Straßenszene
4 *(unten)* Dien arbeitet am Uhrenstand in seiner Wohnung

5 *(oben)* Aufbruch ins Mekongdelta
6 *(unten)* Ankunft im Mekongdelta

7 *(oben)* Im Gespräch mit Diens Mutter

8 *(rechts)* Dien mit seinem Kindheitsfreund Ngoc beim Betrachten alter Fotos aus Deutschland

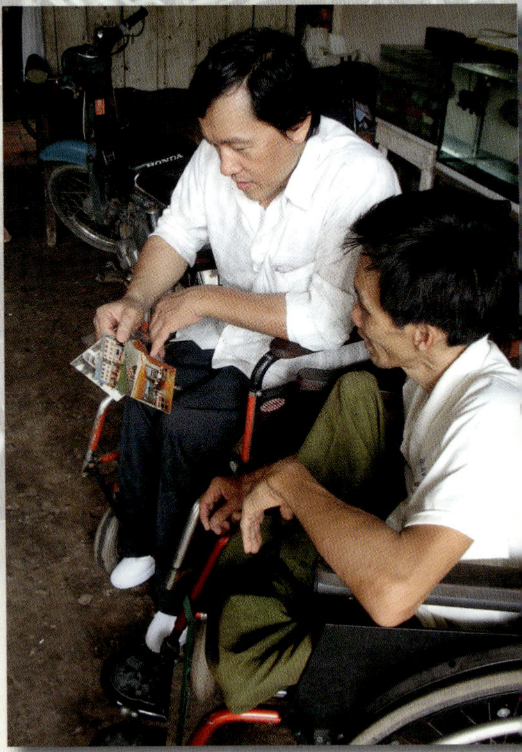

9 *(oben)* Bäuerin im Mekongdelta
10 *(unten)* Diens Neffe mit Bananenblüten

11 *(oben)* Auf einer der unzähligen Fähren über die Arme des Mekong
12 *(unten)* Großfamilie

13 *(oben)* Unterwegs zum Strand in Hoi An
14 *(unten)* Schwimmen in Hoi An

15 *(oben)* Dien im Swimmingpool in Mui Ne

16 *(rechts)* Dien mit Gehapparaten

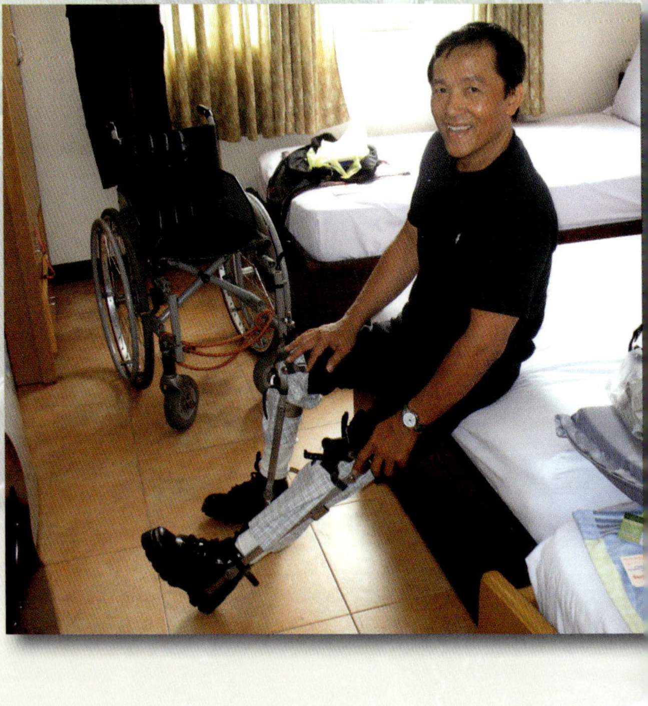

scher Frauen außerhalb des Liebesgewerbes haben sie wohl noch nie etwas gehört. Andere Männer kommen sehr gezielt wegen des Nachtlebens nach Saigon. Für mich ist es ein deprimierender Anblick, wenn Männer doppelt so alt und doppelt so schwer wie ihre Begleiterinnen sind und Händchen haltend im Schummerlicht der Bars sitzen.

Dannys Angebetete sei kein junges Ding mehr, sondern schon über vierzig, erzählt er mir stolz. Sie hat schon einen erwachsenen Sohn und er sei der erste Ausländer, mit dem sie sich je verabredet habe. Leider spricht sie kaum Englisch. Danny klagt darüber, dass kaum jemand seinen harten australischen Slang verstünde. Er sei ein Mann vom Lande und könne sich sprachlich nicht anders ausdrücken. Daher sei es bisher noch zu keinen tiefer gehenden Gesprächen mit Vietnamesen gekommen. Er beneidet mich um meine Informationsquellen. Danny zieht den Rauch seiner Morgenzigarette nachdenklich in die Lungen. Seine Stirn ist in tiefe Falten gelegt. »Uns geht es verdammt gut«, sagt er schließlich, und ich nicke zögernd. »Ich habe ihr einen Ring gekauft. Der Stein kostet tausend Dollar. Sie soll wissen, dass ich keiner von den Typen bin, die sich nach dem Urlaub einfach so aus dem Staub machen. Ich werde ihr jeden Monat Geld überweisen.«

Ich weiß nicht, was ich erwidern soll und überlege bereits, wann ich Dien von diesem Gespräch erzähle. Ihn interessieren die Geschichten von den Langnasen aus dem Hotelviertel. Meistens schüttelt er über deren Naivität verwundert den Kopf, aber oft schämt er sich auch für das Verhalten seiner Landsleute, die den Langnasen das Geld aus der Tasche ziehen.

Als Dien pünktlich um eins vor dem Hotel auf mich wartet, schwinge ich mich auf seinen Rücksitz und übe mich in Zurückhaltung. Am liebsten würde ich ihn umarmen. Es ist wunderbar, die Tage mit ihm zu verbringen und in sein Leben einzutauchen.

»Haben wir noch ein wenig Zeit oder steht das Essen bereits auf dem Tisch?«

»Warum fragst du?«

»Können wir einen kleinen Abstecher zur Cao Thang machen? Dorthin wo dein Uhrenstand war. Ich möchte einige Fotos machen, damit ich mir deinen ehemaligen Arbeitsplatz besser einprägen kann.«

Es ist nur ein kleiner Umweg. Die Cao Thang strotzt vor Verkehr, Lärm und Modernität. Einzig die Allee aus Kolonialzeiten mit den in weiß getünchten Baumstämmen ist unverändert geblieben. Dort, wo Dien früher an seinem Uhrenstand arbeitete, hat kürzlich eine Konditorei eröffnet. Durch die Fensterscheibe sehe ich Angestellte in orangefarbenen Uniformen mit passenden Baseballmützen, was als zeitgemäß angesehen wird. Kunterbunte Geburtstags- und Hochzeitstorten gehören in das neue Saigon, wie auch die Läden mit Unterhaltungselektronik, Sport- und Modeartikeln internationaler Marken und Supermärkte in der Nachbarschaft. Einfache Uhrenstände und Frauen mit Spitzhüten passen nicht in diese Welt.

Dien parkt direkt vor der Konditorei und wird freudig von einer Zigarettenverkäuferin begrüßt, die ihren Stand vor dem Nachbargeschäft platziert hat. Hier hat er über zwei Jahrzehnte gearbeitet. Ich versuche mich zu orientieren und die Umgebung wiederzuerkennen, die ich im Film von Hans-Dieter Grabe gesehen habe. Er hatte 1989 den damals siebenundzwanzigjährigen Dien an seinem Uhrenstand gefilmt. Von der kleinstädtischen Atmosphäre der damaligen Zeit mit schläfrigen Nachbarn im Liegestuhl und vereinzelten Radfahrern ist nichts mehr zu spüren.

»Hier stand mein Schränkchen«, sagt Dien und zeigt auf eine Stelle vor der Glasfront der Konditorei.

Damals hatte er vor laufender Kamera um Fassung gerungen und mit leiser Stimme auf Vietnamesisch gesprochen. Fünfzehn Jahre lang war ihm kein Deutsch mehr über die Lippen gekommen, und so hatte er die Worte seiner Kindheit nicht mehr wiederfinden können. Hier an diesem Ort weiß ich plötzlich, warum ich unbedingt mehr über Dien erfahren wollte. Es war seine

Art des Erzählens als junger Mann, die mich zutiefst berührt hat. Manche seiner damaligen Worte habe ich noch im Ohr.

Seitdem ich wieder in Vietnam bin, habe ich mich zwingen müssen, die Vergangenheit zu vergessen. Nur so konnte ich hier neu anfangen. Wenn ich weiter an die Vergangenheit denke, fehlt mir die Kraft für die Gegenwart. Aber trotzdem muss ich immer wieder an die Zeit in Deutschland denken. Jede Sekunde ist eine Erinnerung. Am meisten denke ich an das Pädagogische Zentrum von terre des hommes *in Dehme. Es war eine Zeit, wie ich sie nie wieder erleben werde. Es war eine Zeit der Erziehung. Der Erziehung in Liebe. Obwohl ich nicht bei meiner Familie war. Es war eine mitmenschliche Liebe. Diese Liebe will ich eines Tages weitergeben.*

Dabei hatte er Tränen in den Augen gehabt. Er hatte in das Mikrofon gesprochen, als habe er nicht mehr damit gerechnet, eines Tages die Schätze der Vergangenheit teilen zu dürfen.

Ich bleibe neben seinem Moped stehen und über den Verkehrslärm hinweg versucht er mich mitzunehmen in jene Zeit.

»Es war ein einziger Kampf«, sagt er und schaut mich fragend an. Noch immer muss ich ihm zu verstehen geben, dass mich keine seiner Geschichten langweilt und ich wirklich alles wissen möchte.

»Vom Morgengrauen bis zum Abend habe ich hier an sechs Tagen in der Woche gesessen. Mein Schlafplatz war einige Kilometer entfernt. In der Regenzeit war es eine einzige Tortur. Manchmal hat die Polizei mich von meinem Platz vertrieben. Sie wollten ein ›Trinkgeld‹. Sie ließen mich wochenlang warten, bis ich wieder für einige Monate unbehelligt arbeiten und Geld verdienen konnte.«

Eine Wohnung hatte Dien zu jener Zeit noch nicht. Er durfte zur Miete in der Küche einer Familie sein Nachtlager ausbreiten. Seine Habseligkeiten passten in einen Koffer. Das Schlimmste waren die sanitären Bedingungen. Am Uhrenstand gab es keine Möglichkeit, eine Toilette zu benutzen. Er musste einen unbeobachteten Moment abwarten und das Schubfach des Uhrenstandes aufziehen und sich ein wenig Deckung durch einen Holzkasten verschaffen. Hinter diesem provisorischen Sichtschutz musste er seine Blase abklopfen und in ein Uringefäß pinkeln. Niemand sollte sehen, was er dort tat. Ein weitaus größeres Problem war der Stuhlgang. Er musste dafür sorgen, sein Bedürfnis so zu regeln, dass er am Morgen ausreichend Zeit im primitiven Bad seiner Vermieter fand. Wenn jedoch ein »Unfall« am Uhrenstand passierte, dann musste er die lange Fahrt zur Wohnung auf sich nehmen, auf ein freies Bad hoffen und darauf, dass niemand etwas von seinem Problem bemerkte. Nirgends konnte er mit Verständnis rechnen. Vermutlich hätten seine Vermieter ihn davongejagt, wenn sie das gesamte Ausmaß seiner körperlichen Behinderung gekannt hätten. Dann wäre er obdachlos geworden. Der Vermieter seines Schlafplatzes hatte mehrfach verletzende Bemerkungen über Diens Unzulänglichkeiten gemacht, und so musste er jede Konfrontation vermeiden. Einmal hatte er Dien ins Gesicht gesagt, dass er mit einer Frau doch sicher nichts anfangen könne. So wie er dachten viele, wenn sie einen querschnittsgelähmten Mann sahen. Dien hatte oft genug spüren müssen, dass die Fantasien der Menschen sich um die Frage nach der Sexualität von Behinderten drehten. Einmal war er am Uhrenstand dabei beobachtet worden, wie er an seinem Hosenbund fingerte und seinen Unterleib abklopfte. Ein neugieriger Nachbar reagierte grob und rief lauthals aus, dass Dien an jenem Vormittag doch noch gar nichts verdient habe und sich trotzdem schon zwischen die Beine fasse, um sich ein Vergnügen zu gönnen. Damals hatte Dien innerlich geweint, und obwohl er genug Worte besessen hatte, um den Nachbarn seinerseits zu blamieren, hatte er versucht, dessen schlechtes Benehmen zu verstehen.

»Unser Mittagessen wartet«, sagt Dien und holt mich zurück in die Gegenwart.

»Soll ich uns einen Kuchen für den Nachtisch holen!«

»Die sind hier viel zu teuer.«

»Welche Sorte schmeckt dir?«

»Mir ist es egal, aber Yen mag Sahnestücken. Mit den Sorten kenne ich mich nicht aus.«

Als ich in dem Geschäft stehe, kommt es mir vor, als sei ich nicht mehr in Vietnam. Hinter einem gewaltigen Verkaufstresen eilen emsige Verkäuferinnen hin und her und wirken in ihren Uniformem wie verkleidet. Die Torten in dem frostigen Geschäft sind zumeist mit *Happy Birthday* oder *I love you* verziert. Die Farbpalette der Übergüsse zeigt alle erdenklichen Nuancen von Neongrün, über Azurblau zu Grellorange. Ich wähle ein besonders kitschiges Exemplar mit roten Herzchen und flüchte so schnell wie möglich dem Ausgang entgegen, wo ich gegen eine Wand aus feuchtheißer Luft pralle. Sofort verschwindet meine Gänsehaut und die obligatorischen Schweißperlen treten zurück auf meine Stirn.

»Lass uns schnell zu deiner Garage fahren.«

»Mit Vergnügen.«

Erbsen auf halb 6

Dien und ich sind im Hotelviertel verabredet, wo sich in der zweiten Etage von *Bobbys Brewer Café* ein Minikino befindet. Ein Mitarbeiter des Goethe-Instituts organisiert dort einmal in der Woche einen deutschsprachigen Filmabend. Als ich zur vereinbarten Zeit vor dem Eingang warte, habe ich plötzlich das Gefühl, Dien würde doch nicht kommen. Er hat mir erzählt, wie schlimm es für ihn war, als er vor einigen Monaten hier war und durch das Lokal und das enge Treppenhaus hochgetragen werden musste. Daher habe ich schon im Vorfeld Helmut, einen Bekannten, gebeten, Dien zu helfen. Während ich vor dem Café warte, versuche ich mir vorzustellen, wie unangenehm es für meinen Freund sein muss, unter den Blicken der Mitarbeiter und Gäste auf den Arm genommen zu werden. Das Viertel zeigt sich von seiner vertrauten Seite. Nachbarn hocken auf Plastikstühlchen vor Garküchen und essen zu Abend, Weltenbummler flanieren auf der Suche nach einem passenden Restaurant vorüber, Mopeds knattern vorbei und ich spähe durch das bunte Treiben. Als ich die Hoffnung beinahe aufgegeben habe, kommt er endlich um die Ecke, und ich winke ihm zu. Vorsichtig fährt er über eine Rampe bis direkt vor meine Füße. Schon jetzt ziehen wir alle Blicke auf uns: Das auffällige Dreirad, der Behinderte und die Langnase. Dien grüßt mich kurz und spricht dann mit dem Parkwächter über sein Moped. Jedes noch so kleine Lokal hat einen Angestellten, der sich um die Fahrzeuge der Gäste kümmert, denn Parkplätze sind rar und jeder Zentimeter Fläche muss optimal genutzt werden.

Dien hat wieder keinen Rollstuhl mitgebracht, aber er kennt den Kinosaal, in dem vielleicht kein Platz dafür ist.

»Ich mag das nicht!«, sagt Dien mit sichtlicher Abneigung. »Alle glotzen und gleich wird es noch schlimmer.«

»Denk nicht dran. Ich kann sie ja auch irgendwie ablenken, damit sie mich anglotzen. Soll ich einen deutschen Schlager vorsingen?«

Dien lacht und ist zumindest ein wenig abgelenkt.

»Ich dachte schon, du kommst nicht. Warum bist du nicht ans Handy gegangen? Ich habe zigmal angerufen.«

»Habe ich bei dem Krach nicht gehört.«

»Das Ding kannst du doch auf Vibrieren einstellen.«

»Große Schwester! Wie soll ich bitte schön das Vibrieren spüren? Etwa in meiner Hosentasche? Ich würde vor Glück abheben, wenn ich das spüren könnte.«

»Sorry … äh … Entschuldigung! Dieses Wort sollst du wenigstens in deiner geliebten Sprache hören.«

»Akzeptiert.«

»Ich habe mit Helmut gesprochen. Er wird dich hochtragen.«

»Wie unangenehm, aber immer noch besser als von den Leuten im Restaurant.«

»Helmut hilft uns gern, ist überhaupt kein Problem, hat er

gesagt. Außerdem sieht er kräftig aus, was im Moment das Wichtigste ist. Ich laufe schnell hoch und hole ihn. Bin sofort wieder bei dir.«

»Was ich mit dir alles mitmachen muss! Du bist schrecklich!«

»Lass sie doch glotzen! Würde ich übrigens auch machen, wenn ich solch ein interessantes Duo vor der Nase hätte.«

»Duo?«

»Paar!«

»Oh!«

Als wir in den weichen Kinosesseln nebeneinander sitzen, kneift Dien mir sanft in den Schenkel.

»Es war total peinlich. Helmut hat ganz schön geschwitzt.«

»Macht nichts, denk nicht darüber nach. Ich bin gespannt, ob der Film dir gefällt. Anspruchsvoll und künstlerisch ist er jedenfalls. Das magst du doch, hast du gesagt.«

»Ich freue mich, wirklich«, sagt Dien, »aber wieso bin ich eigentlich der einzige Vietnamese hier?«

»Die Angestellten zählen wohl nicht?«

»Ich meine die Gäste. Ich dachte, die Schüler des Goethe-Instituts wären hier.«

»Das dachte ich eigentlich auch. Was all die Deutschen wohl in Saigon machen? Nach Touristen sehen sie jedenfalls nicht aus.«

»Du wirst das schon herausfinden. Wie war dein Nachmittag?«

»Ich habe geschlafen. Langsam gewöhne ich mich an die Siesta. Aber ehrlich gesagt, möchte ich wirklich bald wieder raus aus der Stadt. Wie gut, dass es morgen Nachmittag losgeht. Ich brauche dringend frische Luft und Bewegung. Seit zwei Wochen bin ich nicht mehr gelaufen. Meine Beine zappeln schon und nachts träume ich vom Marathon.«

»Du Ärmste!«

»Ich hätte das nicht sagen sollen?«

»Du kannst absolut alles zu mir sagen, wie zu anderen normalen Menschen auch.«

Und wieder schießt mir eine feuchte Wärme in die Augen, die ich zu verbergen suche. Eine Langstreckenläuferin und ein Rollstuhlfahrer!

»Ich habe mit Thomas telefoniert«, flüstere ich Dien zu, weil inzwischen das Licht ausgegangen ist und die Leinwand bläulich schimmert. »Ich glaube, ich habe ihm zu viel von dir und unserer Mekong-Tour vorgeschwärmt. Seine Stimme hat sich nicht besonders glücklich angehört. Irgendwie wollte er nichts weiter darüber hören. Er schien fast ein wenig gekränkt.«

»Gekränkt? Ich verstehe nicht.«

»Vielleicht ist er ein wenig eifersüchtig auf die Zeit, die wir beide miteinander verbringen.«

Ungläubig legt Dien seine Stirn in Falten. Selbst in der schummrigen Beleuchtung des kleinen Kinosaals sehe ich seine aufgerissen Augen.

Dien stützt sich auf seine Hände, macht sich so lang wie möglich und beugt sich zu mir herüber. »Wie kann er? Wieso? Warum?«, stottert er und seine Stimme nimmt einen unbekannten Klang an.

»Na ja, du und ich verbringen viel Zeit miteinander. Wir reisen zusammen, wir haben Spaß. Kein Wunder, dass es ihm nicht so ganz gefällt. Wir sind wochenlang zusammen«, flüstere ich noch leiser, weil unser Gespräch nun auch die Sitznachbarn interessiert.

»Aber ich bin doch nur … wie soll ich sagen? Dein Freund ist ein großer und starker Mann. Er hat alles, was man sich wünschen kann … wie kann er überhaupt denken, ich würde etwas mit dir machen, was ihm nicht gefällt? Ich verstehe das nicht. Was genau hast du ihm denn erzählt?« Dien wirkt ungläubig und irritiert. Seine Wangen glühen.

»Dien, mach dir deswegen keine Gedanken. Außerdem fängt der Film jetzt an, psst.«

Der Film erzählt die ungewöhnliche Liebesgeschichte zwischen der blinden Lilly, die seit ihrer Geburt nicht sehen kann und Jacob, der erst vor Kurzem durch einen Unfall sein Augenlicht verloren hat. »Stellen Sie sich den Teller als Uhr vor«, sagt die blinde Lilly im Film zu einer Kellnerin. »Und dann sagen Sie mir, auf welcher Zeit das Essen liegt.«

Lilly ist Jacobs Therapeutin und soll ihn durch ein Leben ohne Licht und Schatten und ohne Farben führen. Auf einer ungeplanten und abenteuerlichen Reise nach Russland kommen die beiden sich immer näher. Lillys Mutter ist den beiden Reisenden auf den Fersen, um den vermeintlich Hilflosen zur Seite zu stehen. Beim Zuschauen und Zuhören bringt uns der Film die Welt der Blinden immer näher. Dann entdeckt die besorgte Mutter, dass Lilly sich trotz ihrer festen Partnerschaft in ein Abenteuer mit Jacob stürzt. Ihre ablehnende Reaktion löst bei Dien ein heftiges Kopfnicken aus.

»Siehst du«, flüstert Dien mir zu, »sie will für ihre blinde Tochter lieber einen gesunden Mann. Das ist in Deutschland auch nicht anders als hier.«

»Hauptsache, die beiden lieben sich«, sage ich und tauche ein in die Bilder einer zärtlichen Annäherung, die sich aus Geräuschen, Gerüchen und Gefühltem speist.

Noch lange nach dem Abspann bleiben wir in unseren Sesseln sitzen. Dien verdreht genervt die Augen, als es ans Hinuntertragen geht. Und als er wieder auf seinem Moped sitzt, kann ich mich nicht zurückhalten und beschwere mich darüber, dass er wieder einmal ohne Rollstuhl gekommen ist.

»Wir könnten jetzt noch in eine Kneipe gehen und ein Bier trinken«, sage ich zu ihm, »aber wie soll das gehen ohne Rolli? Wieso hast du ihn denn schon wieder nicht dabei?«

»Ich wusste nicht, dass du nach dem Kino noch woanders hinwillst. Es ist doch schon spät.«

»Was interessiert uns die Uhrzeit? Wir müssen morgen früh doch nicht arbeiten.«

»Ich gehe nie ins Kino und in eine Kneipe schon gar nicht.«

»Entschuldige.«

Ich stelle mir vor, wie Dien allabendlich in seiner lauten Wohnung sitzt und auf die etwas ruhigeren Nachtstunden wartet. Die Tür zur Straße muss möglichst lange geöffnet bleiben, weil es sonst an Sauerstoff mangelt. Aber durch das Tor kommen die allgegenwärtigen Geräusche der Metropole. Selbst wenn ich ihn aus Deutschland anrief, hörte ich durch das Telefon die Nachbarhunde bellen, Musik spielen, Mopeds knattern, den Nudelverkäufer klingeln, die Papiereinsammlerin rufen und Händler ihre Waren anbieten. Dien quält sich seit geraumer Zeit mit einem Ohrgeräusch. Er sehnt sich nach Ruhe, die es nirgendwo zu geben scheint. Nur auf der letzten Bank in seiner Kirche kann er in den Morgenstunden zu einer stillen inneren Einkehr finden.

»Sollen wir die anderen Deutschen fragen, ob sie noch irgendwo hingehen?«, lenkt er plötzlich mutig ein. Und tatsächlich gehen sie in ein Lokal in der Nachbarschaft und Helmut trägt Dien erneut eine Etage hoch.

Die Deutschen arbeiten zumeist in Anwaltskanzleien oder machen Praktika bei deutsch-vietnamesischen Firmen. Für sie boomt der Asienmarkt, ein Markt mit Zukunft und einem riesigen Potenzial. Ein Traum für alle betriebswirtschaftlich Ambitionierten.

Mir ist plötzlich zu viel Deutschland in der Nähe. Während Dien sich mit einer angehenden Rechtanwältin unterhält, gehe ich ein wenig auf den Balkon. Das Lokal entspricht meiner Vorstellung von den sechziger Jahren, als die internationalen Pressevertreter in den Abendstunden ihre Cocktails schlürften und über den Kriegsverlauf schwadronierten. Der kleine Balkon erlaubt einen Blick auf das Treiben in der Bui Vien. Leicht bekleidete Weltenbummler beiderlei Geschlechts sind auf der Suche nach günstigen Getränken und manch einsamer Mann lässt sich von hübschen Vietnamesinnen in eine Bar locken. Auch zu dieser Stunde wird noch allerlei Geschäften nachgegangen. Die transsexuelle Buchverkäuferin wiegt ihre Hüften und streckt im Vorbeigehen ihre kleinen Brüste heraus. In einem Reisebüro werden sogar noch Bustickets verkauft. Jeden Morgen um acht startet die Armada der Touristenbusse. Für wenige Dollar kann man einige Hundert Kilometer reisen und einem neuen Ziel entgegenstreben. Ausländern ist es nicht erlaubt, in Einheimischenbussen zu fahren, aber dafür nutzen immer mehr Vietnamesen die Ausländerbusse, weil sie zuverlässiger und komfortabler sind. Mich hat es am Anfang gestört, wenn ich fast ausschließlich mit Touristen reisen musste. Als Ausweg aus diesem Dilemma habe ich mir im Frühjahr einen sogenannten Easy Rider gemietet, einen Motorradfahrer, mit dem ich einige Tage von Dalat aus durch das Hochland und bis an die Küste bei Mui Ne gefahren bin. Unterwegs sind wir keinen anderen Reisenden begegnet, denn wir hatten unsere Route nicht nach Sehenswürdigkeiten ausgerichtet, sondern nach Begegnungen mit Menschen am Wegesrand. Mein Fahrer war ein erfahrener und umsichtiger Easy Rider, der hervorragend Englisch sprach. Allerdings wollte er mich nicht bis nach Saigon fahren. »Einmal und nie wieder«, hatte er mir gesagt, die Großstadt sei nichts für ihn. Vietnam und seine Menschen sind so vielfältig wie in anderen Weltregionen auch. Das rasante Tempo der Veränderungen macht Vietnam sogar für Vietnamesen oft genug zu einem fremden Ort. Während mir das nächtliche Treiben im Hotelviertel durchaus vertraut ist, wirkt es auf Dien wie der Besuch in einer fremden Welt. Als ich davon erzählte, dass viele junge Menschen aus den reichen Ländern nach ihrem Schulabschluss und vor dem Beginn des Studiums fremde Menschen und Kulturen kennen lernen möchten und dafür eine Asien- oder sogar Weltreise machen, schien er erstaunt. Noch immer ist der Anblick von Ausländern, zumindest außerhalb der touristischen Zentren eher selten. Das Land war bis in die neunziger Jahre hinein weitgehend abgeschottet, aber nun können die Globetrotter zwischen ihren Trips von Thailand nach Indonesien einen Abstecher hierher machen.

Die meisten Reisenden auf der Straße, die Deutschen hier im Lokal und fast alle Vietnamesen im Umfeld der Restaurants und

Cafés sind erst Jahre nach Ende des Vietnamkrieges geboren. Für sie hat das Wort Vietnam sicher einen anderen Klang als für Diens Generation und vor allem für die Älteren. Es ist ein großer Unterschied, ob beim Thema Vietnam von einer aufstrebenden Ökonomie, seiner Nähe zu den asiatischen Tigerstaaten und seiner Einbindung in die Welthandelsorganisation gesprochen wird oder über ein kriegszerstörtes Land. Die großen Kriege finden jetzt in anderen Regionen der Welt statt. Die ehemaligen Feinde Amerikas sind inzwischen alle selber Geschäftemacher geworden. Die neuen Feinde lassen keine roten Fahnen wehen, sondern tragen Turbane und Bärte.

Ich bestelle noch ein Bier und Dien schaut unauffällig auf die Uhr.

»Solltest du wirklich eines Tages wieder nach Deutschland kommen, musst du dir vorher noch ein wenig Nachtkondition antrainieren.«

»Soll ich jetzt etwa schon mal üben?«

»Nein, das war ein Scherz, wenn du losmöchtest, dann komme ich mit. Aber ich versinke grad in trüben Gedanken und Weltschmerz.«

»Kann ich dir helfen?«

»Ja, indem wir noch ein wenig bleiben und ich mein Bier austrinken kann, oder ist dein Stuhl zu unbequem?«

»Lange halte ich es nicht mehr aus.«

»Wow! Ich glaube, wir werden langsam wirklich Freunde.«

»Woran merkst du das?«

»Weniger Mutter Teresa mir gegenüber.«

»Was?«

»Eigentlich hättest du gesagt: ›Kein Problem, wenn du noch bleiben möchtest!‹«

Dien quetscht meine Hand, bis es wehtut und grinst.

»Und Thomas macht sich wirklich Gedanken über dich und mich?«

4 Hoi An. Unbeschwerte Tage

Aufatmen

»Ich bin nervös«, sagt Dien, als wir im Taxi auf dem Weg zum Flughafen sitzen. »Es ist alles so aufregend! Stell dir vor, gleich sitzen wir in einem Flugzeug. Schade, dass wir nur eine Stunde in der Luft sind.«

»Ich freue mich auch. Hoi An wird uns sicher gut gefallen.«

Ich trage den neuen vietnamesischen Anzug von Ngoc und fühle mich ausgesprochen wohl darin. Dien hat mir deswegen Komplimente gemacht, und ich habe ihn für die erfolgreiche praktische Umsetzung meiner Nachhilfestunden in Sachen *angemessener Umgang mit Frauen* gelobt.

Das Taxi quält sich durch den frühabendlichen Verkehr, und ich sehne mich nach der frischen Meeresluft von Hoi An. Schon habe ich die besondere Architektur der Stadt vor Augen. Über Hoi An wird gesagt, es sei aus einem Dornröschenschlaf befreit worden. Wach geküsst von Reisenden, die entzückt von ihrer Schönheit waren. Ihrer Lage am Fluss nur unweit des offenen Meeres hat sie eine lange Geschichte als Handelszentrum zu verdanken. Hoi An ist voller Spuren vergangener Jahrhunderte, als dort chinesische, japanische und europäische Händler ihre Niederlassungen hatten. Wie wird Dien dieser Teil seiner Heimat gefallen?

Mein Blick aus dem Taxifenster wird eingefangen von einem dürren Greis auf einem Fahrrad. Unsicher hält er sich am Lenker fest und schaut den Mopeds hinterher, die ihn auf der Zufahrtsstraße zum Flughafen bedrängen. Sein spitzer Blätterhut und die weiten Hosenbeine wirken wie Relikte aus einer längst vergangenen Zeit. Saigon befindet sich im vollkommenen Umbruch und hat für das Alte keinen Platz mehr. Die geballte Dynamik des neuen Jahrtausends bestimmt den Herzschlag der Jungen. Oder ist es umgekehrt? Bestimmt ihr Herzschlag die neue Dynamik und löst eine Lawine aus, die nicht mehr zu stoppen ist und alles Gewesene spurlos unter sich begräbt? Eine Stadt mit geschätzten sieben Millionen Einwohnern, die keine U-Bahn oder sonstige nennenswerten öffentlichen Verkehrsmittel hat. Ich beiße mir auf die Zunge und schlucke meine Gedanken über den kollabierenden Verkehr und die schlechte Luft hinunter. Zu oft ist schon das Entsetzen aus mir herausgeplatzt. Doch was nutzt es meinem Freund, wenn ich immer wieder die gleichen Missstände benenne und mein Mitleid ausdrücke? Er hat keine Wahl. Für ihn gibt es keinen anderen Ort zum Leben. Es bleibt zu hoffen, dass es auch hier eines Tages eine Stadtplanung geben wird, die der Gemeinschaft das Leben erleichtert. Die Vorstellung, dass die geschätzten drei Millionen Mopedfahrer Saigons eines Tages Autobesitzer sein könnten, ist erschreckend. Aber im Nachbarland China gab es ähnliche Entwicklungen. Auch dort wurden die Fahrräder rasant gegen Mopeds und später gegen Autos ausgetauscht. Hier ist es zumeist noch ein befremdlicher Anblick, wenn Neuwagen auf den Straßen unterwegs sind. Aber es wird zunehmend Platz geschaffen für weitere Fahrzeuge, was in der Regel bedeutet, dass ganze Häuserzeilen abgerissen werden, um eine neue Straßenführung zu ermöglichen. Auch Diens Wohnviertel wird in absehbarer Zeit davon betroffen sein. Diese Angst schwebt wie ein Damoklesschwert über Dien und seinem Bruder Hai. Auch wenn die Wohnung klein und sehr einfach ist, so ist ihre zentrale Lage doch von großem Vorteil. Und ähnlich günstige Wohnungen gibt es sonst nur in den Randbezirken der Stadt und das bedeutet weite Wege.

Selten zuvor habe ich das Leben in zwei so unterschiedlichen Ländern wie Deutschland und Vietnam so unentwegt miteinander verglichen, aber Diens Schicksal, seine Hoffnungen und sein eigener Blick auf sein Land zwingen mich dazu. Wieder kreist die Frage in meinem Kopf herum: Was wäre gewesen, wenn? Was wäre aus Dien geworden, wenn er als Kind in Deutschland geblieben wäre? Wenn seine fremd gewordene Heimat nur der Ort seiner Fantasien geblieben wäre? Wenn er den Komfort eines reichen Landes hätte genießen können, das auch Behinderten Möglichkeiten jenseits eines dreirädrigen Mopeds bietet.

»Woran denkst du?«

»An unsere Reise«, sage ich und ziehe ihm seine Schirmmütze ins Gesicht. »Ich habe Angst vorm Fliegen. Du musst mir gleich ein wenig helfen, Händchen halten und so.«

»Wenn es sonst nichts ist.«

Am Flughafen muss er seinen Rollstuhl abgeben und bekommt für die Wartezeit bis zum Start einen Ersatzstuhl gestellt.

»Hoffentlich geht das auch gut«, sagt er und schaut seinem Stuhl hinterher, der kippelnd auf einem Rollband verschwindet. Dien traut den Mitarbeitern von Vietnam Airlines offenbar keinen einfühlsamen Umgang mit seinem schönen neuen Rolli zu.

Von einem Uniformierten werden wir zu einem separaten Warteraum geführt. Aber in dem frostigen Raum möchte ich ungern warten, möchte lieber bummeln gehen.

»Sollten wir nicht besser hierbleiben?«

»Warum denn? Die anderen Passagiere laufen doch auch durch die Läden. Wir haben schließlich keine ansteckende Krankheit, oder? Warum sollen wir in diesem komischen Raum warten?«

Als wir schließlich in den separaten Warteraum zurückkehren, sind drei weitere Rollstuhlfahrer eingetroffen. Die Behinderten werden üblicherweise vor den anderen Passagieren an Bord gebracht. Dien hat gerötete Wangen und schaut sich neugierig um. Kein Detail soll ihm entgehen. Er wird als Erster aufgefordert, einem Mitarbeiter zu folgen.

»Ich bleib bei dir«, sage ich.

»Und wenn sie sagen, du sollst den normalen Eingang nehmen?«

»Auch dann.«

Wir werden von einem merkwürdigen Gefährt erwartet, eine Art fahrbarer Container mit Fahrstuhlfunktion, in den drei Rollstuhlfahrer mit Begleitern hineinpassen. Damit werden wir ins Flugzeug gehoben. Oben angekommen wird Dien von einem Mitarbeiter zum Sitz getragen.

»Eigentlich sollten sie hier einen schmalen Stuhl haben, der durch die Gänge passt. So ist es jedenfalls bei der Lufthansa.«

»Dien, du bist wirklich ein echter Deutscher!«

Eine Zeitlang haben wir das große Flugzeug fast für uns allein. Ich bitte eine Flugbegleiterin, uns zu fotografieren, aber dann kommen auch schon die »normalen« Passagiere an Bord.

»Schade, dass die Stewardessen aus Vietnam kommen. Wenn sie von der Lufthansa wären, würde ich mich wie im siebten Himmel fühlen.«

»Willst du etwa nicht nach Hoi An?«

»Doch, doch, es ist nur … wie soll ich sagen … alles ist so seltsam und so schön.«

Dien strahlt über das ganze Gesicht und kann den Start kaum abwarten.

»Als ich 1993 zum ersten Mal wieder nach Frankfurt geflogen bin, gab es bereits im Flugzeug den Duft von Deutschland. Es roch vertraut. Ich habe mich gewundert, wie ich nach so vielen Jahren den Geruch wiedererkennen konnte. Und die langen Beine der Stewardessen waren wunderbar und ihre Sprache natürlich. Sie waren überrascht, wie gut ich Deutsch konnte, dabei hatte ich fast alles vergessen. Ich musste hilflos nach den Worten suchen, aber immerhin konnte ich sie verstehen. Kurz vor Deutschland kam mir selbst der Himmel vertraut vor. Solche Wolken gibt es in Vietnam nicht. Und als die Tür aufging, kam uns diese frische Luft entgegen. Obwohl es Sommer war, wehte eine kühle Brise. Mir war kalt, aber es war wunderbar. Ich habe ganz tief eingeatmet und mein Herz klopfte wie wild. Fast zwanzig Jahre waren vergangen, aber meine Erinnerungen waren so deutlich, als sei es gestern gewesen. Du kennst doch das Märchen von Dornröschen. Ich fühlte mich, wie aus einem langen Schlaf erwacht.«

Als wir endlich in der Luft sind, kann ich ein wenig entspannen. Dien mustert mich aufmerksam und erzählt mir vollkommen überraschend, dass er gestern Nacht noch in Deutschland angerufen und mit Thomas gesprochen hat. Die Uhrzeit sei angeblich sehr passend für ein erstes Gespräch zwischen den beiden gewesen.

»Ich wollte ihm eigentlich nur sagen, dass er sich keine Sorgen machen muss.«

»Aha, das ist ja interessant. Was hat er dazu gesagt?«

»Wie soll ich sagen? Es war ein Gespräch unter Männern. Darüber sprechen wir nicht mit dir.«

»Das darf doch wohl nicht wahr sein. Du telefonierst mit meinem Freund, den du – wohlgemerkt – nicht einmal persönlich kennst, und willst mir nicht sagen, worüber ihr gesprochen habt?«

»Du musst nicht immer alles wissen.«

»Woher hast du überhaupt seine Nummer?«

»Die hast du doch selber aufgeschrieben, für den Notfall, hast du gesagt, falls wir im Mekong absaufen.«

»Stimmt, hatte ich ganz vergessen. Was hat er denn nun gesagt?«

»Dass ich sehr gut Deutsch spreche.«

In Da Nang werden wir erwartet. Thomas Weingärtner ist Deutscher und lebt seit Jahren in Hoi An. Ich hatte ihn übers Internet im Vietnam-Forum kennen gelernt und habe ihm zu verdanken, Dien begegnet zu sein. Er hatte mir Diens E-Mail-Adresse gegeben, als ich eine deutschsprachige Kontaktperson in Saigon suchte. Dafür möchte ich ihm nun persönlich danken. Thomas hat Hotelzimmer für uns reserviert, und wir sind angenehm überrascht, als wir das Gebäude in Augenschein nehmen und den günstigen Preis hören. Das Erdgeschoss des Hauses, wo sich neben Diens Zimmer noch ein kleines Frühstücksrestaurant und die Rezeption befinden, ist frei von Stufen und Schwellen. Das Bad ist groß genug, um mit dem Rolli hineinzukommen und sich sogar drehen zu können. Ein Pool im kleinen Innenhof gibt uns das Gefühl, in einem Luxusresort zu sein. Jedes der oberen Zimmer in den drei Etagen verfügt über einen Balkon zum Atrium, das wegen seiner Enge wie eine hübsche Halle wirkt. Nur der Eingang ist nicht barrierefrei, die drei Stufen nehmen wir rückwärts und mit viel Schwung.

Junge Frauen im farbenfrohen Ao Dai heißen uns herzlich willkommen, und wir fühlen uns auf Anhieb wohl. Sie scherzen mit Thomas und seiner kleinen Tochter Lisa, die ihn zum Flughafen begleitet hat. Die Fünfjährige versteht gut Deutsch und kann es auch ein wenig sprechen. Sie fasst schnell Vertrauen zu uns, und nach einer Weile möchte sie neben Dien sitzen, weil auch der Rollstuhl sie fasziniert. Dien schiebt sie sanft zur Seite und deutet Thomas an, dass es vor den Augen der Hotelangestellten keine gute Idee sei. Ich bin verwundert, aber später erklärt er es mir. Da er nicht weiß, wie Lisas Mutter darüber denkt, ist er lieber vorsichtig. Es könnte als schlechtes Omen gewertet werden, wenn Lisa in einem Rollstuhl sitzt. Sollte ihr etwas zustoßen, würde es mit diesem Moment in Verbindung gebracht werden. Thomas bestätigt diese Vorsichtsmaßnahme und berichtet vom starken Aberglauben in seiner vietnamesischen Verwandtschaft.

Am späten Abend bummeln wir noch ein Stückchen die Straße hinauf. Dien und ich fühlen uns nach den Tagen in Saigon, als seien wir erneut in der tiefsten Provinz angekommen. Nur das Klima ist anders und es fehlen die Geräusche aus dem Dickicht des Mekongdeltas. Die Ruhe ist noch ungewohnt, nur gelegentlich fährt ein Moped oder ein Wagen vorbei. Auf einem kleinen Platz wird für das bevorstehende Mitte-Herbst-Fest geübt. Die aufwändigen Kostüme der Jugendlichen zeigen Drachen, unter denen bis zu fünf Personen Platz finden und die sich in einem ausgeklügelten Rhythmus winden. Trommeln geben den Takt für die Drachentänzer vor. Wir genießen den Anblick, den lauen Abend und die frische Luft.

Haute Couture und Speichel-Vogelnester

Nach dem Frühstück, bei dem die netten Angestellten uns umsorgen, als seien wir Freunde des Hauses und uns bis hinaus vor die Tür begleiten, stehen wir ein wenig abwartend vor den drei Stufen der breiten Treppe. Sofort kommt ein junger Mann zu Hilfe, der mit dem Fegen des Vorhofs beschäftigt ist und greift nach den Griffen des Rollstuhls. Dien sagt etwas und ich rühre meine Finger keinen Millimeter zur Seite.

»Weißt du noch, wie es geht?«, fragt er mich. Bisher haben wir noch keine derartige Treppe abwärts bewältigen müssen. »Vorwärts, ankippen und vorsichtig Stufe für Stufe absetzen.«

Ich bemühe mich darum, Dien so sanft wie möglich hinunterzulassen, während die Hotelangestellten direkt an meiner Seite stehen und gern eingreifen würden.

Dann verabschieden wir uns, und ich kann aus den Augenwinkeln gerade noch einen Fahrradständer entdecken, der verdächtig nach Leihrädern aussieht. Langsam sehne ich mich nach anstrengender Bewegung. Zuhause kommt es nie vor, dass ich zwei Wochen lang keinen Sport treibe. Ich weiß nicht mehr, wohin mit meiner Energie, eine Radtour wäre ein Traum, aber wie soll das funktionieren? Dien kann sich ja schlecht auf den Gepäckträger setzen. Vielleicht kann ich ja auch eine Laufstrecke auskundschaften und mich morgen vor dem Frühstück ein wenig austoben.

Schon nach wenigen Schritten auf der Straße steht mir der Schweiß auf der Stirn. Die Temperatur ist keinesfalls niedriger als in Saigon, obwohl wir hier in einer anderen Klimazone sind. Wir gehen an einem kleinen belebten Markt vorbei: Obst und Gemüse ist dekorativ in Körbe gelegt, kleine Bananen sternenförmig neben Auberginen ausgebreitet, die dunkelviolett glänzen, als seien sie aus Emaille. Der Duft frischer Kräuter betört die Sinne und vermischt sich mit dem Aroma einer heißen Hühnersuppe. Frauen preisen ihr Angebot über die Marktstände hinweg an und zeigen einladend auf ihre Waren, Frauen feilschen um den Preis und Frauen tragen Einkäufe nach Hause. Eine alte Frau hat die flachen Bambuskörbe an ihrem Schulterjoch mit Kohlköpfen gefüllt und geht zügig ihres Weges. Männer sitzen bei starkem Kaffee und Zigaretten am Straßenrand. Zweistöckige Häuser säumen die Straße, und in fast jedem von ihnen ist ein Geschäft untergebracht. Aus einem CD-Laden heraus werden die Passanten mit vietnamesischer Popmusik beschallt. Zum Glück hat die benachbarte Karaoke-Bar um diese Zeit noch geschlossen. Wir passieren einen überdimensionalen Grill, wo über der rauchenden Asche der Feuerstelle die Überreste eines gegrillten Kalbes hängen. Für *Be Thui Nong* wird das ganze Tier in einer Art Backofen gegart und später über ein Feuer gehängt.

Ein Mopedfahrer transportiert ein Dutzend lebender Ferkel, die in Drahtverhauen übereinandergestapelt sind. Zwei alte Männer radeln vorbei, hinter der Häuserreihe schimmert das Grün angelegter Gärten. Kokospalmen wiegen sich im Wind. Plötzlich wirkt die belebte Straße nur noch wie die Hauptachse in einer dörflichen Ansiedlung. Uns sind die Ausmaße Hoi Ans noch nicht bewusst, aber dem Treiben haftet nichts Hektisches an. Es ist lebendig und laut, aber im Gegensatz zu Saigon deutlich gedämpft. Vor einer Suppenküche sitzen Gäste im Freien und schauen uns neugierig an. Ich schaue ebenso neugierig zurück und grüße freundlich nickend mit einem *Cin Cao*, Guten Tag, und Dien prustet los.

In einer Schneiderwerkstatt liegt eine Frau auf Stoffballen und schläft. Hoi An ist die Stadt der Schneidereien, und kaum ein Tourist verlässt den Ort ohne ein maßgefertigtes Kleidungsstück. Diese Frau scheint aber nicht der geschäftstüchtigen Kaste anzugehören, die eine gewisse Berühmtheit über die Landesgrenzen hinaus erlangt hat. In Hoi An werde jeder Kleiderwunsch erfüllt, heißt es. Hier wird vor keiner Kopie haltgemacht und den Kunden Kataloge und Modemagazine aus aller Welt vorgelegt. Selbst vor dem Nachschneidern feinster Haute Couture schreckt hier niemand zurück. Stoffe und Schnitte stellen dabei kein Problem dar, und im berühmten Kleidermarkt versinken die Kunden regelrecht im Angebot. In der weitläufigen Halle finden sich Dutzende Langnasen, die entweder gerade vermessen werden oder an winzigen Tischen in Beratungsgespräche mit Schneiderinnen vertieft sind. In Hoi An sind Profis am Werk, die gehetzten Touristen selbst über Nacht einen maßgeschneiderten Anzug oder das gewünschte Designerkleid liefern.

Ein merkwürdiges Fahrzeug mit offen liegendem Motor, das an eine überdimensionale Seifenkiste erinnert, braust dröhnend an uns vorüber. Ich habe so etwas noch nie gesehen, aber Dien kennt diese Art von Transporter aus der Vergangenheit auch vom Mekongdelta. Es ist nicht viel mehr als eine Ladefläche auf Rädern mit einer Sitzgelegenheit für den Fahrer und einem dröhnendem Motor, dessen Keilriemen in wilden Schwüngen rotiert. Wir nehmen Reißaus vor dem Ungetüm und landen auf dem Randstreifen. Ein W50 aus dem IFA-Kombinat der DDR mit deutscher Aufschrift, samt Adressenangabe in Güstrow, der im nächsten Moment an uns vorbeituckert, nimmt sich dagegen hochmodern aus.

Aus einem kleinen Kreisverkehr biegen wir in Richtung Altstadt ab und tauchen ein in die Ruhe eines Freilichtmuseums. Am Ende der Gasse erkenne ich das geschwungene Dach der Japanischen Brücke. Sie ist das Wahrzeichen Hoi Ans, aber bevor wir sie erreichen, genießen wir den Schatten einer schmalen Allee, die gesäumt ist von Galerien und Souvenirläden. Wir werfen neugierige Blicke auf das Warenangebot und werden dabei zurückhaltend gegrüßt. Dien schmunzelt über den lokalen Dialekt, der in seinen Ohren fremdartig und schwer verständlich klingt. Dieser Teil der Stadt ist für den Fahrzeugverkehr gesperrt, und so können wir selbst das Zwitschern der Vögel aus dem Blätterdach über unseren Köpfen vernehmen. Zwei Frauen mit Spitzhüten und beladenem Schulterjoch überholen uns. Mit wippendem Gang gleichen sie die Schwünge ihrer Lasten aus. Sie gehen breitbeinig und mit federnden Knien, während der Oberkörper stabil bleibt. Manche Frauen muten ihren Körpern eine Zentnerlast zu – das Gewicht an beiden Enden eines schmalen Holzbretts hängend, das über einer Schulter ausbalanciert wird. Von Obst und Gemüse, über Fisch, glühende Kochstellen, gefüllte Töpfe und die komplette Ausstattung für ein Straßenlokal samt Sitzgelegenheiten, bis zu Kindern und Kranken wird in Vietnam quasi alles mit dem Schulterjoch transportiert. Allein das Auspendeln der Lasten ist eine Kunst. Wenige Schritte vor uns passieren die Frauen den Durchgang zur Brücke, und bei diesem Anblick verschwimmen die zeitlichen Dimensionen. Gäbe es da nicht die Blecheimer der einen und die von der Sonne verblichenen Plastikkörbe der anderen, die am Tragegestell hängen, könnten wir uns auch in einem weit zurückliegenden Jahrhundert befinden. Im nächsten Moment tauchen die Lastenträgerinnen in den Schatten der überdachten Brücke ein.

Einst bildete die Japanische Brücke die Grenze zwischen dem japanischen und dem chinesischen Viertel der Stadt. Auf den alten Dachziegeln wuchern Moose, eine geschwungene Krone mit reichen Verzierungen und Keramiken über dem rosafarbenen Mauerwerk zeigt eine Verspieltheit, die mit steinernen Blütenknospen am Torbogen zum Durchschreiten einlädt.

Uns ist der Weg durch einen Querbalken am Boden versperrt, der Mopeds an der Durchfahrt hindern soll. Er ist zu hoch und zu schmal, um von Dien gemeistert zu werden. Wir haben den Tipp bekommen, den Balken aus seiner Befestigung zu heben, um darunter hindurchfahren zu können. Sofort mache ich mich an dem Hindernis zu schaffen, während Dien mich davon abhalten möchte. Dieser Balken wird schon keine vierhundert Jahre alt sein und keinen Teil der historischen Brücke darstellen, überlege ich. Also muss ich auch keine Hemmungen haben. Leider ist das Holz überraschend schwer, und nur mit Mühe kann ich es einen Meter hochstemmen, um genug Platz für Dien zu schaffen.

»Mach schnell!«

»Wie kannst du nur so stark sein?«, sagt er lachend und gleichzeitig um seine Sicherheit besorgt.

»Puh, das war heftig. Das Ding ist bleischwer. Bestimmt irgendein Tropenholz.«

»Das ist sicher nicht gut für deinen Rücken.«

»Aber gut für unsere Sightseeingtour.«

»Wie bitte?«

»Das Wort gehört zum deutschen Wortschatz.«

»Niemals!«

Dien pflegt nicht nur seine deutschen Sprachkenntnisse, er pflegt auch seine Abneigung gegen die vielen neumodischen Anglizismen, die ihm manchmal den Genuss an unserer Sprache verderben. Warum, um Himmels willen, heißt die Deutsche Handelskammer in Saigon plötzlich *German Business Association,* ein Name wie ein Zungenbrecher.

Nachdem ich meine Hände notdürftig gesäubert habe, können wir endlich das Innere der Brücke bestaunen. Der Holzbohlenweg ist leicht ansteigend, mit einer Art Podest in der Mitte. Am höchsten Punkt der Brücke gibt es ein reich verziertes Tor zur Brückenpagode. Lampions, japanische Schriftzeichen, farbige Ornamente und Statuen lassen den Ort wie eine sorgfältig konstruierte Bühne wirken. Dass man sich hier auf einer Brücke befindet, ist kaum zu spüren, zumal das Bauwerk nur einen winzigen Seitenarm des Hauptflusses überspannt. Die Pagode und ihre Schutzheiligen sollten das Bauwerk und die Stadt einst vor den Naturgewalten der Taifune und Überschwemmungen schützen. Nach der gefährlichen Überfahrt über das Meer haben sich die Chinesen mit dem Pagodenbau bei ihren Schutzheiligen bedankt. Leider hat man es mit der Sanierung für die Touristen an manchen Stellen etwas zu genau genommen und die charmante Patina mit grellen Anstrichen übertüncht. Auch im Innern wurde häufig versucht, dem vermeintlichen Geschmack der Langnasen zu entsprechen. In einem *Coffee Shop* wirken bequeme Korbstühle vor gläsernen Vitrinen und das Angebot an Milchshakes und allerlei Pasteten und Gebäck auf Dien, als sei er im Ausland zu Besuch.

Aber es gibt auch ursprüngliche Werkstätten und manch skurrile Besonderheit zu entdecken. In einem der alten Kaufmannshäuser ist die staatliche Sammelstelle für Speichel-Vogelnester untergebracht, zumindest ist das dem vietnamesisch-englischen Firmenschild zu entnehmen. Auf dem Boden hocken ein Dutzend Männer mit Mundschutz und sortieren filigrane Objekte, die aussehen wie Wollknäuel. Am einzigen Tisch im Raum sitzt eine Frau und telefoniert oder ruft den arbeitenden Männern Zahlen zu. Dien schaut von der Straße derart gespannt auf das Treiben, dass ich ihn ohne Nachfragen herumdrehe und die zwei Stufen bis zum Eingang rückwärts hochziehe.

Hier werden Nester einer bestimmten Schwalbenart sortiert und abgewogen, die in Höhlen und Grotten auf den Cham-Inseln vor der Küste Hoi Ans nistet. Die Vogelnester stellen eine Rarität dar, sind schwer zu finden und nur unter gefahrvollem Klettern einzusammeln. Sie sind eine kulinarische Kostbarkeit, aus der eine spezielle Suppe bereitet wird. Eine Schale voll hat den unglaublichen Preis des Monatslohns einer Fabrikarbeiterin. Dien hat bisher nur von dieser Kostbarkeit gehört, der wahre Wunderkräfte zugeschrieben werden. Als Speise für Könige war sie einst bekannt, heute soll sie den neuen Reichen Energie und Wohlbefinden spenden. Während wir die bizarren Häuflein in Wäschekörben bestaunen und Dien versucht, meine erstaunten Fragen zu beantworten, spricht einer der Arbeiter uns auf Englisch an. Ob Dien Vietnamese sei, will er wissen. Ich bin überrascht, aber mein Freund macht sich sofort einen Spaß daraus und reagiert selbst dann nicht, als der Mann ihn auf Vietnamesisch fragt. Hier wird Dien häufiger von Einheimischen gefragt, woher er käme. Manchmal tut er so, als habe er sie nicht verstanden und lauscht dann ihren Spekulationen. Die Vermutungen belaufen sich zumeist auf Japan oder Korea.

Als wir uns in der größten Mittagshitze in einer menschenleeren Gasse wiederfinden, schaue ich mich überrascht um.

»Diese Ruhe!«, sage ich mit einem tiefen Durchatmen. »Kein Mensch, keine Mopeds, kein Krach!«

»Wunderbar!«

»Wir reden wie zwei alte Leute.«

»Mir egal. Du ahnst nicht, wie sehr ich mich nach Ruhe sehne. Manchmal gibt es monatelang kaum einen ruhigen Moment. Du weißt selber, dass es in Saigon nur tief in der Nacht ein wenig stiller ist, aber dann schlafe ich meist. Tagsüber gibt es keine einzige Sekunde ohne Lärm.«

Rollstuhltanz

Nach dem Mittagessen gehen wir nach Hause. Dien möchte sich ein wenig ausruhen, und auch ich freue mich auf mein schönes Zimmer und eine kleine Pause. Doch lange halte ich es nicht aus und erkunde stattdessen das Hotel. Von der oberen Etage hat man einen guten Überblick über die Nachbarschaft und bis zur Innenstadt. Hoi An wirkt in diesem Viertel eher wie ein Dorf als ein Touristenzentrum. Die Hitze scheint jede Aktivität zu lähmen. Ich weiß nicht mehr, wohin mit meiner Energie. Wenn ich mich doch nur müde laufen könnte! Es muss dringend etwas passieren. Schließlich klopfe ich an Diens Zimmertür.

»Entschuldige die Störung. Bist du ausgeschlafen?«

»Ich habe nicht geschlafen, aber du kannst dir nicht vorstellen, wie sehr ich es genieße, ein eigenes Zimmer zu haben. Irgendwie kann ich es noch nicht richtig glauben. Immer denke ich, im nächsten Moment kommt jemand herein.«

»Möchtest du lieber allein sein?«

»Nein, nein, verstehe mich nicht falsch. Es ist nur so schön, die Tür zumachen zu können. Niemand schaut herein, niemand will etwas von mir. Einfach wunderbar.«

»Du wolltest mir doch zeigen, wie man auf zwei Rädern fährt. Glaubst du wirklich, ich kann es lernen?«

»In zehn Minuten!«

»Quatsch!«

»Wetten? Du hast das nötige Körpergefühl. Wir beginnen ganz vorsichtig. Hier im Zimmer ist der Boden leider extrem glatt und die schmalen Räder aus Vollgummi machen den Stuhl wendig und schnell. Das ist zum Üben ein Nachteil, und deshalb fangen wir langsam an. Versuch deine Beine zu vergessen. Damit darfst du keinen Schwung holen und auch nicht ausgleichen. Du musst versuchen, alles mit dem Oberkörper zu machen.«

»Und wenn der Stuhl nach hinten kippt?«

»Keine Angst, das üben wir jetzt.«

Dien findet die richtigen Worte, um mich auf das Experiment vorzubereiten. Wer einen Rollstuhl allein auf den Hinterrädern fortbewegen kann, der kann Hindernisse besser überwinden und ist wesentlich wendiger. Ich soll den Rädern einen gefühlvollen Rückwärtsschwung geben, das Greifrad halten und die Balance bewahren. Dabei hängen die Vorderräder frei. Es fühlt sich unglaublich schwierig an. Meist kippe ich sofort wieder nach vorne, weil ich mich nicht traue, genug Schwung zu nehmen.

»Wir machen es anders«, sagt Dien und setzt sich an die Bettkante, »stell dich mit der Rückenlehne zu mir und lass dich rückwärts fallen. Ich halte dich, dann spürst du vielleicht besser, wo der kritische Punkt ist.«

Ich mache unzählige Versuche. Der Schweiß rinnt mir in Strömen vom Gesicht, und meine feuchten Hände muss ich ständig abtrocknen. Der Ventilator läuft auf Hochtouren, aber gegen das Klima hat er keine Chance. Irgendwann kann ich mich kurz oben halten und rolle einige Zentimeter vorwärts auf den Fernseher zu.

»Hast du das gesehen?«, rufe ich laut drauflos.

»Ja, weiter so. Ich habs gewusst, in zehn Minuten hast du es raus.«

»Das zählt doch noch nicht, oder?«

»Du warst auf zwei Rädern!«

»Na ja, für eine Sekunde!«

Mein sportlicher Ehrgeiz erwacht. Ich drehe mich in den Raum, wo mehr Platz ist, obwohl ich Angst habe, rückwärts auf den Kopf zu fallen. Immer wieder nehme ich meine Beine zu Hilfe, um das Gewicht auszugleichen. Es fällt mir schwer, mich nur auf meinen Oberkörper zu konzentrieren. Mein Kopf sei zum Ausgleichen wichtig, sagt Dien. Er gibt die Richtung vor, dirigiert die Gewichtsverlagerung. Tatsächlich kann ich mich irgendwann für eine Weile in der Luft halten und schließlich sogar einen halben Meter vorwärtsrollen, bevor ich wieder hinunterkippe. Dien überschüttet mich mit Lob und nun bin ich nicht mehr zu bremsen. Ich will das gesamte Zimmer der Länge nach durchqueren. Vorher gehe ich nicht wieder hinaus. Der Rolli ist ein hochempfindliches Gerät, das auf den kleinsten Fehler reagiert. Die Räder wollen rollen, aber ich muss sie dirigieren, als seien sie ein Teil von mir. Meine Bewunderung für Rollstuhlfahrer wird immer größer. Jene, die ihrem Körper alles abtrotzen und sich sogar als ambitionierte Sportler betätigen, müssen die wahren Kenner ihrer Körper, ihrer Muskeln, Sehnen und Nerven sein. Sie kontrollieren, was kaum mehr zu kontrollieren ist, und müssen dabei äußerst mutig sein.

Wieder und wieder versuche ich es und gebe schließlich auf. Über einen Meter Fahrweg auf zwei Rädern komme ich nicht hinaus. Erschöpft lege ich mich aufs Bett und löchere Dien mit Fragen danach, wie er seinen Körper kontrolliert. Wenn er die Muskeln unterhalb seines Brustbereiches nicht spüren kann, wie kann er dann sein Becken zu Hilfe nehmen? Wir ringen gemeinsam um treffende Worte, die mir sein Nichtempfinden der gelähmten Körperpartien erklären sollen.

»Du musst in dich hineinhören«, rät mir Dien. »Spüre dein Gewicht und versuche herauszufinden, wohin ein Teil deines Körpergewichts muss, damit du in die richtige Position kommst. Dabei musst du ruhig bleiben. Ganz ruhig und geduldig.«

»Das hört sich schwierig an.«

»Bald geht es wie von selbst. Du musst aufhören, deinen gesamten Körper zu kontrollieren. Vergiss deine Beine, sie stören nur. Du brauchst deinen Oberkörper, deine Arme und deinen Kopf. Entscheidend ist auch dein Rücken und wie er sich vor- und zurücklehnt. Im Rücken musst du viel Gefühl entwickeln. Du musst in dich hineinhorchen, am besten mit Ruhe und Geduld. Ich möchte dir ein Beispiel geben, wie es nicht funktionieren kann: Obwohl mein Moped drei Räder hat, können mein Bruder und einige andere es nicht fahren. Sie haben Angst zu stürzen, weil sie ständig mit ihren Beinen arbeiten. Das funktioniert nicht. Verlasse dich auf dein Gefühl. Je weniger Körperteile du kontrollierst, desto besser. Du wirst es schaffen.«

Ich stehe wieder auf, setze mich in den Stuhl und versuche es erneut. Zu gern würde ich draußen auf weniger glattem Belag üben. Erst als meine Hände müde und die Ballen vom Greifen gereizt sind, gebe ich auf.

»Morgen möchte ich weitermachen. Es macht wirklich Spaß«, sage ich und werfe mich ermattet aufs Bett.

»Mir auch … äh … ich meine, es dir beizubringen. Es ist das erste Mal, dass jemand das von mir lernen will.«

»Du bist ein toller Lehrer. Ohne deine Tipps hätte ich es nie geschafft.«

»Ein Lehrer wächst mit seinen Schülern! Je schlauer eine Schülerin ist, desto besser klappt der Unterricht.«

»Hey, du wirst immer besser im Komplimentemachen. Danke.«

»War das ein Kompliment?«

»Sicher. Weißt du, was ich mir grad vorstelle? Du hättest einen Rennrollstuhl und könntest beim Marathon in Berlin mitmachen. Du würdest rollen und ich laufen. Im Ziel müsstest du dann allerdings zwei Stunden auf mich warten oder vielleicht noch länger.«

»So einfach ist das nicht. Dafür muss man hart trainieren.«

»Natürlich nicht mit so einem Stuhl, mit einem Handbike.«

»Was für ein Ding?«

»Das wird mit einer Kette angetrieben, wie ein Fahrrad, aber die Pedale liegen in der Hand. Handbike bedeutet Handrad oder Handfahrrad.«

»Ach so! *Beick!* So spricht man das aus! Habe ich schon oft gelesen, aber ich habe immer gedacht, es heißt *bieke*. Verdammtes Englisch!«

Die Sonne steht schon tief, als wir zum Abendessen in die Stadt gehen. Das grelle Tageslicht hat sich hinter einen orangefarbenen Vorhang zurückgezogen, die Sonne schmerzt nicht mehr in den Augen und unsere Gesichtszüge können sich entspannen.

Der Balken an der Japanischen Brücke hebt sich. Die Stadt ist uns schon ein wenig vertraut und wir freuen uns auf ein Lokal am Fluss. Dort müssen wir nur zwei Stufen bis zur Terrasse bewältigen, was hier eine Seltenheit ist, denn wegen der alljährlichen Überschwemmungen sind die meisten Häuser deutlich höher angelegt. Aber unser Lokal gleicht ohnehin eher einem provisorischen Unterstand mit Veranda und Kochstellen im Freien, was allerdings nichts über die Qualität des Essens aussagt. Während wir unserem Ziel entgegenbummeln, entdecken wir eine freie Sitzbank am Ufer, auf die ich mich setze, um den Anblick der Dämmerung auf gleicher Augenhöhe mit Dien genießen zu können.

Auf der zum Zentrum gelegenen Seite des schmalen Thu-Bon-Flusses liegen die alten Warenhäuser aus vergangenen Jahrhunderten. Damals war das Gewässer ein schiffbarer Strom, es war die Blütezeit von Hoi An, als der Hafen internationale Bedeutung hatte. Das war vor fünfhundert Jahren, da hieß die Stadt noch Hai Pho, was durch Übertragungsfehler bei den Europäern als Faifo ankam und in alten Seekarten entsprechend eingetragen ist. Allerorten sieht man die Spuren dieser Zeit, in der sich neben chinesischen und japanischen Gemeinden auch europäische Handelsunternehmen aus England, Holland und Frankreich niederließen und ihre Waren umschlugen, lagerten und handelten. Der Nordostmonsun verlangte von den Seeleuten eine lange Ruhepause in der Stadt, bis die Winde wieder geeignet waren, um entweder in nördliche Richtung nach China und Japan oder nach Süden zur Straße von Malakka und weiter nach Indien und Europa zu segeln. Als der Fluss seine Schiffbarkeit einbüßte, versank die Stadt in der Bedeutungslosigkeit. Die meisten Handelshäuser haben den Dornröschenschlaf der letzten zweihundert Jahre gut überstanden und sind heute wieder zu alter Schönheit herausgeputzt. Dabei wirkt kaum ein Gebäude übertrieben saniert, denn nach einer gewissen Zeit überlagert die alles beherrschende Feuchtigkeit auch den modernsten Anstrich mit einer Patina aus Schimmel und Moosen.

Am alten Hafenkai stehen sogenannte Tunnelhäuser, deren ehemalige Lagerräume zur Wasserseite zeigen, während Innenhöfe und Wohnbereiche im mittleren Teil liegen und die Verkaufsräume zum vorderen Bereich auf eine der belebten Gassen der Stadt hinaus führen. In einigen dieser alten Häuser haben sich Werkstätten niedergelassen. Schade nur, dass hier das Angebot an einfachen Souvenirs die alte Handwerkskunst übertrifft.

Zu dieser Stunde leuchtet der Himmel in tiefem Abendblau und verzaubert die Stadt mit einem unwirklichen Licht. Die Sonne ist untergegangen, aber von weit hinterm Horizont beschenkt sie das Himmelsgewölbe mit ihrem fernen Schein. Noch lassen sich die Farben der einzelnen Häuser unterscheiden, gelb, rosa, weiß und grün schimmernd ducken sie sich im Schatten alter Kokospalmen und Jackfruchtbäume. Auf den Terrassen und Balkonen schaukeln die Lampions in einer sanften Brise und der Song Thu Bon spiegelt ihren Schein. Als habe der Wind ihr

Leuchten mit sich genommen und als vielfarbigen Seidenstoff auf den Fluss gelegt, zieht das Laternenmuster zu uns herüber und tanzt auf den sich kräuselnden Wellen.

Die Nacht bricht herein und mit jedem Augenblick verliert das Abendblau Leuchtkraft, während die Lichter umso heller hinter der bunten Seide erstrahlen und die Silhouetten der Bäume sich zu düsteren Schatten wandeln. Ein heißer Tag nimmt seinen Abschied und die Erleichterung der lauen Abendstunden liegt in der Luft. Abendspaziergänger unterhalten sich in den unterschiedlichsten Sprachen und wir versuchen zu erraten, woher die Reisenden kommen. Neben englischen Worten überwiegen französische, italienische und japanische. Ich höre auch das unverkennbare Schwedisch, aber erstaunlich selten erklingt Deutsch.

Erst als sich unser Appetit meldet, verlassen wir den Aussichtsplatz vor einem der Handelshäuser und nehmen den Überweg zum anderen Ufer.

Im Restaurant werden wir zunächst auf Englisch begrüßt und Dien fragt mich auf Deutsch, ob er sich als Japaner oder Koreaner ausgeben soll.

»Bitte als Vietnamese, damit du dich zügig über die Spezialitäten beraten lassen kannst. Mir läuft schon jetzt das Wasser im Mund zusammen. Mach schnell!«

»Hattest du mir nicht unendliche Geduld versprochen?«

»Habe ich sie bisher nicht gezeigt?«

»Oh doch! Danke!«

»Kein Danke, jetzt bitte nur Essen!«

Als duftende Köstlichkeiten auf unserem Tisch abgestellt werden, kann ich mich nur mit Mühe zurückhalten. Doch zunächst faltet Dien seine Hände und bedankt sich mit einem ausgiebigen Tischgebet. Ich lenke mich mit Gedanken an die Qualen eines Marathontrainings ab und versuche mir einzureden, dass ich eigentlich ein disziplinierter Mensch sein müsste, den der verlockende Duft der Speisen und das Warten auf den ersten Bissen nicht aus dem Konzept bringen sollte. Diens Gebet erscheint mir besonders lang, aber ich versuche mir nichts anmerken zu lassen.

»Guten Appetit«, sagt er schließlich, und ich nehme mir betont langsam und lächelnd einen ersten Happen vom großen Teller in der Mitte des Tischs. Eine Spezialität in Hoi An nennt sich *Banh Bao*, Weiße Rosen. Die winzigen Teigtaschen ähneln einer geöffneten Rosenblüte, in deren Mitte sich gehacktes Garnelenfleisch befindet. Die Herstellung muss eine besondere Fingerfertigkeit erfordern. Dien tunkt ein Banh Bao in Fischsauce, und ich mache es ihm nach.

»Mmh, köstlich«, sagen wir wie aus einem Munde und genießen von da an wortlos.

Endlich sind wir satt. Gedanken an den vergangenen Tag steigen auf.

»Morgen will ich unbedingt wieder Rollstuhl fahren«, sage ich über eine letzte Weiße Rose hinweg und versuche mir den Geschmack einzuprägen. »Ich glaube, ich kann jetzt besser nachempfinden, wie du mit dem Rollstuhl umgehst. Du hast sicher ein besonderes Verhältnis zu deinem Rolli, oder?«

»Wie meinst du das?«

»Ich möchte wissen, was der Stuhl für dich ist.«

»Du und deine Fragen!«

»Möchtest du nicht darüber reden?«

»Sehr gern sogar, aber ich bin nie danach gefragt worden, und ich kann mich nicht daran erinnern, jemals darüber gesprochen zu haben. Bisher hatte ich erst einmal das Gefühl, ein Nichtbehinderter habe sich Gedanken über meine Beziehung zu meinem Stuhl gemacht. Das war vor ein paar Jahren in Deutschland, als ich meinen jetzigen Rollstuhl bekam und den alten dort lassen musste. Meine Freundin Tho in Osnabrück hat mir ihren Rollstuhl geschenkt. Tho ist noch etwas kleiner als ich, aber ihr Stuhl passt mir gut. Meinen alten Stuhl hatte ich über sieben Jahre. Er hatte so viel ertragen müssen, besonders in der Regenzeit. Manchmal waren wir beide vollkommen durchnässt. Wenn ich dann von meiner Arbeit am Uhrenstand nach Hause kam, habe ich die Räder abgebaut und alle wichtigen Teile getrocknet und eingefettet. Es konnte Tage dauern, bis die Sitzfläche richtig getrocknet war. Ich habe in dem Stuhl gearbeitet, gegessen und oft sogar darin geschlafen. Der Stuhl war immer bei mir, nachts stand er an meinem Bett. Als ich ihn bei Tho zurücklassen musste, hatte ich das Gefühl, ihn zu verraten. Es war so, als hätte der Stuhl eine eigene Seele. Ich hatte Schuldgefühle. Mein Rollstuhl war mit mir um die halbe Welt geflogen und dann sollte er in Deutschland zurückbleiben. Ich hatte gehofft, dass ihn vielleicht irgendjemand gebrauchen konnte. Aber welcher Behinderte in Deutschland braucht einen ausrangierten Rollstuhl aus Vietnam, der viele Jahre zuvor bereits in Deutschland ausrangiert worden war? Als ich mich von Tho und ihrem Mann Heinz verabschieden musste, ging mein letzter Blick zu dem alten Stuhl. Damals hat Heinz mich gefragt, ob es mir wehtäte, ihn zurückzulassen. Das hat mich gefreut und mir gezeigt, dass er ahnen konnte, was ich empfand.«

Auf die Dauer wird mein Plastikhocker unbequem, und so machen wir einen kleinen Spaziergang, um uns später wieder an der Parkbank vor dem Tan-Ky-Kaufmannshaus einzufinden. Wir schleichen eine Weile um sie herum, bis sie endlich frei wird. Dien rollt an meine Seite und dann können wir erneut die Abendstimmung genießen.

»Es ist so schön. Ich kann es kaum glauben. Es macht mich glücklich, hier zu sein«, sagt Dien und lächelt mich an.

Schweigend sitzen wir nebeneinander. Ich lasse jeden Atemzug auf mich wirken und möchte in diesem Moment nirgendwo anders sein, als hier an diesem Flussufer und mit Dien zusammen auf die bunten Lampions von Hoi An schauen. Im langen Schweigen fühle ich mich mit ihm verbunden. Ich habe das Gefühl, er habe sich nun gänzlich zur Offenheit entschieden, ohne ein Thema zu verbannen. Unsere Gespräche führen uns mal in die weit zurückliegende Vergangenheit und mal in Zukunftsträume. Vor meinen Augen formt sich ein Bild, zusammengefügt aus Erinnerungen und Gefühlen. Dankbar nehme ich das Geschenk seines Vertrauens. Ich lächle in mich hinein, weil ich an unsere kleinen Missgeschicke denken muss. Wie in einem Film laufen Szenen vor mir ab, die mich amüsieren. Dien breitet sein Leben, seine Gedanken, seine Träume und seine Hoffnungen vor mir aus, und ich bin immer wieder aufs Neue von seiner Stärke und seinem Lebensmut beeindruckt. Er ist dreiundvierzig Jahre alt, viele seiner gleichaltrigen Freunde sind schon vor Jahren gestorben, an Unterversorgung, Armut und Lieblosigkeit, zumeist in primitiven Krankenhäusern, die den Ärmsten der Gesellschaft kaum das Notwendigste bieten können. Er hat Beerdigungen besuchen müssen, begleitet von dem Gefühl, den Verstorbenen sei keine Chance auf ein längeres Leben gegeben worden.

Jeden Abend, wenn ich allein in meinem Bett liege, lasse ich das Erlebte und Gehörte Revue passieren. Oft lache ich dabei in mich hinein und freue mich auf einen neuen Tag mit Dien. Doch in manchen Momenten überwältigen mich Schmerz und Traurigkeit und die Ungerechtigkeit des Lebens. Dann können der ferne Krieg und das Jahr des Affen plötzlich so nah sein. Dann kann vor meinen Augen die Granate explodieren, die einen winzigen Splitter in seinen Rücken getrieben hat. Dann sehe ich den kleinen Dien vor mir, wie er zum schützenden Bunker rennt, nicht ahnend, dass es die letzten Schritte seines Lebens sein werden. Immer wieder muss ich wehrlos die Kriegsbilder meiner Fantasie ertragen. Sie vermischen sich mit aktuellen Grausamkeiten, mit Fotos aus der Presse, Reportagen aus dem Fernsehen. Sie zeigen Kinder, die in genau jenem Moment, in dem ich darüber nachdenke, irgendwo auf der Welt auf eine Mine treten, von einem Splitter getroffen oder von Kugeln verwundet werden. Was geschieht mit ihren geschundenen Körpern und Seelen? Wie wird es ihnen in dreißig Jahren ergehen? Im

Rollstuhl sitzend? Ohne Augenlicht? Amputiert? Taub? Traumatisiert? In solchen Momenten fühle ich mich hilflos und erhoffe mir Trost und Wunder.

Mein Freund ist ein Kriegsopfer!, schießt es mir plötzlich durch den Kopf. Der schlichte Satz versetzt mir einen Stich. Ich schaue Dien an, der lächelnd neben meiner Bank in seinem Rollstuhl sitzt und dem Schimmern der Lampions auf dem Thu-Bon-Fluss zuschaut. Wenn ich doch auch endlich abschalten könnte! Mir ist plötzlich zum Heulen zumute. Wenn es diesen Krieg nicht gegeben hätte! Wenn es überhaupt keinen Krieg gegeben hätte! Ich schließe meine Augen, um allein zu sein mit den Bildern, die sich wie eine Flut ausbreiten und meine Gedanken überschwemmen. Unverhofft habe ich unseren einarmigen Nachbarn aus Kindheitstagen vor Augen. Wie lange habe ich nicht mehr an ihn gedacht? Ob er noch lebt? Damals hieß es, er habe seinen Arm in Russland gelassen. Das Auge eines anderen Nachbarn sei in Stalingrad geblieben. Er muss inzwischen an die neunzig sein. Ich habe mich damals nie getraut in sein Glasauge zu blicken. Als Kind hatte ich Angst vor den entstellten Männern in unserem Dorf. Es war lange Zeit ein Rätsel für mich, wie ein Arm in Russland bleiben konnte, oder sogar beide Beine, wie bei dem winzigen Mann am Ende unserer Siedlung, dem sie so seltsame Prothesen angepasst hatten. Manche Männer waren gar nicht erst aus Russland zurückgekehrt. Sie waren im Krieg geblieben, wie es seltsamerweise hieß, oder gefallen, was sich nur halb so schlimm anhörte. Über manche wurde gesagt, sie seien Spätheimkehrer, die lange in Sibirien gewesen seien und nur durch ein Wunder überlebt hätten. Diese Männer benahmen sich seltsam, sprachen kaum oder brausten auf, wenn sie zu viel Korn getrunken hatten. Einer weinte hemmungslos, was ich sonst nie bei Männern gesehen hatte. Manchmal starrte ich heimlich auf ihre erfrorenen Körperstellen; es wurde erzählt, dass ihnen in der sibirischen Kälte Zehen, Finger, Ohren oder sogar Teile ihrer Nasen abgefroren waren. Damals gab es merkwürdige

Formulierungen für die Grauen des Krieges, allesamt unbegreiflich für ein kleines Mädchen in den sechziger Jahren.

Dann gab es einen neuen Krieg, dieses Mal im heimischen Fernseher. Brennende Kokospalmen, Menschen mit merkwürdigen Hüten auf den Köpfen und Gesichtern, die vor Schmerz verzerrt waren.

Dien und seine Freunde waren gerettet worden. Chinh, Manh, Phu und Long hatte man querschnittsgelähmt nach Deutschland gebracht. Der kleinen Nop fehlten beide Unterschenkel, Nga war erblindet. Aus seinem zertrümmerten rechten Arm formten Ärzte in Nürnberg eine Art Greiforgan. Sanh hatte schwere Unterleibsverletzungen und Song war das Kind ohne Gesicht. Allesamt Opfer eines modernen Krieges.

Wie hatte Dien in einem Dokumentarfilm gesagt? »Ich habe die Rakete nicht gesehen, die mich getroffen hat. Ich habe nicht gesehen, in welchem Land sie hergestellt worden ist, ob in den USA, in China oder in der Sowjetunion. Für mich ist das eigentlich auch nicht wichtig. Eine Explosion ist eine Explosion. Und ich sitze seitdem im Rollstuhl. Das sind die Tatsachen und daran lässt sich auch nichts mehr ändern.«

Der ohrenbetäubende Lärm von Luftangriffen und das Knattern von Gewehrsalven gehören zu Diens frühesten Kindheitserinnerungen. Ein Jahr nach seiner Geburt, im Jahr 1964, hatte der Krieg seinen Anfang genommen. Unter dem Vorwand, ein amerikanischer Zerstörer sei von der nordvietnamesischen Küstenwache beschossen worden, griffen die USA mit der Entsendung von Truppen in den brisanten Konflikt zwischen Nord- und Südvietnam ein. Wenige Jahre später gab es eine halbe Million amerikanischer Soldaten im Land.

Dien hat Verwundete und Tote gesehen. Nachbarn starben, die Erde bebte unter Angriffen und manchmal lag ein unerträglicher Gestank nach Verbranntem in der Luft. Als er selbst ein Opfer dieses Krieges geworden war, schwer verletzt in einem

Krankenhaus lag und seine Beine nicht mehr bewegen konnte, war er zu jung, um richtig zu begreifen, was geschehen war. Aber Jahre später, als er im fernen Deutschland behandelt und umsorgt wurde, stieg manchmal eine unsägliche Wut in ihm auf.

Er war hilflos gegen dieses seltsame Gefühl, das in ihm brodelte und sich gegen etwas richtete, das die Erwachsenen »Vietnamkrieg« nannten. Jener Krieg hatte ihm die Fähigkeit zum Laufen genommen. Manchmal wurde er von Albträumen gequält. Im Zimmer, das er sich mit Ngoc teilte, musste auch nachts das Licht anbleiben. Bei Dunkelheit huschten fremdartige Schatten über die Wände und machten ihm Angst. Die Tür zum Flur durfte nie geschlossen sein. Er musste seine Betreuer in der Nähe wissen, sie jederzeit rufen können, um seine Augen zu schließen und den Schlaf zu suchen.

Nur in seltenen Momenten ließ er seine Wut und seine Verzweiflung an die Oberfläche. Die Oase der Kinder in Dehme, das Zentrum von *terre des hommes,* war ein ehemaliges Hotel, das an der Weser lag. Hinter dem Grundstück zog sich ein Feld bis an den Fluss hinunter. Es war ein milder Herbsttag, an dem Margrit mit ihm spazieren ging. Gemeinsam wollten sie bis an das Ufer hinter dem Feld und auf den Fluss schauen. Dien hatte seine Schienen angelegt, die an der Hüfte festgezurrt wurden und beidseitig an seinen Beinen entlang, bis sie in Spezialschuhen mündeten. Er musste sich auf seine Gehhilfen stützen und den Großteil des Körpergewichts mit den Armen halten. Seine leblosen Beine zog er hinterher und versuchte, ihnen so viel Schwung zu geben, dass sie ein Stück vor ihm auf dem Boden aufsetzten. Er war sehr geschickt darin und konnte auf diese Weise sogar Treppen steigen.

Das Feld war frisch gepflügt geworden und die Erde mit tiefen Furchen durchzogen. Zu tief und zu weich für seine Gehhilfen. Während Margrit mühelos über den Acker stapfte, versank er immer tiefer im schweren Boden und verlor das Gleichgewicht. In jenem Moment benutzte er das verbotene Wort und schimpfte auf die Scheißamerikaner, die ihn zum Krüppel gemacht hatten. Im deutschen Fernsehen hatte er gesehen, wie die B52-Bomber der US-Armee ihre todbringende Last über Vietnam abwarfen. Er dachte, auch seine Behinderung sei das Resultat ihrer Bomben. Erst viele Jahre später wurde ihm klar, welche Kriegsparteien sich in seiner Heimatregion bekämpft hatten, und dass manche Anschläge in den Dörfern und Städten des Südens auf das Konto der Nationalen Front für die Befreiung Südvietnams gingen.

In Dehme haben Dien und die anderen kriegsverletzten Kinder eine neue Familie gefunden. Sie fühlten sich daheim und geborgen. Ihre Betreuer sprachen regelmäßig mit ihnen über die ferne Heimat. Sie zeigten ihnen Bilderbücher, lasen Geschichten vor oder erzählten von ihren eigenen Erlebnissen in Vietnam, sofern sie bereits dort gewesen waren. Sie schwärmten von den exotischen Früchten, den Tropengewächsen und dem warmen Wetter. Hier im Zentrum wurden sie vietnamesisch bekocht und hörten die Sprache ihrer Heimat aus den Mündern von Lehrern und den beiden vietnamesischen Betreuerinnen. Die Kinder betrachteten regelmäßig Fotos von ihren Familien. Auch Diens Mutter hatte ihm die Aufnahmen seiner Geschwister geschickt. Inzwischen waren es fünf Brüder und Schwestern, deren Namen Margrit auf die Rückseite der Bilder geschrieben hatte. Aber bei all dem war doch klar: ihr Zuhause war hier.

Dann änderte sich etwas. Immer häufiger war im Zentrum die Rede von der Rückkehr nach Vietnam. Ihre Eltern, Geschwister, Tanten und Onkel warteten auf sie, so hieß es. Dort sei ihre Heimat, dorthin würden sie wieder zurückgebracht, sobald alles geregelt sei. Zuerst müsse noch ein schönes Haus für die Rückkehrer gebaut werden. Dien begann sich auf seine unbekannte Familie und auf die fremde Heimat zu freuen. Aber aus dem Fernsehen wusste er, dass dort noch Krieg herrschte. Ihre Betreuer sagten ihnen, dass sie in einer Stadt in den Bergen leben würden, in Dalat, wo es nie Kämpfe gegeben hatte. Dort sei keine einzige Bombe abgeworfen worden, und dort würden sie in einem Zentrum mit ihren deutschen Betreuern leben. Es klang wie ein Abenteuer. Sie würden in eines der großen Flugzeuge steigen und um die halbe Welt fliegen.

Dien malte sich aus, wie er mit seinen Freunden und mit Margrit, Corry, Olivia und Niggy dort spielen könnte und in eine normale Schule gehen würde. Wie ein ganz normales Kind. In Dalat sei das Wetter immer schön, hieß es. Nicht so heiß wie am Mekong.

Sie waren sechzehn Kinder, die im November 1974 Abschied nehmen mussten. In Düsseldorf am Flughafen winkten sie jenen Kindern und Jugendlichen zu, die in Deutschland blieben und später nachkommen sollten.

Trotz der ungewohnten Umgebung und zahlreicher Schwierigkeiten gewöhnten sie sich an ihr neues Leben in Dalat und fühlten sich zumindest im Zentrum von *terre des hommes* zu Hause. Aber im Frühjahr 1975 erreichte der Vietnamkrieg sein Endstadium und die Kämpfe verstärkten sich. Selbst Dalat, die bis dahin weitgehend unbehelligte Stadt, bot keine Sicherheit mehr. Hals über Kopf wurden die Kinder evakuiert und in einer spektakulären Aktion zunächst nach Saigon gebracht und dann in das Nachbarland Laos ausgeflogen. Mehrere Monate lang lebte die Gruppe der inzwischen dreizehn Kinder in Vientiane, der Hauptstadt von Laos. Begleitet wurden sie von ihren vertrauten Betreuern aus Deutschland und von Francine und Suu, einer französischen und einer vietnamesischen Krankenschwester, sowie von Xiu, einem Physiotherapeuten. Margrit war nicht mit ihnen nach Laos gekommen, weil sie sich in der schwierigen Zeit des Kriegsendes und des Umbruchs um die *Terre-des-hommes*-Projekte in Saigon kümmerte und die Zukunft der deutschen Kinder sicherte.

In Laos verlebte Dien seinen letzten fröhlichen Kindheitssommer. Während die Erwachsenen unter einem ungeheuren Druck gestanden haben müssen und die Zukunft des Projektes vollkommen ungewiss war, hatten die Kinder eine weitgehend unbeschwerte Zeit. In Vientiane wohnten sie in einem alten Gebäude in der Nähe der französischen Botschaft. Die Stadt gefiel den Kindern und schnell waren sie vernarrt in das öffentliche Schwimmbad. Dien versetzte die Badegäste in Erstaunen, wenn er auf den Dreimeter-Sprungturm kletterte, über das Sprungbrett rutschte und sich ins Wasser stürzte. Einmal landete er dabei auf dem Bauch und empfand sogar Schmerzen. Es war etwas Besonderes, unterhalb der Brust etwas zu fühlen. Das spornte ihn zu neuen Sprüngen an.

Eines Tages sagte Corry ihnen, dass die Gruppe kein Geld mehr hatte und sie sehr sparsam sein müssten. Aber dann tauchte Milo auf, der damalige Leiter von *terre des hommes*, und sie waren gerettet.

Der ungewöhnlichen Gruppe der Deutschen hatte sich auch eine Amerikanerin angeschlossen. Sheila trug die größten Ohrringe und buntesten Röcke, die Dien je gesehen hatte. Sheila kannte fremde Länder und ihre Ohrringe wippten hin und her, wenn sie sich auf Englisch mit Corry und Olivia unterhielt. Leider sprach sie kein Deutsch, aber sie verstand sich trotzdem prächtig mit den Kindern. Die Betreuer hatten alle Hände voll zu tun und Sheila half ihnen dabei. Manh war krank geworden und lag im Hospital. Sie wurde täglich besucht. Alle Kinder brauchten ein regelmäßiges Körpertraining. Und für Shanh galten besondere Hygienevorschriften, die sorgfältig und zeitaufwendig durchgeführt wurden.

Es war eine schwierige Zeit für die Menschen, die sich um sie kümmerten. Selbst zu den Kindern drang durch, dass die Gruppe auch hier in Laos den Entscheidungen der vietnamesischen Regierung unterworfen war. Bloß war unklar, ob es sie zu jenem Zeitpunkt überhaupt gab. Verträge und Abmachungen waren mit dem damaligen Staat Südvietnam geschlossen worden, einem Land, das nicht mehr existierte. Die neuen Machthaber waren in den Wirren der Nachkriegszeit kaum greifbar. Die beiden verbliebenen deutschen Mitarbeiter von *terre des hommes* in Saigon arbeiteten in einer Art Vakuum. Unter den Vorzeichen einer sozialistischen Regierung, die in der Bundesrepublik Deutschland einen mit Amerika verbündeten Staat sahen, standen Margrit und Walter vor einer schwierigen Aufgabe.

Und noch etwas konnte den Kindern nicht verborgen bleiben: Die Zukunftsangst der beiden vietnamesischen Betreuer, die ihnen förmlich ins Gesicht geschrieben stand. Der Krieg in Vietnam war zu Ende, aber das konnte sie keineswegs beruhigen, im Gegenteil! Im Stillen fragten sie sich, wie die Nordvietnamesen sich im besiegten Süden verhalten würden? Sie hörten, wie sie sich miteinander unterhielten, und bekamen ebenfalls Angst. Was passierte mit Südvietnamesen, die aus dem Ausland zurückkehrten? Die Kinder hatten in Dalat schlimme Geschichten über die Vietcong und die Nordvietnamesen aufgeschnappt. Es kursierten die wildesten Gerüchte. Es hieß sogar, dass sämtlichen südvietnamesischen Lehrern nach einem Sieg des Nordens eine Hand abgehackt werde und dem Schuldirekter sogar der Kopf. Solche Geschichten hatten sich die Kinder aus Dalat auf dem Schulhof erzählt. Und nun war die Angst ihnen bis nach Laos gefolgt. Der Süden war besiegt. Dien war elf Jahre alt und aufgeweckt genug, um in den Blicken von Suu und Xiu das blanke Entsetzen zu sehen. Er erinnerte sich daran, dass ihre vietnamesischen Betreuer in Dehme einer Rückkehr nach Vietnam durch eine Ausreise in andere Länder zuvorgekommen waren. Aber sie, die Kinder in den Rollstühlen, waren allen Entscheidungen machtlos ausgeliefert.

Nach drei Monaten in Vientiane hieß es plötzlich, sie würden zurück nach Saigon gebracht. Doch den europäischen Betreuern wurde die Einreise verwehrt. Die Kinder mussten Hals über Kopf aufbrechen, und ihnen blieben nur noch Abschiedstränen. Corry, Olivia, Niggy und Francine winkten mit weißen Handtüchern. Nie zuvor hatte Dien so viel geweint wie an jenem Tag.

Bei ihrer Ankunft in Saigon fanden sie ein verändertes Vietnam vor. Die Stadt war voller roter Fahnen, das rote Tuch mit dem gelben Stern flatterte von Häusern, Masten, Brücken und sogar Bäumen. Unwillkürlich fragte Dien sich, woher der viele Stoff gekommen war. Die alten Fahnen waren verschwunden. Überall sah man Männer und Frauen in unbekannten Uniformen. Die Straßen waren überspannt mit Transparenten und an den Bäumen und Strommasten waren Lautsprecher montiert, aus denen Ansagen, Reden und revolutionäre Lieder ertönten.

Gleich nach ihrer Ankunft wurden Dien und Long die Haare geschnitten, denn im neuen Vietnam galten lange Haare als Zeichen westlicher Dekadenz und Verkommenheit. Bei Mädchen und Frauen waren lackierte Fingernägel verpönt.

Übergangsweise brachte man die Kinder in einem staatlichen Krankenhaus unter, in dem noch einige nordvietnamesische Soldaten behandelt wurden. Auf Dauer konnten sie dort jedoch nicht bleiben. Als Erstes mussten sie die neuen Begrüßungsrituale und Anreden für die Heimmitarbeiter lernen. Sie sollten ihre Hände vor der Brust falten, sich verbeugen und dann *thua chu ba* sagen. Das bedeutete: Verehrter Onkel Drei. Nur die Zahl variierte, je nachdem, an welcher Stelle in der Geburtenfolge der Verehrte Onkel stand. Das Procedere erschien den deutschen Kindern kompliziert und überflüssig, aber die Strenge mancher Mitarbeiter machte ihnen Angst. Von dem zwanglosen Umgang, den sie mit ihren einstigen Betreuern gepflegt hatten, konnten sie nur noch träumen.

Regelmäßig wurde versucht, sie umzuerziehen. Weil ein Kind aus der Gruppe gesagt haben sollte, die Amerikaner kämen sicher bald zurück ins Land und würden die Nordvietnamesen rauswerfen, wurde eine Sitzung einberufen und allen Kindern Konsequenzen angedroht.

Ihre Krankenschwester Suu erkrankte schwer und starb kurze Zeit später.

In Saigon blieb den Kindern nur noch Margrit als eine ihrer lang bekannten Vertrauenspersonen. Sie war die einzige Erwachsene, die sich so verhielt, wie sie es ihre halbe Kindheit hindurch gewohnt waren. Die Einzige, die in der vertrauten Sprache mit ihnen redete und auf die sie sich verlassen konnten. Der letzte Halt in der beängstigenden Fremde. Nur ihr konnten sie die Fragen stellen, die sie damals bewegten und aufwühlten. Quälende Fragen, die den Kindern Angst machten. Warum sind wir hier? Wann kommen wir zurück in unser Zentrum nach Dalat? Bleibst du bei uns? Dien wich kaum noch von Margrits Seite, und seine Gedanken kreisten ständig um sie. Wenn Margrit einen Termin hatte, dann wartete er voller Ungeduld auf ihre Rückkehr. Nur wenn sie in seiner Nähe war, konnte er aufatmen und sich für kurze Momente sicher fühlen. Margrit verstand seine Nöte und spendete ihm Trost. Schon in Deutschland hatte sie ihn beruhigen können, wenn von Albträumen erwacht war. Wenn sie ihm durchs Haar gestrichen hatte, dann war er schnell wieder eingeschlafen und die Ängste verflogen. Aber hier in Saigon, in der unübersichtlichen und bedrohlichen Lage beherrschten ihn seine Ängste regelrecht. Mal gab es nicht genug zu essen, weil die Geschäfte keinen Reis hatten, mal fehlte es an Geld, weil es eine neue Währung gab und das Geld aus Deutschland nicht getauscht werden konnte. Dann wurden die Kinder von einem Heimleiter herumkommandiert, den sie fürchteten. Dien hatte das Gefühl, Margrit sei der einzige Mensch auf der ganzen Welt, der noch für ihn da war.

Doch dann kam die schlimmste Nachricht, die er sich vorstellen konnte: Margrit musste das Land verlassen! Ihr Aufenthalt in Vietnam war von offizieller Seite nicht mehr erwünscht. Sie hatte bis zum Schluss gekämpft. Fast alle anderen westlichen Ausländer waren lange vor ihr ausgewiesen worden. Als Margrit sich verabschieden musste, war auch der letzte Rest einer einst heilen Welt endgültig zerbrochen. In der Not rückten die Kinder noch näher zusammen.

Von diesem Zeitpunkt an lebten sie unter sehr schlimmen Umständen in Saigon, das schon bald in Ho-Chi-Minh-Stadt umbenannt werden sollte. Von einer kind- und behindertengerechten Betreuung konnte keine Rede mehr sein und das schwerste Kapitel im Leben der deutschen Kinder begann. Nur jenen, die wie Ngoc eine intakte Familie hatten und von dieser wieder aufgenommen wurden, blieben Diskriminierung, Missachtung, Unterversorgung und Krankheit weitgehend erspart. Das Vietnam der Nachkriegszeit war kein geeigneter Ort für die verwöhnten Kinder aus Deutschland. Manche wurden jahrelang in einem Heim mit alten und kranken Menschen eingesperrt und nur notdürftig versorgt. Sie versuchten ohne die Hilfe von vertrauten Erwachsenen und angesichts der sterbenden alten Menschen an ihrer Seite den eigenen Lebensmut nicht zu verlieren.

Auch Dien war im Heim, zusammen mit alten Menschen, die vor sich hinsiechten. Es gab nur eine Möglichkeit, dieser Umgebung für eine kurze Weile zu entkommen. Im Morgengrauen rollte er zusammen mit Manh aus den stickigen Zimmern nach draußen auf den Hof. Um diese Zeit kamen die Fledermäuse von ihrer nächtlichen Jagd zurück. Zu Hunderten flogen sie zu ihren Plätzen auf dem Gelände des Altenheims. Manh und er beneideten die Tiere, denn sie besaßen eine Freiheit, die er und seine Freunde gänzlich verloren hatten. Die Kinder waren hinter hohen Mauern eingeschlossen, während die Fledermäuse hinaus in die Welt konnten. Nur Sanh mit seinen fast gesunden Beinen konnte über Zäune und Mauern klettern, und selbst die schlimmsten Strafen hielten ihn nicht davon ab, dem Gefängnis immer wieder zu entfliehen. In dem neuen Vietnam, unter der neuen Regierung und selbst unter den einfachen Angestellten gab es übereifrige Karrieristen, die westliche Manieren als gefährlich einstuften. Phu war inzwischen achtzehn Jahre alt geworden und einer der Ältesten. Aus Deutschland hatte er einen Kassettenrecorder mitgebracht, mit dem er seine alte südvietnamesische Musik abspielte. Aber die Schlagerstars von damals waren inzwischen geächtet, ihre Liebeslieder und vor allem ihre Hits aus der Zeit des Krieges durften nicht mehr gehört werden. In ihrem Repertoire gab es manche Antikriegslieder, andere waren voller Mitleid oder auch Heldenverehrung für die südvietnamesischen Soldaten. Wenn der Heimleiter kam, dann warnten sie sich gegenseitig vor dem Roten Alarm, wie sie ihn insgeheim nannten.

In den letzten Kriegswirren hatte Dien den Kontakt zu seiner Mutter verloren. Ohne sie gab es kein Entkommen aus der aussichtslosen Lage. In seiner Verzweiflung schickte er immer wieder Briefe und Telegramme an die alte Adresse seiner Eltern in Ben Tre: So oft wie möglich schickte er die gleichen verzweifelten Worte an die alte Adresse: »Liebe Mama, holen Sie mich bitte schnell hier raus!« Ob seine Mutter überhaupt noch lebte? Es war schließlich einem glücklichen Zufall zu verdanken, dass seine Mutter davon erfuhr. Ihr Haus in Ben Tre war verkauft worden, und sie lebte mit den Kindern bereits auf dem Land bei ihren Schwiegereltern. Auf dem Markt in Ben Tre hatte sie eines Tages ihre ehemalige Nachbarin getroffen, die ihr von den Telegrammen berichtete. Wenig später holte sie Dien ab und nahm ihn mit in die einfache Hütte am Mekong.

»Es ist so friedlich hier«, sagt Dien und befreit mich aus meinen Gedanken. »Der Fluss ist wie ein Spiegel, vollkommen glatt. Es ist ein wunderschöner Abend. Ich genieße jede Sekunde. Träumst du?«

»Was? Nein, überhaupt nicht. Ich habe an den kleinen Dien gedacht.«

»Mach doch mal eine Pause von mir. Soll ich dir ein Bier holen?«

»Eine gute Idee. Vielen Dank.«

Ich schaue ihm nach, wie er bis zur kleinen Brücke rollt, wo eine Frau am Straßenrand Getränke verkauft. Dien redet eine Weile mit ihr, schaut zu mir herüber und hält eine Dose Saigon-Bier in die Höhe. Von Weitem nicke ich ihm zu. Er muss seinen Rädern nur einmal kräftig Schwung geben und der schnelle Stuhl rollt wie von allein zurück.

»Darf ich?«, fragt er und legt seine Hand in meine.

»Sollen wir unseren Rückflug verschieben? Ich will hier nicht weg.«

»Was? Wir sind doch gerade erst gekommen.«

»Fünf Tage gehen schnell vorüber und sind viel zu wenig für uns und für unsere Arbeit. Lass uns umbuchen. Was meinst du? Ein paar Tage mehr.«

»Sehr gerne. Hoffentlich ist es nicht so teuer.«

»Psst!«

Es ist spät, als wir uns auf den Heimweg machen. Hinter der Japanischen Brücke schläft die Stadt bereits. Kein Mensch ist mehr auf der Straße und die Galerien haben ihre Tore geschlossen. Nur vereinzelt sehen wir Familien vor ihren Fernsehgeräten auf kühlenden Fliesen liegen. Unter dem Blätterdach der Allee duftet es nach unbekannten Pflanzen und wir haben die Altstadt fast für uns allein. Ich schiebe Dien. So bin ich ihm nahe und muss mich nicht seitlich hinunterbeugen. Davon bekomme ich Rückenschmerzen.

»Du kannst mich auch an den Schultern schieben«, sagt Dien, »vielleicht ist das noch bequemer.«

»Nicht schlecht, ist es für dich denn auch angenehm?«

»Sehr sogar.«

Es ist so still, dass wir unsere Stimmen dämpfen. Eine Katze huscht vorbei und in den Bäumen raschelt es. Als ich nach einer Blüte greife und ihren Duft einatme, kippt Dien plötzlich auf seine Hinterräder und dreht sich rasend schnell auf der Stelle. Mir stockt der Atem und ich sehe ihn schon stürzen. In seinem Übermut vollführt er die verrücktesten Drehungen.

»In Deutschland habe ich im Fernsehen Rollstuhltanz gesehen«, sagt er zwischen zwei Pirouetten. Fasziniert schaue ich ihm zu, schnipse schließlich mit meinen Fingern und schreite tänzelnd auf ihn zu.

»Hey, du kannst ja sogar tanzen. Hast du das auch schon mal gesehen mit dem Rollstuhltanz?«

»Nein, ich wusste nicht, dass es so etwas gibt. Wie funktioniert das?«

»So wie wir beide das grad machen«, sagt er lachend, und ich frage mich immer noch, wie er in einer derart schrägen Haltung die Balance bewahren kann und sich dabei sogar noch dreht. »Ein Normaler und einer im Rollstuhl, Mann oder Frau, egal, einer ist jedenfalls normal … äh … das heißt, nicht behindert.«

»Ich verstehe schon. Fußgänger!«

Lachend und außer Atem erreichen wir die Straße, an der auch unser Hotel liegt. An der Ecke sitzt noch immer dieselbe Frau wie vor Stunden und bietet etwas zum Verkauf an. Vor ihrem Stand, der nur aus einem Korb und einem Hocker besteht, glimmt ein Petroleumlämpchen.

»Sieh mal, was sie verkauft. Halb ausgebrütete Enteneier.«

»Wie bitte?«

»Ich glaube, das ist nichts für Langnasen. Hier mögen es die Leute aber gern. Ich esse es übrigens auch manchmal, aber nur von Händlern, die ich gut kenne. In dem Ei ist ein Entenküken, halb ausgebrütet.«

»Erzähl bitte nicht weiter. Das schaue ich mir ein anderes Mal an.«

Vor dem kleinen Marktplatz steht ein Kalb. Es ist an einen Pfeiler gebunden und ich vermute, dass wir morgen Vormittag nur noch sein Gerippe auf dem Grillrost wieder finden. Eine echte Herausforderung für eine fast konsequente Vegetarierin wie mich.

Auch in unserem Hotel ist die Nachtruhe bereits eingekehrt. In der Lobby stehen die Mopeds der Angestellten aufgereiht und zwei junge Frauen haben sich hinterm Tresen zum Schlafen niedergelegt. Sie stehen auf und bieten ihre Hilfe an, aber ein Fußgänger und ein professioneller Rollifahrer schaffen das auch allein.

»Wir fahren ans Meer!«, sage ich, nachdem Dien sich an den Frühstückstisch gesetzt hat. »Hast du eine Badehose dabei?«

»Nein!«. Er ist vollkommen überrascht und schaut mich mit großen Augen an.

»Ich habe ein Fahrrad ausgeliehen. Du hast doch gesagt, du könntest dich beim Fahren ziehen lassen. Es sind nur ein paar Kilometer bis zum Strand.«

Kurz darauf bewundern uns die Hotelmitarbeiterinnen in ihren wunderschönen Ao Dais bei unserem Aufbruch. Vor den drei Treppenstufen am Eingang greifen zwei der jungen Frauen nach den Griffen des Rollstuhls, aber ich gehe schnell dazwischen. Dien sagt etwas zu ihnen und alle lachen.

»Ich habe ihnen gesagt, du bist extrem eifersüchtig. Niemand außer dir darf mich schieben. Sonst wirst du böse!«

»Das hast du gut gemacht. Die Damen platzen fast vor Neugierde über unser Verhältnis. Soll ich dir jetzt mal einen Kuss geben?«

»Das würde morgen sicher in der Zeitung stehen«, sagt Dien lachend, während ich ihm so sanft wie nie zuvor die Stufen hinunterhelfe.

Der Fahrradsattel wird auf die richtige Höhe gebracht und die Reifen überprüft. Als wir auf der Straße sind, nimmt Dien ein wenig Schwung und hält sich seitlich am Gepäckträger fest. Es funktioniert und wir kommen gut voran. Ich genieße die körperliche Anstrengung, trete kräftig in die Pedale und bin schon nach wenigen Minuten vollkommen verschwitzt. Den Passanten bieten wir eine interessante Abwechslung und manchen winke ich übermütig zu. Bald haben wir den Stadtrand erreicht und fahren am Thu-Bon-Fluss entlang. Palmen säumen das Ufer und Fischer mit Spitzhüten werfen lautlos ihre Netze aus. Reisbauern arbeiten auf den Feldern und wir bekommen sogar Wasserbüffel beim Pflügen zu sehen. Je näher wir dem Meer kommen, desto dichter wird die Bebauung. Luxuriöse Hotels verbergen sich hinter schmiedeeisernen Toren. Sie sind allesamt erst in den letzten Jahren entstanden, die Region Hoi An kann mit dem Markenzeichen werben, drei Weltkulturerbe-Stätten im Umkreis von einhundert Kilometern zu bieten: die Kaiserstadt Hue, My Son und die alten Tempel der Cham sind von hier aus in weniger als einer Stunde zu erreichen. Bevor wir die Küste erreichen, überqueren wir einen Fluss und sind verwirrt über die zahlreichen Wasserläufe bei Hoi An. Wie Inseln liegen manche Felder im Delta und sind nur per Boot zu erreichen. Als der Duft des Meeres bereits deutlich in der Luft liegt und wir genüsslich einatmen, tauchen die ersten Strandboutiquen auf, wie überall auf der Welt mit Sonnenbrillen, Plastikspielzeug, Handtüchern und Badebekleidung in Hülle und Fülle.

Wir suchen nach einer Badehose für Dien, wobei ich erstaunt bin über seine enormen Anforderungen an dieses simple Kleidungsstück. Endlich findet sich ein passendes Exemplar mit einem stabilen Band zum Festziehen. Am Ende der Ladenzeile tauchen mächtige Kokospalmen auf und dazwischen lugen ein weißer Strand und das glitzernde Meer hervor. Wir fahren weiter bis zu einem kleinen Lokal, das etwas abseits der Straße liegt und eine Handvoll Sonnenschirme am Strand aufgestellt hat. Eine Frau mit einem Baby liegt schlafend in einer Hängematte, eine weitere schaut aus einem einfachen Häuschen hervor und grüßt. Dien wechselt einige Worte mit ihnen und sagt mir dann, wo ich das Fahrrad abstellen soll. Bewundernd schauen wir uns dieses idyllische Fleckchen Erde an. Aus dem Schatten der überdachten Restaurantterrasse heraus leuchtet der breite Strand so hell, dass es in den Augen schmerzt. Die Bucht verläuft kilometerweit in einem weiten Bogen bis zur nördlich gelegenen Stadt Da Nang. Vor der Küste liegen die von Hügeln überzogenen Cham-Inseln. Die Wellen rollen sanft an den Strand. Wir schauen in die Weite, wo glitzerndes Blau auf einen wolkenlosen Himmel trifft und schmecken das Salz in der Luft. Die Liegestühle stehen einige

Schritte entfernt von der gepflasterten Terrasse im Sand, und so holen wir kräftig Schwung. Der Rollstuhl sinkt tief ein, aber wir schaffen es bis in den Schatten des ersten Sonnenschirms. Dien stemmt sich auf eine der Liegen und ich rücke eine zweite an seine Seite. Der Schirm aus Palmenblättern spendet einen dichten Schatten, unter dem sich die Hitze ertragen lässt.

»Ein wunderbarer Arbeitsplatz!«, sage ich zu Dien und hole mein Notizbuch aus der Tasche.

»Wir sollten ein Foto machen, als Beweis dafür, wie hart wir arbeiten. Ständig muss ich Fragen beantworten und ständig schreibst du etwas in dein Buch. Es ist doch schon fast voll.«

»Ich versuche es später mal mit Selbstauslöser. Jetzt ist die Sonne viel zu grell.«

Ich ziehe meine kurze Hose und meine Bluse aus und trage improvisierte Badekleidung.

»Willst du dich auch umziehen … äh … ich meine, soll ich irgendwas machen? Da vorn habe ich Toilettenhäuschen gesehen und sogar eine Dusche.«

»Ich bleibe erst mal so«, sagt Dien und zieht sein Shirt aus. Inzwischen sind seine Unterarme tief gebräunt und sein Gesicht sieht aus wie nach einem langen Sommerurlaub. Er blickt mich erwartungsvoll an, es ist Zeit zu reden.

Zunächst bestelle ich aber auf der Terrasse zwei Kokosnüsse, indem ich auf den Berg grüner Früchte zeige, die auf dem Boden liegen. Niemand spricht Englisch, aber eine Frau führt mich in die Küche, die aus einem winzigen Raum besteht. Sie zeigt auf einen Kühlschrank und bietet mir diverse Getränke an. Ich schüttle den Kopf und bleibe bei den Nüssen. Hinter der Küche geht es auf einen Hof hinaus, wo sich eine Feuerstelle mit einem Ventilator zum Entfachen von Holzkohle befindet. Eine weitere Frau putzt dort Gemüse. Sie hockt auf ihren Fußsohlen, übergießt die frischen Blätter mit dem Wasser aus einer Kanne und nickt mir zu. In einem Bastkorb entdecke ich Muscheln und irgendwie gebe ich ihr zu verstehen, dass wir später gern davon essen würden. Ja, sagt sie, sie wird sie aufs Feuer legen. Dann zeigt sie zu Dien hinüber, sie wird alles Weitere mit ihm besprechen.

Als wir den Kokossaft genießen, kommt eine alte Frau mit einem prall gefüllten Korb zu uns. Sie trägt die typische Kleidung der Älteren, den *Au Ba Ba*, bei dem ich immer an einen Pyjama denken muss. Mit einem Lächeln entblößt sie ihre vom Betelkauen schwarzrot verfärbten Zähne. Die Frau unbestimmten Alters verkauft Zigaretten, Kaugummis und Früchte. Dien plaudert mit ihr, und sie macht es sich im Schatten unseres Sonnenschirms bequem. Wir kaufen ihr Bananen und eine Mango ab, die sie mit scharfen Schnitten in mundgerechte Stücke teilt.

»Erzähle mir bitte mehr über Margrit!«, sage ich und Dien schließt für einen Moment die Augen, als wolle er in sein Gedächtnis schauen. Aber dann sehe ich die Grenze, die ich mit dieser Frage überschritten habe, seine tiefe Rührung und sein Ringen um Fassung. In diesem Moment ist Margrit hier, auch wenn sie vor zweiunddreißig Jahren das Land und ihn verlassen hat.

»Margrit hat mich immer getröstet. Schon in Dalat, als ich Angst vor der Schule hatte, weil die Lehrerinnen die Schüler schlugen. Ich wollte nicht mehr hingehen, aber Margrit hat mir erklärt, wie wichtig es für mich ist, möglichst viel zu lernen, und dass es mir in meinem Leben weiterhelfen wird. Sie hat es so wunderbar erklärt, dass ich es genau verstanden habe und an keinem Tag in der Schule gefehlt habe. Die Nachmittage und die Wochenenden in unserem Zentrum in Dalat waren schön. Dort haben wir Deutsch gesprochen und keiner hat uns schräg angesehen. Wir waren wie eine große Familie. Es war unsere heile Welt. Dort waren wir sicher. Margrit war immer für uns da. Ich war einer der Kleinsten. Vielleicht habe ich deshalb immer die Nähe unserer Betreuer gesucht, besonders zu Margrit. Ich glaube nicht, dass sie wusste, wie wichtig sie für mich war. Sie war mein Ein und Alles.«

»Und am Ende war sie die Einzige, die noch da war. Und auch sie musste schließlich gehen.«

»Sie ging nicht allein«, sagt Dien und Tränen füllen seine Augen. Er lehnt sich zurück und lässt sie fließen.

»Sie nahm ein Waisenkind mit nach Deutschland. Ein Mädchen, das niemanden mehr hatte, keine Angehörigen. Die Kleine war allein auf der Welt, Margrit hat sie adoptiert. Ich habe davon geträumt, an der Stelle des Mädchens zu sein. Aber ich war ein Junge im Rollstuhl. Das Mädchen würde groß werden, eines Tages keine Hilfe mehr benötigen. Aber bei mir ist es anders. Ein Behinderter braucht ein Leben lang Hilfe.«

Beim Essen kommen wir mit dem Besitzer des kleinen Lokals ins Gespräch. Er ist weit über fünfzig und setzt sich zu uns an den Tisch. Dien spricht ihn mit *Chu*, Onkel, an. Er ist erstaunt, dass Dien nicht im Ausland lebt, obwohl er mit einer Ausländerin reist und ihre Sprache sprechen kann. Dien erzählt ihm ein wenig über uns, aber dann bitte ich ihn, den Mann nach der *Helgoland* zu fragen, dem deutschen Hospitalschiff, das während des Krieges fünf Jahre lang, beinahe in Sichtweite von diesem Lokal, im Hafen von Da Nang lag und Zivilisten medizinisch versorgt hat.

Ja, sicher kenne er das Weiße Schiff der Hoffnung, wie es von den Einheimischen genannt wurde. Jeder kannte es. Dort wurde den Kranken geholfen, ohne dass man sie nach Namen und Dokumenten fragte. Es war das einzige Krankenhaus in der Region. Die deutschen Männer an Bord trugen Bärte, damit man sie bei ihren Landgängen nicht mit den Amerikanern verwechselte, denn jene mussten immer glatt rasiert sein.

Als die *Helgoland* von der Bundesregierung nach Vietnam geschickt wurde, geschah dies auf Veranlassung der USA. Die USA hatten im Laufe der Jahre eine halbe Million Soldaten in den Krieg geschickt, und der Beitrag ihrer Verbündeten BRD im Kriegsgeschehen war dieses schwimmende Krankenhaus für die Zivilbevölkerung.

»Mein Freund Sanh ist auf der *Helgoland* behandelt worden«, erzählt Dien dem Mann, »und weil er keine Familie mehr hatte und niemand ihn haben wollte, als das Schiff abgezogen wurde, ist er nach Deutschland gekommen.«

»Da hat er es bestimmt besser gehabt als hier.«

»Für ein paar Jahre, aber dann mussten wir wieder zurück«, sagt Dien zu ihm. »Sanh lebt nicht mehr. Er ist vor zehn Jahren in einem Krankenhaus in Saigon gestorben. Viele meiner Freunde von damals sind tot.«

Für Dien und seine Freunde wird der Vietnamkrieg nie vorüber sein.

Wortlos schauen wir aufs Meer. Unbeabsichtigt male ich mit meinem Stift das Haus vom Nikolaus. Dien sieht es und strahlt mich an.

»Das-ist-das-Haus-vom-Ni-ko-laus«, sagt er und malt die acht Silben zu dem markanten Haus, ohne den Stift abzusetzen.

»Das kennst du natürlich auch!«

»Sicher, aber ich hatte es all die Jahre vollkommen vergessen.«

»Und das hier?«, frage ich ihn und ziehe die Striche für das Nachbarhaus. »Und ne-ben-an-der-Weih-nachts-mann!«

»Toll! Das kenne ich noch nicht. Lass mich mal probieren!«

Als die Sonne ein wenig tiefer steht, werden die Temperaturen erträglicher und das grelle Licht gemildert. In der Nähe liegt der bekannte China Beach, der seinen Namen von den amerikanischen Soldaten bekam, die sich dort, in unmittelbarer Nähe ihres wichtigsten Militärstützpunktes, von ihren Kriegseinsätzen erholten. Nur einige Flugminuten entfernt warfen die Bomber ihre todbringende Fracht ab. Die Untergrundkämpfer hatten aus ihren Verstecken in den Höhlen der Marmorberge sogar einen freien Blick auf das lasterhafte Treiben ihrer amerikanischen Kriegsgegner am Strand. Die Marmorberge bildeten lange Zeit eine uneinnehmbare Festung, der sich die Amerikaner nur per

Helikopter nähern konnten. Etwas weiter entfernt von der Küste liegt die Gegend um My Son, die teilweise noch heute durch das Entlaubungsgift Agent Orange vergiftet ist. Selbst in der dritten Nachkriegsgeneration kommen Kinder mit schweren Missbildungen auf die Welt. Auch hier hört der Krieg nie auf.

»Wir sind fast allein am Strand«, sagt Dien, als wir es uns wieder auf den Liegestühlen bequem gemacht haben. »Eine gute Gelegenheit für das Fünfundzwanzig-Euro-Ding.«

»Soll ich so lange weggehen?«

»Nein, bleib ruhig hier. Ich will dir zuvor noch etwas zeigen. Hier ist die Narbe von dem Splitter«, sagt er und dreht mir seinen Rücken zu. »Siehst du sie? Es ist eine winzige Stelle.«

»Ja, kaum zu sehen. Nur ein kleiner Kratzer. Irgendwie unvorstellbar, dass der winzige Splitter in deinem Rücken dein Leben bestimmt.«

»Ein Metallteil von einer Granate, die an einem frühen Morgen im Jahr des Affen abgefeuert wurde.«

»Abgefeuert, um zu töten.«

»Und dreißig Jahre später sitze ich hier und kann nicht einen einzigen Schritt alleine gehen.«

Dann legt Dien sich ein Handtuch über den Schoß und klopft seine Blase ab. »Ich versuche mal, ob es hier draußen klappt. Ist ziemlich ungewohnt.«

»Willst du bei der Gelegenheit nicht auch deine Badehose anziehen? Und …äh … soll ich irgendwas tun?«

»Du bist meine Große Schwester. Du kannst tun, was du willst. Meinst du wirklich, ich soll die kurze Hose anziehen? Ich mag meine Beine nicht zeigen.«

»Es ist doch niemand in der Nähe.«

Ich stehe auf und gehe über den Strand ans Meer. Das Wasser ist kühler als erwartet und lädt mit seiner Frische zum Baden ein. Dien ist mit Umziehen beschäftigt, und ich versuche abzuschätzen, ob wir es mit dem Rollstuhl über den breiten Strand schaffen. Auf keinen Fall werde ich allein schwimmen gehen und vor seinen Augen die Erfrischung genießen. Es gab bisher nie die Möglichkeit zum Baden für ihn. Fest entschlossen laufe ich zurück zu ihm.

»Lass uns schwimmen! Du hast doch gesagt, du kannst es. Das will ich sehen.«

»Ich konnte es, und ich glaube, es geht immer noch. Aber wie soll ich ins Wasser kommen?«

»Irgendwie schaffen wir das schon. Vielleicht ist es leichter, den Rollstuhl rückwärtszuziehen.«

»Aber die Leute werden glotzen.«

»Ist doch egal.«

»Guck mal, wie meine Beine aussehen«, sagt Dien und zeigt auf seine schmalen Glieder. Die Haut ist hell und zart. Vermutlich haben seine Beine seit Jahrzehnten keine Sonne abbekommen.

»Ich finde deine Beine schön. Und jetzt schwing dich in den Stuhl!«

»Der Rolli darf nicht nass werden.«

»Weiß ich, ist alles kein Problem. Ich trage dich ins Wasser.«

»Das ist mir unangenehm.«

»Jetzt komm schon. Ich bin deine Große Schwester. Mir gegenüber muss dir nichts unangenehm zu sein.«

»Das sagst du so einfach.«

»Los jetzt! Rutsch rüber in deinen Stuhl, sonst werde ich sauer!«

»Jetzt bist du aber eine richtige Deutsche!«

»Wenn es sein muss!«

Wir kommen langsam voran. Dien jammert unentwegt, wie peinlich ihm das alles sei, aber gleichzeitig müssen wir über mein Gezerre und Geschiebe lachen. Der Rollstuhl mit seinen schmalen Reifen ist denkbar ungeeignet für den feinen Pulversand. Als wir den festen Boden am Ufer erreicht haben, sind es trotzdem noch einige Meter bis ins Wasser.

»Wie soll ich dich tragen?«

»Ich lege einen Arm um deinen Hals. Es ist mir so peinlich. Ich bin doch ein Mann und du eine Frau.«

»Halt dich fest!«

»Wie ein Kind! Das ist schrecklich«, höre ich seine Stimme dicht an meinem Ohr. In seinen Worten steckt eine unerträgliche Traurigkeit und ich kann nichts erwidern. Der Weg zum Wasser ist abschüssig und schnell haben wir die erste Welle erreicht. Erst als das Wasser Diens Rücken berührt, lasse ich ihn los. Die erste Welle überrascht uns, aber dann schwimmt er los. Er taucht und schwimmt, versucht es mit Brustschwimmen, Kraulen und legt sich auf den Rücken. Mit der nächsten Welle taucht er unter und ich versuche möglichst nah an seiner Seite zu bleiben. Wagemutig schwimmt er weiter und schreit seine Freude hinaus. Meine Tränen vermischen sich mit dem Salzwasser. Ich beiße mir auf die Lippen und schwimme langsam hinter ihm her.

»Halt dich an mir fest, wenn du eine Pause brauchst! Spürst du den Boden noch unter dir?«

»Doofe Frage, Große Schwester.«

»O.k., zugegeben! Also, ich habe noch Grund unter den Füßen. Lass uns nicht weiter hinausschwimmen.«

»Siehst du, wie toll ich es noch kann? Ich habe es nicht verlernt. Hurra! Das Wasser trägt mich.«

»Du schwimmst! Das ist wunderbar! Und du siehst aus wie Jackie Chan bei einem gefährlichen Unterwassereinsatz. Nasse Haare stehen dir wirklich verdammt gut.«

Dien kann mir nicht antworten, weil er wieder von einer Welle erwischt wird und Salzwasser schluckt. Wir treiben ab, aber die Strömung scheint nicht besonders stark zu sein. Als das Meer sich ein wenig beruhigt, legt Dien sich wieder auf den Rücken und ich halte seinen Kopf.

»Ich bleibe für immer im Wasser«, flüstert er.

Später bitten wir eine der Frauen aus dem Restaurant, ob sie uns einen Schwimmring besorgen kann. Sie kommt mit einem aufgepumpten LKW-Schlauch zurück. Aber wenn Dien sich daran festhält, dann treiben seine Beine unter den Ring und sein Oberkörper wird unter Wasser gedrückt. Schließlich zieht er sich an dem schwarzen Ungetüm hoch, setzt sich hinein und ich halte mich von außen daran fest. So lassen wir uns lange treiben und Dien erzählt davon, wie er als Kind in Hamburg schwimmen gelernt hat. Am Ende der Bucht sehen wir die Silhouette von Da Nang, die in diesem Moment zu einer beliebigen Stadt gehört und nicht zu einem Ort unsäglichen Leids. Der Strand ist in weiches Licht getaucht und am Ufer wirft der Rollstuhl einen langen Schatten.

Es ist ablaufendes Wasser und der feste Uferstreifen wird immer breiter. Ich hole meine Kamera und mache einige Aufnahmen. Dien probiert einen Kopfstand und nach einigen Versuchen gelingt es ihm auch. Er tollt in der Brandung und streckt sich schließlich in der milden Abendsonne aus. Es ist ein Anblick voller Ruhe und Frieden. Er hat ein Bein angewinkelt, seine Arme von sich gestreckt und scheint eins zu sein mit der Erde, dem Meer und dem Himmel. Für einen kurzen Moment spiegelt sich sein Körper im nassen Sand.

Als ein älteres vietnamesisches Paar vorübergeht, bitte ich sie auf Englisch ein Foto von uns zu machen. Ich gebe ihnen meinen Apparat, laufe zu Dien und will mich neben ihm in die Brandung legen. Als ich ihm dabei etwas zurufe, fragen die Spaziergänger uns auf Deutsch, ob wir Deutsche seien.

Sie selber leben in Osnabrück und sind auf Heimaturlaub in Vietnam. Wie sich herausstellt, haben Dien und sie sogar gemeinsame Bekannte in verschiedenen Hilfsprojekten.

Als die Sonne langsam untergeht, überlegen wir, wie wir zum Rollstuhl kommen sollen. Durch die einsetzende Ebbe ist es inzwischen ein wesentlich längerer Anstieg bis zum Strand geworden. Ich glaube nicht, dass ich Dien vom Boden hochheben kann.

»Ich habe eine Idee!«, sagt er mit Blick auf die Entfernung. »Kennst du Schubkarre?«

»Na klar!«

»Dann los!«

Dien krabbelt auf seinen Händen und ich nehme seine Beine. Wir müssen gleichzeitig losprusten und kommen vor Lachen kaum voran. Mit letzter Kraft erreichen wir den Rollstuhl.

»Du bist eine Verrückte!«

»Und du erst!«

»Ich habe seit damals keine Schubkarre mehr gemacht.«

»Ich auch nicht.«

»Meine Hose ist voller Sand.«

»Deine Haare auch«, sage ich, und als ich mit meiner Hand in seine nassen Strähnen greife, hält er sie fest und zieht sie über seine Lippen.

Mit letzter Kraft zerre ich den Rollstuhl bis auf die Terrasse. Die Frauen sind hinter dem Küchenraum versammelt, um das Abendessen vorzubereiten, der ältere Mann liegt mit dem Baby in der Hängematte und Gäste sind weit und breit nicht zu sehen.

Ich gieße mir rasch einige Kannen Wasser über den Körper und wickle mich in ein Handtuch ein. Während Dien mit seiner Entsandung beschäftigt ist, trinke ich ein Bier und schaue mit glasigen Augen auf das Meer.

Wolkenbruch

Wir verbringen die Tage abwechselnd in der Stadt und am Meer. Die Gäste in unserem Hotel bleiben für maximal zwei Nächte und so zählen wir nach einigen Tagen quasi zur Belegschaft. Wenn wir in der Lobby am Computer sitzen, dann gesellen sich die Angestellten zu uns. Und wenn die jungen Damen mich allein erwischen, versuchen sie mehr über Dien und den Zweck unserer Reise zu erfahren. Wir nehmen uns Zeit, werden mit Aufmerksamkeiten bedacht. Die anderen Gäste absolvieren zumeist ein strammes Besichtigungsprogramm und sind bereits aus dem Haus, wenn wir am Frühstückstisch neben dem Pool sitzen. Einmal tobt eine skandinavische Familie ausgiebig im Wasser, und ich sehe Diens sehnsüchtige Blicke. Aber er traut sich nicht hinein. Alle Augen würden sich auf ihn, seine kurzen Beine und seine Behinderung richten.

In unseren Tagesablauf hat sich eine gewisse Routine eingeschlichen, die wir beide dankbar annehmen. Immer häufiger verbringen wir Zeit in seinem Zimmer. Dort kann ich das Rollstuhlfahren üben, und die Welt auf Rädern wird mir langsam vertrauter. Doch es sind schweißtreibende Versuche und nach spätestens einer Stunde fehlt mir die Kraft zum Fahren auf zwei Rädern oder zum Wenden bei engem Radius.

Aus Saigon hatten wir vorsorglich alle Filme mitgenommen, die bisher über Dien und die anderen kriegsverletzten Kinder gedreht worden sind, und sehen sie immer wieder an. Mindestens ebenso viel Zeit widmen wir dem Betrachten der Fotos und Videos, die wir im Laufe des Tages aufgenommen haben. Als Dien zum ersten Mal die Strandfotos auf dem Bildschirm sieht, will er nicht glauben, dass er der Mann ist, der sich Sand und Wellen hingab. Immer wieder schaut er auf seine nackten Beine, die sich auf meinem Lieblingsfoto im feuchten Sand spiegeln. Er blinzelt, als wolle er nicht wahrhaben, was dort abgebildet ist. Die Aufnahme gibt die lebendige Ausstrahlung seines gesamten Körpers wieder. Wir werden niemals müde, die Bilder unserer Reise aufs Neue zu betrachten, und immer wieder lassen sie uns lachen, staunen und genießen. Manchmal ist es der eingefangene Blick auf einem Foto, der ein Gespräch entfacht, das uns die Zeit vergessen lässt und zu neuen Geschichten führt.

Spätestens wenn die Sonne sich neigt, ziehen wir los, um das Farbenschauspiel über dem Fluss zu erleben und uns auf eine der Restaurant-Terrassen zu setzen. Heute Abend ist es wieder ein kleines Lokal am Ufer, das einen Ausblick auf das Stadtzentrum erlaubt. Wir sitzen unter einem improvisierten Wellblechdach und schieben uns gegenseitig die leckersten Stücke zu, als die Köchin plötzlich unter dem kleinen Verschlag hervorkommt, der ihr als Feuerstelle dient und skeptisch in den dunklen Himmel schaut. Bedrohliche Wolken ziehen auf, und schon im nächsten Moment scheinen sich über uns die Schleusentore zu öffnen.

Der Guss ist so gewaltig wie die Monsunschauer des Südens. Das Trommeln der Regentropfen auf das Blechdach macht jede Unterhaltung unmöglich. Selbst wenn wir schreien, ist kein Wort zu verstehen. Die Gäste rücken näher zusammen, denn das Dach kann den Wassermassen kaum standhalten. Im Nu sind die Straßen überschwemmt, und eine Senke vor dem Lokal steht knietief unter Wasser. Zwei Mopedfahrer wollen trotzdem hindurchfahren, was ihnen jedoch nicht gelingt. Lachend zerren sie ihr Zweirad aus dem Minisee. Fußgänger haben ihre Hosenbeine hochgekrempelt und rennen vorbei. Der Wolkenbruch entwickelt sich zu einem Dauerregen, und wir sind ratlos, wie wir zum Hotel zurückkehren sollen. Unter diesen Witterungsverhältnissen bekommen die erstaunlichen Fotos aus Hoi An endlich einen Sinn, auf denen zu sehen ist, wie kleine Boote durch die überschwemmten Gassen der Stadt fahren – wie in Venedig. Zwar hat die Regenzeit eigentlich noch nicht begonnen, aber auch in Vietnam ist kein Verlass mehr auf das übliche Klima. Außerhalb der Stadt sieht man lange Markierungsstäbe am Straßenrand, wie im Gebirge, wo sie nach Schneefällen dazu dienen, die Fahrbahn wiederzufinden. Hier scheint es bei den alljährlichen Überflutungen ähnlich zu sein. Wir bestellen ein Taxi, weil Dien Angst um den Rollstuhl hat. Die Kugellager würden leiden und der Sitz über Nacht nicht trocknen. Vom langen Warten werden wir müde, aber ein Taxi ist weit und breit nicht zu entdecken. Stattdessen setzt endlich der Regen aus. Skeptisch schauen wir in den Himmel.

»Was wollen wir machen?«, frage ich, »jetzt ist es einigermaßen trocken. Sollen wir es riskieren und nach Hause laufen?«

»Und wenn es unterwegs wieder losgeht?«

»Risiko! Wir müssen eben schnell sein.«

»Na dann los.«

»Hier, nimm meine Flipflops«, sage ich zu Dien, greife die Griffe seines Rollstuhls und renne los. Ich versuche ein Tempo zu finden, das ich möglichst lange durchhalten kann. Es sind kaum mehr als zwei Kilometer bis zu unserem Hotel. Schnell überschlage ich meine übliche Laufzeit für eine derartige Strecke und mein Ehrgeiz ist entfacht. An den Pfützen werde ich langsamer und versuche sie zu umgehen, aber auf den glatten Asphaltstücken tobe ich mich aus. Ich genieße den Lauf und höre nicht auf Diens Ratschläge, es langsamer anzugehen. An der Hauptstraße sind wir die Attraktion des Abends. Eine Langnase als abgewandelte Rikschaläuferin. Die Frau mit den halb ausgebrüteten Enteneiern schaut über ihre Petroleumfunzel hinweg und nickt uns einen Gruß zu. Mopedfahrer überholen uns mit offenen Mündern und vergessen dabei fast, sich wieder in Fahrtrichtung umzudrehen. Endlich kann ich meinen Puls und meinen Atem im geliebten Rhythmus der Anstrengung spüren und habe das Gefühl, meine Beine würden mir das Laufen danken. Wir kommen immer schneller vorwärts. Mit Einsetzen eines erneuten Regengusses erreichen wir unser Hotel und werden überschwänglich von den jungen Damen begrüßt, die sich bereits Sorgen um uns gemacht haben.

Ich liege noch lange auf Diens Bett, während mein Freund sich durch das Fernsehprogramm zappt. Mich interessieren vor allem die vielen Variationsmöglichkeiten, die ein Ao Dai, das Nationalkleid, bietet. Derzeit wird mit modernen Drucken und Pailletten experimentiert. Es ist erstaunlich, wie umwerfend erotisch ein hochgeschlossenes langes Kleid wirken kann.

Dien schaltet von einem Kanal in den nächsten und trifft glücklicherweise auf einen Übertragungsblock der Deutschen Welle in seiner Lieblingssprache. In Vietnam waren Satellitenanlagen zum Fernsehempfang bis vor Kurzem nur in Hotels erlaubt. Inzwischen kann eine Genehmigung auch von Privatpersonen beantragt werden, doch das Verfahren ist kompliziert und kostspielig. Und den Kauf einer Satellitenanlage können sich nur die Wohlhabenden leisten. So hatte Dien bisher keine Gelegenheit, aktuelle deutsche Nachrichten oder Reportagen zu verfolgen, und er genießt den Luxus. Als Berti Vogts sich auf Englisch zur Lage des afrikanischen Fußballs äußert, schalten wir ab.

Der amerikanische Vietnamese

Mit einem Augenzwinkern haben wir uns vorgenommen, heute nicht zu arbeiten. Stattdessen wollen wir den ganzen Tag durch die Stadt bummeln und uns in unserem Lieblingslokal *Nhu Y*, dem *Mermaid*, verwöhnen lassen. Die hiesige Köchin Vy stammt aus einer armen Familie. Zu Beginn der neunziger Jahre besaß sie nur einige Töpfe, Kohlenbrenner, Plastiktische und Stühle. Aber sie war eine mutige Frau und eine talentierte Köchin. Zu dieser Zeit kamen die ersten Ausländer nach Hoi An, und eines Tages nahmen vier Langnasen auf Vys winzigen Schemeln Platz. Sie waren begeistert von ihrer Kochkunst, woraufhin die Köchin sich einige englische Bezeichnungen für ihre Gerichte auf eine Tafel schreiben ließ. Das war der Grundstein für das noch heute erfolgreiche *Mermaid*. Inzwischen betreibt Vy mehrere Restaurants, ein Hotel und eine Kochschule.

Die heißen Nachmittagsstunden verbringen wir in einem Café mit bequemen Korbstühlen und rotierenden Ventilatoren. Ich genieße die Hitze und das Nichtstun. Bis auf einige unermüdliche Touristen sind die Gassen der Altstadt weitgehend leer. Als drei junge Ausländerinnen ins Café kommen und sich an einen Tisch in unserer Nähe setzen, bemerke ich Diens neugierige Blicke. Immer wieder schaut er zu ihnen hinüber und lächelt freundlich.

»Möchtest du mit ihnen sprechen?«

»Wie denn? Ich kann doch kein Englisch.«

»Möchtest du wissen, was sie über Vietnam denken? Das könnte spannend werden. Ich kann sie ansprechen.«

»Einfach so?«

»Sie rauchen. Ich frage sie nach einer Zigarette.«

»Was glaubst du, woher sie kommen?«

»Keine Ahnung, klingt jedenfalls nicht nach Australiern oder Amerikanern, so ganz britisch allerdings auch nicht. Wir werden sehen. Ich weiß nur, dass sie happy sein werden, mit dir zu reden. Ein Verletzter aus dem Vietnamkrieg! Wow! Davon werden sie all ihren Freunden erzählen. Du hast die Möglichkeit, ein wenig Aufklärungsarbeit für die Behinderten in Vietnam zu leisten.«

»Kannst du Gedanken lesen oder woher willst du das alles wissen?«

»Sollen wir es probieren?«

Wenig später sitzen wir angeregt plaudernd mit den drei Frauen aus Irland zusammen. Sie möchten so viel wie möglich über Dien und sein Leben wissen und nutzen die Gelegenheit, mit einem normalen Vietnamesen zu sprechen, der nicht im Tourismus beschäftigt ist. Wir ermuntern sie mit unserem Lachen und Diens Offenheit.

»Frage sie, was sie trinken möchten«, bittet Dien mich nach einer Weile.

Die Frauen lehnen höflich ab und sprechen stattdessen eine Einladung an uns aus. Wir sitzen in einem der teuren Touristencafés, wo die Getränke ein Vielfaches des normalen Preises kosten. Dien duldet keinen Widerspruch und zeigt mit eindeutigen Gesten, wie wichtig ihm diese Einladung ist. Noch immer zieren sich die Frauen.

»Hast du ihnen etwa erzählt, dass ich in einer Garage wohne?«

»Ich habe nur gesagt, dass du in einfachen Verhältnissen lebst.«

Schließlich bestellen wir eine Runde Saft und Dien begleicht die Rechnung.

»Ich empfange sie als Gastgeber in meinem Land«, sagt er stolz und scheint sich in dieser Rolle ausgesprochen wohl zu fühlen. »Weißt du, wie oft mir das in Deutschland passiert ist? Eigentlich bin ich fast immer eingeladen worden. Jetzt kann ich mal ein wenig davon zurückgeben.«

Unser letzter Tag bricht an, aber zum Glück ist unser Abflug erst am späten Abend. Unsere Zimmer können wir bis zur Abreise behalten, und so habe ich Dien gebeten, den Tag nicht mit Reisevorbereitungen zu verbringen, sondern so wie unsere schönsten Tage hier. Vor dem Frühstück überwindet er den Rest seiner noch vorhandenen Bedenken und springt mit mir in den Swimmingpool. Er hebt sich aus dem Stuhl und hält sich an der Leiter fest, um dann Schwung zu holen und sich fallen zu lassen. Das Becken ist klein, und eine der Schmalseiten grenzt an die erste Reihe der Restauranttische, an denen ein Touristenpärchen zum Frühstücken weilt. Im klaren Wasser des Pools geht Dien seiner großen Leidenschaft nach: Er taucht der Länge nach durch das Becken. Als ich ihm sage, dass sein Hintern dabei verdächtig aus dem Wasser schaut, wird er zum ehrgeizigen Tieftaucher. Wir schwimmen und tauchen um die Wette, wobei Dien sich mit verspielter Leichtigkeit im Pool bewegt. Seine Augen sind gerötet und für einen Moment erinnert er mich an den kleinen Jungen in Deutschland, der so oft meine Fantasie durchkreuzt. Ich lache über das übermütige Kind in ihm.

Den Vormittag vertrödeln wir in den Gassen der Altstadt, wo wir inzwischen jedes Geschäft kennen. Den Bildband des Holländers Hans Kemp können wir auch beim dritten Anlauf nicht weit genug herunterhandeln. Die »Bikes of Burden«, seine fantastischen Aufnahmen über die Kunst des Beladens und Fahrens von Mopeds auf den Straßen Vietnams, müssen wohl hierbleiben.

Wir essen ein letztes Mal im *Mermaid* und statten den Kindern einer Stofflampenmacherfamilie aus der Nachbarschaft einen Besuch ab. Ihre Werkstatt befindet sich im Quan-Cong-Tempel neben dem Restaurant. Hier kann man ihnen beim Fertigen der Lampions zuschauen. Ich fotografiere den hübschen Verkaufsstand mit den erleuchteten Lampions und posiere gemeinsam mit den Kindern. Dien verspricht ihnen, die Aufnahmen per Post nach Hoi An zu schicken. Ich kaufe zwei Stofflampen. Nicht nur die Farben und Stoffe sind wunderschön, sondern auch die Art der Herstellung. An allen Ecken der Stadt kann man die unbespannten Rahmen sehen, die vor den Wohn- und Werkstätten der Handwerkerfamilien Platz sparend zusammengebunden werden, bevor man sie mit Seidenstoffen bespannt.

Das Taxi setzt uns direkt vor dem Flughafengebäude ab. Unsere Taschen sind prall gefüllt mit Souvenirs. Einen Rucksack hängen wir an den Rollstuhl, eine Tasche nimmt Dien auf seinen Schoß und meine Rolltasche ziehe ich hinter mir her. Vor dem Eingang gibt es eine Rampe, und ich hole kräftig Schwung, um Dien hinaufzuschieben. Aber wir haben den Anstieg und das Gewicht unseres Gepäcks unterschätzt und der Rollstuhl kippt hintüber. Mir fällt die Tasche aus der Hand, ich schubse Dien nach vorn, während er versucht das Gewicht auszugleichen. Unter den Blicken zahlreicher Schaulustiger lachen wir über unsere Akrobatik und können uns kaum beruhigen.

»Stell dir vor, wir wären vor aller Augen auf die Schnauze gefallen«, kichert Dien.

»Die hätten ihren Spaß gehabt.«

»Ganz bestimmt!«

Bevor wir hineingehen, entdecke ich in einer Gruppe rauchender Männer einen Rollstuhlfahrer. Der junge Vietnamese schaut uns interessiert an und lächelt.

»Hi, how are you?«, fragt er mit deutlich amerikanischem Akzent.

»Fine, thank you. Where are you going?«

»To Saigon!«

»Us too. See you later then.«

Nachdem wir unser Gepäck und Diens Rolli aufgegeben haben und Dien in einem ramponierten Ersatzstuhl der Fluggesellschaft sitzt, halten wir in der Wartehalle Ausschau nach dem jungen Mann. Er winkt uns schon von weitem zu und stellt sich als Nghia aus Seattle in den USA vor. Er sei auf Verwandtenbesuch in seiner Heimat, die er bereits als Kind mit seinen Eltern in Richtung Amerika verlassen habe. Damit gehört er zu den weit über eine Million Vietnamesen, die seit dem Ende des Vietnamkrieges in den USA eine neue Heimat gesucht haben.

Ich versuche ein paar Worte mit Nghias Begleiter zu wechseln, der aber leider kein Englisch spricht.

»*My brother*«, klärt er mich auf.

Nghia und Dien machen sich auf Vietnamesisch miteinander bekannt und Nghia rutschen dabei immer wieder englische Worte heraus. Ich muss schmunzeln. Seine Ausdruckweise ist mir durch meine Zeit als Sozialarbeiterin für asiatische Einwanderer in Kalifornien vertraut. Diverse Male höre ich sein *I see, I see*, und plötzlich laufen Nghia Tränen über die Wangen. Dien huscht ein verunsichertes Lächeln übers Gesicht, und er zuckt kaum merklich mit den Schultern.

»Meine Güte, was hast du ihm erzählt?«, frage ich.

»Nichts! Wirklich nichts. Es ist nicht meine Schuld. Ich habe ihm nur gesagt, dass ich in Saigon lebe. Und das findet er anscheinend zum Heulen.«

»*I can't believe it. How can he live in Saigon? In a wheelchair! That's almost impossible.*« Er dachte, wir lebten zusammen im Ausland. »Ihr seid so fröhlich. Mein Gott, was ist mit ihm passiert? Warum lebt er nicht in Deutschland?« Nghia ist fassungslos und wischt sich unentwegt Tränen aus den Augen.

»Ich erkläre ihm mal ein bisschen was über mich«, sagt Dien und wird sein Lächeln nicht los, obwohl er sich ernsthaft darum bemüht. So viel Mitleid sei ihm lange nicht mehr untergekommen.

Nghia ist als Teenager bei einer Straßenschießerei in Seattle zwischen jugendlichen Gangs von einer Kugel in den Rücken getroffen worden. Seine Lähmung setzt etwas höher ein als Diens, der ihm nicht exakt sagen kann, ab welchem Wirbel er gelähmt ist. Das Wissen um den betroffenen Wirbel, ob zehn oder zwölf brächte ihn nicht weiter, sagt er immer. Nghia scheint von Diens Gleichgültigkeit gegenüber dieser wichtigen Diagnose sichtlich irritiert zu sein. Die beiden unterhalten sich eine Weile über Inkontinenz und Nghia holt einige Medikamente aus seiner Tasche und zeigt sie Dien. Ich werde zwischendurch mit Übersetzungen auf dem Laufenden gehalten.

»So offen habe ich noch nie mit einem fremden Vietnamesen über meine Lähmung reden können«, sagt Dien. »In Amerika scheinen die Leute genauso locker drauf zu sein wie in Europa. Er hat überhaupt keine Hemmungen. Wir haben sogar über Windeln gesprochen. Stell dir das mal vor! Ein ganz neues Gefühl für mich. Verrückt! Dafür musste ich erstmal mit dir nach Hoi An fahren.«

Nghia lebt in Saigon in einem Hotel, weil das Haus seiner Verwandten nicht behindertengerecht sei, sagt er.

»Wir sollten ihm meine Garage zeigen«, schlägt Dien vor.

»Gute Idee, aber vielleicht weint er dann noch mehr!«

»Amerikaner scheinen irgendwie verwöhnt zu sein. Meinst du wirklich, ich soll ihn zu mir nach Hause einladen?«

»Klar, aber vielleicht nicht gerade, wenn die Abwasserkanäle mal wieder übergelaufen sind.«

»Du achtest wohl auf alles!«

»Meine Nase funktioniert ziemlich gut.«

Nghia ist entsetzt über die Lebensbedingungen für Behinderte in Vietnam. Als wir gemeinsam im Hubcontainer zum Flugzeug gefahren werden, vergleicht er die hiesigen Bedingungen für den Behindertentransport unentwegt mit denen in den USA. Dort zeigten die Flugbegleiter ein besonders zuvorkommendes Verhalten und man werde nicht wie auf einem Abstellgleis und in einem schäbigen Container transportiert. Im

Flugzeug wird Nghia von seinem Bruder zum Sitz getragen und verdreht dabei genervt die Augen. Als wir an unseren Plätzen sitzen, merkt Nghia plötzlich, dass sein Sitzkissen fehlt, und er gerät darüber regelrecht in Panik. Sein Gesicht läuft rot an und er spricht abwechselnd vietnamesisch und englisch. Die Flugbegleiter verstehen nicht sofort, was er meint, und Dien hält sein eigenes Kissen in die Höhe.

»Ohne mein Kissen kann ich nicht sitzen«, erklärt Nghia mit flehender Stimme. »Ich brauche es unbedingt.«

Sein Bruder stürmt aus der Maschine. Es sei eine Spezialanfertigung, erklärt uns Nghia, die exakt auf seine Anatomie abgestimmt sei. Das Kissen koste fast tausend Dollar und er habe keinen Ersatz. Erst jetzt lerne ich etwas über die besondere Bedeutung eines angepassten Sitzkissens für Querschnittsgelähmte. Nghia kommen schon wieder die Tränen, als er erfährt, dass Dien solch ein Kissen noch nie besessen hat. Sein Kissen ist nichts weiter als ein schräger Keil aus Schaumstoff.

»Meine Freunde in Deutschland haben natürlich auch solche Dinger«, sagt Dien zu mir, und er geht davon aus, dass mir diese wenigen Worte als Erklärung für seine Misere ausreichen.

»Ich habe sogar mal ein gebrauchtes Kissen geschenkt bekommen. Auch wenn es nicht auf meinen Körper zugeschnitten war, habe ich vorher noch nie so bequem gesessen. Ich habe es weiterverschenkt, weil ein Freund es dringender brauchte. Du weißt doch, ich kann sogar auf Plastikschemeln sitzen.«

»Mutter Teresa! Das regt mich schon wieder auf!«

Dien kneift mich ungewöhnlich heftig und ich muss meinen Aufschrei unterdrücken.

»Psst! Du hast es doch selbst gesehen! Ich sitze fast wie ein normaler Mensch.«

Im letzten Moment kommt Nghias Bruder mit dem Kissen in der Hand ins Flugzeug zurück und wir atmen erleichtert auf.

Dien genießt den Start, während ich das notwendige Übel

mit verkrampfter Haltung und geschlossenen Augen über mich ergehen lasse. Erst als wir in der Luft sind, habe ich meine Ängste im Griff. Dien ist bestens gelaunt und lässt unseren Ausflug Revue passieren.

»Wenn ich eines Tages wieder einmal die Gelegenheit haben sollte, nach Hoi An zu kommen,« sagt er mit feierlicher Stimme, »zum Beispiel, wenn ein Tourist mich als Begleiter und Dolmetscher dabeihaben möchte, dann würde ich nein sagen.«

»Nein!?«

»Ja! Und weißt du auch, warum? Es war zu schön, um noch einmal zurückzukommen. Ich würde ohnehin immer nur an dich denken. Hoi An, das bist du, das sind du und ich.«

In Saigon regnet es in Strömen. Wir haben Mühe, ein Taxi zu finden, weil Dien in seinem Rollstuhl übersehen wird und ich bei den vorfahrenden Wagen nicht erkennen kann, welches ein Taxi ist. Wenn die Fahrer mir etwas zurufen, verstehe ich kein Wort. Der Platzregen geht einher mit gesteigerter Hektik, als würde man weniger nass, wenn man sich schneller bewegt. Schließlich findet Nghias Bruder einen Wagen und bietet uns an, bei ihnen mitzufahren. Nach einer endlosen Diskussion, bei der es auf Diens Seite vermutlich um die Ablehnung der Einladung geht und bei den Brüdern um diverse Wiederholungen, steigen wir schließlich ein.

Unterwegs erscheint mir die Stadt noch voller als sonst, unser Fahrer muss um jeden Zentimeter Fahrbahn kämpfen, und es dauert eine Ewigkeit, bis wir die Pham Ngu Lao erreichen. Dien lässt mich im nächtlichen Regen ungern allein die Straße überqueren, aber als ich beleidigt reagiere, weil er mich offenbar immer noch für eine hilflose Touristin hält, darf ich es versuchen. Nichtsdestotrotz warten sie, bis ich sicher die andere Straßenseite erreicht habe. Ich winke ihnen nach, und als ich die kleine Hotelgasse erreiche, genieße ich einen Anflug von Heimatgefühl. Ich freue mich auf mein Zimmer, auf mein Notizbuch und auf den schnellen Internetzugang in der Lobby. Und ich bin neugierig auf Dannys Geschichten. Vielleicht hat er sich inzwischen schon verlobt.

5 Saigon. Hitze und andere Lasten

Dankbarkeit und Verletztheit

Es regnet den ganzen Tag. Die Niederschläge sind so stark, dass es auch unter dem Blechdach auf der Dachterrasse kaum Schutz gegen die Wassermassen gibt. Schwere Wolken hängen über dem Hotelviertel, meine Gedanken schlagen Purzelbäume. Hoi An ist noch so nah, dass mein Zimmer mir plötzlich unwirklich und fremd erscheint. Die dröhnenden Geräusche der Stadt, die Stimmen der Nachbarn, das Geknatter der Mopeds in den winzigen Gassen hinter dem Hotel, die Glocke des Nudelverkäufers und das Geklapper des Masseurs üben plötzlich keinen Reiz mehr auf mich aus. Viel lieber möchte ich am Thu-Bon-Fluss sitzen und Diens Geschichten lauschen. So viele Erinnerungen sind dort aufgestiegen, und doch gibt es noch viele offene Fragen.

Der Regen lässt selbst am Abend nicht nach, aber ich kämpfe mich dennoch bis zur Suppenküche durch und schlage mir den Bauch mit einer *beefsoup without meet* voll. Ich rufe Peter an und vereinbare für den morgigen Abend ein Treffen gemeinsam mit Dien, damit die beiden sich endlich kennen lernen. Peter möchte etwas über unsere Reise erfahren, und ich wünsche mir insgeheim, dass er, als Rollifahrer und erfahrener Weltreisender, Dien auf neue Gedanken bringen kann.

Kurz nach Einbruch der Nacht, um sieben Uhr, liege ich bereits im Bett und blättere in meinen Reisenotizen. Ach, wenn ich doch nur eine leserliche Handschrift hätte.

Am nächsten Tag besuche ich Dien, und wir versuchen uns alte Fotos anzuschauen. Doch es fehlt eindeutig die nötige Ruhe.

Die Nachbarin ist eine alte streitsüchtige Frau, die ausgerechnet heute ihre irritierende Musik besonders laut abspielt. In meinen Ohren klingt es nach experimenteller Percussion mit Anlehnungen aus dem Punk, zusätzlich untermalt von hupenden Mopeds. Angeblich handelt es sich um religiöses Trommeln, aber so genau weiß Dien es auch nicht. Seine Freundin Yen verdreht die Augen und zuckt mit den Schultern. Zwar könnten sie sich beim Vorstand des Wohnblock beschweren, aber mit den Leuten vom Verwaltungsbezirksvorstand will man nur ungern etwas zu tun haben. Es sind schließlich dieselben, die an den nationalen Feiertagen kontrollieren, ob man die rote Fahne herausgehängt hat.

Yen ist unentwegt beschäftigt, bereitet eine Mahlzeit zu, schält Obst für zwischendurch oder kocht Tee. So habe ich sie bisher jedes Mal erlebt, wenn ich bei Dien war. Sie ist unermüdlich im Haushalt ebenso wie an ihrem Frühstücksstand auf der Straße.

Ich bitte Dien, sie zu fragen, ob er ihr gefehlt habe, als wir in Hoi An waren und ob sie nicht böse auf mich sei, weil ich ihn quasi entführt habe. Sie lacht und schüttelt energisch den Kopf, während ich mich frage, was Dien ihr eigentlich übersetzt.

»No problem«, sagt sie noch, und ich gestehe Dien, dass ich ihm als Dolmetscher für Yen nicht mehr über den Weg traue. Er spielt den Beleidigten und ich die hilflos Ausgelieferte. Tatsächlich würde ich mich gern mit Yen allein unterhalten.

Es soll an ihrer Familie liegen, dass die beiden nicht heiraten können. Ihr älterer Bruder hat Vorbehalte, dass Dien kein richtiger Mann sei und seine Schwester nicht versorgen könne. Dien könne sie im Notfall nicht einmal aus dem Haus tragen. Als er mir das erzählte, musste ich trotz der Tragik lachen, und auch Dien fand es lustig, dass ich überlegte, wie oft ein Mann seine Frau im Laufe eines Lebens wohl aus dem Haus tragen müsse. Wir stellten uns die absurdesten Szenen vor und kicherten dabei albern. Jeden Abend gegen zehn Uhr geht Yen zurück in die

Nachbarwohnung zu ihrer Familie. Ganz so, wie es sich für eine unverheiratete Frau gehört.

Trotz der geräuschvollen Ablenkungen beugen wir uns erneut über das Fotoalbum. Aber kaum widmen wir uns der nächsten Aufnahme, taucht eine von Yens Schwestern in der immer offen stehenden Wohnung auf. Sie möchte etwas über Hoi An erfahren und fragt, warum Dien aussehe wie ein sonnenverbrannter Reisbauer. Später kommt noch eine ihrer Cousinen. Die auffallend modisch gekleidete Frau ist frisch verheiratet und möchte uns von ihrer Hochzeitsreise nach China erzählen. Zufällig habe sie sogar Fotos dabei. Das Hochzeitspaar hat sich vor der Chinesischen Mauer ablichten lassen, was sündhaft teuer war. Dafür gab es gratis eine Bilderserie der Mauer in den vier verschiedenen Jahreszeiten dazu. Sie zeigt auf das Winterbild mit Schneeflocken, aber leider will ihr das Wort für diese exotische Jahreszeit partout nicht einfallen. Dien, der sich mit solchen Dingen doch wunderbar auskenne, solle ihr bitte helfen. Frühling, Sommer, Herbst und Winter sind ihr unbekannt. In Saigon gibt es nur die Trocken- und die Regenzeit: heiß und trocken oder heiß und feucht. Die Bäume behalten ihr Laub, Pflanzen blühen über das gesamte Jahr verteilt, und auch die Früchte reifen zu unterschiedlichen Zeiten und nicht zwangsläufig im Sommer. Sie kann sich nicht vorstellen, wie es sich anfühlt, wenn es draußen noch kälter ist als in einem Kühlschrank. In einem Reiseführer hatte ich gelesen, dass die niedrigste Temperatur, die jemals in Saigon gemessen wurde, bei vierzehn Grad gelegen habe. Im Frühjahr hatte ich im Morgengrauen erfrischende neunzehn Grad erlebt, woraufhin zahlreiche Mopedfahrer Kunstfellmützen, Handschuhe und Anoraks trugen. Dien war an jenem Morgen selig über die Kühle gewesen und konnte endlich den Rollkragenpullover tragen, den eine Schweizer Freundin ihm geschenkt hatte.

Die Cousine weiß endlich Bescheid und so können wir uns erneut dem Fotoalbum widmen. Mühsam hat Dien die alten

Aufnahmen zusammengetragen, die er seitdem hütet wie einen Schatz. Aufnahmen aus Dehme zeigen ein niedliches Kind mit langen Haaren, bei dem man nicht auf Anhieb sehen kann, ob es ein Mädchen oder ein Junge ist. Auf einem Foto stolziert er mit seinen Schienen durch den Raum, und es ist kaum vorstellbar, dass er querschnittsgelähmt ist und die Kraft zur Fortbewegung einzig aus seinen Armen und Teilen seines Oberkörpers holt. Es muss Ostern 1974 aufgenommen worden sein. Im Hintergrund sind gefärbte Eier an einem blühenden Zweig zu sehen, in einer Ecke des Raums steht ein Tischfussball. Dien scheint Ringelpullis bevorzugt zu haben.

»Diese Aufnahme ist aus dem Jahr 1979. Hier kannst du meine Freunde bei einem Ausflug nach Hannover sehen. Sie haben einen berühmten Park besucht. Schau mal, wie glücklich sie aussehen, und wie schön! So gut angezogen und mit tollen Rollstühlen! Als ich die Aufnahme zum ersten Mal sah, hat es mir einen Stich ins Herz versetzt. Es war so, als schauten meine Freunde geradewegs aus dem Paradies in die Kamera hinein.«

Ich beuge mich über das Foto mit den jungen Erwachsenen und betrachte die Parklandschaft mit altem Baumbestand und Grünflächen im Hintergrund. Es könnten die Herrenhäuser Gärten sein. Die Sonne scheint, und aus den Gesichtern der Freunde strahlt die Sorglosigkeit eines Sommertages.

»Es hat mir wehgetan«, sagt Dien fast entschuldigend.

»Es war in der schwersten Zeit.«

Er nickt, als würde jedes weitere Wort einen Damm brechen.

»Damals habt ihr gehungert!«

Dien beißt sich auf die Lippen.

»Wenn ich dürfte, dann würde ich jetzt das verbotene Wort aussprechen«, sagt er mit bebender Stimme, schmunzelt dabei und versteckt seine Tränen nicht.

»Es ist wirklich zum Heulen!«

»Findest du das auch?«, flüstert er.

»Du hättest genauso gut einer von ihnen sein können.«

»Ich … ich kann nicht … ich weiß nicht«, stottert Dien plötzlich. Seine Stimme ist rau und er räuspert sich, als müsse er um jedes einzelne Wort kämpfen. »Es gibt kaum jemanden, der meine Gefühle kennt und noch weniger Menschen, die sie verstehen können. Eigentlich rede ich nur mit meinem Freund Phu darüber. Er fühlt so ähnlich wie ich. Nur bei ihm lasse ich manchmal meinen Kummer heraus. Über Deutschland, unsere Rückkehr und dieses seltsame Heimweh.«

Ich würde ihn gern in den Arm nehmen, aber wir sind nicht allein.

»Du wolltest doch Chinh kennen lernen. Lass uns zu ihr fahren«, sagt Dien stattdessen, und ich nicke zustimmend.

Chinhs Lebenslauf hat große Ähnlichkeiten mit dem von Dien. Als Mädchen war sie gemeinsam mit ihm im Krankenhaus Barmbek in Hamburg, später in Dehme, und auch bei der Rückführung nach Vietnam, der Evakuierung nach Laos und der schwierigen Zeit im Altenheim von Saigon war sie an seiner Seite. Im Gegensatz zu Dien hatte sie keine Familie, zu der sie zurückkehren konnte, und musste mehrere Jahre lang in dem Altenheim ausharren. Sie lebt mit ihrem Ehemann und anderen Querschnittsgelähmten im Wohnheim von *terre des hommes*.

Chinh begrüßt uns mit einem Lächeln, das mir sofort vertraut ist. Sie gehört zu den Menschen, deren Gesicht und Ausstrahlung sich auch über Jahrzehnte hin kaum verändern. Sie sieht selbst auf den Kinderbildern aus Dehme nicht viel anders aus als jetzt.

Chinh und ihr Ehemann teilen sich zwei Zimmer in dem Wohnheim. Im Eingangsbereich der Anlage steht ein Fuhrpark an dreirädrigen Mopeds. Interessiert schaue ich mir die verschiedenen Modelle an, und Chinh zeigt mir ihr Gefährt.

»Ich bin nicht so fit wie Dien. Mir fällt es viel schwerer auf- und abzusteigen. Dien war früher immer der Kleinste und Schüchternste. Und jetzt! Ich verstehe nicht, wie er das alles macht! Hast du gesehen, dass er sogar auf diesen kleinen Plastikhockern sitzen kann und dabei auch noch seine Wäsche wäscht«, fragt sie mich mit strahlenden Augen.

»Ich habe ihn sogar schwimmen gesehen.«

»Was? Wo denn?«

Chinh will alles ganz genau wissen, und ich bin vollkommen begeistert, mit ihr Deutsch sprechen zu können. Nur ab und zu übersetzen die beiden etwas für Chinhs Ehemann, der aber auch ein wenig Englisch kann. Wir essen zusammen, machen Erinnerungsfotos und tauschen uns aus. Als Dien den anderen Bewohnern der Unterkunft einen Besuch abstattet, komme ich Chinh näher.

»Damals, als wir in dem Altenheim lebten und der Tod ständig an unserer Seite war, da dachte ich immer, dass ich höchstens zwanzig Jahre alt werde«, sagt Chinh. »Ich fühlte mich krank und schwach. Wenn mir etwas zugestoßen wäre, ein Unfall oder eine Infektion, dann wäre ich sicher daran gestorben. Jahre später dachte ich dann, mit spätestens dreißig sei Schluss. Und ehrlich gesagt hätte mir das damals auch gereicht. Es gab viele Momente, in denen ich unendlich müde war und nicht mehr leben wollte. Ich habe wirklich nie damit gerechnet, so alt zu werden, wie ich jetzt bin. Über vierzig Jahre habe ich nun schon geschafft! Und ich bin sogar einigermaßen gesund. Bis auf eine schwere Blinddarmentzündung, die mich fast das Leben kostete, weil sie nicht erkannt wurde, geht es mir gut. Damals hatte ich schreckliche Schmerzen, aber ich konnte nicht genau sagen, wo in meinem Körper es wehtat. Ich war vollkommen abgemagert und wog kaum noch dreißig Kilo. Irgendwann haben die Ärzte dann festgestellt, dass mein Blinddarm bereits geplatzt war. Sie hatten kaum Erfahrungen mit der Behandlung einer Querschnittsgelähmten. Du weißt sicher, dass gute Ärzte hier sehr teuer sind. Ich bin körperlich zwar lange nicht so fit wie Dien und habe bei Weitem nicht so viel Kraft, aber es geht einigermaßen. Leider bin ich ein wenig geschrumpft und krumm geworden. Früher konnte ich gerade sitzen. Das ist vorbei. Hat Dien dir die Fotos gezeigt, die wir damals gemacht haben, als wir dachten, wir würden uns nie mehr wiedersehen? Das war eine schlimme Zeit. Dien hat dann ja seine Mutter wiedergefunden. Der Abschied war schlimm. Wenn ich mir die Fotos von damals anschaue, dann habe ich alles wieder vor Augen.«

»Dien hat mir die Aufnahmen gezeigt. Sein eigenes für euch andere Kinder war natürlich nicht dabei. Kannst du es mir zeigen?«

Chinh sucht in einem Album, und wenig später findet sie das Foto des tieftraurigen Dien im Alter von zwölf Jahren. Es ist eine Schwarzweißaufnahme. Für die Erinnerungsfotos waren die Kinder zu einem Fotografen gegangen, der sie einzeln vor einer Fototapete Platz nehmen ließ. Im Hintergrund ist eine Palmenallee zu erkennen, in deren Schatten alte Straßenkreuzer aus den vierziger Jahren geparkt sind. Diens kurzes Haar ist streng gescheitelt, und er hat kaum Ähnlichkeit mit dem Kind auf den Fotos aus Dehme. Auf der Rückseite ist das Datum notiert. Es war der sechzehnte Mai 1976, und eine unsichere Kinderschrift hat in vietnamesischer Sprache Abschiedsworte notiert.

»Dabei konnten wir doch gar nicht richtig schreiben«, lacht Chinh, »weder auf Deutsch noch auf Vietnamesisch. Than, unsere Betreuerin, hat unsere selbst gewählten Worte auf einem Blatt Papier notiert, und wir haben sie mühsam abgeschrieben. Schau mal! Da steht zum Beispiel: ›Wenn wir uns nie wiedersehen und du an mich denken musst, dann schau dir dieses Foto an!‹«

»Dien hat mir das Foto von Than und ihm gezeigt, das am selben Tag im Studio aufgenommen wurde. Darauf sehen beide unendlich traurig aus.«

Chinh spricht gern über ihre Reisen nach Deutschland. Aufgrund ihrer hervorragenden Deutschkenntnisse ist ihre zweite Heimat ihr nie fremd geworden.

Wie es für sie gewesen sei, die alten Freunde von damals in Deutschland wiederzusehen, möchte ich von Chinh wissen. Jene, die damals bleiben konnten und die, die die Entbehrungen der Rückkehrer nicht kennen. Chinh winkt ab. Die alten Erinnerungen würden doch nur schmerzen.

»Wir wissen nicht, ob unsere Freunde in Deutschland glücklich sind, aber zumindest müssen sie sich keine Sorgen um ihre Zukunft machen«, sagt Dien, der schon eine Weile in der Tür steht.

Warum sind sie zurückgeschickt worden? Warum in den Wirren des Krieges? Warum mussten sie bleiben, als ihre Betreuer gingen? Chinh und Dien stellen diese Fragen nicht laut, nicht mir gegenüber und auch nicht ihren in Deutschland gebliebenen Freunden.

»Ich habe dreiundzwanzig Jahre am Uhrenstand gearbeitet, aber das Geld, das ich verdient habe, reicht nicht aus, um mein Überleben zu sichern. Ich habe keine Kinder. Wer wird sich eines Tages um mich kümmern?«, fragt Dien in den Raum hinein. »Für unsere Freunde in Deutschland ist gesorgt. Manche arbeiten, später bekommen sie eine Rente, und manche von ihnen haben sogar Kinder. Aber wer kümmert sich um uns, wenn wir alt sind? Hier zählen wir doch nicht. Man empfindet uns als Last«, sagt er und wirkt ein wenig beschämt über seine eigenen Worte.

»Ich mag nicht darüber sprechen. Es schmerzt. Es macht mich kaputt«, sagt Chinh.

Ich gehe vor die Tür und rauche eine Zigarette, die mir Chinhs Mann gegeben hat. Die Hitze trifft mich wie ein Schlag. In einer schattigen Ecke lehne ich mich an die Wand. Dien und Chinh erwarten kein Verständnis. Sie gehen davon aus, dass niemand sie verstehen kann. Niemand, der nicht das Gleiche durchgemacht hat wie sie. Die behüteten Jahre in Deutschland, die Rückkehr und das unsägliche Leiden nach dem Krieg. Wie hatte Dien es einmal ausgedrückt? »In Deutschland haben wir vergessen, dass wir behindert sind. Hier leiden wir unter unserer Behinderung.«

Die Ablehnung der Rollstuhlfahrer war seit ihrer Rückkehr

nach Vietnam allgegenwärtig und nicht nur ein Zeichen der materiellen Armut im Land. Es war und ist ihre Behinderung, die sie zu Außenseitern macht. Je mehr ich über die Leben der kriegsverletzten vietnamesischen Kinder erfahre, desto mehr Fragen drängen sich auf.

Ich schaue über das Gelände des Wohnheimes. Hier leben nicht nur Querschnittsgelähmte, sondern hier finden auch Rehabilitationsmaßnahmen statt, und es gibt technische und orthopädische Hilfe. Dien wollte nie in einem Heim mit anderen Behinderten leben, nie wieder die Launen eines Heimleiters ertragen müssen und sich als Mensch zweiter Klasse fühlen. Er wollte schon immer frei, unabhängig und selbstständig sein. Dazu war er als Kind in Deutschland erzogen worden. Mein Freund kommt zu mir nach draußen vor die Tür und atmet angesichts der Hitze kräftig durch.

»Denkst du manchmal an jene, die euch zurückgeschickt haben? Fragst du dich, wie sie sich fühlen?«

Er nickt kaum merklich. Sein Blick geht zum Haus, wo seine Schicksalsgenossin am Esstisch sitzt. Als Kind ist sie ein Opfer des Krieges geworden, und auch als reife Frau leidet sie in jeder Sekunde ihres Lebens unter den Folgen. Chinh ist stark und charismatisch. Zu stark und zu intelligent, um auch nur ein winziges Detail ihrer Geschichte zu vergessen und nicht nach dem Warum zu fragen. Nach dem Warum des Krieges und dem Warum der Ablehnung und Enttäuschungen.

»Heute Früh beim Aufstehen ging es mir sehr schlecht«, sagt Dien. »So ein Gefühl habe ich ganz selten. Ich war kraftlos und ohne Hoffnung. Es war schlimm. So, als habe mich der Lebensmut verlassen. Ich konnte nichts dagegen tun und habe überhaupt nicht begriffen, was mit mir los war. Eigentlich geht es mir doch gut! Ich fühle mich wohl, irgendwie sogar richtig glücklich. Die letzten Wochen waren wunderbar. Aber heute Morgen war ich wie vollständig gelähmt. Was war nur mit mir los?«

Dien schaut mich an, als habe er keinen Zweifel daran, dass

ich ihm eine Erklärung bieten könne. Hier ist vielleicht nicht der richtige Ort für ein längeres Gespräch, aber tatsächlich habe ich schon seit längerem damit gerechnet, dass Dien sich durch die Fülle von Erinnerungen irgendwann erschlagen fühlen würde. Ich rutsche an der Wand hinunter und hocke mich auf meine Fersen. Die Hitze ist kaum auszuhalten, und ich mache Platz, damit auch Dien in den Schatten rücken kann.

»Seit Wochen erzählst du von deinem Leben. Seit Wochen kommen wir uns näher. Alles drängt nach oben. Wir reden über intime Dinge, über die du nie zuvor geredet hast. Kein Wunder, wenn es dir irgendwann zu viel wird.«

»Große Schwester!«, sagt er und schaut mich von oben an. »Du findest immer Worte für mich.«

»Dien!«

Eine Langnase im Rollstuhl

Schon lange vor der verabredeten Zeit sitze ich in einem Café in einer belebten Gasse im Hotelviertel. Das Publikum besteht aus Weltenbummlern, Englischlehrerinnen, Geschäftsleuten, Gestrauchelten, Heimatlosen, Sextouristen, Prostituierten und Einheimischen, die ihre Fremdsprachenkenntnisse verbessern wollen. Eine angetrunkene Neuseeländerin spendiert zwei bettelnden Kindern ein Abendessen. Der Junge und das Mädchen setzen sich zu ihr an den Tisch, aber bevor die beiden ihre Stäbchen in das Reisgericht tunken können, schickt sie sie zum Händewaschen. Später kommt eine junge Frau mit einem Baby hinzu, denen sie ebenfalls etwas spendiert. Einige Kinder verkaufen Kaugummis, Zigaretten und Feuerzeuge. Nur wenige versuchen, sich ausschließlich mit dem Betteln durchzuschlagen. Eine jugendliche Tanzgruppe führt mit brennenden Fackeln akrobatische Sprünge auf und verdient damit einige Dollars.

Am Nebentisch sitzen grauhaarige Australier mit freizügig

gekleideten Vietnamesinnen, und ich versuche sie nicht zu beobachten. Die Frauen kichern und die Männer trinken. Ich befürchte, dass es Dien hier nicht gefallen wird. Er hat mir einmal gesagt, er komme sich in diesem Viertel wie in einem fremden Land vor und erkenne seine Landsleute nicht wieder. Mit Saigons Nachtleben ist Dien bisher nie in Kontakt gekommen. Aber in diesem Café habe ich Peter kennen gelernt, und so haben wir es als Treffpunkt gewählt.

Dien kommt wieder einmal ohne Rolli, bremst sein Moped direkt neben mir, stemmt sich auf einen Stuhl und lässt sein Fahrzeug von einem Angestellten zu einem Parkplatz schieben. Ich trinke ein Bier, und Dien wartet mit seiner Bestellung. Inzwischen kenne ich ihn gut genug, um zu wissen, dass er den ganzen Abend höchstens eine Cola trinken wird. Erst wenn er wieder zuhause ist, trinkt er große Mengen Wasser, um seine Nieren zu entlasten.

Peter kommt mit seinem Moped vom anderen Ende der Gasse und parkt ein wenig abseits. Mit einem Handgriff nimmt er seinen Rollstuhl vom Gepäckträger und stellt ihn neben sich. Ich winke ihm zu, und er gibt seinen Greifrädern einen kräftigen Schwung, um im nächsten Moment vor unserem Tisch zu stehen.

»*Oh, you can walk*«, sagt Peter sichtlich überrascht zu Dien und gibt ihm die Hand.

Ich erkläre, dass Dien mit seinem Moped direkt an den Stuhl herangefahren ist.

»*What are you gonna do, when you have to piss?*«, fragt er Dien, und ich übersetze sinngemäß.

Dien schaut mich an und weiß angesichts dieser überaus direkten Frage offenbar nicht, was er antworten soll.

»Und wie machst du es? Die Toilette in diesem Laden ist garantiert zu klein für einen Rollstuhl«, frage ich Peter.

»Ich gehe gegenüber ins Hotel. Die kennen mich. Da ist die Toilettentür breit genug für meinen Rolli.«

Peter sieht wirklich nicht danach aus, als würde er sich durch irgendwelche Einschränkungen vom Trinken und Pinkeln abhalten lassen.

»Hast du kein Kissen? Das muss doch höllisch unbequem sein!«, wundert er sich, als er entdeckt, dass Dien auf dem blanken Plastikstuhl sitzt. »Ich mag kaum hinschauen. Warum machst du das?«

»Das mache ich immer so«, sagt Dien und zuckt mit den Schultern.

»Mann, du bist echt taff!«

Peter möchte etwas über unsere Reise hören, und Dien scheint sich wegen der Übersetzerei nicht besonders wohlzufühlen. Peter spricht schnell und viel, und ich fasse grob zusammen. Der Australier sprüht vor Energie und Selbstbewusstsein und scheint ein weitgehend unabhängiges Leben zu führen. Ich könnte die ganze Nacht mit ihm plaudern, nur Dien wirkt irgendwie irritiert. Vielleicht ist es Peters lockere Art, die ihn nervös macht. Der Australier bekommt einen Wodka gereicht, ohne ihn bestellt zu haben, und nimmt einen kräftigen Schluck. Er ist überrascht, als Dien die Frage nach der Höhe seiner Lähmung nicht exakt beantworten kann. Mit Diens vager Angabe, scheint er nicht gerechnet zu haben. Der Einfachheit halber erzähle ich ihm von Diens Kriegsverletzung und wie er damals nach Deutschland kam. Plötzlich sind wir beim Thema Sex und Querschnittslähmung.

»Peter fragt, ob wir beide gut miteinander zurechtkommen«, sage ich zu Dien und versuche, möglichst unbefangen zu klingen. »Er meint im Bett. Körperlich. Ob der Sex bei uns klappt oder ob du funktionelle Störungen hast.«

Dien schaut mich mit den größten Augen an, die ich je bei ihm gesehen habe. Seine Gesichtsfarbe wechselt von Bleich zu Rot, und ich versuche verzweifelt eine halbwegs seriöse Miene zu behalten. Mein Freund versinkt regelrecht in seinem Stuhl und starrt nur noch auf einen imaginären Punkt vor seinen Füßen. Ab und zu schaut er mich prüfend an, aber seine Lippen bleiben fest verschlossen, und die Anwesenheit von Peter scheint er vollkommen ignorieren zu wollen.

Ich versuche unserem australischen Bekannten verständlich zu machen, dass es für Dien, wie sicher auch für die meisten anderen Vietnamesen ungewöhnlich ist, eine derart intime Frage gestellt zu bekommen.

»Aber er ist dein Freund! Er ist doch fast wie ein Europäer, oder nicht?«

»Na ja, nicht wirklich.«

»Er denkt, wir seien ein Paar«, sage ich zu Dien. Da auch ich ein wenig erstaunt über Peter bin, muss ich erst nach passenden Worten suchen. Mir kommt das Thema gerade recht, weil ich selbst Fragen habe, die ich bisher aus Rücksichtnahme nicht gestellt habe.

»Ein Paar?«, flüstert Dien. »Der Herr vermutet, wir seien wie Mann und Frau? Getraut?«

»Jetzt rede doch nicht so geschwollen.«

»Ich kann das nicht verstehen!«

»Peter ist ein lockerer Typ.«

»Allerdings! Das merke ich auch. Zu locker!«, sagt Dien und schaut demonstrativ ins Leere.

Peters Fragen seien sicher überraschend, aber irgendwie doch nicht unpassend, versuche ich zu vermitteln. Es sei vielleicht eine gute Gelegenheit, sich auszutauschen oder Fragen zu stellen, die nur ein querschnittsgelähmter Mann mit ähnlichen Erfahrungen beantworten kann, stottere ich hilflos herum. Ich bin froh, dass ich Dien vor einigen Tagen sagte, er könne mir persönliche und intime Fragen stellen, wenn er das Bedürfnis danach habe. Tatsächlich hatte er sich nach diversen Entschuldigungen danach erkundigt, welche Erfahrungen ich mit Männern gemacht habe. Ich erzählte ihm von meiner persönlichen Entwicklung und meinen Erlebnissen, die ich auf dem Weg von einem unerfahrenen Mädchen unter dem Einfluss feministischer Ideale am Ende der siebziger Jahre bis zu einer reifen Frau machte. Ich sprach mit ihm über verschiedene Liebesbeziehungen und der unterschiedlichen Bedeutung, die die Sexualität in diesen Beziehungen eingenommen hat. Dien freute sich über meine Offenheit, und ich habe seitdem weniger Hemmungen, ihn meinerseits nach seinen Erfahrungen zu fragen. Aber dieses Gespräch müssen wir wohl vertagen. Dabei bin ich überaus neugierig, etwas über Peters Liebesleben zu erfahren. Grade hat er mir erzählt, es gäbe so viele wunderbare Frauen auf der Welt, die eine ausgesprochen blühende Fantasie hätten. Für bestimmte Frauen sei ein Querschnittsgelähmter ein besonders attraktiver Partner, denn sie könnten ihm angstfreier begegnen als einem gesunden Mann. Die Komponente der Furcht von Frauen gegenüber Männern, einem Phänomen, das viele Beziehungen vergifte, stelle sich bei behinderten Männern anders dar. Er sei glücklich, solch wunderbaren Frauen begegnet zu sein. Vorerst werde ich Dien die Übersetzung ersparen. Wir verabschieden uns von Peter, aber ich werde ihn baldmöglichst wieder anrufen.

» Denk daran, du und dein Freund, ihr könnt mich wirklich alles fragen. Ich würde mich sehr freuen, wenn ich irgendwie helfen kann. Lass uns nächstes Mal an einem ruhigeren Ort treffen. Nur wir drei.« Es ist sicher gut, dass er das auf Englisch sagt.

Als Dien und ich auf dem Moped sitzen und außer Hörweite sind, platzt es aus ihm heraus. »Ohne dich wäre ich keine Sekunde dort geblieben. Und wenn du nicht meine Große Schwester wärest, dann würde ich auch dich nie wiedersehen wollen. Warum lachst du so?«

»Du hättest dich sehen müssen!«

Dien kneift in mein Bein und kann zumindest schmunzeln.

»Wie habe ich denn ausgesehen?«

»Wie der Papst in einer Nachtbar.«

»Du bist albern!«

»Entschuldige Dien, aber du warst das pure Entsetzen. Und dazu noch stumm wie ein Fisch.«

»So etwas bin ich noch nie gefragt worden. Und wenn wir beide nicht schon vorher über Sex gesprochen hätten, dann wäre ich weggerannt«, sagt er und strahlt plötzlich über das ganze Gesicht.

»Wie schade, dass wir vorher darüber gesprochen haben.«

»Jetzt machst du schon Witze über Behinderte!«

»Das habe ich von dir.«

»Wollen wir noch in das Eckcafé an der Bui Vien?«

»Was für ein Angebot!«

Als wir zwei Stühle besetzt haben und das Moped zu einem Platz auf der anderen Straßenseite geschoben haben, taut Dien endgültig auf.

»Und dieser Peter dachte, wir beide wären ein Paar?«

»Ja! Wundert dich das?«

»Du fragst komische Sachen! Das würde kein Vietnamese denken. Niemals! Warum solltest du mit mir zusammen sein?«

»Warum nicht? Du bist doch ein toller Mann!«

»Aber doch kein richtiger!«

»Erzähl doch nicht solch einen Quatsch! Du hast alles, was eine Frau sich wünschen kann. Du bist gefühlvoll, intelligent, witzig, hübsch, manchmal sogar charmant und hast ein großes Herz.«

»Aber … äh … ich … habe nicht viel Erfahrung … wie soll ich sagen … äh … ich bin mir nicht sicher, ob ich eine Frau glücklich machen kann.«

»Natürlich kannst du das! Du hast doch eine Freundin. Machst du Yen nicht glücklich?«

»Sie ist sehr bescheiden.«

»Was soll das denn heißen?«

»Sie stellt keine großen Ansprüche.«

»Geht es bitte etwas genauer?«

»Sie ist sehr schüchtern, genau wie ich. Was du mir über die Männer erzählt hast … mit denen du … äh … ich meine über deine Erfahrungen … wie soll ich sagen? Das ist uns fremd. Ich habe mich gewundert, dass es auch bei gesunden Menschen solch große Unterschiede gibt. Selbst bei dir, wie du sagtest. Als junge Frau hattest du andere Vorlieben als jetzt. Dir waren andere Dinge bei Männern wichtig als jetzt. Das alles ist verwirrend für mich. Wir machen uns nicht so viele Gedanken darüber. Aber was du gestern noch gesagt hast … äh … über gesunde Hände meine ich … äh … das fand ich lustig und irgendwie hat es mich auch durcheinandergebracht. Ich habe mich bisher noch nie über so etwas unterhalten.«

»Du meinst, geschickte Hände können eine Frau verdammt glücklich machen!?«

»Ja!«, sagt Dien und wird rot.

»Ich dachte eigentlich, du hättest dich vielleicht mit deinen Freunden aus Deutschland und der Schweiz darüber unterhalten. Ich dachte, ihr hättet vielleicht unter Männern über Sex gesprochen.«

»Ich habe nur Andeutungen gemacht, dass mich das Thema interessiert, und hinterher habe ich mich dafür geschämt. Und die Fragen von diesem Peter fand ich sehr peinlich.«

»Aber ist es nicht sogar eine gute Gelegenheit für dich, mit einem Querschnittsgelähmten zu sprechen, der so offen mit seiner Sexualität umgeht?«

»Ich kenne ihn doch gar nicht, und ich kann auch kein Englisch. Außerdem ist das doch alles nicht so wichtig.«

»Oh doch! Ich glaube ganz und gar nicht, dass dieses Thema unwichtig ist. Im Gegenteil! Man kann das Thema Sexualität vielleicht verdrängen, aber damit ist es nicht aus der Welt. Es gehört doch zum Dasein und zum Glücklichsein dazu.«

Dien schaut mich mit einem rätselhaften Lächeln an, und zu gern würde ich seine Gedanken lesen können. Er bestellt mir ein Bier ohne integrierten Eisberg und für sich eine Cola mit hohem Frostanteil. Ein Ventilator verquirlt die heiße Nachtluft und streicht einen warmen Wind über meine Schultern. Ich liebe die Hitze der Nacht, die sich wie eine Decke über den Körper legt, ohne ihn zu beschweren. Eine Hitze, die ermattet und den Schweiß aus allen Poren treibt. Rinnsale, die streichelnd den Rücken hinablaufen und feuchte Perlen, die von den Achselhöhlen zu den Ellenbogen fließen und dabei die Innenseiten der Arme kitzeln. Feuchtes Haar, das lockig und schwer auf nackte Schultern fällt. Ausgestreckt auf glatten Laken können solche Nächte größtes Wohlgefallen bringen. Ich atme tief ein und will an nichts denken müssen. Wenn ich ihn jetzt küsse? Flüchtig und kaum greifbar, wie etwas, von dem man später nicht mehr weiß, ob es wirklich geschehen ist? Nur für den kurzen Moment gemacht. Ohne Wenn und Aber, ohne Ja und Nein. Den Lauf der Welt für eine Sekunde anhalten. Aber wie soll ich einen Mann küssen, der noch nie in der Öffentlichkeit geküsst worden ist und der mich Große Schwester nennt und sich selber als kleinen Frosch bezeichnet? Ich lache in mich hinein, bin unendlich glücklich und genieße die wohligen Schauer, die meinen Körper durchströmen. Ich fühle mich eins mit dem Leben, der Liebe, dem Glück und der Tragik des Schicksals. Es ist seine Nähe! Ja, jetzt weiß ich es. Die Nähe in unserer Freundschaft, die mich glücklich macht. Vielleicht braucht sie keinen Kuss. Vielleicht nicht jetzt.

Eheberater

Wenn Dien eine Uhr repariert und sich mit einer Kundin unterhält, verschwimmen die vietnamesischen Satzfetzen für mich zur Geräuschkulisse. Entspannt sitze ich im Liegestuhl oder mache es mir auf dem Moped bequem und genieße die Vertrautheit und das heimische Gefühl in seiner Wohnung. Werden die Gespräche besonders interessant, klärt Dien mich zwischendurch über den Inhalt auf. Erstaunlich oft scheint er als Eheberater für unglückliche Frauen zu fungieren. Ihm werden Sorgen und Nöte anvertraut, die hier sicher nicht zu den üblichen Gesprächsthemen zwischen fremden Männern und Frauen gehören. Oft handelt es sich um Familienkonflikte, ein unerschöpfliches Reservoir an Gesprächsstoff. Die Männer trinken zu viel, verlieren Geld beim Glücksspiel oder treiben sich ständig in Karaoke-Bars herum, manch einer soll eine Geliebte haben, der Nächste will ständig Sex und trinkt Schlangenblut, um die Potenz zu steigern, und wieder ein anderer ist vollkommen lustlos oder unromantisch. Die Frauen suchen Rat bei Dien, weil er sich mit Themen beschäftigt, die andere Männer nicht interessieren. Er ist sensibel, holt sich Informationen aus dem Internet und hat Kontakte ins Ausland. Und er liebt und schätzt die Frauen. Er liebt ihre Tiefgründigkeit, die er bei Männern so häufig vermisst, liebt ihre Mitmenschlichkeit und ihre Weichheit. Und er liebt den weiblichen Körper, besonders wenn er Rundungen zeigt, was für seinen Geschmack bei den vietnamesischen Frauen leider viel zu selten der Fall ist. Knabenhafte Figuren ohne Hüfte, Hintern, Taille und Busen sind nicht nach seinem Geschmack.

»In Südamerika gäbe es für dich viel zu genießen«, sage ich ihm und beschreibe die wohlgeformtesten Hinterteile, die ich je gesehen habe und die sich im Rhythmus von Salsa-Klängen so begnadet bewegen, als seien sie nur für diesen Zweck bestimmt.

Die Frauen, die in seiner Wohnung am Uhrenstand sitzen, lassen meist nur eine Batterie wechseln und nehmen hinterher den Rat eines Vertrauten mit nach Hause. Dien vertritt eine erstaunlich feministisch gefärbte Meinung über die Eheprobleme seiner Kundinnen. Er nutzt meine Anwesenheit, um meine Ansichten über gewisse Details zu hören und sie mit den Gegebenheiten und Ansprüchen in der hiesigen Gesellschaft abzugleichen. Zum Thema eheliche Pflichten herrscht bei den vietnamesischen Frauen offenbar die Meinung vor, man solle sich lieber fügen, als Streit und Ärger zu riskieren.

Ein weiteres Konfliktfeld ist das Leben als Ehefrau im Haushalt der Schwiegereltern. Die geforderte Unterwürfigkeit und Dienstbarkeit ist vielen Frauen eine Qual. Das Leben als quasi

Dienstmädchen passe doch nicht mehr in die heutige Zeit, finden sie. Die Konflikte zwischen den traditionellen Anforderungen und den modernen Einflüssen zermürben die Frauen. Inzwischen gibt es zahllose Radiosendungen und Zeitungskolumnen, die sich diesen Themen widmen. Die Redaktionen werden von Anfragen überschüttet, aber Dien zweifelt an der Qualität der dort erteilten Ratschläge. Besonders beliebt sind anonyme und telefonische Anfragen bei Rundfunksendern. Diese Radioprogramme laufen allerdings erst spät am Abend, damit Kinder davon nichts mitbekommen. Dien schlägt eine Zeitung auf und zeigt mir die Rubrik für intime Anfragen.

»In dieser Ausgabe geht es mal nicht um Familienprobleme, eher um intime Fragen. Wie schön, dass du mir dieses Wort beigebracht hast. Gefällt mir irgendwie. Intim!«, sagt er und grinst. »Tolles Wort!«

Dien schaut in die Zeitung und findet einen interessanten Fall. Ein Mädchen von fünfzehn Jahren wendet sich mit einem drängenden Problem an die Redaktion. Sie habe gehört, dass die Männer ihren Samen aus dem Penis herausschießen würden, und dass dieser Samen in die Scheide der Frauen fließe und dort eine Schwangerschaft hervorrufe. Das Mädchen schreibt, sie sei kürzlich in einem öffentlichen Schwimmbad gewesen, in dem auch Männer im Wasser waren. Seitdem hat sie große Angst, schwanger geworden zu sein, obwohl sie noch Jungfrau ist und noch kein Mann sie je berührt hat. Aber sie stelle sich vor, dass vielleicht einer der Männer im Schwimmbad seinen Samen herausgeschossen hat, und dass ein Teil dieser Samen durch das Wasser geschwommen und in ihrer Scheide gelandet ist. Ob es Tabletten gegen eine Schwangerschaft gebe, möchte das verzweifelte Mädchen wissen.

»Ist das dein Ernst?«, frage ich Dien, dem die Freude am Übersetzen ins Gesicht geschrieben steht.

»Ja doch! Genau das steht hier. Obwohl, ich bin mir nicht sicher, ob es auf Deutsch auch schießen heißt.«

»Ich habe dich schon verstanden. Was raten sie dem Mädchen?«

»Sie brauche sich keine Sorgen machen.«

»Ich schätze, sie ist keine Jungfrau mehr, hat begründeten Verdacht, schwanger zu sein und weiß nicht, an wen sie sich wenden soll.«

»Du nun wieder!«

»Gibt es noch andere Anfragen?«

»Ein junger Mann fragt, ob es ein Problem ist, dass sein Kleiner – so nennt er ihn – an der Spitze ganz krumm ist und immer auf der linken Seite liegt. Er hat Angst, damit keine Kinder zeugen zu können. Ihm wird zu einem Arztbesuch geraten.«

Wir kichern wie alberne Kinder, und Yen schaut uns fragend an. Es wäre sicher nicht leicht, ihr verständlich zu machen, worüber wir lachen. Wie eng ist Yen wohl an die vietnamesischen Traditionen gebunden? Wie sehr hat sie sich davon frei machen können?

Inzwischen kann ich mir vorstellen, dass Dien fast nie allein ist, obwohl er immer wieder bekundet, wie sehr er sich danach sehnt. Besucher gehen ein und aus, sein Bruder lässt stundenlang den Fernseher laufen, Yen bleibt bis zehn Uhr abends bei ihm und zwischendurch klingelt das Telefon unzählige Male. Es gibt keine Privatsphäre. Und bei alldem wird ständig über Familiengeschichten und Probleme gesprochen.

Mitglieder einer Großfamilie und einer weit verzweigten Verwandtschaft haben unentwegt Anteil an kleinen oder großen Freuden und Katastrophen. Es gibt immer unendlich viele Gesprächsthemen und Tätigkeitsfelder. Ob es Geburten sind, Hochzeiten, Krankheiten, Todesfälle, Eifersuchtsdramen, Neid, Missgunst, Intrigen oder alte Geheimnisse, die ans Tageslicht treten, es ist immer etwas los. Manche Menschen sind von ihren Familien derart absorbiert, dass sie kaum noch Potenzial haben, sich mit der Außenwelt zu beschäftigen. Ähnlich funktioniert es auch in

Diens und Yens Familien und offenbar auch in den Familien seiner Stammkundinnen. Das Leben außerhalb dieser weit gezogenen Kreise spielt keine besondere Rolle.

Auch wenn die Abwechslung durch die Besucher in der Wohnung spannend ist, so verhindert sie leider unsere ungestörten Unterhaltungen. Mir werden Kinder auf den Schoß gesetzt, denen ich etwas auf Englisch sagen soll, und ich habe den Verdacht, die Mütter denken, ich könne den Kleinen diese wichtige Fremdsprache auf magische Art in den Kopf verpflanzen.

Yen

Bevor die Zeit mir davonrennt, möchte ich einen Versuch machen, mich mit Yen zu unterhalten, ohne dass Dien für uns übersetzt. Alles was ich über Diens Freundin bisher erfahren habe und was ich selber beobachtet habe, lässt mich vermuten, dass ich mit meinem Anliegen behutsam vorgehen muss. Ich nehme an, dass Diens Freundin in ihrem Leben nur von wenigen Menschen nach ihrer Meinung, ihren persönlichen Anschauungen und ihrem Befinden gefragt worden ist. Bei einem Gespräch mit ihr käme der Übersetzerin eine tragende Rolle zu und so habe ich im Vorfeld bereits Tien gefragt, ob sie bereit dazu sei. Ihre Englischkenntnisse sind hervorragend, und ich bin mir sicher, dass ihr Yens Art vertraut sein wird. Schließlich stammt sie selbst aus einer einfachen Familie am Mekong und hat keine Ambitionen, sich aufgrund ihrer Fremdsprachenkenntnisse und ihres regelmäßigen Umgangs mit Ausländern als etwas Besseres zu fühlen. Doch um Yens Einverständnis für ein Gespräch zu bekommen, muss ich auf Dien zurückgreifen. Er soll ihr meinen Wunsch deutlich machen und ihre Zustimmung erringen, und er verspricht mir, meine Worte ohne seine eigenen Erklärungen zu übersetzen.

»Yen, ich habe ein schlechtes Gewissen, weil ich so viel Zeit mit Dien verbringe«, beginne ich ein wenig ratlos. Wir können wirklich kein einziges direktes Wort austauschen. Nicht einmal auf einfache englische Floskeln können wir ausweichen. Und beim Übersetzen muss ich nicht nur die sprachliche Weitergabe, sondern auch die kulturellen Unterschiede und Empfindlichkeiten einbeziehen. Wann bedeutet ein Nein wirklich ein Nein? Wie sehr darf ich drängen und fordern, ohne unhöflich zu wirken? Wie interpretiere ich ein stummes Lächeln? Wie direkt darf ich etwas fragen?

»Ich kann mir vorstellen, dass du vielleicht traurig bist, wenn Dien tagelang mit mir unterwegs ist, oder wenn wir beide stundenlang vor seinem Computer sitzen und ununterbrochen Deutsch miteinander sprechen.«

Während Dien mit ihr spricht, lächelt Yen und schüttelt den Kopf.

»Sag ihr bitte, dass ich dir als Übersetzer nicht traue und ein Gespräch unter Frauen mit ihr führen möchte. Aber bitte lustig.«

»Kein Problem, ich weiß schon, wie du es meinst. Yen versteht nicht, warum nicht ich übersetzen soll. Sie möchte wissen, warum das eine fremde Frau tun soll?«

»Ich möchte mit ihr über mich und gern auch über meine Familie und meinen Freund sprechen.«

Nun muss ich lange warten, bis Dien mir eine Zusammenfassung ihres ausführlichen Gespräches gibt.

»Yen weiß, dass ich mit Thomas telefoniert habe, und sie möchte von dir wissen, ob er etwas dagegen hat, dass du so lange in Vietnam bist und wir beide so viel Zeit miteinander verbringen«, sagt Dien.

»Das können wir alles in Ruhe besprechen. Erzähle ihr bitte von Tien. Sag ihr, dass Tien aus Sa Dec stammt und in einer Schneiderei arbeitet. Dass sie ein gutes Mädchen vom Lande ist. Du weißt schon, was ich meine. Nicht dass Yen denkt, Tien lebe im Hotelviertel und arbeitet in einer Bar. Das würde sie sicher abschrecken.«

»Sie versteht trotzdem nicht, warum nicht ich übersetzen soll.«

»Dann sag ihr, ich will mit ihr über dich reden. Ich habe einige Fragen, die mir nur eine vietnamesische Frau beantworten kann, die dich gut kennt.«

Yen ist schüchtern und möchte nicht, dass eine fremde Frau etwas über sie erfährt. Ich versichere ihr, dass Tien ihren Namen und ihre Adresse nicht erfahren wird. Außerdem kennt sie niemanden aus dieser Nachbarschaft.

Endlich sind alle Hürden überwunden, und wir verabreden uns in einem Café in meinem Viertel. Tien kommt direkt nach ihrem Englischunterricht und Yen wird von Dien gebracht. Heute sehe ich sie zum ersten Mal nicht in einem ihrer zahllosen Zweiteiler, sie trägt Jeans und Bluse. In diesem Stadtviertel fühlt sie sich fremd, und ich hoffe auf möglichst wenige anzügliche Passanten in der kleinen Hotelgasse, in der wir uns verabredet haben. Hoffentlich setzt sich keines dieser seltsamen Pärchen aus grauhaarigen Australiern in kurzer Hose und jungen Vietnamesinnen in knappen Miniröcken zu uns. Unser Trio aus zwei vietnamesischen Frauen und einer Europäerin bildet eine eher ungewöhnliche Zusammensetzung. Tien fühlt sich hier zuhause, weil sie hier arbeitet und wohnt, ohne jedoch etwas mit den üblichen Ausschweifungen im Vergnügungsviertel zu tun zu haben. In ihrem schlichten T-Shirt und der locker fallenden dunklen Hose wirkt sie wie eine fleißige und brave Studentin. Sie trägt eine Brille, was den Eindruck einer Jungakademikerin noch verstärkt. Auch wenn Yen sich immer wieder umschaut, so habe ich den Eindruck, dass sie sich zumindest an unserem Tisch nicht unwohl fühlt.

Die beiden Frauen begrüßen sich und plaudern eine Weile miteinander.

»Sie ist wirklich sehr schüchtern, wie die Frauen auf dem Lande«, sagt Tien auf Englisch zu mir. »Ich versuche mein Bestes. Wundere dich nicht, wenn die vietnamesische Übersetzung dreimal länger dauert als das Englische. Ich muss erst vieles erklären.«

»Ich verlasse mich ganz und gar auf dich.«

Zunächst möchte ich Yen erneut um Verständnis für meine wochenlangen Reisen mit Dien bitten. Ich fühle mich, als hätte ich ihn quasi entführt. In diesem Moment, wo sie vor mir sitzt und mir zuhört, obwohl sie keines meiner Worte versteht, plagt mich das schlechte Gewissen. In ihren Augen muss ich aus dem Nichts aufgetaucht sein, eine von den deutschen Besucherinnen, die in regelmäßigen Abständen bei Dien vorbeikommen und stundenlang in einer unverständlichen Sprache mit ihm reden. Mein erster Vietnambesuch im Februar passte in die Kategorie der üblichen Gäste, aber als ich im September wiederkam und wir schließlich mit Diens Moped auf Reisen gingen, bekam die Verbindung zu ihrem Freund eine andere Dimension. Dien und Yen sind noch nie allein auf Reisen gegangen. Sie haben möglicherweise nicht einmal eine gemeinsame Nacht verbracht. Sie richten sich nach den Traditionen der vietnamesischen Gesellschaft, die Unverheirateten kein engeres Verhältnis gestattet. Wie muss es auf Yen gewirkt haben, dass ihr Freund mit mir durch das Land reist, ohne eine Regel, die uns davon abhalten kann? Auch wenn ich mich kaum in Yens Welt hineinversetzen kann, so ich möchte ich doch zumindest zeigen, dass ich mich darum bemühe. Mit Dien habe ich unzählige Gespräche über ihr Verhältnis zueinander geführt. Öfter habe ich mit Unverständnis auf die Rücksichtnahme des Paares gegenüber Familie und Traditionen reagiert. Warum machen Menschen sich das Leben so schwer? Doch das Geflecht aus Verbindungen, Abhängigkeiten, Rücksichtnahme und auch Scham scheint in ihrem Umfeld so eng gestrickt zu sein, dass es kaum einen Ausweg gibt.

Yen lächelt mich an und sagt, sie verstünde nicht, warum ich mir noch immer so viele Gedanken über die vergangenen Wochen machte. Alles sei gut. Sie habe überhaupt keinen Grund, sich an etwas zu stören. Sie verstehe sehr gut, wie wichtig die deutschen Besucher für Dien seien. Es tue ihm gut, und das sei das Wichtigste. Er lebe auf, wenn er Deutsch sprechen könne. Sie weiß auch, dass Dien sich ihretwegen Sorgen mache, wenn sie stundenlang danebensitze und nichts von der fremden Sprache verstehe. Er wolle immer, dass sie sich wohlfühle.

»Yen ist bereit für deine Fragen«, übersetzt Tien schließlich, und mir fällt auf, dass ich nicht eine einzige Frage vorab formuliert habe. Eigentlich möchte ich mich nur mit ihr unterhalten.

»Yen möchte etwas über deinen Freund wissen«, sagt Tien überraschend. »Sie weiß, dass Dien mit ihm telefoniert hat und seine Fotos hat sie auch schon gesehen. Sie möchte wissen, ob er vielleicht eifersüchtig ist.«

Yen scheint sich nicht vorstellen zu können, dass mein Freund gewisse Bedenken bei meiner Reise mit ihrem Freund hat. So als könne Dien überhaupt keinen Anlass zur Sorge geben.

Yen möchte von mir wissen, ob ich bisher nicht geheiratet habe, weil ich als verheiratete Frau nicht mehr das tun dürfe, was ich wolle. Oder sei dies bei deutschen Frauen anders als bei Vietnamesinnen? Hier jedenfalls dürfe eine Ehefrau nur noch das machen, was der Ehemann ihr erlaubt.

Wir amüsieren uns über die unterschiedlichen Ansprüche von Männern an ihre Ehefrauen. Tien jedenfalls würde niemals einen Mann heiraten, der ihre Freiheit beschneidet. Lieber bliebe sie allein. Da sind wir ganz ähnlich. Einen Mann, der mich an meiner Arbeit hindert oder mich vom Reisen abhält, würde ich nie akzeptieren. Ich muss seit meinem siebzehnten Lebensjahr alle Entscheidungen allein treffen. Nachdem ich meine Eltern verloren hatte, musste ich mir eine Eigenständigkeit aufbauen, die vielleicht manchmal das übliche Maß überschreitet. Jemanden um Erlaubnis für ein persönliches Vorhaben zu fragen, ist mir fremd.

Ein wenig davon versuche ich Tien und Yen zu erklären. Natürlich fragen sie mich sofort nach meinen Verwandten, nach

Tanten, Onkeln, Großeltern und Geschwistern, die sich um mich hätten kümmern können. Aber wie kann ich ihnen das Leben und die Gedanken eines deutschen Teenagers vermitteln, der keine Bevormundung akzeptiert hätte, keiner Tante, keinem Onkel oder Bruder je eine Chance zur Einflussnahme gegeben hätte? Wie die andersartigen Familienstrukturen plausibel machen? Ich habe mich damals trotz aller Trauer stark genug gefühlt, mein Leben allein in den Griff zu bekommen. Die Vorstellung von einem Ehemann, der über mich bestimmt, hat in meiner Gedankenwelt überhaupt keinen Platz. Ich versuche, mich in die Welt der Vietnamesinnen hineinzuversetzen. Und dabei liegen selbst ihre beiden Perspektiven weit auseinander.

Yen ist nur wenige Jahre jünger als ich, aber trotzdem war sie nie verheiratet. Ich traue mich nicht, nach dem Grund zu fragen. Seit mehreren Jahren ist sie die Frau an Diens Seite, auch wenn es sich um eine Verbindung handelt, die vielen Einschränkungen unterworfen ist. Ihr Beisammensein findet üblicherweise vor einem weit geöffneten Garagentor statt.

»Kommt Dien dir manchmal wie ein Ausländer vor?«, frage ich Yen. »Benimmt er sich manchmal wie ein Deutscher?«

Ohne auch nur eine Sekunde zu zögern, antwortet Yen: »Nein, niemals. Dien ist vollkommen vietnamesisch. Immer denkt Dien zuerst an seine Familie. Nie macht er etwas für sich, immer nur für die anderen. Das ist vollkommen anders als bei den Ausländern. Denen ist die Familie doch nicht so wichtig. Manchmal übertreibt Dien es vielleicht sogar mit seiner Fürsorge. Aber schließlich ist er ja auch der älteste Sohn. Er hat sich auch um die Ausbildung seiner Geschwister gekümmert, so als wäre er ihr Vater. Bevor er sich etwas kauft, kommen erst die Wünsche der anderen.«

»Ist das bei dir auch so?«, frage ich Yen.

Tien redet lange mit Yen, der plötzlich Tränen über die Wangen laufen. Tien streichelt Yens Hände,

»Yen erzählt die Geschichte einer typisch vietnamesischen

Familie. Es geht um Entbehrungen, unerfüllte Wünsche, Krankheit, Verletzungen, Liebe und Trauer. Ach, wann wird sich das endlich ändern? Sie liebt Dien und Dien liebt sie, aber bis heute steht manches zwischen ihnen. Dien hat dir bestimmt schon alles erzählt, meint sie.«

Yen schaut mich aus traurigen Augen an, und ich weiß nicht, was ich sagen soll. Ihr Leben lang hat Yen immer nur zu hören bekommen, dass sie nichts könne, das hat Dien mir erzählt. Ihr wurde eingetrichtert, dass sie nichts weiter als eine einfache Frau sei, die zu gehorchen habe. Aber ihr großes Herz, ihre Hilfsbereitschaft und ihre Treue bewundert Dien an ihr. Immer steht sie zu ihm. Nie ist es ihr peinlich, mit ihm als Rollstuhlfahrer gesehen zu werden.

Als wir Dien auf seinem Moped um die Ecke kommen sehen, um seine Freundin abzuholen, kann Yen bereits wieder lächeln und wir bestellen noch eine Runde Getränke. Yen schaut regelmäßig auf die Uhr, aber es ist noch nicht einmal zehn Uhr, und so wundere ich mich über ihre Unruhe. Wenig später kommt eine Frau mit einer mobilen Waage vorüber. Ich hatte die merkwürdigen Objekte zunächst nicht als solche erkannt. Zumeist werden sie von Frauen durch die Straßen gezogen, die ihre Dienste lautstark anpreisen.

Nun versuche ich Tien oder Yen zu überreden, sich vermessen zu lassen. Wir geben der Straßenhändlerin die geforderte Gebühr und schließlich stellt Yen sich auf die Waage. Von oben erstrahlt eine Art Lampenschirm, der eine Größenmessung vornimmt. Eine automatische Stimme plärrt in ohrenbetäubender Lautstärke das Ergebnis heraus. Ein Meter und achtundfünfzig Zentimeter bei sechsundvierzig Kilo, übersetzt mir Dien, während die Angaben auf einer digitalen Anzeige bestätigt werden. Das dürfte den Durchschnittswerten für vietnamesische Frauen entsprechen. Kein Wunder, dass ich bei meiner Größen- und Gewichtsklasse an Verkaufsständen für Jeans schon mit abfälligen Handbewegungen weggeschickt worden bin.

Angelockt von unserem Lachen und Feixen schaut eine Gruppe Touristen aus dem Café, und wir versuchen sie zur Nachahmung zu bewegen. Eine Frau mit hellblonden Haaren ruft mir auf Englisch zu, dass sie sich nur im Geheimen und für keinen Preis der Welt vor Publikum wiegen würde. Spontan applaudieren wir Yen, und ich stelle mich stur, als auch ich unter die Lasersäule treten soll.

»Wir müssen jetzt wirklich los. Spätestens um elf schiebt Yens Familie ihr Tor zu«, sagt Dien. »Sie ist schon ganz nervös.«

»Ist das wirklich dein Ernst?«

»Ja, sie muss nach Hause.«

Ich erspare mir jeden weiteren Kommentar und kann die Welt mal wieder nicht verstehen.

Vietnamesische Barrieren

Wir sind mit Nghia in einer Bar verabredet, und ich freue mich schon aufs Englischsprechen mit einem echten Amerikaner. Er würde uns mit einigen seiner Freunde erwarten, hatte Nghia gesagt. Dien hat den Namen des Lokals noch nie gehört, aber die Straße ist ihm bekannt. Ich ziehe meinen vietnamesischen Zweiteiler an und fühle mich in dieser ländlichen Aufmachung ausgesprochen wohl. Dien fragt, was er bei einem Barbesuch tragen solle, aber ich zucke nur ratlos mit den Schultern. Wir versuchen, uns hübsch zu machen, und befestigen den Rollstuhl hinter dem Rücksitz seines Mopeds.

Der Abendverkehr in Saigon hat seinen besonderen Charme. Die vielen Lichter der Mopeds, die fast auf Tuchfühlung neben uns fahren, die Leuchtschriften der Geschäfte und die Straßenbeleuchtungen. Eine reizvolle Attraktion bietet die hübsche Garderobe mancher Fahrerinnen auf ihrem Weg zum Rendezvous. Plötzlich rasen drei Musiker auf einem Moped an uns vorüber, fädeln sich durch winzige Lücken im Verkehr. Die Männer tragen blütenweiße Hemden und sind vielleicht auf dem Weg zu einem Auftritt, einer hat seine Gitarre lässig über die Schulter geschwungen. Ein Paar transportiert zwei Schoßhündchen auf seinem Moped. Einer der Hunde steht auf dem Tank und hat seine Vorderpfoten auf dem Lenker abgelegt, während der andere zwischen dem Fahrer und der Beifahrerin gehalten wird. Die Tiere scheinen sich pudelwohl zu fühlen. Ihr Fell glänzt im Licht der Großstadt und die Beifahrerin lächelt in meine Kamera. Ein besonders wagemutiger Fahrer hat eine gewaltige Karaoke-Anlage auf seinen Rücksitz geschnallt.

Mein Blick fällt auf den Grillrost eines Straßenrestaurants. Der merkwürdige Braten sieht keineswegs nach Geflügel aus. »Können wir bitte umdrehen? Ich glaube, ich habe meinen ersten gegrillten Hund gesehen. Ich würde gern ein Foto davon machen.«

»Ist das dein Ernst?«

Es dauert eine Weile, bis wir wenden können. Und dann sehen wir den unverkennbaren Körper eines ausgenommenen Hundes am Spieß. Unwillkürlich muss ich an meine Hündin denken, die zwar schon vor vielen Jahren an Altersschwäche gestorben ist, aber mich netterweise noch manchmal in meinen Träumen besucht. Im Süden Vietnams ist der Verzehr von Hunden eher selten, während es im Norden viele Hundefleischliebhaber geben soll. Als die Frau hinter dem Grill mich entdeckt, springt sie empört auf, beschimpft uns und stellt sich vor das Tier. Bisher bin ich nicht ein einziges Mal unfreundlich behandelt worden, aber diese Frau giftet mich regelrecht an.

»Sie will nicht, dass du ein Foto machst.«

»Das merke ich. Lass uns abhauen. Ich kann mir vorstellen, dass es häufiger empörte Ausländer gibt, die sich für das Schicksal wehrloser Vierbeiner interessieren.«

»So etwas Ähnliches schimpft sie dir gerade hinterher.«

»Ich finde es zwar auch nicht so toll und würde niemals Hundefleisch essen, aber ich lebe ja auch nicht hier. Außerdem bin ich nicht mal Vegetarierin. Mit lautstarken Protesten halte ich mich lieber zurück. Meine Vorliebe für Kaninchenfleisch ist auf meinen Reisen auch schon häufiger auf Unverständnis gestoßen.«

»Es gibt wirklich größere Probleme in unserem Land als gegrillte Hunde. Obwohl, wenn ich ehrlich bin, ich finde es ganz furchtbar.«

Die gesuchte Straße liegt im modernen, pulsierenden Teil von Saigon, wo Boutiquen, Handy- und Hi-Fi-Läden, Reisebüros und Supermärkte sich aneinanderreihen. Die Restaurants wirken allesamt teuer und mir graut bereits vor einer frostigen Klimaanlage. Hier trifft sich das junge und wohlhabende Saigon. Als wir vor einer Bar halten, möchte Dien sich beim Parkplatzeinweiser vergewissern, ob wir wirklich an der richtigen Adresse sind, aber der junge Mann kann vor lauter Neugierde über uns und unser seltsames Gefährt kaum antworten. Schließlich weist er uns eine Lücke zu und beobachtet, wie routiniert wir absteigen. Während ich die Gurte löse und den Rollstuhl herunternehme, macht Dien sich zum Hinübersteigen bereit.

Der Vorhof zum Lokal ist üppig begrünt, ein kleiner Bach plätschert durch das Gärtchen, und wir staunen über die luxuriöse Anlage. Schon werden wir mit dem neusten Hit von Kylie Minogue beschallt und haben freien Blick auf einen imposanten Tresen voller internationaler Spirituosen. Das Personal ist jung und trägt schrille Einheitskleidung. Die Bar liegt teils unter freiem Himmel und ist dadurch bestens temperiert. An einem der Tische entdecken wir Nghia, seinen Bruder und deren Freunde. Nghia spricht im vertrauten Amerikanisch der asiatischen Einwanderer und erinnert mich dadurch an meine Arbeit bei einem Migrantenprojekt in Kalifornien. Damals arbeitete ich mit Kolleginnen aus Thailand und Vietnam zusammen und beriet Einwanderer aus allen Teilen der Welt. Auch zehn Jahre später habe ich die Klänge asiatischer, südamerikanischer, arabischer, iranischer und russischer Akzente noch im Ohr und genieße

Gespräche mit Neuamerikanern. Wir begrüßen die Runde, und ich setze mich bewusst nicht neben Dien, um auch die anderen Gäste ein wenig kennen lernen zu können. Zwei junge Frauen und Nghias Bruder sprechen leider kein Englisch, aber ein weiterer Gast wird als *Vietkieu* vorgestellt, als Auslandsvietnamese aus den USA.

Ich lasse mich von Nghia über das Getränkeangebot beraten und bestelle schließlich einen Cocktail. Der Vietkieu stamme auch aus Seattle, erzählt Nghia. Ich schätze den Mann auf Mitte dreißig. Als ich ein Gespräch mit ihm beginne, merke ich schnell, wie lückenhaft sein Englisch ist. Er gehört zu jenem Typus von Einwanderern, die auch nach zehn Jahren in den USA immer noch schlecht Englisch sprechen, weil sich ihr gesamtes Leben ausschließlich unter Landsleuten abspielt. Dem Mann ist es sichtlich peinlich, sich nicht fließend unterhalten zu können, und ich bemühe mich um einfache Worte. Vielleicht wissen die anderen Anwesenden nicht, dass der »Amerikaner« zumindest sprachlich noch nicht in den USA angekommen ist. Da ich ihn nicht in Verlegenheit bringen will, wende ich mich Nghia zu. Er stellt mir eine der jungen Frauen als seine Freundin vor, und ich bin überrascht, als er mir erzählt, er habe sie erst kürzlich übers Internet kennen gelernt. Sie stamme aus dem Mekongdelta und sei nach Saigon gekommen, um ihn persönlich kennen zu lernen. Die junge Frau ist Anfang zwanzig und macht einen aufgeweckten Eindruck. Ich bin gespannt, was Dien über diese Art von Verbindung sagen wird. Wenn ich meinen Freund richtig einschätze, dann wird er ihr Interesse an ihm darauf zurückführen, dass Nghia in den USA lebt, und erklären, dass sie sich mit einem querschnittsgelähmnten Vietnamesen, der keine Reichtümer zu bieten habe, wohl kaum einlassen würde. Ich weiß manchmal nicht, was ich zu solchen Äußerungen von meinem Freund sagen soll, aber schließlich ist er derjenige, der seit Jahrzehnten Erfahrungen mit dem Leben als querschnittsgelähmter und materiell schlecht gestellter Vietnamese machen musste. Dien hat mir erklärt, dass auch sein Ansehen und Prestige merklich steige, sobald er mit Ausländern unterwegs sei. Von dem hellen Schein, der auf eine Langnase falle, würde auch er etwas abbekommen, ob er wolle oder nicht. Das sei schon bei den ersten Besuchen der Deutschen nach der Öffnung des Landes so gewesen, und daran habe sich bis heute nicht viel verändert. Der Kontakt zu einem Vietkieu könne das große Los bedeuten und sogar mit einer Ausreise und einem Leben im Ausland verbunden sein. Davon würden viele Vietnamesen träumen.

Ich habe einige dieser Geschichten gehört, und aus dem Buch »Catfish and Mandala« von Andrew X. Pham kenne ich die Klagen eines eher mittellosen Vietkieus, der per Fahrrad das Land seiner Kindheit und die Heimat seiner Eltern erkunden wollte. Phams Beschreibungen sind in weiten Teilen des Buches wenig schmeichelhaft für die Vietnamesen. Doch bei seiner abenteuerlichen Route hat der Vietkieu auch zahlreiche positive Erfahrungen mit seinen fremden Landsleuten gemacht.

Nghia wirkt heute wesentlich gefasster als während unserer Begegnung am Flughafen. Trotzdem betont er erneut, wie schwierig, ja geradezu unmöglich er sich ein Leben im Rollstuhl in Saigon vorstelle. »Ich selber würde nie allein mein Hotel verlassen. Es gibt doch nirgends barrierefreie Zugänge, die Bordsteine sind viel zu hoch, der Asphalt löchrig, und auf die Fahrbahn traue ich mich ohnehin nicht«, klagt er. Ich erzähle ihm lieber nichts über Diens Lebensbedingungen, nachher muss er vor Mitleid wieder weinen. Stattdessen möchte ich mehr über seine sonstigen Eindrücke in seiner alten Heimat erfahren.

»Ehrlich gesagt gehen mir die Leute ziemlich auf die Nerven«, antwortet er, als habe er nur darauf gewartet, sich endlich Luft machen zu können. »Besonders schlimm finde ich diese verdammte Zurückhaltung und die Traditionen. Alles ist festgelegt, zum Beispiel weiß jeder ganz genau, wer was und wann und wie sagen darf. Richtig nervig! Und nie kann man sich auf Augenhöhe unterhalten. Die Sprache und die komplizierten Anreden für jede einzelne Person machen jede Kommunikation unnötig schwierig. Wie soll ich mich normal mit jemandem unterhalten, den ich Großer Onkel nennen muss? Durch diese Anrede fühle ich mich automatisch eine Stufe heruntergesetzt. Einem Großen Onkel muss man großen Respekt zollen, auch wenn er ein Idiot ist. Es gibt kein *you* in dieser Sprache. Nicht mal zu meinem Bruder kann ich du sagen, sondern muss Großer Bruder sagen, während er immer Kleiner Bruder sagen muss. Wenn ich ihn mit seinem Namen anrede, dann darf ich die liebevolle Endung *-oi* nicht vergessen, weil meine Verwandten mich sonst für unhöflich halten. Und wenn ich mal die falsche Anrede verwende oder sie verwechsle, dann schauen sie mich strafend an. Es ist alles so furchtbar anstrengend. Die Vietnamesen machen sich das Leben unnötig schwer. Am schlimmsten ist es beim Kontakt mit Frauen. Ich verstehe das alles nicht. Niemand redet offen, alles wird in Floskeln verpackt, über Gefühle wird überhaupt nicht gesprochen und im Fernsehen zeigen sie noch nicht einmal Liebesszenen. Ich weiß wirklich nicht, was das soll. Alles ist so streng, altmodisch und moralisch. Wir sind im einundzwanzigsten Jahrhundert angekommen. Die Welt hat das Internet! Warum benehmen sie sich hier immer noch wie im achtzehnten Jahrhundert, obwohl sie doch alle scharf auf das neue Leben und den neuen Reichtum sind?«

Nghia und ich bestellen uns weitere Cocktails, und ich stecke mir eine von seinen Zigaretten an. Warum nur schmecken die Glimmstängel mir unter südlicher Sonne so gut? Ich frage Nghia, ob er sich übers Internet in seine Freundin verliebt habe und ob sie sich auch live gut verstehen.

»Ich surfe und chatte den halben Tag und die ganze Nacht im Netz. Eigentlich mache ich kaum etwas anderes, und hier ist es unter jungen Leuten enorm weit verbreitet. Meine neue Freundin ist sehr erwachsen für ihr Alter. Mir gefiel sofort, was sie mir geschrieben hat. Sie ist mutig und weiß genau, was sie will. Ich habe ihr von Anfang an gesagt, dass ich behindert bin. Das ist kein Problem für sie.«

»Ich wünsche euch beiden viel Glück.«

»*Thank you.* Und was ist mit euch, wenn ich fragen darf? Seid ihr beide eigentlich verliebt?«

Ich grinse ihn an, und er scheint meine Gedanken lesen zu können.

»Ach, es tut so gut, dir ganz direkt eine Frage stellen zu können«, sagt Nghia und ich erzähle ihm etwas über Dien und mich.

Die Musik in der Bar ist leider so laut, dass man sich unmöglich über den Tisch hinweg mit den anderen Gästen unterhalten kann. Als Dien und Nghia in ein Gespräch vertieft sind, versuche ich, mich radebrechend mit der jungen Frau aus dem Mekongdelta zu unterhalten.

»Langweilst du dich? Sollen wir gehen? Später müssen wir uns unbedingt austauschen«, ruft Dien mir auf Deutsch zu und ich nicke zustimmend.

»Kein Problem. Sag du, wenn wir lossollen.«

»Ich glaube, die anderen wollen noch woanders hin. In eine andere Bar.«

»Wir aber nicht, oder?«

»Nein, das ist viel zu kompliziert mit dem Auf- und Absteigen. Außerdem finde ich die Musik zu laut. Mir dröhnen schon die Ohren. Wollen wir nach Hause?«

Erst allmählich begreifen Nghia und sein Bruder, dass wir mit dem Moped und nicht mit einem Taxi gekommen sind. Sie begleiten uns zum Parkplatz, um sich anzuschauen, wie wir das anstellen. Nghia ist vollkommen aus dem Häuschen, als er sieht, wie Dien sich allein auf das Moped zieht.

»I can't believe what he's doing. This guy is just great. Der Kerl ist einfach großartig«, sagt er und schüttelt fassungslos den Kopf. »Wie macht er das nur? Ich könnte das nie. Er hat wohl überhaupt keine Angst.«

»Ich weiß nicht.«

»Und was ist mit dir? Hast du keine Angst dort hinten draufzusitzen?«

»Dien ist ein besonnener Fahrer. Es macht mir Spaß, mit ihm unterwegs zu sein. Saigon hautnah!«

»Ihr seid ein super Team.«

Dien und er haben bereits ein weiteres Treffen vereinbart, diesmal in seiner Wohnung. Dazu werden wir dann auch Peter einladen.

Als wir vor meinem Hotel stehen, möchte ich keineswegs schon ins Bett gehen. Ich überrede Dien, den Rollstuhl abzuschnallen und gemeinsam durch mein Viertel zu bummeln. Das hatte ich mir schon lange gewünscht, und nun möchte ich die Gelegenheit endlich wahrnehmen.

»Stört es dich wirklich nicht, mit mir so herumzulaufen.«

»Verdammt noch mal! Nein! Ich will diese idiotische Frage nie wieder hören.«

»Ist ja gut. Reg dich nicht auf.«

»Darf ich dich schieben?«

»Sehr gerne.«

Sämtliche Gästehausbesitzer in meiner Gasse kennen uns vom Sehen und grüßen. Wir nehmen den Hinterausgang zur Querstraße, wo um diese späte Stunde nicht mehr viel Verkehr ist. Vor den einfachen Bierlokalen sitzen Einheimische mit freiem Oberkörper und in Shorts und lassen sich ihr Bier schmecken. In den Touristenrestaurants werden die Tische abgedeckt. Auch die Souvenirläden schließen allmählich. Wir steuern auf das kleine Ecklokal zu, dessen Tische ebenerdig stehen. Ich bestelle mir ein Bier, obwohl ich die beiden Cocktails bereits deutlich spüre.

»Nghia ist begeistert von dir«, sage ich zu Dien, »er sollte bei dir in die Lehre gehen. Der Junge ist viel zu ängstlich.«

»Ja, das denke ich auch. Er traut sich nicht allein vor die Tür. Wie schade.«

Wir tauschen uns aus und schmieden Pläne für den gemeinsamen Abend mit Nghia und Peter. Von den dreien ist Nghia mit Abstand der unbeweglichste. Er scheint sich kaum etwas zuzutrauen und an solche Unternehmungen, wie Peter und Dien sie durchführen, nicht im Traum zu denken. Er fährt nicht einmal auf zwei Rädern, weil er Angst hat umzukippen. Irgendwann schwelgen wir beide in unseren eigenen Gedanken. Ich mag es, wenn wir nebeneinandersitzen und schweigen. Es gibt mir das Gefühl von Verbundenheit. Unser Beisammensein braucht keine Worte mehr.

»Ich habe immer gedacht, ich sei glücklich. Doch es ist nicht wahr. Ich habe so vieles verpasst in meinem Leben. Selbst wenn sich nun noch etwas ändert, sind die verlorenen Jahre nicht zurückzubringen. Sie sind weg. Für immer vergangen«, sagt Dien wie aus heiterem Himmel.

»Aber man kann seinem Leben immer eine andere Richtung geben, etwas ändern, vielleicht sogar radikal«, entgegne ich ihm, während ich meinen Kopf in den Nacken lege und meine Augen schließe.

»Das sagt du so einfach! Du hast gut reden. Du lebst ja auch nicht hier.«

»Dien, es gibt auch hier mehr Möglichkeiten, als du wahrhaben willst. Peter hat zum Beispiel von diesem Zentrum erzählt, wo es Englischkurse für Körperbehinderte gibt. Er selbst unterrichtet dort. Du verbringst so viel Zeit mit Dingen, die dich nicht weiterbringen.«

»Was? Wie kommst du denn darauf?«

»Seit Tagen suchst du nach Ersatzteilen für die Uhren. Das nervt langsam. Es ist wirklich Zeitvergeudung. Wenn du die verdammten Dinger nicht rechtzeitig vor meiner Abreise repariert bekommst, ist es auch egal. Irgendein deutscher Besucher kann sie später nach Deutschland mitbringen. Das habe ich jetzt schon hundert Mal gesagt.«

Dien schaut mich vollkommen überrascht an, und ich könnte

mich ohrfeigen. Warum kann ich meinen Mund nicht halten? Wieso werfe ich ihm plötzlich seine Zeiteinteilung vor? Verdammt! Ich sollte mich bremsen.

»Willst du mir sonst noch irgendetwas sagen, was du mir schon lange sagen wolltest?«

»Ja! Warum machst du dir das Leben so schwer?«

Dien sagt kein Wort, und ich kann mich nur mit Mühe zügeln. Es macht mich wütend, wenn ich sehe, wie er sich Chancen entgehen lässt und sich dem Schicksal ergibt. Er könnte viel selbstbewusster auftreten! Er spricht hervorragend Deutsch! Warum versucht er nicht für eine deutsche Firma zu arbeiten? Als Dolmetscher! Schon im Frühjahr habe ich Bewerbungen für ihn geschrieben, aber er traut sich viel zu wenig zu. Außerdem geht er immer davon aus, dass niemand mit einem Behinderten zusammenarbeiten möchte. Angeblich glauben viele Vietnamesen, es brächte Unglück für die geplanten Geschäfte. Ist das wirklich möglich? Ich bin durcheinander. Vielleicht fehlt mir das richtige Maß. Aber manchmal möchte ich ihn rütteln und zu Aktionen zwingen, die er sich nicht zutraut, oder bei denen er sich unwohl fühlt. Ich will, dass es ihm besser geht, und dass er alle Möglichkeiten, die das Leben ihm bietet, erkennt und nutzt. Er ist ein wunderbarer Mensch und er sollte sich nicht selber kleinmachen.

Plötzlich fühle ich mich hilflos, dabei will ich doch nur, dass mein Freund glücklich ist, selbst wenn er dazu gezwungen werden muss. In meinem Kopf beginnt es sich zu drehen. Die Hitze steigt mir in die Wangen. Meine Nerven liegen blank, weil mir nicht die richtigen Worte einfallen wollen. Wir sind die letzten Gäste, aber es ist mir egal, dass der Wirt Feierabend machen möchte. Ich bestelle ein weiteres Bier, obwohl Dien lieber gehen würde. Schweigend sitzen wir nebeneinander, und jetzt ist dieses Schweigen eine Last, weil in ihm Vorwürfe und Verletztheit stecken. Ich kann seinem Gesicht nicht ablesen, wie er sich fühlt. Mir fallen zahllose Themen ein, die ich ansprechen möchte, aber ich halte mich zurück, weil ich die Wirkung des Alkohols in mir spüre und Dien niemals trinkt. Ernste Gespräche zwischen Angetrunkenen und Nüchternen sind meistens peinlich, und ich habe glücklicherweise genug Kontrolle, um mich zurückzuhalten. Andernfalls würde ich jetzt sicher die gesamte Palette von seiner Mutter-Teresa-Haltung bis zum permanenten Zurückstellen seiner eigenen Bedürfnisse zugunsten seiner Familie vor ihm ausbreiten. Fast täglich erfahre ich eher nebenbei, um wie viel leichter er sich das Leben hätte machen können, wenn er nicht immer zuerst an das Wohl der anderen gedacht hätte. Anstatt seine eigene Bildung voranzutreiben, hat er seine bescheidenen Mittel in die Bildung seiner Geschwister gesteckt. Ein Moped hat er sich erst vor wenigen Jahren gegönnt, weil andere Anschaffungen für die Familie wichtiger erschienen. Jahrelang hat er täglich kilometerlange Strecken mit dem Rollstuhl zurückgelegt, wohlgemerkt mit einem schweren Stuhl, der bereits alterschwach in Deutschland aussortiert worden war. Immer waren seine Hemden an den Achseln durchgescheuert. Seine schwieligen Hände zeugen von dem millionenfachen Fassen der Greifräder. Für weitere Strecken hat er sich von seinem Bruder Hai mit dem Fahrrad ziehen lassen. Das dreirädrige Moped hat ihm eine enorme Freiheit beschert, nur leider spart er auch hier an der Sicherheit und Verbesserung der Lademöglichkeit für seinen Rollstuhl. Gern würde ich ihm sagen, dass er es sich verdammt noch mal wesentlich einfacher machen könnte, wenn er ein wenig Geld in den Anbau eines praktischen Gepäckträgers stecken würde. Aber es gibt immer Wichtigeres zu erledigen und zu bezahlen: Medikamente und Babynahrung für seinen Neffen, Zahnarztbesuche für seine Schwester, ein neuer Ventilator und Neujahrsgeschenke für seine Familie.

Als wir endlich wortlos zum Hotel zurückgehen, bin ich vollkommen aufgewühlt.

»Du hättest schon lange Englisch lernen können. Englisch ist so wichtig, und in Saigon wimmelt es von Englischlehrern. Du bist so intelligent. Die Sprache lernst du im Handumdrehen. Mit Englisch eröffnen sich ganz neue Perspektiven.«

»Bruni, jetzt hör bitte auf.«

Verlorene Nerven

Am nächsten Tag streune ich missmutig durch die Straßen. Ich bin müde und mürrisch, ärgere mich über mich selbst und werde mich für meine Ungeduld bei Dien entschuldigen. Wie konnte ich nur so die Nerven verlieren? So etwas sollte nicht passieren. Wie kann ich mir anmaßen, über sein Leben zu urteilen? Hat er mir nicht erklärt, wie ihm über viele Jahre immer wieder der Mut genommen wurde? Wie soll er da wagemutig sein? Hatte er mir nicht gesagt, wie unendlich lange es gedauert hat, sich von den Erniedrigungen durch seine Mitmenschen und von ihrer Ignoranz gegenüber seinen Problemen zu erholen und sich aus eigener Kraft wieder aufzubauen? Er wurde gehänselt, weil er nicht gehen kann. Seine Urinflasche gab Anlass zu Witzen, und es gab niemanden, der ähnliche Probleme hatte. Niemanden, der ihn verstand, niemanden, der mitempfinden konnte. Wie kann ich ihm Vorwürfe machen? Ich, die ihn erst wenige Monate kennt und weit weg im reichen Deutschland lebt. Verdammt! Warum konnte ich meinen Mund nicht halten, oder mich zumindest anders ausdrücken? Wie soll ich mich entschuldigen? Wie soll ich ihm erklären, dass ich ihn eigentlich nur glücklich sehen möchte, aber das Rezept dafür auch nicht kenne. Schweißgebadet trotte ich durch eine belebte Einkaufsstraße. Die Stadt beginnt mich zu quälen, die schlechte Luft und der Lärm zerren an meinen Nerven. Selbst der Weg zum Ben-Tanh-Markt und die Verlockungen köstlicher Speisen lassen mich gleichgültig. Meine Euphorie ist gebremst und fast habe ich Angst, die schönsten Momente der Reise bereits hinter mir zu haben. Vielleicht hätten wir länger in Hoi An bleiben oder nach Dalat fahren sollen. Oder nach Hanoi.

Dien war noch nie im Norden, und im Vergleich zu Saigon ist Hanoi geradezu lieblich und beschaulich. Zwar herrschen auch dort ein mörderischer Verkehr, Lärm und schlechte Luft, aber die Stadt hat asiatisch-europäischen Charme und eine interessante Geschichte.

Ziellos verlasse ich das Hotelviertel. Schon nach dem ersten Kreisverkehr hinter der vertrauten Umgebung gibt es keine Langnasen mehr. Ihr Revier befindet sich in Richtung Innenstadt. Irgendwann suche ich nach der Straße mit den kleinen Fischlokalen, wo ich einen Abend mit Gerrit verbracht hatte. Der holländische Fischhändler hatte mich in die Geheimnisse unbekannter Meerestiere eingeweiht und meinen Eindruck bestätigt, dass die Vietnamesen verrückt nach kulinarischen Raffinessen sind. Dankbar nehmen sie jede Neuerung auf. Nicht umsonst findet sich in der vietnamesischen Küche der indische Einfluss neben Chinesischem und Französischem. An jeder Straßenecke gibt es vorzügliche, mit Pasteten belegte Baguettes neben Nudelsuppen, scharfen Currys und gegrillter Ente.

Gerrit berichtete mir von der Einführung des Popcorns vor einigen Jahren. Popcorn als spannende kulinarische Neuigkeit wurde binnen kürzester Zeit zu einem lohnenden Geschäft. Inzwischen bekommt man von den Straßenhändlern ständig Popcorn angeboten, sie halten es selbst den Gästen in den Cafés und Restaurants unter die Nase. Das ist in Vietnam durchaus üblich, und bisher habe ich nie erlebt, dass die fliegende Konkurrenz von den Restaurantbesitzern vertrieben wurde. Handeln und handeln lassen scheint die Devise zu sein.

Auch ausländisches Bier findet reißenden Absatz, bestätigte mir Gerrit, und selbst für das mexikanische Corona-Bier gibt es trotz der wohlschmeckenden inländischen Konkurrenz und des relativ hohen Preises einen Absatzmarkt. Die Besserverdienenden stürzen sich zudem auf japanisches Sushi, und auch Milchprodukte aller Art werden immer beliebter. Gerrit versucht sich mit Elan an der Einführung des Herings in Vietnam.

Der Nordseefisch werde sicher auch hier seine Liebhaber finden, meint er.

Gerrit hatte mich kürzlich auf seinem Motorroller mitgenommen und war wie ein Einheimischer durch den Verkehr gebraust. Ihm merkt man an, wie gern er in dieser chaotischen Stadt lebt. Wenn ich doch nur die Fischlokale finden könnte, die er mir kürzlich gezeigt hat, und wo wir so köstlich gespeist haben.

Stattdessen quälen mich Hitze und Durst. Als ich vor einem Supermarkt stehe, an dem ich auf dem Weg zu Dien schon unzählige Male vorbeigefahren bin, zieht es mich hinein. Das Geschäft ist rund um die Uhr von Menschentrauben belagert. Supermärkte mit Einkaufswagen, Gefriertheken und penibel gereinigten Fleischtresen sind eine relativ neue Form der Einkaufsmöglichkeiten und erst mit der Öffnung des Landes entstanden. Sie gelten als Attraktion und Zeichen der Moderne. Als mir ein junger Mann in gelb-blauem Kittel und passender Schirmmütze die Tür offen hält, möchte ich am liebsten wieder kehrtmachen, aber ein wenig Feldforschung kann sicher nicht schaden. Die Brise der Klimaanlage lässt mich frösteln und erinnert mich daran, dass ich meine leichte Jacke vergessen habe. Mein Körper wird gegen die enormen Temperaturunterschiede zwischen den Außengraden und dem Inneren des klimatisierten Raums rebellieren.

Reflexartig nehme ich mir einen Einkaufswagen und schiebe ihn durch breite und aufgeräumte Gänge. Es ist mein erster vietnamesischer Supermarkt, und ich suche nach Orientierung. Erstaunlich viele Mitarbeiter in gelb-blauer Einheitskleidung füllen Regale auf und ordnen das Sortiment. Eine übergewichtige Vietnamesin in transparenten Leggings erscheint mir wie ein warnendes Beispiel für die Folgen der modernen Ernährung. Die Produktpalette gleicht aufs Haar einem europäischen Supermarkt, vom Katzenfutter über den Wein bis zu Bio-Milchprodukten. Nur die bei uns üblichen Bräunungspräparate sind hier ersetzt durch ein breites Angebot an Blassmachern.

Ich kaufe deutsche Gummibärchen und Lakritz, weil ich denke, dass diese Leckereien auch Temperaturen von über fünfunddreißig Grad überstehen. Ritter-Sport-Schokolade, die es hier ebenfalls gibt, würde sich auf dem Weg zum Hotel zu Trinkschokolade auflösen. Nach dem Besuch im Supermarkt kann ich dem Wort Globalisierung eine weitere persönliche Definition hinzufügen.

Bei meinem ziellosen Bummel entdecke ich eine Buchhandlung, in der ich Poster mit exotischen Früchten und vietnamesisch-englischer Beschriftung kaufe. Und in der Straße mit den gigantischen senegalesischen Mahagonibäumen finde ich chinesische Kalender für das nächste Jahr. Es ist erst Oktober, aber auf diese Weise habe ich bereits alle Weihnachtsgeschenke beisammen.

Der Weg bis zu Dien ist von hier aus noch ziemlich weit, und da ich den Zettel mit der Adresse nicht dabeihabe, könnte ich mich keinem Mopedtaxi verständlich machen. Müde schleppe ich mich also zurück in mein Hotel. Dort angekommen, wähle ich Diens Nummer.

»Dien, lass uns raus aus Saigon.«

»Wohin?«

»Ans Meer! Wir können auf die Insel Phu Quoc fliegen oder mit dem Bus nach Mui Ne fahren. Aber ich habe gehört, dass es auf Phu Quoc seit Tagen heftig regnet. Das klingt nicht besonders einladend. In Mui Ne soll es trocken sein. Dort mieten wir uns einen kleinen Bungalow am Strand und können in Ruhe arbeiten.«

»Aber das ist doch viel zu …«

»Psst! Es ist wichtig für unsere Arbeit! Hier haben wir keine Ruhe. Es gibt für uns beide noch so vieles zu besprechen. Wir werden dort eine schönere Zeit miteinander verbringen als hier. Die Busfahrt kostet nur ein paar Dollar, und in Mui Ne gibt es günstige Unterkünfte. Lässt Yen dich noch einmal mit mir wegfahren?«

»Natürlich. Warum denn nicht?«

»Gut, dann kümmere ich mich um die Tickets. Übermorgen um acht Uhr. Ist das o.k.? Und noch etwas! Entschuldige meine Laune gestern Abend. Es tut mir wirklich sehr leid. Ich weiß auch nicht, was mit mir los war.«

»Schon gut. Ich musste wohl mal dein seelischer Müllschlucker sein.«

»War es so schlimm?«

»Es war schlimm, aber ich habe über deine Worte nachgedacht. Es war auch etwas Wahres daran. Du hast gesagt, man könne immer etwas ändern. Manchmal habe ich diese Hoffnung auch noch. Es gibt sogar Momente, da fühle ich mich am Beginn von etwas Neuem. Verstehst du das? Ich fühle mich unvollkommen und möchte mich vervollkommnen. Aber wie? Ich muss etwas beginnen! Aber was? Ach, ich bin total durcheinander.«

6 Mui Ne. Zurück ans Meer

Helden der Strasse und der Lieder

Es dauert fast zwei Stunden, bis wir die Ausläufer der Stadt hinter uns gelassen haben. Wir fahren auf der berüchtigten Nationalstraße 1A in Richtung Nordosten. Gewerbe- und Industriegebiete wollen kein Ende nehmen und LKW spielen sich unter dröhnendem Hupen als Helden der Landstraße auf. Wir sitzen in der ersten Reihe hinter dem Busfahrer und haben unfreiwillig den Aussichtsposten auf das Spektakel. Unser Chauffeur scheint im Wettkampf der Schnellsten und Wagemutigsten einen der vorderen Plätze einnehmen zu wollen, und so nutzt er jede noch so halsbrecherische Gelegenheit, um das Gaspedal durchzutreten und zu überholen. Er ist mit Abstand der schlimmste Fahrer, den ich je in Vietnam erlebt habe. Nichtsdestotrotz widmen Dien und ich uns der Lektüre meines ersten Buches über meine Erlebnisse als alleinreisende Frau im Iran. Mein Freund hat es in der Zeit vor meiner Ankunft gelesen und sich zahlreiche Fragen notiert. Es ist merkwürdig, sich mitten in Südvietnam über den Iran zu unterhalten, aber Dien behauptet immer, er habe mich durch dieses Buch viel besser kennen gelernt und größeres Vertrauen zu mir gefasst. Am meisten interessiert ihn die Frage, wie im Iran mit Behinderten umgegangen wird. Da ich persönlich keine Behinderten kennen gelernt habe, kann ich ihm nur von meinen Beobachtungen erzählen, aber die sind erstaunlich: Fast täglich war im Fernsehen Behindertensport zu sehen, selbstverständlich ausschließlich von Männern ausgeübt. Durch den achtjährigen Krieg mit dem Nachbarland Irak gibt es viele Kriegsverletzte. Im Behindertensport sind iranische Athleten auch international erfolgreich, und sie scheinen sich zumindest nicht zu verstecken, sondern sind in der Gesellschaft präsent. Besonders in den islamischen Heiligtümern habe ich einige Rollstuhlfahrer gesehen, denen immer ganz besonders zuvorkommend geholfen wurde.

Irgendwann gibt es einen lauten Knall, der Fahrer bremst ab und hält am Fahrbahnrand. Ein Reifen ist geplatzt, aber wir fahren trotzdem weiter, bis wir eine eigens für ausländische Touristen erbaute Raststätte erreichen. Die Toiletten sind klinisch rein, und der Supermarkt bietet alles, was Langnasen offenbar dringend benötigen. Dabei ist die Auswahl an Hygieneartikeln, Kartoffelchips, Kaugummis und Erfrischungsgetränken erstaunlich groß. Ausnahmslos jeder Tourbus auf dieser Route hält hier und wirft einige Dutzend Reisende aus. Während wir etwas trinken, wird der defekte Reifen gewechselt. Am liebsten würde ich den Rest des Weges laufen und nie wieder in unseren Bus steigen.

Endlich lichtet sich der Verkehr, die Bebauung nimmt deutlich ab, und die Landschaft wird lieblicher. Sanfte Hügel, Reisfelder und erste Drachenfrucht-Plantagen tauchen auf. Diese Region ist berühmt für die exotische Frucht, deren weißes Fleisch von schwarzen Punkten durchsprenkelt ist, und mich an Eiscreme mit Mohnstreuseln erinnert. Eine magentafarbene Schale mit Zipfeln, die wie Greifärmchen wirken, gibt der faustgroßen Frucht ein geradezu unwirkliches Aussehen. Die Drachenfrüchte wachsen an kakteenartigen Sträuchern, die auf Pflückhöhe gestutzt werden. In großen Körben oder manchmal sogar zu gewaltigen Bergen aufgetürmt werden die Früchte am Straßenrand angeboten. Im Vorüberfahren kann man Lagerhallen sehen, in denen sie für den Transport in Kisten gefüllt und lastwagenweise abgeholt werden. Ich denke an die trockenen und verschrumpelten Exemplare, die für viel Geld in Deutschland angeboten werden. So etwas würde man hier allenfalls als Viehfutter verwenden. Das kulinarische Paradies Vietnam hat meinen Gaumen unwiderruflich verwöhnt. Was soll ich nur essen, wenn ich wieder zuhause bin? Welches Obst wird mir noch schmecken? Als ich von meiner ersten Vietnamreise zurückkehrte, musste ich mich zunächst wieder an feste Kost gewöhnen. Nach der ersten Scheibe Vollkornbrot hatte ich einen Krampf im Kiefer und später Muskelkater. An eine rohe Möhre traute ich mich erst später heran. Es gibt in Vietnam wirklich nicht viel feste Nahrung, zumindest nicht vergleichbar mit der deutschen Küche. Hier wird alles fein geschnitten und zumeist zügig gegart und mundgerechte Happen sind üblich.

Die einfachen Wohnhäuser der Bauern und Händler bieten ein vertrautes Bild. Fast überall in Vietnam sieht es so oder so ähnlich aus: Die Türen stehen weit offen, damit ein Lufthauch ins Innere dringt, Kinder und alte Menschen liegen in den Hängematten oder auf kühlenden Fliesen, und auf den Höfen wird das beste Stück, das Moped, gewaschen und poliert. Wenn die Bewohner es sich leisten können, dann wird unverdrossen in die Höhe gebaut. Selbst in der tiefsten Provinz finden sich drei- oder sogar vierstöckige extrem schmale Häuser, die unwirklich am Ende eines Reisfeldes in die Höhe ragen. Die Neureichen neigen dazu, sich palastähnliche Häuser zu bauen, die nach europäischen Maßstäben alle Grenzen zum Kitsch weit überschreiten. Vor Skulpturen aller Art, Verschnörkelungen, Säulen, Bögen und protzigen Zäunen wird kein Halt gemacht.

Diens Kommentar beim Anblick solcher Häuser bewegt sich zwischen »Beamter« und »Reiche Verwandte im Ausland«. Die Öffnung des Landes und der ungestüm voranschreitende Kapitalismus bringen eine deutliche Schicht Wohlhabender hervor.

Unser Fahrer dreht die Musikanlage noch lauter als zuvor. Ich vermute einen vietnamesischen Schlager hinter dem einfachen Rhythmus und der einschmeichelnden Stimme der Sängerin.

»Komischer Typ!«, sagt Dien zum wiederholten Male mit einem Blick zum Chauffeur, »wirklich ein ganz komischer Typ. Und die Musik! So etwas hört sonst kaum noch jemand. Jedenfalls nicht im Süden. Alte Musik aus dem Krieg.«

»Aus dem Krieg?«

»Was er jetzt gerade abspielt, ist ein Lied aus dem Krieg gegen die Franzosen.« Dien schüttelt den Kopf, als er genauer zuhört. »Wenn ich dir das übersetze, dann willst du vielleicht nichts mehr mit uns Vietnamesen zu tun haben.«

»Nun mach schon!«

»Aber du schreibst es nicht in das Buch.«

»Nein, nein.«

»Es geht um einen einfachen Mann, der Hung heißt. Hung ist ein richtiger Bauer, aber er hat in einem Jahr schon hundert französische Soldaten erschossen. Dafür hat er eine Ehrenmedaille bekommen. Es ist ein bekanntes Lied.«

Ich verschlucke mich fast und muss trotz der unglaublichen Zeilen ein Auflachen unterdrücken, denn Melodie und Stimme lassen in keiner Weise so einen martialischen Inhalt erwarten. Der Bus ist voller Europäer und Australier, die wohl kaum damit rechnen, derart einschmeichelnd von einem Loblied auf einen Kriegshelden berieselt zu werden. Die Melodie animiert geradezu zum Mitsummen. Dien bemüht sich ebenfalls, sich ein Lachen zu verkneifen.

»Ob Franzosen im Bus sind?«, fragt er mit verschmitztem Unterton.

»Könnte gut sein.«

»Du kannst ja mal herumgehen und sagen: Entschuldigung, wir hören hier gerade das berühmte Volkslied über Bauer Hung, der innerhalb eines Jahres schon hundert Franzosen erschossen hat.«

»Du bist albern!«

»Du hast angefangen mit dem Kichern.«

»Weil ich mir überlegt habe, dass fast keiner im Bus versteht, was da gesungen wird. Die Leute denken vielleicht, es ginge um die schöne grüne Landschaft vor dem Busfenster. Um üppige Reisfelder oder sehnsüchtige Liebe.«

»Jetzt kommt ein neues Lied. Also, dieser Busfahrer hat wirklich nicht mehr alle Tassen im Schrank. Der kommt bestimmt aus dem Norden.«

»Vorurteile gegenüber Nordvietnamesen hast du nicht, oder?«

»Wir können wetten! Er sieht auch aus wie ein Nordvietnamese. In diesem Lied geht es um einen Ho-Chi-Minh-Soldaten. Ein Mädchen hat ihm ein Taschentuch geschenkt. Sie hat es mit einem Blütenzweig bestickt. Damit wünscht sie ihm Glück für die Schlachtfelder.«

»Ist er ihr Freund? Ihr Geliebter?«

»Nein, wo denkst du hin? Sie hat ihn gerade erst kennen gelernt und nennt ihn Großer Bruder. Das ist ein bekanntes Lied. Vorhin hat er etwas Ähnliches gespielt. Darin ging es um einen Traum. Der Text lautet etwa so: ›Gestern Nacht habe ich von Ho Chi Minh geträumt, von seinem langen Bart.‹ Na ja, so genau kann ich mich nicht an jedes Wort erinnern, aber eine wichtige Zeile lautet: ›Für mein Dorf bin ich immer bereit zu kämpfen.‹«

»Lauter Kriegslieder!«

»Schrecklich! Hoffentlich sind wir bald da.«

Die siebzehn Kilometer lange Straße zwischen dem Küstenstädtchen Phan Thiet und der Ortschaft Mui Ne war bis ins letzte Jahrzehnt hinein nichts weiter als eine Sandpiste unter Kokospalmen, die sich zwischen einer Dünenlandschaft und einem weiten Strand entlangschlängelte. Vereinzelte Fischerhütten sind die letzten Zeugen dieser Vergangenheit. Inzwischen reihen sich hier Hotelanlagen der oberen Preisklasse neben Bungalowsiedlungen, einfachen Gästehäusern und angesagten Kitesurfer-Domizilen. Im Frühjahr haben Thomas und ich einige Tage hier verbracht, und nach seiner Abreise bin ich mit dem Easy Rider aus Dalat erneut hier gelandet, weil er mich nicht bis nach Saigon bringen wollte.

An der Bushaltestelle werden wir von einem Vermieter angesprochen, aber ich habe bereits einige Unterkünfte vor Augen, die ich mir als weitgehend barrierefrei vorstelle. Die Orientierung fällt hier leicht, und so ziehen wir mit unserem Gepäck die Hauptstraße entlang. Das Atmen ist die reine Freude. Zwischen den Kokospalmen lugt das Meer hervor und treibt eine angenehme Brise herüber.

Schließlich landen wir in einer kleinen Bungalowanlage, die uns auf Anhieb gefällt: Kleine Häuschen ducken sich unter Palmen, und die Brandung reicht jetzt, wo die Flut hoch steht, fast bis zur Türschwelle. Gepflasterte Wege führen zu den einzelnen Häusern, aber leider entdecken wir zwei Treppenstufen vor jedem Eingang.

»Vielleicht können wir eine Rampe bauen«, schlage ich vor.

Dien spricht mit den Vermietern, doch die Bretter, die wir nach einer Weile erhalten, sind ungeeignet. Der Hausherr erweist sich zudem als ungeschickt und scheint die Notwendigkeit dieser Maßnahme nicht nachvollziehen zu können. Zwei Stufen sind zu viel für Dien, ich werde ihm helfen müssen, aber das Häuschen und die Terrasse haben uns schon verzaubert und wir werden bleiben. Ich erinnere mich an einige Restaurants am Strand. Bei dem Gedanken an den köstlichen Fisch, den wir dort bekommen werden, läuft mir schon das Wasser im Mund zusammen.

Am Abend sitzen wir auf unserer Terrasse und lassen uns von dem Tosen der Brandung berauschen. Kurzen Momenten der Stille folgt das Brechen der Wellen und das Geräusch des abfließenden Wassers auf dem Strand. Es klingt wie ein letztes großes Ausatmen nach einer langen Reise über das Meer bis an das Festland. Ankommen! Erschöpft auf dem warmen Sand ausruhen! Nur für einen kurzen Moment, bis der Sog jeden Tropfen mit sich zieht und erneut auf die Reise schickt.

Im Mondschein sehen wir die Schatten der Fischerboote, die in den Wogen auf und ab hüpfen. Die weißen Kämme brechender Wellen leuchten im Halbdunkel und Sterne glitzern über dem Meer. Wir haben es uns auf Liegestühlen bequem gemacht und saugen die Frische in uns auf.

Als wir uns draußen sattgesehen haben und uns ein wenig kühl wird, denke ich an den Film in unserem Gepäck. Dien hatte sich nach der Lektüre von Marguerite Duras' Roman »Der Liebhaber« den Film von mir gewünscht, aber bisher hatten wir noch keine Gelegenheit, ihn anzuschauen. Die Geschichte eines jungen französischen Mädchens und ihres wesentlich älteren chinesischen Liebhabers im Indochina der dreißiger Jahre passt perfekt in diese Kulisse. Wir sind in Diens Zimmer, wo das Bett als einzige Sitzgelegenheit in Frage kommt. Ich löse das Moskitonetz aus der Halterung und spanne es über eine Vorrichtung an den Bettpfosten, bevor wir hinunterkriechen und die Kissen ausrichten. Der Laptop steht am Fußende.

»Ist der Film auch wirklich auf Deutsch?«

»Keine Angst. Jedes Wort ist in deiner Lieblingssprache. Selbst die Vietnamesen werden deutsch miteinander sprechen.«

Dien kneift mir ins Bein und ich starte den Film.

Die Kamera streicht in Nahaufnahme über nackte Hautpartien, die nicht erkennen lassen, zu welchem Teil des Körpers sie gehören, schwenkt dann zu einer Schreibfeder, die mit geschwungenen Buchstaben ein leeres Blatt Papier in den Beginn einer Liebesgeschichte verwandelt. Im nächsten Moment tauchen wir ein in die Landschaft des Mekong und sind Zeugen der ersten Begegnung des Mädchens mit dem Liebhaber. Sie lernen sich auf einer Fähre bei Sa Dec kennen. Jede Geste, jeder Atemzug und jedes Wort spiegeln den Beginn einer Leidenschaft.

Schneller als mir lieb ist, muss ich begreifen, dass die Geschichte sich nicht mit Andeutungen von körperlicher Liebe begnügt, sondern der Erotik des Paares breiten Raum gibt. Die beiden Schönheiten werden uns mehrfach und äußerst intim in ihrer ganzen Sinnlichkeit präsentiert. Ihre Leidenschaft steigert sich mit jeder Begegnung, und aus dem unerfahrenen Mädchen wird die lustvolle Partnerin eines ebenso lustvollen und reifen Mannes.

Ob es Dien peinlich ist, sich diese Szenen mit mir anzuschauen? Sollte ich ihn danach fragen? Bisher haben wir kaum ein Wort miteinander gewechselt. Als es plötzlich an die offene Tür klopft, zucke ich vor Schreck zusammen. Es ist ein Mitarbeiter des Hotels, der uns bittet, das Zimmer für die Nacht zu schließen. Ich krieche unterm Moskitonetz hervor und ziehe die Tür ins Schloss. Ich betrachte unsere Bettstatt, den flimmernden Bildschirm und sehe Dien in den Kissen liegen. Der Ort strahlt die Behaglichkeit einer Höhle aus. Dennoch kann ich mich erst entspannen, als es keine Liebesszenen mehr zu sehen gibt. Während des Abspanns bleiben wir unterm Moskitonetz sitzen wie in Kinosesseln und sprechen erst, als der Bildschirm dunkel ist.

»Beeindruckend!«, sagt Dien, und ich nicke zustimmend.

»Wenn du magst, können wir uns noch das *Making-of* anschauen. Vielleicht finden wir heraus, an welcher Stelle sie den alten Fähranleger gebaut haben. Alles sah so echt aus.«

»Aber nicht jetzt. Ich will mit den schönen Bildern in meinem Kopf einschlafen.«

»Wenn ein Film mich berührt hat, wache ich am nächsten Morgen mit den Gedanken daran auf.«

»Das kenne ich. Ein Film kann mich tagelang beschäftigen.«

»Ich gehe jetzt. Kann ich noch etwas für dich tun?«

»Du hast schon alles für mich getan. Bleib noch einen Moment sitzen.«

Ich fingere am Laptop herum, schalte ihn aus und schlage das Netz nach oben.

»Es hätte keinen besseren Ort für unseren Filmabend geben können, als dieses Zimmer«, sagt Dien und lächelt. »Zuhause hätte ich Wochen warten müssen, bis mein Bruder mal verreist ist. Diesen Film konnte ich nur allein oder mit dir anschauen.« Er ist überzeugt, niemand in seinem Umfeld könne die Schönheit eines derartigen Films begreifen. Nach vietnamesischem Verständnis sind selbst solch geschmackvolle und sanfte Liebeszenen nichts anderes als Pornographie. Sie im Fernsehen zu zeigen wäre ausgeschlossen.

Glaube

Die Sonne ist noch nicht aufgegangen, als ich an den Strand gehe. Am Horizont, weit im Osten über dem Südchinesischen Meer, zeigt sich ihr heller Schein. Fischerfamilien ziehen zu dieser frühen Morgenstunde Netze an Land oder graben im nassen Sand nach Muscheln. In Küstennähe dümpeln bambusgeflochtene Rundboote wie Kokosschalen in der sanften Dünung, geschickt manövriert von einzelnen Männern mit ihren Paddeln.

Die Einheimischen sind weitgehend vermummt. Ob sie die sanfte Morgenbrise als kühl empfinden? Oder schützen sie sich gegen die aufsteigende Sonne? Die aufkommende Hitze des Tages liegt bereits in der Luft und lässt sich im wolkenlosen Himmel und auf der glitzernden See erahnen.

Manche Kinder tragen ihre Schuluniformen, während sie ihren Müttern im Sand auf der Suche nach den Kostbarkeiten des Meers helfen. Ich laufe los und wähle den festen Untergrund, den das ablaufende Wasser freigegeben hat. Nach einigen Minuten habe ich meinen Rhythmus gefunden und laufe zunächst in Richtung Norden, wo die Bebauung spärlicher ist, und nur die Hütten der Fischer stehen. Dort wachsen die Kokospalmen bis ans Ufer und bieten Schutz für die einfachen Unterkünfte. Hier gibt es keine sanitären Anlagen, und im diffusen Licht der Dämmerung bietet das Ufer offenbar den geeigneten Ort für die Morgentoilette. Welch ein Gegensatz zu den Viersterneresorts in der Nachbarschaft, wo der Strand makellos ist, Köche den frischen Fang begutachten und die besten Stücke für ihre Gäste reservieren. Dort ist zu dieser frühen Stunde nur das Personal unterwegs, um die Rasenflächen zu wässern, welke Blätter und Blüten abzuzupfen und die Terrassen für das Frühstück im Freien vorzubereiten. Eine Nacht kostet hier so viel wie eine einheimische Familie im ganzen Monat einnimmt.

Nach einigen Kilometern habe ich das nördliche Ende der Bucht erreicht. An diesem Strandabschnitt sind in der Regenzeit deutlich weniger Gäste zu sehen und manche Bungalows wirken unbewohnt. Erst auf dem Rückweg kommt mir ein anderer Läufer entgegen. Ich kann seine Herkunft nicht erraten, aber er trägt ein Trikot vom Tokio-Marathon. Wir grüßen uns, und ich genieße die vertrauten Blicke und das flüchtige Lächeln zwischen Läufern, das offenbar auf der ganzen Welt unter Athleten verbreitet ist. Meine Beine fühlen sich stark und meine Lungen kräftig an. Ich beschleunige mein Tempo, fühle den Schweiß an meinen Wangen hinunterfließen, laufe noch schneller und achte auf das Schlagen meines Herzens. Mein Körper scheint sich für die Anstrengung bedanken zu wollen. Endlich darf er seine Energien fließen lassen, und ich danke ihm für seine Stärke. Meine Schritte sind lang und meine Füße fliegen über den Sand. Mühelos und locker tragen meine Beine mich am Ufer entlang. Ich bin allein und fühle mich eins mit der Welt um mich herum. Ich spüre den Boden unter meinen Füßen, mal weich, mal feucht, mal fest, spüre den weiten Himmel über meinem Haupt, den Wind in meinen Haaren, den Sauerstoff in meinen Lungen und das Meeresrauschen in meinen Ohren.

Unversehens taucht eine junge Frau im Brautkleid vor mir auf. Ich stoppe und reibe mir verwundert die Augen. Sie sitzt auf einer Schaukel, die an einer mächtigen Kokospalme hängt und wirft sich für einen Hochzeitsfotografen in kokette Posen. Der Mann ruft ihr etwas zu, sie lächelt und winkt, und er fängt diesen Moment für immer ein. Ich nicke ihnen einen Gruß zu und laufe mit einem breiten Grinsen weiter. Als ich unsere Bungalowanlage erreiche, überlege ich kurz, ob ich nach Dien schauen soll, aber es ist erst sieben Uhr, und ich entscheide mich fürs Weiterlaufen.

Am unteren Strandabschnitt kenne ich mich viel besser aus, hier bin ich im Frühjahr fast jeden Morgen gelaufen. Auf Höhe der Unterkunft, in der ich mit Thomas gewohnt habe, streunt dieselbe Hundefamilie über den Strand wie vor Monaten. Aus den Welpen sind temperamentvolle Hunde geworden und die Welpenmutter, mit der sich Thomas angefreundet hatte, wirft mir auf mein Pfeifen hin einen gelangweilten Blick zu. Ich muss lachen und fühle mich plötzlich sehr heimisch. Dort wo die großen Resorts liegen, gibt es vereinzelte Strandspaziergänger, und ich werde einige Male auf Russisch gegrüßt. Nachdem mir zahlreiche übergewichtige Langnasen begegnet sind, die unverkennbar die Kälte ihrer russischen Heimat gegen die Hitze Südvietnams eingetauscht haben, vermute ich eine Reisegruppe oder gar eine Art Kolonie aus dem hohen Norden. Vor der Küste werden Bodenschätze gefördert, was seit vielen Jahren unter Mitwirkung russischer Ingenieure geschieht.

Es ist Wochenende, und so haben sich auch einige Stadtflüchtlinge aus Saigon hier eingefunden. Die Wohlhabenden haben den Ort für sich entdeckt und erholen sich hier vom Lärm und Schmutz der Metropole.

Am südlichen Ende der Bucht wird zwischen Felsen geschwommen und nach winzigen Meerestieren getaucht, die in Zuchtstationen gemästet werden. Hier hatte der letzte Taifun erhebliche Schäden angerichtet und eine der Hotelanlagen scheint aufgegeben worden zu sein.

Auf dem Rückweg brennt die Sonne bereits merklich, und die vietnamesischen Urlauber flüchten in ihre Hotelanlagen, aus denen sie erst gegen Abend wiederauftauchen werden. Nur Langnasen setzen sich freiwillig den brennenden Strahlen aus.

Bevor ich mit meinen Dehn- und Gymnastikübungen beginne, klopfe ich bei Dien an die Tür.

»Moment! Ich bin im Bad«, ruft er.

Ich setze mich auf die Treppe, schöpfe Wasser aus einem Tonbottich und kühle meine Füße. Die Anstrengung des Laufens hat mich berauscht, und ich hätte es sicher keinen Tag länger ohne erschöpfendes Training ausgehalten.

»Guten Morgen«, sagt Dien, als er die Tür aufstößt.

»Guten Morgen! Hast du gut geschlafen?«

»Wunderbar! Aber irgendwann habe ich gefriert.«

»Gefroren.«

»Was?«

»Es heißt gefroren. Ich habe gefroren.«

»Bist du sicher? Das Wort habe ich noch nie gehört.«

»Dieses Wort brauchst du ja eigentlich auch nie.«

»Leider nicht. Es war ein schönes Gefühl.«

»Ich musste mir auch eine Decke nehmen und bin früh aufgewacht. Ich war schon laufen und will jetzt ein paar Übungen machen. Was ist mit dir? Hast du auch Lust? Hast du heute schon dein Krafttraining gemacht?«

»Nein, aber ich habe sehr lange gebetet.«

»Ich möchte dir gern zeigen, was ich nach dem Laufen normalerweise mache. Vielleicht können wir einiges zusammen machen. Es ist auch etwas für die Arme und den Rumpf dabei.«

»Na dann los.«

Mit einer Sanftheit, auf die ich inzwischen ein wenig stolz bin, unterstütze ich Dien beim Hinabrollen der Stufen. Die Reifen setzen ohne einen Stoß auf der jeweils unteren Stufe auf.

Als ich Dien meine Armbeugen an der Sitzfläche eines Liegestuhls demonstriere, schaut er sich die Übung für die Trizepsmuskeln genau an. Bauchmuskelübungen kann er nicht machen, und wir überlegen gemeinsam, wie meine Anatomie sich im Vergleich zu seiner verhält. Es ist ein Experimentieren, bei dem wir verstehen möchten, welche Aufgaben Diens Muskeln erfüllen, auch wenn er sie nicht alle spüren und beeinflussen kann. Dien sagt mir, wie ich ihn unterstützen kann, weil er sich plötzlich an bestimmte Übungen aus seiner Kindheit mit einer Physiotherapeutin erinnert. Die meisten seiner Kraftübungen hat er sich selber beigebracht. Manche Koordinations- und Gleichgewichtsübungen erinnern an Komponenten aus dem Yoga. In unserem gemeinsamen Training tauchen so viele Fragen und Vermutungen auf, dass wir uns sehnlichst eine Krankengymnastin herbeiwünschen.

»Du hast heute Morgen lange gebetet. Wie machst du das?«, frage ich Dien.

Er weiß genau, dass ich weder bete noch eine andere Verbindung zum Glauben habe. Manchmal machen wir sogar Witze darüber. Ich habe nur eine vage Vorstellung davon, wie er betet und was der Glaube für ihn bedeutet. Vor den Mahlzeiten sehe ich ihn seine Hände falten und innehalten, aber über seine Gedanken und Gefühle bei diesem Ritual haben wir kaum gesprochen. Ich habe mich an sein Tischgebet gewöhnt und warte geduldig ab, bis er damit fertig ist.

Einmal habe ich ihn auch zur Morgenandacht in die Kirche begleitet. Die evangelische Gemeinde in Vietnam stellt nur eine kleine Minderheit dar und hatte viele Jahre unter staatlichen Repressionen zu leiden. Als Kind in Deutschland mit dem Kruzifix im Zimmer einer Krankenschwester konfrontiert, fragte Dien, wer dieser traurige Mann denn sei. Der Kopf des Leidenden war von einer Dornenkrone umspannt, unter deren Stacheln das Blut herausfloss und ihm über die Stirn lief. Seine Hände und Füße waren von Nägeln durchschlagen. Der Mann musste Entsetzliches durchgemacht haben, so viel verstand er. Schwester Antonia erzählte ihm von Jesus und ihrem Glauben, und dass ihr das Beten stets gutgetan und geholfen habe. Dien hatte im Fernsehen gesehen, dass selbst Kinder beteten, aber es hatte ihm nie jemand gezeigt, wie man das machte.

Damals kreisten viele Fragen in seinem Kopf, und der Mann mit der Dornenkrone und die Geschichten von Schwester Antonia verwirrten ihn zusätzlich. Er wollte wissen, wer die Welt erschaffen hatte, wem sie gehörte und wer ihren Lauf bestimmte. Es musste doch einen Chef geben, eine Macht, die stärker war als alles andere. Ob diese Macht wohl gut oder eher böse war, fragte er sich, ob sie gerecht und liebevoll oder hart und unbarmherzig sein konnte. Dien hasste Ungerechtigkeiten. Wenn eines der Kinder ein Bonbon weniger hatte als die anderen, litt er. Jedem sollte es gut gehen, und jeder sollte gleich behandelt werden. Aber wer sorgte dafür, dass die Welt gut und gerecht war? Seine Fragen blieben zumeist ohne Antwort. Oft stellte er sich vor, dass es einen Jemand, einen Schöpfer geben musste, der aus dem Himmel herabsehen konnte, was auf der Welt geschah, der jeden Einzelnen beobachtete und jede Regung wahrnahm. Dien war überzeugt, dass dieser Jemand die schlechten Menschen bestrafen würde. Die Bestrafung konnte auf unterschiedlichste Art erfolgen. Bei den Kindern war es zumindest einmal im Jahr der Weihnachtsmann, der seltsamerweise über alle Missetaten der Kinder informiert war und manche davon bei seinen weihnachtlichen Besuchen ansprach. Der Mann mit dem weißen Bart, der im Krankenhaus Barmbek genauso aufgetaucht war wie später im Pädagogischen Zentrum in Dehme, wusste auch von den guten Taten der Kinder, lobte ihr Bravsein und verteilte Geschenke, die in einem großen Sack steckten.

»Ich möchte dir eine Geschichte erzählen, die ich bisher niemandem erzählt habe, weil ich mich dafür schäme«, sagt Dien. »Ich musste in letzter Zeit häufiger daran denken, und auch in meinen Gebeten hat es mich beschäftigt. Es ist schon sehr lange her. In Dehme gab es neben uns vietnamesischen Kindern auch einige Kinder aus anderen Ländern. Sie blieben meist nicht lange, ich weiß nicht, warum. Unter ihnen war ein Junge aus Ecuador. Carlos war frech und wusste Dinge, von denen ich noch nie etwas gehört hatte. Obwohl er kaum älter war als ich, wusste er alles über Frauen und Männer. Er machte schlimme Witze, über die ich zwar lachte, aber die ich mich nie getraut habe weiterzuerzählen. Er sagte zum Beispiel zu unserem Zivildienstleistenden, dass er einen Stecker in seiner Hose habe und die Frauen Steckdosen. Du verstehst! So etwas haben wir vietnamesischen Kinder uns nie getraut.« Dien lacht und schüttelt den Kopf, als habe er Carlos und ein vermeintliches Steckdosenpärchen vor Augen.

»Mit Carlos habe ich manchmal Karten gespielt, Motorrad-Quartett. Einmal haben wir um Geld gespielt, um einen Groschen. Ich hatte ein gutes Blatt und war mir sicher zu gewinnen, aber dann ging das Spiel an Carlos, und ich war wütend. Ich wollte einfach nicht wahrhaben, der Verlierer zu sein. Zu Carlos habe ich gesagt, dass ich ihm die zehn Pfennige später gebe. Ach, wenn ich jetzt daran denke! Ich hoffe, du verstehst mich, es ist so traurig für mich«, sagt Dien, und seine Augen füllen sich mit Tränen. »Ich habe ihm das Geld nie gegeben. Nie! Bis heute nicht! Ich schulde ihm noch immer zehn Pfennig! In all den Jahren musste ich immer wieder daran denken, dass ich ihm den Groschen hätte geben müssen.«

»Hast du dich im Gebet bei ihm entschuldigt?«, frage ich naiv.

»Ich habe Gott um Vergebung gebeten.«

Der Weg zum Glauben stellte sich für Dien als eine allmähliche und zaghafte Annäherung dar, bei der er sich weitgehend auf sein eigenes Gefühl verlassen musste. Eine religiöse Erziehung erfuhr er nie.

In Hamburg, als Sechsjähriger, hatten vietnamesische Studenten ihm ein Bild mit einer Buddha-Abbildung geschenkt: Zu diesem Abbild solle er beten, wenn er den Wunsch danach verspüre. Buddha könne ihn trösten und ihm zu Hilfe kommen. Dien beachtete das Bild zunächst nicht, der sitzende Mann mit dem kolossalen Bauch blieb ihm fremd. Erst als er Jahre später in Saigon im Altenheim eingesperrt war, unter entsetzlichen Ängsten litt und sich verlassen fühlte, erinnerte er sich an Buddha und nahm das Bild häufig in die Hand. Er war zwölf Jahre alt, und Buddha sollte ihm helfen, seine Mutter zu finden, damit sie ihn aus dem Heim abholte.

Nachdem Dien sich in der Hütte am Mekong das Lesen richtig beigebracht hatte, gierte er nach Büchern, doch die waren rar, und so griff er nach allem, was sich ihm bot. Eine seiner Großtanten besaß eine Bibel. Vom Alten Testament existierten nur noch wenige Blätter, der Rest war von der Feuchtigkeit der Monsunregen zerstört worden, aber das Neue Testament war weitgehend erhalten geblieben. Er fand Gefallen an den Geschichten in dem Buch, die ihn in eine fremde Welt entführten und in manchen Momenten mit Hoffnung erfüllten. Seine Tante war bereits evangelisch getauft, was in Vietnam weit ungewöhnlicher ist als der katholische Glaube, der durch die französische Kolonialmacht eine gewisse Verbreitung erfuhr. Innerhalb der Großfamilie führte die Religionszugehörigkeit seiner Tante zu Spannungen. Man unterstellte ihr Undankbarkeit gegenüber den Ahnen, da sie als Christin keinen Ahnenaltar aufstellte, sondern vor dem christlichen Kreuz betete, ohne die Ahnenbilder und ohne Räucherstäbchen oder Opfergaben. Aufgrund dieser bedeutsamen Unterschiede kam es regelmäßig zu Streitigkeiten. Nicht anders erging es vielen Christen in Vietnam, denen die Kirche untersagte, die Abbildungen ihrer Ahnen anzubeten. Außerhalb der Familie und der Kirchengemeinde gab es für Christen ohnehin keine Unterstützung, denn unter der sozialistischen Regierung wurde jede Form der Religiosität mit Missfallen betrachtet. Der traditionelle Ahnenkult einerseits und der Glaube an Jesus Christus und dessen Leiden am Kreuze anderseits hatten Dien als Kind stets verwirrt. Dass jedes Dasein auf Erden der göttlichen Bestimmung folgten sollte, war weit entfernt vom Volksglauben in Vietnam, der den Ahnen die entscheidende Rolle für das Schicksal der Nachkommen zuspricht. Als Behindertem fiel Dien die tragische Rolle zu, mit seiner Querschnittslähmung angeblich für seine eigenen schlechten Taten in einem vorherigen Leben oder aber für die schlechten Taten seiner Ahnen gestraft zu werden. Ihm wurde bereits als Jugendlichem dargelegt, dass auch ein Selbstmord ihn nicht retten könne, weil eine solche Tat in einem nächsten Leben eine doppelte Bestrafung nach sich zöge. Dien wäre in dieser Logik also auch ohne den Bombenangriff im Frühjahr 1968 bestraft worden. Statt des Granatsplitters, der in seinem Rücken steckt und ihn unterhalb dieser Stelle lähmt, wäre er sonst möglicherweise durch den Sturz von einer Kokospalme körperlich beeinträchtigt worden.

Diens Tante brachte ihm Kirchenlieder bei, und er versuchte, sich mittels ihrer Erzählungen einen Gottesdienst vorzustellen. In der Gemeinschaft der Gläubigen gäbe es eine besondere Nähe, schwärmte sie ihm vor. Vor Gott und im Gottesdienst seien alle Gläubigen gleich.

Solange Dien im Dorf lebte, gab es für ihn keine Möglichkeit, einen Gottesdienst zu besuchen und christliche Rituale kennen zu lernen. Doch der Keim zu seinem Wunsch, Christ zu werden, war gelegt.

Als Dien zum ersten Mal mit seinem neuen Rollstuhl durch die Straßen Saigons rollte, machte er sich auch auf die Suche nach einer evangelischen Kirche. Seine Tante hatte ihm einen vagen Hinweis auf ein Gotteshaus gegeben. Als er endlich vor dem gesuchten Gebäude stand, zitterte er vor Aufregung und Angst. Wie würden die Christen auf ihn reagieren? Was dachten sie über seine Behinderung? Wie sollte er sich selber vorstellen? Was wollte er eigentlich von ihnen? Es kam zu einem kurzen Gespräch mit einem Pastor und einigen anwesenden Jugendlichen, die ihn allerdings eher verwirrten als ihm weiterhalfen. Er war neunzehn Jahre alt und zu schüchtern, um die Fragen zu stellen, die ihn interessierten. Immerhin hatten die Christen nicht ablehnend auf ihn reagiert. An einem Gottesdienst hatte er nicht teilnehmen können, weil der Raum in einer der oberen Etagen lag und per Rollstuhl nicht zu erreichen war. Dabei wollte er nichts sehnlicher, als gemeinsam mit anderen Christen beten. Noch immer wusste er nicht, wie in der Gemeinschaft der Gläubigen ein Gottesdienst gefeiert wurde, und wie es sein würde, einer von ihnen zu sein.

Wenig später war der Pastor dieser christlichen Gemeinde verhaftet worden und die Kirche geschlossen. Dien erfuhr später von den massiven Vorwürfen gegen den Pastor und den Einschüchterungsversuchen seitens des Staates gegen die aktiven Gemeindemitglieder. Angeblich hatte der Pastor bei der Flucht unzähliger Vietnamesen ins Ausland mitgewirkt.

Schließlich fand Dien in einer anderen evangelischen Kirche in Saigon Aufnahme. Nach einigen Monaten der regelmäßigen Treffen ließ er sich in einer feierlichen Zeremonie taufen und ist bis heute ein aktives Mitglied der Gemeinde. Nach und nach überwand er seine Zurückhaltung und sprach jene Fragen aus, die sich ihm durch die Lektüre der Bibel gestellt hatten. Die Ehrlichkeit des Pastors faszinierte ihn. Er gab unumwunden zu, dass er nicht auf alle Fragen eine Antwort wusste, denn schließlich sei er auch nur ein Mensch. Es tröstete Dien, wenn der Pastor ihm sagte, dass alle Geschehnisse auf unserer Welt von Gott gewollt seien, und dass selbst mit grausamen, unmenschlichen und qualvollen Tragödien sein Plan befolgt werde. Alles diene einem höheren Zweck, auch eine körperliche Behinderung, die keinesfalls eine Strafe sei, sondern einen Sinn habe, auch wenn dieser nur schwer zu verstehen sei. Selbstverständlich gebe es auch für Dien einen Plan. Möglicherweise wollte Gott, dass Dien durch seine Behinderung den Weg zu ihm fände und vielleicht sogar als sein Bote wirke.

Gott ist Liebe, sagte der Pastor gleich zu Beginn seines Christendaseins zu Dien. Diese Worte berührten ihn tief in seinem Herzen, sie geben ihm Kraft und erfüllen sein Inneres bis heute. Er habe sich nach dieser Liebe gesehnt und sei unbeschreiblich glücklich, sie als Christ erfahren zu können. Im täglichen Gebet sucht Dien immer wieder aufs Neue den Weg zu Gott, und immer wieder überrascht es ihn, wie abwechslungsreich, schön und schwierig dieser Weg sein kann. Manchmal gelingt es ihm auch nicht, diesen Weg zu gehen, weil er plötzlich wie versperrt wirkt. Dann überkommen ihn Gefühle des Verlassenseins, aber trotz allem kann er aus jedem Gebet Lebensenergie schöpfen. Das Gebet ist wie ein vertrauter Freund an seiner Seite, der ihm beisteht.

Im Gebet ist er nicht allein. Das Morgengebet hilft ihm über den Tag, und das Abendgebet lässt ihn beruhigter einschlafen.

Während Dien und ich auf der Terrasse sitzen, sind neue Gäste angekommen. Ein junges Paar aus Europa, das in seiner Verliebtheit kaum einen Blick für seine Mitmenschen übrighat. Sie strahlen sich an, lächeln unentwegt und berühren sich auf Schritt und Tritt. Der Mann ist groß und übergewichtig, seine Erscheinung und die blasse Haut lassen mich mutmaßen, er habe bis vor kurzem an einem Schreibtisch in einem klimatisierten Raum gesessen. Vielleicht ist das Paar auf Hochzeitsreise. Nachdem die beiden ihr Quartier bezogen haben, reservieren sie sich zwei Liegestühle im Schatten der Kokospalmen, um wenig später Hand in Hand über den Strand zu laufen. Ausgelassen stürzen sie sich gemeinsam ins Meer, ohne sich voneinander zu lösen. Der Wind weht ihr Lachen zu uns herüber. Die Frau stößt spitze Schreie aus und klammert sich um den Hals ihres Liebsten, während er sie auf den Armen trägt und untertaucht. Nach einer Weile tollen sie über den Strand wie zwei übermütige Kinder an einem Sommertag. Der Mann lässt sich zu Hüpfern hinreißen, die ihn auf eine merkwürdige Weise in einen anderen Menschen verwandeln. Seine ungelenken Bewegungen wirken, als spränge er zum ersten Mal in den Wahnsinn der Liebe. Wäre er jetzt noch in einen Geschäftsanzug gekleidet, dann würde man seinen Übermut als bedenklichen Kontrollverlust deuten. Doch hier, in der Fremde, am Ufer des Südchinesischen Meeres kann er sich jede Verrücktheit leisten. Sein weicher Bauch wippt unter seinen Sprüngen, seine Haut wird vermutlich schnell verbrennen. Ich kann meinen Blick nicht von den Liebenden abwenden, die sich aneinander ergötzen und sich mit Küssen bedecken.

Als die Sonne unsere Terrasse in einen Backofen verwandelt, ziehen wir um zu den schattigen Liegestühlen und machen es uns dort bequem. Ich hole meine Utensilien zur Maniküre aus dem Bad und widme mich meinen Händen. Dien wird nicht müde, dem Spiel der Wellen und der Brandung zuzuschauen, ich poliere meine Fingernägel. Nach einer Weile habe ich ihnen eine ansprechende Form und einen gewissen Glanz zurückgegeben.

»Toll! Wie machst du das? Bist du etwa auch Spezialistin für Schönheitspflege?«, fragt er mich mit einem Blick auf meine Hände.

»Ich habe Spaß daran.«

»Aber woher kommt der Glanz? Es sieht wunderschön aus. Wie Zauberei.«

Ich zeige ihm meine Feile mit den groben und diversen feineren Seiten, die zum Kürzen, Glätten und Polieren verwendet werden.

»Soll ich mich um deine Hände kümmern? Möchtest du auch glänzende Nägel haben? «

»Das tragen doch nur Frauen, oder nicht?«

»Aber nein, gepflegte Hände sind auch etwas für Männer. In Brasilien gehen viele Männer zur Maniküre, selbst in den kleinen Orten am Amazonas habe ich es gesehen.«

»Sieht das nicht schwul aus?«

»Ich kann ja erst einmal anfangen. Deine Hände sind ein wenig rau. Ich hole eine Schüssel mit Wasser, um sie einzuweichen.«

Dien lässt mit dem erstaunten Gesicht eines kleinen Jungen die gesamte Prozedur über sich ergehen und möchte schließlich sogar einen deutlichen Glanz auf seinen Nägeln, so dass ich kräftig polieren muss. Zum Ende der Prozedur genießt er das Einmassieren der Creme und bewundert das vollendete Werk.

»Wenn Hai und Yen das sehen, dann denken sie, ich bin schwul geworden.«

»Ach was, deine Hände sind einfach nur gepflegt. Was ist mit deinen Füßen? Die Nägel sehen ziemlich lang aus. Soll ich sie schneiden?«

Dien nickt, und mich überkommt ein Anflug von Unsicherheit. Als würde ich mich einer fremden Welt nähern, wasche ich zunächst seine zarten Füße. Sie berühren zu dürfen, bedeutet mir viel. Vorsichtig setze ich die Schere an und versuche mir bewusst zu machen, dass er meine Hände und das Metall nicht spüren kann. Ich widme mich den einzelnen Zehen, halte sie zwischen meinen Fingern und schneide die Nägel zurück. Mit der Feile bringe ich sie in Form und gebe ihnen den von Dien gewünschten Glanz. Dann massiere ich eine Creme von den Knöcheln über den Spann und in die Sohlen ein. Ich betrachte seine Haut, fühle die Sehnen und weichen Muskeln, die er nicht anspannen und kontrollieren kann. Der menschliche Körper zeigt sich mir in einer unbekannten Form. Was ist der Unterschied zwischen Gefühl und Gefühllosigkeit? Welche Beziehung hat er zu seinen Beinen und Füßen? Ich denke an den winzigen Granatsplitter in seinem Rücken, der den Strom seiner Nervenbahnen unterhalb des Splitters blockiert. Ein Fremdkörper, der jedes Gefühl und jede kontrollierte Regung auf seinem Weg vom Gehirn unterbindet. Warum nur gibt es keine Möglichkeit, keinen Zauber und kein Wunder, um das Fühlen zurückzubringen?

Schweigend sitzen wir nebeneinander und lassen das Schauspiel der Dämmerung aufziehen. Die Hitze des Tages verabschiedet sich und macht einem lauen Abend Platz.

»Darf ich ein wenig Rollstuhl fahren?«, frage ich Dien.

»Jederzeit!«

»Der gepflasterte Weg ist hier nicht so glatt.«

»Optimal zum Üben für dich.«

Dien deutet auf den Rolli und ich setze mich hinein. Nach einer Weile bin ich auf dem gleichen Stand meiner Fähigkeiten wie im Hotel in Hoi An. Ich halte mich eine Weile auf zwei Rädern und kann sogar einige Meter fahren. Hier klappt es deutlich besser, mein Ehrgeiz ist entfacht, und meine Ziele werden immer kühner. Von einem Bungalow zum anderen möchte ich auf zwei Rädern fahren können. Von seinem Platz aus kann Dien mich jetzt kaum noch sehen. Ich springe aus dem Rolli, nehme einen

Stuhl von der Terrasse, stelle ihn an den Wegesrand und laufe zu Dien.

»Leg deinen Arm um meine Schulter!«

»Was hast du vor?«

»Nun mach schon!«

Ich trage ihn zum Stuhl und setze mich sofort wieder in den Rolli.

»So kannst du mich besser sehen und korrigieren«, sage ich.

»Du bist verdammt stark! Langsam bekomme ich Angst vor dir. Nimmst mich einfach hoch und trägst mich über den Hof!«

»Psst! Hier geht es jetzt um meine Fahrstunde und die Frage, was ich besser machen kann.«

Er gibt mir Tipps, und einiges probiere ich vorsichtshalber auf dem Rasen aus. Erst als ich vor Erschöpfung nicht mehr weiterüben kann, gebe ich auf, und wir machen uns auf den Weg zum Abendessen.

Schimmerndes Blau

Es ist sechs Uhr früh, als das Meeresrauschen mich weckt. Die sanfte Brandung dringt in mein Bewusstsein und erinnert mich daran, wo ich bin. Das Licht ist weich, und ich ziehe die Vorhänge auf. Auf dem Nachbargrundstück führt ein Bauer seine Kuh zum Grasen unter die Kokospalmen. In leuchtendem Blau winden sich Blumen im Unterholz, die der Kuh zu schmecken scheinen. Der alte Mann trägt einen Spitzhut und lässt einen Zigarettenstummel in seinem Mundwinkel glimmen. Ich steige in eine kurze Hose, ziehe mir ein Shirt über und laufe an den Strand. Mit Blick auf den weiten Horizont recke und strecke ich mich, begrüße den frühen Morgen und fühle die Energie in meinem Körper fließen. Die Sonne ist noch nicht aus dem Meer aufgestiegen, aber das Licht eilt ihr weit voraus und taucht den Strand in ein warmes Orange. Ich fühle ein Strahlen auf meinem Gesicht. Kraft und Wohlbefinden durchströmen mich, und ich spreche einen Dank für das Geschenk meiner Gesundheit und meines Glücks. Ich verbeuge mich vor dem neuen Tag und renne los. Nach einigen Hundert Metern halte ich abrupt inne und mache kehrt. Nein, diesen wunderschönen Morgen kann ich unmöglich allein genießen. Die Ebbe hat ihren tiefsten Stand erreicht, der Strand ist breit, und am Ufer ist der feuchte Sand besonders fest. An der Wasserkante fühlt der Untergrund sich hart wie Asphalt an. Ich laufe zurück und klopfe atemlos an Diens Tür.

»Bist du schon wach? Komm raus! Schnell! Wir machen einen Strandspaziergang. Beeil dich, bevor die Sonne aufgeht.«

Es dauert eine Weile, bis Dien seine Tür aufstößt.

»Du musst mit mir kommen! Es ist Ebbe, der Sand ist ganz fest, es ist wunderschön am Strand, das Licht, die Fischer, der Himmel.«

»Du bist ja ganz außer Atem. Warte, ich ziehe mir was über.«

»Wozu? Komm einfach mit.«

»In der Schlafhose?«

»Ist doch egal.«

»Wie du willst.«

Ich zerre Dien durch den tiefen Sand. Es ist mühsam, und ich versuche es mal vorwärts und mal rückwärts. Meine Waden melden Krämpfe an, aber ich versuche, sie zu ignorieren. Endlich haben wir den festen Sand erreicht, aber leider versinken auch hier die schmalen Reifen des Rollis im Untergrund. Es ist unmöglich, eine längere Strecke zu bewältigen.

»Es geht nicht«, sagt Dien, »das ist viel zu schwer für dich.«

»Du hast recht.«

Wir schauen unsere Reifenspuren an, die den Strand durchpflügt haben. Mir wird bange, wenn ich an den Rückweg denke.

»Wollen wir ins Wasser?«, frage ich ihn.

Die Brandung ist schwach und das Wasser flach. Wir legen

uns in die Vertiefungen zwischen zwei Sandbänken und lassen uns von der Strömung umspülen. Den Strandspaziergängern und Fischern bieten wir eine ungewohnte Abwechslung und wir machen Witze über ihre verschämten Blicke. Der Rolli steht verlassen am Ufer, und wir werden immer weiter abgetrieben. Mit jedem Augenblick wechselt das Licht, die Schatten werden kürzer und aus dem Orange wird ein helles Gelb. Als die Sonne aus dem Wasser emporsteigt, lässt sie den Strand elfenbeinfarben leuchten. Dien zeigt das glückliche Gesicht eines sonnenverbrannten Jungen. Als habe er seine gesamten Sommerferien am Nordseestrand verbracht, strahlt er in Frische und Sommerbräune.

An unserem letzten Tag in Mui Ne ziehen schwere Wolken vom Horizont herüber. Das Meer ist grau und die Brandung schlägt grollend ans Ufer. An ein Bad in den Fluten ist nicht zu denken. Ich ahne, wie gern Dien noch einmal schwimmen möchte und wie unwahrscheinlich es ist, dass er in absehbarer Zeit die Möglichkeit dazu haben wird. Es bleibt nur der Besuch in einer Hotelanlage mit Swimmingpool. An meine langnasige Arroganz, mit der ich mich in den Luxusresorts bewege, als gehöre ich zu den zahlungskräftigen Gästen, hat Dien sich inzwischen gewöhnt. Aber dass wir sogar in einen fremden Pool springen, hält er für wenig wahrscheinlich.

»Wir tasten uns langsam vor«, sage ich. »Bis zur Abfahrt unseres Busses bleiben uns noch vier Stunden.«

Wenig später schlagen wir uns auf einer gepflegten Terrasse den Bauch mit europäischer Küche voll. Dien beißt genüsslich in einen Geflügelschenkel, und ich unterdrücke meine Enttäuschung über ein Pastagericht. Das Meer tost zu unserer Rechten und ein windgeschützter Pool schimmert zu unserer Linken. Unter den böigen Winden brechen die wenigen Kitesurfer ihre Startversuche ab und machen es sich ebenfalls im Restaurant bequem. Wir finden sogar eine geräumige Umkleidekabine, in der Dien sich in aller Ruhe umziehen kann. Als der Pool verlassen und einladend vor uns liegt, hebt Dien sich aus dem Rolli und stützt sich auf das Geländer einer Leiter. Anstatt sich ins Wasser hinabzulassen, vollführt er alberne Schwünge. Immer wieder pendelt er hin und her und täuscht einen Absprung vor. Er lässt seine nackten Beine baumeln und die Muskeln in seinen Oberarmen spielen. Ich biege mich vor Lachen, bis er sich endlich ins kühle Nass plumpsen lässt. Das Wasser ist sein Element. Er taucht durch das Becken, schwimmt mal rückwärts und mal vorwärts und genießt seine kräftigen Züge. Hier geht es wesentlich besser als im offenen Meer. Er kommt zu mir an den Beckenrand, stützt sich lässig auf seinen Unterarmen ab, und wirkt plötzlich ungemein groß und kräftig. Das schimmernde Blau des Pools hinter seinem Rücken umrahmt sein schelmisches Lächeln. Ich filme und fotografiere ihn, und versuche nicht auf die Uhr zu schauen. Während er sich seiner Freude hingibt, habe ich plötzlich Angst, unsere gemeinsame Zeit könne viel zu schnell verfliegen. Wenn wir das Resort verlassen und unsere Koffer packen, ist es vielleicht für immer vorbei. Unsere Zweisamkeit wird vorüber sein und das Meeresrauschen nur noch Vergangenheit. Ich möchte festhalten an diesen Tagen, festhalten an einer Freundschaft, die sich mir wie ein Geschenk offenbart hat. Ich fühle mich ihm verbunden, wie ich es nur selten empfinde. Er hat sein Leben vor mir ausgebreitet, Grenzen überwunden und mir sein Vertrauen geschenkt. Er hat mir eine Welt gezeigt, die ich ohne ihn nie verstanden hätte.

Die Abfahrt naht. Während wir auf den Bus warten, stürzt ein Monsunregen vom Himmel, der im Nu die Straße überschwemmt. Doch das Fahrzeug kämpft sich durch die Wassermassen und wir hören schon von Weitem seine Hupe tönen. Hastig verabschieden wir uns von unseren Gastgebern und eilen unter dem schützenden Terrassendach hervor. In der Hektik des Einsteigens wird der Rolli unsanft in den Kofferraum gestoßen und ich versuche mich dazwischenzudrängen, um das Schlimmste zu verhindern. Der Fahrer und sein Helfer möchten nicht im Regen stehen, aber ich gebe mich erst zufrieden, als der Rollstuhl einen sicheren Platz bekommen hat. Wo unsere Taschen gelandet sind, habe ich dabei überhaupt nicht beachtet. Der Bus ist bis auf den letzten Platz gefüllt, mitten in dem Sprachengewirr halte ich Ausschau nach Dien. Jemand hat ihn zu einem freien Platz in der Mitte des Busses getragen. Als wir endlich nebeneinandersitzen, überkommt mich eine tiefe Traurigkeit. Nun ist unsere Reise wirklich fast beendet. Es bleiben nur noch zwei volle Tage in Saigon, mein Abflug ist in drei Tagen gegen Mitternacht. Ich schließe meine Augen, beiße mir auf die Lippen und kämpfe gegen den Kloß in meinem Hals, der mich kaum atmen lässt. Eine besondere Reise geht zu Ende. Ich durfte einen besonderen Menschen und ein besonderes Land kennen lernen. Wann werde ich ihn wiedersehen? Was wird aus Dien? Wird er auch ohne seinen Uhrenstand genügend Kunden finden, um seinen Lebensunterhalt zu verdienen? Wird er auf Dauer in der feuchten und beengten Wohnung leben müssen? Wird er gesund bleiben?

Der Regen peitscht gegen die Fenster und von den Drachenfruchtplantagen bei Phan Thiet ist kaum etwas zu sehen. Im Bus herrscht eine enorme Unruhe, und ich bin dankbar für die Ablenkung. Neben zahlreichen westlichen Ausländern sind erstaunlich viele Asiaten im Bus. Einige von ihnen sprechen das Englisch der Hongkong-Chinesen und andere stammen aus Hanoi, wie Dien mir erklärt. Die jungen Reisenden tauschen sich über ihre Erfahrungen aus und geben Reisetipps weiter. Manche sitzen schon seit zwei Tagen in diesem Bus und sehen der Ankunft in Saigon mit Aufregung entgegen. Saigon! Ein Name, der Fantasien anregt. Für mich ist die Metropole inzwischen zu einem halbwegs vertrauten Terrain geworden. Wenn ich aber an manch verschreckte Neuankömmlinge denke, muss ich heimlich schmunzeln. Pauschaltouristen bekommen manchmal sogar eine Art Schülerlotsen an die Seite gestellt, um sicher die andere Straßenseite zu erreichen. Wenn ich an meine Rückkehr nach Hamburg denke, dann stelle ich sie mir wie ein Wiedersehen mit einem beschaulichen Dorf vor.

Der Bus fährt wieder die moderne Raststätte an. Ich gönne mir einen Eiskaffee und riskiere damit meinen Nachtschlaf. Aber heute wird mir das Schlafen ohnehin kaum gelingen, denn die Geräusche der Großstadt und die Gedanken an meine Heimreise werden mich wach halten und in meinem Zimmer auf und ab gehen lassen. Morgen Früh werde ich mir dann so schnell wie möglich meine geliebte Nudelsuppe besorgen, für die es in Mui Ne keinen Ersatz gibt. Beim Gedanken an die kräftige Brühe, die frischen Nudeln und Kräuter kehrt zumindest mein Appetit zurück. Dien schaut abwechselnd aus dem Fenster und zu mir. Als der Regen nachlässt, zeigen sich am Wegesrand Kautschukplantagen, deren Bäume in schnurgeraden Reihen gepflanzt sind und an ihren Stämmen das typische Muster der Zapfrillen tragen.

»Ein Hundefänger!«, sagt Dien, und deutet auf einen Mann, der auf dem Gepäckträger seines Mopeds einen Käfig befestigt hat, in dem einige Hunde eingepfercht sind. Seinen typischen Stock mit der Schlinge hält der Hundefänger in der Hand. Er steht am Rand eines Feldes und hält Ausschau nach neuen Opfern.

»Freust du dich auf zuhause?«, höre ich Diens Stimme dicht an meinem Ohr.

»Ich weiß nicht. Das Abschiednehmen fällt mir schwer.«

Schweigend sitzen wir nebeneinander, erleben den Einbruch der Dunkelheit und sehen die Lichter der Großstadt auftauchen. Unser Fahrer versucht sich mit einem Dauerhupen die Bahn frei zu machen.

Lange vor der Ankunft in der Pham Ngu Lao stehen die ersten Fahrgäste auf und verbreiten eine ansteckende Hektik. Im Getümmel des Aussteigens finde ich unser Gepäck zunächst nicht. Ich laufe um den Bus herum und greife schließlich nach meiner Reisetasche, die ich eine Weile unbeobachtet am Straßenrand liegen lassen muss, um Diens Rucksack zu suchen. Ich laufe von einem Kofferraum zum nächsten. Ich spüre Glasscherben unter meinen Flipflops und weiß kaum, wohin ich treten soll. Die Beleuchtung ist spärlich und immer mehr Rucksäcke werden vor meine Füße geworfen. Die Absperrgitter einer Baustelle versperren zusätzlich den Weg. Dien sitzt allein im Bus und schaut aus dem Fenster, während ich nach dem Fahrer und seinem Helfer Ausschau halte, um den Rollstuhl unversehrt aus dem Laderaum zu bekommen. Ein Mann aus Aserbaidschan, den ich an der Raststätte kennen gelernt habe, achtet auf unser Gepäck, und irgendwann ist auch Dien ausgestiegen und sitzt in seinem Rolli.

»Ich an deiner Stelle würde mich riesig auf Deutschland freuen«, sagt er in vertrauter Manier, und ich weiß, wie ernst er es damit meint. Als wir ein Taxi für ihn gefunden haben, bleibt uns als Abschiedsgruß nur ein kurzes »Tschüss, bis morgen« und der Fahrer braust davon.

Wenige Minuten später bin ich bereits in meiner vertrauten Gasse und schaue in bekannte Gesichter.

7 Saigon. Abschied und Neubeginn

Ein beschwerlicher Aufstieg

Schon lange hatte ich mir gewünscht, dass Dien mich auch einmal besuchen käme. Bisher bin immer ich es gewesen, die ihn besucht hat, dabei möchte ich selbst gern Gastgeberin sein und kann mir nichts Schöneres vorstellen, als ihn in meinem Hotelzimmer willkommen zu heißen. Ganz gleich, wie schwierig es auch sein möge, versprach er mir, er werde sich seine Gehapparate anlegen und die vier Etagen bis in mein Zimmer hochsteigen.

Bevor die verabredete Zeit erreicht ist, schließe ich die Fenster, kühle das Zimmer auf achtundzwanzig Grad herunter und schalte den Ventilator auf Hochtouren. So ist es angenehm und die Vorhänge können geöffnet bleiben, um den Blick über das Viertel offen zu halten.

Als das Telefon klingelt und der Portier meinen Gast ankündigt, laufe ich hinunter. Dien steht mit seinem Moped vor der Tür. Von seinen Schienen kann ich nicht viel erkennen, weil sie unter seiner Hose stecken. Ich habe nur vage Vorstellungen von ihrer Funktion und male mir aus, dass sie der Beweglichkeit des Beckens und der Beine nachempfunden sind. Um eine aufrechte Position zu ermöglichen, müssten sie dann auf Höhe der Gelenke gesperrt werden. Es bereitet Dien offenbar Mühe, unter seiner Hose die entsprechende Vorrichtung zu betätigen. Er verstellt zunächst etwas an seinen Knien und dann an seinem Becken, bis schließlich beide Beine steif nach vorn ragen. Erst jetzt werde ich auf seine Spezialschuhe aufmerksam. Zum Absteigen greift er nach seinen Unterarmstützen. Er trägt ein kurzärmeliges Hemd, und ich sehe, wie die Muskeln und Sehnen seiner

Unterarme sich spannen. Die Schuhe schleifen über den Boden und machen ein merkwürdiges Geräusch. Jede Bewegung sieht kompliziert und anstrengend aus, und ich frage, wie ich helfen kann. Als Antwort deutet er mit einem Kopfnicken auf seine Tasche, die ich aus der Halterung nehmen soll. »Was ist denn darin? Die ist aber schwer.«

»Alles, was wir für einen Arbeitsnachmittag in deinem Zimmer brauchen.«

»Klingt verlockend.«

Dien stehen Schweißperlen auf der Stirn. Sobald er es von der Gasse in den Vorraum geschafft hat, lehnt er sich an eine Wand. Aus der Küche, die gleichzeitig der Wohnraum der Gästehausfamilie ist, schauen einige Frauen neugierig herüber, während der Portier und zwei weitere Angestellte in der Lobby versammelt sind und unser Unternehmen kritisch beäugen. Dien spricht einen der jungen Männer an, der daraufhin das Moped von der Straße ins Haus schiebt, wo neben anderen Zweirädern Platz geschaffen wird. Ich beeile mich, den Riemen seines Rollstuhls zu lösen, den wir in meinem Zimmer und auf der Dachterrasse brauchen, damit Dien sich bequemer bewegen kann, denn der Gehapparat stellt kaum eine Alternative zum Rollstuhl dar. Noch vor der ersten Treppenstufe gerät Dien mit seinen Unterarmstützen ins Rutschen, wackelt bedenklich, fängt sich aber wieder. Zur Sicherheit bleibe ich dicht an seiner Seite. Mein Blick fällt auf die Gummipuffer unter seinen Gehhilfen. Sie sind fast vollständig abgenutzt.

»Warum hast du mir nicht gesagt, dass ich dir solche Gummikappen mitbringen soll?«, frage ich mit vorwurfvollem Unterton.

»Die gibt es auch hier.«

»Das ist ja noch schlimmer. Warum kaufst du dann keine?«

»Ach!«

»Soll das etwa heißen, du besorgst dir keine neuen, weil andere Ausgaben mal wieder wichtiger sind!«

»Genau! Wie gut du mich doch kennst, Große Schwester. Jetzt bitte nicht mehr schimpfen. Erst wenn ich oben angekommen bin.«

»Es ist gefährlich mit den rutschigen Dingern. Du könntest fallen. Ich verstehe dich wirklich nicht. Die Gummis kosten doch sicher nur ein paar Mark.«

»Euro!«, sagt Dien mit einem breiten Grinsen.

»Ich finde das überhaupt nicht witzig. Langsam machst du mich wütend! Wenn dir etwas passiert! Wenn du wegen solch einer Kleinigkeit …«

»Psst! Mache dir keine Sorgen. Am Treppengeländer brauche ich nur eine von den schrottreifen Krücken. Jetzt geht's los.«

Dien reicht mir die überflüssige Stütze und ich bleibe einen Schritt hinter ihm. Mit der freien Hand umfasst er das Treppengeländer und zieht sich hoch. Jede Stufe will einzeln erklommen werden mit einem mühsamen Wechselspiel aus Ziehen, Abstützen, Heben, Stehen. Erst als er die erste Etage erreicht, lehnt er sich an das Geländer und ruht sich aus. Ich stelle mich zu ihm, werde plötzlich gewahr, dass wir nebeneinander *stehen*, und es erscheint mir unwirklich und fremd. Er steht aufrecht neben mir, und ich komme mir plötzlich viel größer vor. Am liebsten würde ich mich kleiner machen. Der Schweiß läuft ihm über das Gesicht, und ich versuche seine Anstrengung zu ermessen. Als Dien den nächsten Absatz in Angriff nimmt, ahme ich seinen Bewegungsablauf nach, aber bereits bei der zweiten Stufe sind meine Arme müde. Wie kann er sich nur halten und sein gesamtes Körpergewicht allein aus seinem Oberkörper heraus kontrollieren? Nach drei Stufen gebe ich den Versuch auf. Meine Arme zittern vor Anstrengung. Ich mag mir seinen Kampf kaum anschauen. Es schmerzt mich überall.

»Willst du nicht eine Pause machen? Soll ich einen Stuhl oder irgendetwas holen?«, frage ich kleinlaut und jedes Wort klingt unpassend. Am liebsten würde ich meinen und seinen Schmerz hinausschreien.

»Kein Problem«, sagt er und nimmt eine weitere Stufe, »das Geländer ist wunderbar. Ich kenne viel schlimmere! Nur die Absätze sind schwierig.«

Es war eine dumme Idee von mir, ihn hierher einzuladen. Wenn er ausrutscht? Wenn ihm etwas passiert? Welch ein Risiko und welch einen Aufwand betreiben wir für diesen Besuch! Vier Etagen in einem Gehapparat müssen die Hölle sein. Dien ist querschnittsgelähmt, aber ganz offenbar vergesse ich diese Tatsache manchmal. Wir hätten uns bei ihm treffen sollen. So wie immer. Noch haben wir die zweite Etage nicht erreicht. Immer wieder rutscht die Armstütze auf den glatten Fliesen aus und ich fühle mich vollkommen hilflos. Vielleicht fällt es ihm leichter, wenn ich nicht direkt hinter ihm gehe und zuschaue.

»Dien, ich gehe hinunter und hole den Rollstuhl. Lass dir Zeit mit dem Aufstieg.«

»Ja, ist gut.«

Die Hotelmitarbeiter schauen mich fragend an, als ich in die Lobby zurückkomme. Ob sie sich wundern, warum Dien den beschwerlichen Weg auf sich nimmt? Oder fragen sie sich, was er überhaupt in meinem Zimmer zu suchen hat? Beinahe muss ich über die großen Fragezeichen in ihren Gesichtern lachen. Ich schnappe mir den Stuhl und trage ihn die Treppen hinauf. Dien ist auf dem Absatz der zweiten Etage, als uns die italienische Lehrerin entgegenkommt, mit der ich einige Male einen Kaffee auf der Dachterrasse getrunken habe. Sie spricht ein wunderbares Englisch und ich mache sie mit Dien bekannt. Im ersten Moment vergesse ich, dass die beiden sich nicht verständigen können. Dien lächelt sein charmantestes Lächeln und die Italienerin weiß offenbar nicht, wie sie ihn begrüßen soll. Dien dagegen lehnt seine Stütze am Geländer ab und streckt der hübschen Frau mit der wilden Lockenpracht souverän die Hand entgegen. Er scheint keine Eile mit dem Weitergehen zu haben, und unversehens befinden wir uns in einer Plauderei im Treppenhaus. Ich übersetzte Dien, dass sie ihn gern in ihrer Schule begrüßen würde. Vielleicht gäbe es einen passenden Englischkurs für ihn.

Beim Abschied fragt sie mich, ob er wirklich derjenige sei, der im Rollstuhl sitze.

»*I tell you later.* Ich erkläre es dir später«, sage ich zu ihr, während sie mit einem überschwänglichen italienischen Abschiedsgruß das Treppenhaus hinuntereilt.

»Du lernst immer die nettesten Leute kennen«, sagt Dien.

»Sie hat dir richtig gut gefallen, nicht wahr? Das habe ich gleich gemerkt. Du hast ihr schöne Augen gemacht.«

»Vor allem ist sie nicht so groß.«

»Ich dachte, du magst große Frauen.«

»Mag ich ja auch, aber es gibt eine Obergrenze. Nicht viel größer als du, ungefähr ein Meter siebzig.«

»Du hast ziemlich konkrete Vorstellungen.«

»Du bestimmt auch, oder wie gefallen dir kleine Männer?«

»Für mich zählen nur die inneren Werte!«

»Hahaha.«

»Wollen wir weiter? Soll ich etwas zu trinken aus meinem Zimmer holen? Mir kommt es grad so vor, als hättest du die Hälfte eines Marathons geschafft. Die zweite Hälfte wird nicht gerade einfacher.«

»O.k., einen großen Schluck Wasser und dann weiter.«

Endlich kommen wir an und ich halte Dien die Tür auf.

»Herzlich willkommen! Auch wenn es sicher nicht *ladylike* klingt, aber bitte gleich aufs Bett!«

»Lady-was?«

»Egal, aber außer drei verschiedenen Betten kann ich dir keinen bequemen Platz anbieten.«

Wenn ich mir das Platzangebot genauer betrachte, sind meine Sachen gleichmäßig über alle Betten verteilt und machen einen chaotischen Eindruck. Rasch räume ich meine Notizbücher, DVDs und meinen Laptop zur Seite und deute auf eine einigermaßen freie Fläche.

»Es ist schön hier. Welch ein Blick«, sagt Dien und geht bis ans Fenster. »So kenne ich Saigon überhaupt nicht. Sieht von oben nur halb so schlimm aus.«

»Ich schaue gern hinaus. Noch ist der Blick frei, aber ich bin mir sicher, dass sie die kleinen Häuser bald abreißen und alles mit Hochhäusern zubauen. So läuft es in China doch auch überall.«

»Kann gut sein«, sagt Dien und schaut sich die Blechdächer, die schmalen Gassen und vereinzelten Neubauten an. »Hier oben ist die Luft auch viel besser. Es kommt mir ganz fremd vor, so als wäre ich in einer anderen Stadt.«

»Bist du denn sonst niemals in einer höheren Etage?«

»Nein, wo denn? Ich kenne niemanden, der sich eine Wohnung in einem Neubau mit Fahrstuhl leisten kann. Aber es ist wirklich wunderbar. So lässt es sich bestimmt auch in Saigon aushalten. Der Wahnsinn spielt sich weiter unten ab. Wo ist unsere Eckkneipe? Ich kann mich schlecht orientieren.«

»Von hier aus kann man sie nicht sehen. Irgendwo da unten wohnt auch Tien. Ihre Gasse ist so schmal, dass man sie zwischen den Hausvorsprüngen nicht sehen kann. Die Schneiderei liegt hinter dem Haus mit den grünen Balkonen. Vom Dach aus haben wir einen besseren Blick. Wir können später hinaufgehen, wenn du magst.«

»Sehr gern«, sagt Dien und lässt sich endlich auf eines der Betten fallen.

»Du bist vollkommen durchgeschwitzt. Willst du nicht lieber dein Hemd ausziehen?«, frage ich und muss laut auflachen. »Hört sich sicher verdammt merkwürdig an, was ich sage … also … nicht dass du was Falsches denkst … äh … ich meine, mit dem Ausziehen, aber es ist bestimmt nicht angenehm mit dem verschwitzten Hemd. Und deine Hose kannst du doch auch gleich ausziehen … äh … sorry … wegen der Dinger, meine ich … die willst du doch bestimmt abschnallen, oder?«

»Bist du irgendwie durcheinander? Was ist los, Große Schwester? So kenne ich dich gar nicht. Ich habe jedenfalls keine Erfahrung mit Hotelbesuchen bei Damen. Du kannst mir erzählen, was du willst«, sagt Dien mit seiner schelmischen Art und zieht sein Hemd aus. Ich schaue in sein Gesicht, das von der Anstrengung gezeichnet ist. Er nimmt einen Schluck aus der Flasche, obwohl er außerhalb des Hauses selten etwas trinkt. Vielleicht zählt mein Zimmer nicht ganz als Außenwelt. Ich setze mich auf das andere Bett und schaue ihm zu, wie er seine Hose ein Stückchen über seine Waden schiebt. Er zeigt mir seine Schienen, möchte, dass ich alles ganz genau ansehe und mir einpräge. Noch ragen seine Beine steif nach vorn. Dien trägt eine lange Schlafhose unter den martialisch wirkenden Schienen. Er schiebt metallene Befestigungen aus Verankerungen und löst lederne Knieschützer. Nun kann er die Beine einknicken und entspannter sitzen. Als er seine Überhose auszieht, kann ich die gesamte Vorrichtung sehen. Die Gehapparate bestehen aus fingerbreiten Metallschienen, die beidseitig an den Beinen befestigt sind. Auf Höhe der Waden und der Oberschenkel sind Gurte angebracht, im Beckenbereich und an den Füßen gibt es zusätzliche Befestigungen. Dien wirkt wie eingesperrt, und ich versuche trotzdem, mich mit diesem Monstrum anzufreunden. Die Schienen sehen altertümlich aus. Ob solche Hilfsmittel in der modernen Therapie noch Verwendung finden? Scharfkantige Metallstreben am Scharnier zwischen Oberschenkel und Becken sehen geradezu gefährlich aus. Diens Haare sind feucht vom Schweiß, und ich hole ihm ein Handtuch aus dem Bad.

»Wie findest du die Temperatur? Soll ich es kühler einstellen?«

»Aber nein, es ist sehr angenehm.«

»Angeblich sind es achtundzwanzig Grad. Mir kommt es kälter vor. Normalerweise habe ich die Klimaanlage ausgeschaltet und lege mich unter den Ventilator, manchmal sogar mit einem feuchten Handtuch über meinem Körper. Warum schnallst du die Schienen nicht ab? Es sieht ziemlich unbequem aus.«

»Und wie kommen wir aufs Dach?«

»Ich trage dich.«

»Oder wir versuchen es mit dem Rollstuhl.«

»Ruh dich doch erst einmal aus. Es muss anstrengend gewesen sein. Du bist wirklich ein Muskelprotz!«

Endlich schält er sich aus den Schienen. Wortlos sitze ich am anderen Ende des Zimmers in seinem Rollstuhl. Mit beiden Händen zieht er seine Beine aus den Schuhen, setzt sie auf die Bettkante und rutscht ein Stück zurück. Er stellt die Apparate neben sich, ein befremdlicher Anblick. Als würde er einen Teil seines Selbst beiseitestellen, seine Fähigkeit zu stehen und zu gehen. Dien lehnt sich zurück und ich stopfe ihm die Kissen aus meinem Bett in den Rücken.

»Setz dich doch zu mir«, sagt er, und ich bleibe an seiner Seite. Langsam ziehe auch ich meine Beine auf das Bett und lehne mich in eines der Kissen. Vom Ventilator weht ein Lufthauch herüber und streicht über unsere Körper. Dien nimmt meine Hand und ich drehe mich zu ihm. Der Hauch seines Atems kitzelt meinen nackten Arm. Er schaut auf seine Hand, die sich streichelnd über meinen Ellenbogen hinauftastet, meine Schulter berührt, die Linie meines Schlüsselbeins nachzeichnet und über meinen Hals und meine Wange streicht. Ich fühle seine rauen Fingerspitzen und rieche seinen wunderbar männlichen Duft. Einzelne Haare kitzeln meine Stirn. Dien taucht mit seiner Nase in mein Dekolleté und atmet tief ein.

»Große Schwester!«, sagt er und ich muss lachen.

»Nach Bruder und Schwester sehen wir beide gerade nicht aus«, flüstere ich.

»Findest du nicht?«

»Ganz und gar nicht, aber es ist schön.«

»Ich mache doch nichts.«

»Ich auch nicht.«

»Du riechst so wunderbar«, sagt Dien und versinkt in meinem Haar. Als unsere Blicke sich treffen, schmiege ich mich an ihn. Flüchtig treffen sich unsere Lippen, beinahe so, als dürften sie es nicht.

Ich fühle mein Herz schlagen. Oder ist es seins? Dort wo unsere Körper sich berühren, scheint die Haut zu glühen. Schweißperlen fließen aufs Laken. Ineinander verschlungene Hände und scheue Blicke.

Später mache ich mich auf den Weg zu meinem Pho und kaufe uns Nudelsuppe mit allen Zutaten, die das Lokal zu bieten hat. Auf dem Rückweg lasse ich mir eine Zigarette geben, setze mich für einen Moment in ein Café und schmunzle in mich hinein. Ich bestelle französisches Gebäck als Nachtisch für unser gemeinsames Essen auf der Dachterrasse.

Dien hat sich etwas übergezogen und sitzt abwartend auf dem Bett. Ich eile aufs Dach und versuche den Tisch so hübsch zu decken wie möglich und improvisiere mit einem Tuch, Servietten, Zahnputzgläsern und einigen Souvenirs aus meinem Geschenkedepot. Am späten Nachmittag ist meist niemand auf dem Dach, und so haben wir es auch jetzt für uns allein. Die letzte Etage meistern wir mit dem Rollstuhl und genießen den Luftzug unterm schattigen Überdach.

»Guten Appetit!«, sage ich, nachdem Dien ungewöhnlich lange in sein Tischgebet vertieft war. Ich proste ihm mit einem Glas Wasser zu.

»Dir auch einen guten Appetit. Riecht schon mal ganz gut.«

Bis Dien endlich einige Löffel probiert hat, muss ich mich gedulden. Er ist ein langsamer Esser und lässt jeden Bissen auf der Zunge zergehen.

»Du hast recht. Diese Suppe ist wirklich köstlich«, sagt er sichtlich überrascht. Bisher war er davon ausgegangen, meine Suppenküche habe sich dem Geschmack der Touristen angepasst.

»Ich habe extra viel Fleisch für dich bestellt. Eigentlich nehme ich immer die vegetarische Version. Ob auch Blutwurst dabei ist, habe ich nicht gesehen.«

»Ist wirklich lecker. Ach, und hier oben am gedeckten Tisch lässt es sich wunderbar aushalten. Jetzt verstehe ich auch, was du mir über deine Terrasse und die Hollywoodschaukel erzählt hast. Hier triffst du also immer Danny und die anderen. Für mich ist es wie im Urlaub.«

»Von wegen Urlaub! Was hast du denn nun eigentlich in deiner Tasche?«

Dien hat alte Dokumente und Fotos mitgebracht, die uns erlauben, ein letztes Mal Rückschau zu halten auf seine Kindheitserinnerungen.

»Schau mal, hier ist die Kopie eines Fotos von dir im Gehapparat. Es gehört zu einem Bericht von *terre des hommes* für deine Familie in Vietnam. Da musst du acht Jahre alt gewesen sein, siehst aber viel jünger aus. Ein süßer Vietnamese. Wundert mich nicht, dass die Spaziergänger dich damals gestreichelt haben und dir sogar Geld zustecken wollten, wenn du bei Frau Lohse in der Sportkarre gesessen hast.«

»Erinnere mich nicht daran. Ich habe mich dafür geschämt. Das passierte auch später noch, als ich richtig gut Deutsch konnte, lange Haare hatte und in meinem eigenen Rollstuhl unterwegs war.«

In den Unterlagen finden wir auch eine Art Schülerzeitung, die die Gruppe der querschnittsgelähmten deutschen Kinder nach ihrer Rückkehr in Dalat erstellt hat. Offenbar ist sie anlässlich des ersten Weihnachtsfestes in Vietnam entstanden. Auf dem Titelbild ist ein geschmückter Christbaum zu sehen. Jedes Kind hat einen kleinen Aufsatz über seine Eindrücke und das neue Leben in der fremd gewordenen Heimat geschrieben. Dien klagt darin:

Ich gehe nicht gern zur Schule. Das Blödeste ist, dass die Lehrerinnen immer die anderen Kinder hauen. Wenn ich jedes Mal mitempfinde, wenn die Lehrerin haut, sieht das so schrecklich aus, dass ich nicht lernen kann.

»So viel Vergangenheit!«, sage ich beim Durchstöbern der Unterlagen. »Ist es dir in den letzten Wochen nicht manchmal zu viel geworden mit meinen Fragen?«

Für eine Weile blättert jeder für sich schweigend in den alten Unterlagen. Als Dien einen Brief seiner Mutter in die Hand nimmt, findet er zum ersten Mal den Mut, ihn im Original zu lesen. Er hatte ihn als Neunjähriger nach Deutschland geschickt bekommen und kannte bisher nur die deutsche Übersetzung. Wir vergleichen den Wortlaut und er findet anerkennende Worte für die damalige Dolmetscherin, die vorsorglich alle überflüssigen Höflichkeitsbezeugungen aus dem Vietnamesischen weggelassen hatte. Der Brief umfasst zwei Teile, von denen nur der kürzere für Dien gedacht war.

Lieber Dien, mein Kind. Seit langer Zeit konnte ich dir nicht schreiben. Entschuldige bitte, aber ich musste sehr viel arbeiten. Wie geht es mit deiner Gesundheit? Fühlst du dich schon besser? Wie geht es mit Pipi und Stuhlgang? Geht es schon besser? Merkst du Ergebnisse der Behandlung? Kannst du dich schon besser bewegen? In der Heimat bete ich zu Gott, dass du schnell wieder gesund wirst und zurück zur Familie kommst. Ich wünsche dir viel Freude und lerne fleißig. Deine Mutter

Im längeren Teil des Briefs informiert Diens Mutter die Verantwortlichen von *terre des hommes* darüber, dass Diens Vater im Krieg umgekommen sei, und dass ihr Sohn bitte nichts davon erfahren solle. Er habe es in der Fremde sicher schon schwer genug.

Als es dunkel wird, machen wir uns an den Abstieg durch das Treppenhaus. In der Gasse schaue ich Dien hinterher, bis er die Kurve erreicht hat und sich noch einmal nach mir umdreht. Er müsse nach Hause, hatte er gesagt. Yen warte mit dem Essen auf ihn.

Am frühen Nachmittag räume ich mein Zimmer, verabschiede mich von meiner Gästehausfamilie und fahre mit meiner Reisetasche zu Dien, wo ohnehin der Großteil meines Gepäcks gelagert ist. Während ich stundenlang mit dem Verstauen meiner Sachen beschäftigt bin, verwandelt sich Hais Zimmer in ein Warenlager. Meine Souvenirs und Mitbringsel sprengen jedes vernünftige Maß, und auch ohne Waage muss ich einsehen, dass die erlaubten dreißig Kilo bei Weitem überschritten sind. Schweren Herzens trenne ich mich von gewichtigen Päckchen mit Kokosbonbons aus Ben Tre. Dien und ich hatten ein Unternehmen zur Herstellung der Köstlichkeiten besucht und den jungen Frauen bei ihrer anstrengenden Arbeit zugeschaut. Im Gegensatz zu den idyllischen Holzfeuern mit den dampfenden Kesseln voller geschmolzener Kokosmasse und dem zeitlupenartigen Verpacken, das den Touristen bei ihren Mekong-Touren üblicherweise vorgeführt wird, bekamen wir Fließbandarbeit zu sehen. Als wir uns später die kurze Videosequenz anschauten, die ich dort gefilmt hatte, waren die enorm flinken Handbewegungen der Frauen kaum zu fassen, und ich glaubte zunächst an eine falsche Wiedergabegeschwindigkeit der Aufnahmen. Die schnellsten Arbeiterinnen kommen auf einen Tageslohn von umgerechnet einem Euro. Bei unserem Besuch saß ein männlicher Vorarbeiter Zeitung lesend neben ihnen, erfreut über ein wenig Abwechslung durch uns Besucher, und Dien hatte sich auf Deutsch in ungewöhnlich starken Worten über sein Verhalten erregt.

Auf einer Holzpritsche, die Hai normalerweise als Schlafstätte dient, schiebe ich diverse Stapel mit Süßigkeiten, Kunsthandwerk, Büchern und Kleidung hin und her und versuche System in das Chaos zu bringen. Erst nach einer Weile werde ich auf ein altes Foto aufmerksam, das in einem Glasrahmen an der Wand hängt. Zu mir herunter schaut der kleine Dien und seine deutsche Pflegemutter, Frau Lohse aus Hamburg. Das Bild muss in Frau Lohses

Küche aufgenommen worden sein. Eine typische Küchenzeile und eine karierte Stofflampe im Stil der sechziger Jahre erinnern mich an andere Küchen aus jener Zeit. Dien sitzt auf dem Tisch, während seine Pflegemutter ihm stützend unter die Arme greift. Die Schwarzweißaufnahme ist durch die Jahre vergilbt und wirkt ein wenig unscharf. Dien trägt eine akkurat geschnittene Ponyfrisur, sein Gesicht erinnert an eine chinesische Porzellanpuppe. Hier ist ein schöner Moment aus dem Leben des Kriegskindes festgehalten. Ein kleiner querschnittsgelähmter Vietnamese in einer Küche in Hamburg-Poppenbüttel im Jahr 1970. Es ist ein Stück seiner Vergangenheit, die genauso wach in ihm weiterlebt wie die Erinnerung an die Sportkarre mit den Plastikbällen am Zierbügel, der Duft nach Zigarren im VW-Käfer und die halben Hähnchen im *Wienerwald*-Restaurant. Frau Lohse und die vielen anderen wohlmeinenden Menschen in Diens Kindheit sind mir in den letzten Wochen vertraut geworden, auch wenn ich niemandem von ihnen begegnet bin und einige, wie seine deutsche Pflegemutter, bereits gestorben sind.

Frieden und Versöhnung liebende Menschen haben ihm und anderen Kriegsopfern mit großem Engagement geholfen und das Leben erleichtert, und manche tun dies bis heute. Es ist fast vierzig Jahre her, dass sich der Granatsplitter in seinen Rücken gebohrt hat. Wenn Dien doch nur die Hoffnung auf eine bessere Zukunft haben könnte! Wenn er doch nur frei sein könnte von Existenzängsten und der Furcht vor gesundheitlichen Problemen! Wenn er doch nur in Frieden alt werden könnte!

Wieder steht das Warum so übergroß vor mir, dass ich mich abwenden muss. Welchem Zufall verdanke ich unsere Freundschaft? Ich spreche ein Danke in den Raum und atme tief durch. Danke für diese Freundschaft! Danke für diese Wochen!

Als ich mit dem Packen fertig bin, serviert Yen uns ein köstliches Abendessen. Mit gefalteten Händen und einer angedeuteten Verbeugung bedanke ich mich bei ihr. Yens Köstlichkeiten werden mir fehlen, und den Klang ihrer Stimme werde ich noch lange im Ohr behalten. Wie oft brach sie unverhofft ihr Schweigen, während sie eine Ananas schnitt oder Reispapier füllte. Sie hob ihre sanfte Stimme und sagte etwas zu Dien. Nie habe ich auch nur ein einziges Wort verstanden, aber die Erinnerung an den Klang wird bleiben.

Dien und ich fahren mit einem Taxi zum Flughafen. Vor den neuen Abfertigungsgebäuden haben selbst die professionellen Fahrer Schwierigkeiten mit der Orientierung. Irgendwann finden auch wir die richtige Zufahrt und steigen aus. Vor dem Eingangsbereich sind Hunderte Wartende versammelt. Offenbar handelt es sich um Angehörige, die auf ankommende Passagiere warten. Das Gebäude dürfen sie nicht betreten.

»Da lassen sie mich nicht rein. Bei den Vietnamesen schauen sie, ob sie ein Ticket haben. Siehst du das? Alle müssen ihre Papiere vorzeigen.«

»Wir gehen einfach durch. Sie werden dich schon nicht aufhalten. Und wenn doch, dann komme ich nach der Gepäckaufgabe wieder zurück. Wir haben noch zwei Stunden Zeit.«

Mein Gepäck ist noch immer so umfangreich, dass es durchaus für zwei Passagiere reichen könnte. Wir reihen uns ein in die Schlange der Fluggäste vor den Abfertigungsschaltern, und mit einem Blick in die Runde frage ich mich erneut, warum so viele Langnasen sich einen Touristen-Spitzhut kaufen. Ein Mann mit bayerischem Dialekt hat ihn sich sogar auf den Kopf gesetzt, und ich mag kaum hinschauen. Spitzhüte auf westlichen Köpfen sind mindestens genauso unästhetisch wie die vietnamesische Nationaltracht bei Frauen mit einer Konfektionsgröße über sechsunddreißig. Nichtsdestotrotz sieht man in Vietnam erstaunlich viele beleibte Touristinnen in Ao Dais. Immerhin habe ich in der Reihe der Wartenden endlich wieder das Gefühl, weder zu groß noch zu füllig zu sein. Dien lauscht den vielen Deutschen, die nach Frankfurt fliegen, und ich stelle mir vor, wie gern er selber ein Ticket in den Händen halten würde. Nie wieder wolle er sich zu einer Reise einladen lassen, hat er mir neulich gesagt. Sollte er jemals wieder nach Deutschland kommen, dann ausschließlich mit seinem eigenen Geld. Ich kann nur hoffen, dass dieser Traum eines Tages in Erfüllung geht. Heute muss ich allein in das Land seiner Träume fliegen.

Mein Gepäck wird nicht akzeptiert, ich muss einige Gegenstände herausnehmen. Die Entscheidung fällt mir schwer, und so bleiben notgedrungen einige Kochbücher und Reiseführer zurück. Wir haben noch eine Stunde, aber der neue Flughafen von Ho-Chi-Minh City ist wenig einladend zum Verweilen. Er ist genauso gesichtslos und modern wie viele andere Flughäfen dieser Welt. Zudem ist es unerträglich kühl, und so gehen wir wieder hinaus, wo die Wartenden ungeduldig nach ihren Angehörigen Ausschau halten. Irgendwo finden wir ein halbwegs ruhiges Plätzchen und ich spüre überdeutlich, wie das flaue Gefühl in meinem Bauch sich zu einem unverdaulichen Brocken entwickelt. Dieses Mal ist es nicht die Angst vor dem Flug, die Übelkeit in mir aufkommen lässt, sondern der bevorstehende Abschied.

Wenn es die Wehmut nicht gäbe und die Gewissheit, ihn morgen nicht sehen zu können, nicht hinter ihm auf dem Sozius zu sitzen, sein Lachen nicht zu hören und seine ruhenden Hände vor den Mahlzeiten nicht auf der Tischkante liegen zu sehen, seinen gesenkten Blick, sein Innehalten. Wenn es die Gewissheit um den Verlust nicht gäbe, dann wäre ich bereit für den Abschied. Denn ich weiß, in meinen Erinnerungen, auf den Fotos und in Gedanken werde ich bei Dien verweilen können, solange ich möchte, kann sooft ich möchte auf seinen Rücksitz steigen, kann neben ihm an seinem altertümlichen Computer sitzen und Fotos anschauen, kann den Pfad am Mekong erneut mit der brennenden Fackel abschreiten und dabei unsichtbare Schlangen verjagen, kann dem Rauch auf seinem Weg zu den Ahnen nachschauen, kann in der Hängematte liegen und mich von Dien schaukeln lassen, kann mit ihm ins Meer springen, die Japanische

Brücke überqueren, in sein verdutztes Gesicht schauen, seine Schamesröte bestaunen, über todesmutige Fahrer schimpfen, das kulinarische Paradies an mir vorüberziehen lassen und in größter Not zum Hörer greifen. Dann werde ich sogar die Fahrradglocke des Nudelverkäufers hören können, die Hupen der Mopeds, das Gekläffe des Nachbarhundes und die exzentrische Musik der alten Dame von nebenan.

Als die Zeit gekommen ist, gehen wir wieder hinein. Jeder Schritt bringt mich näher nach Europa. Dien rollt viel zu tief neben mir her und das unterkühlte Gebäude lässt mich frösteln. Ich möchte mit ihm auf Augenhöhe sein. Es sind nur noch wenige Schritte. Ich hocke mich hin, eine Haltung, die an das Hinunterbeugen zu einem Kind erinnert, und die wir beide nicht mögen. Aber hier gibt es weit und breit keinen Stuhl. Ich drücke seine Hände und versuche ein fröhliches Gesicht aufzusetzen.

»In deinem Zimmer … in deinem Bett … was dort passiert ist … ich meine … dass wir uns geküsst haben … was denkst du darüber?«, will er von mir wissen.

Ich habe doch alles gesagt, aber vielleicht traut er manchen Worten nicht. »Ich habe es für mich getan.«

Er schaut mich an, als habe ich etwas Unerwartetes von mir gegeben. Als müsse er in sich hineinlauschen und prüfen, ob er sich nicht verhört hat. »Danke. Dieser Satz ist wunderschön.«

Dann drücken wir unsere Hände, krallen sie ineinander, bis es schmerzt.

Ich lege meine Tasche auf ein Laufband, werde abgetastet, drehe mich noch einmal um und sehe ihn unbeholfen winken. Auch mir gelingt nur noch ein klägliches Lächeln.

Nachwort von Dien

Saigon im Sommer 2008

Vierunddreißig Jahre sind vergangen, aber seltsamerweise will ich noch immer nicht wahrhaben, dass ich für immer hier leben muss. Bis heute habe ich tief in meinem Inneren auf eine Rückkehr gewartet. Ich habe keinen einzigen Tag ohne Heimweh gelebt. Heimweh nach einer Heimat, die vielleicht nur noch in meiner Erinnerung existiert!

Es ist ein großes Glück für mich, dass jetzt ein Teil von mir – durch dieses Buch – in Deutschland leben wird.

Es gibt Szenen in diesem Buch, bei denen ich mich schäme, wenn ich sie lese, und am liebsten mein Gesicht verstecken möchte. Bisher war ich es gewohnt, möglichst alles zu verbergen, was mit meiner Behinderung zusammenhängt. In Vietnam ist es eine Schande, wenn man behindert ist. Ich bekomme höchstens ein kleines Mitleid gezeigt, oder höre, was wohl als Trost gemeint sein soll, dass die Behinderung mein Schicksal sei. Nach einer Begegnung mit mir wird hinter meinem Rücken geredet und manchmal werden sogar Witze gemacht.

Ich weiß nicht, was nach dem Erscheinen des Buches auf mich zukommt, aber entweder jetzt oder niemals werde ich den Mut finden und die Gelegenheit haben, meine Geschichte zu erzählen. Ich hoffe, dass ich durch meine Entscheidung anderen Menschen ein wenig Anregung, Kraft und Hoffnung geben kann. So habe ich das Gefühl, nicht umsonst gelitten zu haben.

Hier in diesem Land, wo Behinderte nur als »kaputte Maschinen« und Last angesehen werden, leben wir wie Schnecken, die sich bei jedem Geräusch vor Angst in ihren Häusern verstecken, so wie auch ich es oft genug getan habe. Wie oft habe ich in meinem Leben schon gehört, dass dies und jenes nichts für einen Behinderten sei: »Das schaffst du nicht, das darfst du nicht« und vieles andere. Durch meine Erziehung in Deutschland war mir jedoch schon früh bewusst, dass wir Behinderte viel mehr können, als wir denken. Aber wenn wir uns selber nichts zutrauen, dann können wir auch nicht erwarten, dass andere Menschen uns etwas zutrauen. Und wenn wir nicht anfangen, uns selbst zu helfen, dann wird auch keiner den Anfang für uns machen!

Ich habe gelernt, aus meinem bitteren Leben eine leckere Suppe zu kochen und aus meinen Tränen einen schönen Saft zu machen. Dafür danke ich Gott, der mir die Kraft dafür gegeben hat.

Mein Kopf ist voller Erinnerungen, die ich nicht abstellen kann. Immer wieder habe ich auch heute noch das Bild vor Augen, wie mein Freund Long auf dem Boden liegt, vor Schmerzen jämmerlich weint und in seiner Verzweiflung fragt, warum es ihm verboten ist, seine Freundin zu lieben, nur weil er ein Querschnittsgelähmter ist. Ich muss an Tho denken, der von seiner Familie manchmal tagelang nichts zu essen bekam. Ich denke an meinen Freund Sanh, der voller Lebenskraft war und immer für seine Freiheit gekämpft hat. Noch heute habe ich sein Flehen und Betteln im Ohr, dass man ihn nicht in Vietnam zurücklassen solle, sondern wieder nach Deutschland mitnehmen soll. Ich denke an Phu, der sich immer um seine Familie gekümmert hat, und der trotzdem immer das Gefühl hatte, seinen Angehörigen eine Last zu sein. Mein bester Freund ist vor wenigen Wochen gestorben. Bis zu seinem Tod hat er sein Würfelspiel, mit dem er seine Rückkehr nach Vietnam entschieden hatte, bereut. Sie alle waren meine Freunde und haben jetzt ihre Ruhe gefunden. Aber ihr Kummer und ihre Schmerzen leben in mir weiter.

Ich möchte mich bei vielen Menschen bedanken, ganz gleich, ob sie noch leben oder schon tot sind. Ich schätze und ehre sie alle, weil ich ohne sie nicht der Mensch von heute wäre.

Ich weiß nicht, wer oder was für mein Schicksal verantwortlich ist. Ich weiß nur, dass meine Querschnittslähmung das Resultat einer Granatenexplosion ist, die von Menschen verursacht wurde. Ich weiß nicht, wer oder was dafür verantwortlich war, dass ich zurückgeschickt wurde. Ich weiß nur, dass es nicht gut für mich war.

Und ich weiß auch nicht genau, wem ich mein Überleben zu verdanken habe, aber ich weiß, dass *terre des hommes* mir das Leben gerettet hat. Die vielen liebenswerten Mitarbeiterinnen und Mitarbeiter der Organisation haben mich zu dem Menschen werden lassen, der ich jetzt bin. Es vergeht kaum ein Tag, an dem ich nicht an sie denke.

Doch vor allen anderen möchte ich mich hier bei meiner Mutter bedanken. Sie schenkte mir meinen Körper und opferte ihr ganzes Leben für meine Geschwister und mich. Von meiner Mutter lernte ich, andere Menschen zu lieben und ihnen zu verzeihen. Mit ihrer Liebe gab sie mir das Gefühl von Sicherheit, als ich meine Welt verloren hatte.

Terre des hommes schenkte mir die schönsten Jahre meines Lebens im Paradies. Alles, was *terre des hommes* für mich getan hat, ist unbezahlbar. Mein Dank geht an alle Mitarbeiter, die mich voller Liebe und Mühe betreuten, allen voran Margrit, Corry, Olivia, Niggy und Milo, die mich bis an das Ende meines Paradieses begleiteten.

Mit größtem Respekt möchte ich mich bei Herrn Hans-Dieter Grabe bedanken. Ohne diesen wunderbaren Dokumentarfilmer würde sich mein Leben und das Leben meiner Freunde noch heute irgendwo am Ende der Welt abspielen. Erst durch seine Filme wurden immer wieder neue Brücken zwischen Deutschland und Vietnam gebaut. Er weckte die Aufmerksamkeit und das Interesse der deutschen Zuschauer, die uns daraufhin unterstützten. In meinem Herzen ist Herr Grabe ein großer Freund für mich.

Mein Dank gilt auch den Ärzten des Allgemeinen Krankenhauses Barmbek, die mich von 1968 bis 1972 behandelten.

Meine liebe Pflegemutter Erika Lohse habe ich leider nie wiedergesehen. Ihre Liebe werde ich für immer in meinem Herzen tragen. Ich möchte mich auch bei Frau und Herrn Lund und bei Frau Doktor Rall bedanken, die Freunde meiner Pflegemutter waren.

Mein Dank gilt den zahlreichen anderen Menschen, die mir geholfen und meine bittere Suppe versüßt haben.

Meine Freundin Tho aus Osnabrück scheute keine Mühen, um die Weiterleitung von Spenden an mich zu organisieren. Dank Tho Beckmann kam jedes Geschenk und jede Geldanweisung bei mir an. Ich danke ihr für die Übersetzung unzähliger Briefe, in einer Zeit, als ich mein Deutsch vergessen hatte.

Die Leser dieses Buches haben viel darüber erfahren, wie es mir in den vierunddreißig Jahren seit meiner Rückkehr nach Vietnam erging. Wie die Mehrheit der Menschen in diesem Land habe ich die meiste Zeit in Armut gelebt, aber es gab und gibt bis heute gewisse Erleichterungen, die zumeist aus der Hilfe von Freunden, Bekannten und teilweise auch Fremden aus Deutschland resultieren. Ich bekam Geschenke und manchmal auch Geld. Viel lieber hätte ich meinen Lebensunterhalt aus meiner eigenen Arbeit heraus geleistet, aber das war nicht immer möglich. Stellvertretend für meine Unterstützer möchte ich mich bei Familie Dreifert bedanken, die mir besonders in den achtziger Jahren über eine schlimme Zeit hinweghalf.

Nach der Ausstrahlung des Dokumentarfilms über uns deutsche Kinder erreichte mich ein Briefumschlag mit einem Zehnmarkschein, den mir ein Kind von seinem Taschengeld spendete, weil es mich im Fernsehen gesehen hatte und daraufhin den Schein auf die weite Reise nach Vietnam schickte.

Familie Bai lud mich 1993 zu meiner ersten Reise nach

Deutschland ein. Das war eine große Freude und ein wichtiger Schritt für mich.

Frau Brigitte und Herr Lutz Heider sind meine Schutzengel. Ihre Zuwendungen lassen mich besser schlafen und träumen. Mein Dank geht auch an ihre liebe Tochter Mira und ihren Mann Daniel, die mir bei meinem Aufenthalt in Deutschland im Jahre 2002 hilfreich zur Seite standen.

Ich danke Willi Müller, Herbert Wüst und Herrn Gerhard Kurth und seiner Frau für ihre Freundschaft. Frau Milly Müller, der Mutter von Willi, danke ich für ihre großzügige Einladung. Sie hat es mir ermöglicht, zweimal in die Schweiz und nach Deutschland zu reisen.

Ich danke Familie Krause, die immer an meiner Seite steht. Wenn Susi Krause in Saigon ist, dann ist immer auch ein Stück vertrautes Deutschland bei mir. Hoffentlich darf ich sie in Zukunft noch häufiger als Dolmetscher begleiten.

Bei meiner Freundin Nop Biesgen, ihrem Mann Klaus und der gesamtem Familie habe ich bei meinen Reisen 2002 und 2005 unvergessliche Tage verbracht. Bei ihnen durfte ich mich zuhause fühlen. Das geht nur bei wahren Freunden.

Mein Dank geht auch an Frau Erika Poeschl für ihre große Liebe zu Vietnam, meinen Freunden und zu mir. Frau Elisabeth Wolf danke ich für ihre Freundschaft und für alles, was sie während meiner Reise 2005 für mich getan hat. Familie Kassing danke ich für einen Englischkurs, den sie mir 1992 finanzierten, auch wenn ich diesen Kursus nie besucht, sondern ihn an meinem Bruder Hai weitergegeben habe. Ich danke Birgit Loff und ihrem Mann Alfred Lummer aus Berlin für ihre Gastfreundschaft. Der Sommer 2005 wird mir für immer in wertvoller Erinnerung bleiben.

Ich danke Frau Passauer und ihrem Freund Steve und ihrer gesamten Familie. Ursi und ihr Mann Willy haben viel für mich und meine Freunde in Vietnam getan. Frau Zollinger bin ich dankbar für ihre wunderbaren Rollstühle, die durch sie den weiten Weg nach Vietnam gefunden haben.

Frau Monika Wanhoff habe ich nie persönlich kennen gelernt. Doch ihre Zuwendungen haben mir und meiner Familie manche Reisschüssel gefüllt.

Wie es zu diesem Buch kam

»Bald werde ich eine deutsche Frau durch Saigon führen.«

»Weißt du, was sie beruflich macht?«

»Sie schreibt Bücher und hat eine enge Beziehung zum Iran.«

»Aha! Seltsam! Weißt du überhaupt, mit wem du es da zu tun hast?«

»Na ja, ich vermute mal, dass sie eine strenge Frau mit dunklen Haaren ist, die mit vielen scharfen Fragen bewaffnet ist.«

»Dann wünsche ich dir viel Glück. Ich bin gespannt.«

So ungefähr war der Wortlaut eines Telefonates, das ich mit einem deutschen Freund führte, bevor die mysteriöse Buchautorin nach Saigon kam.

Vor der ersten Begegnung mit ihr war ich besorgt und hatte Hemmungen. Ich wusste nicht, was ich ihr in Saigon überhaupt zeigen sollte und wofür sie sich interessierte. Meine größte Frage war aber, wie viel Verständnis und Geduld diese Frau für einen Behinderten wie mich haben würde.

Trotzdem wollte ich sie unbedingt kennen lernen, und auch wenn ich sie nicht durch Saigon führen würde, so würde ich sie zumindest auf einen Kaffee einladen und vielleicht ein wenig über ihre große Welt erfahren. Das stellte ich mir interessant vor.

Und so fuhr ich zu unserem Treffpunkt vor einer Suppenküche in der Pham Ngu Lao und hielt nach einer dunkelhaarigen Europäerin Ausschau. Plötzlich kam eine schöne blonde Frau auf mich zu.

»Sind Sie Dien und suchen jemanden?«

»Ja, genau. Ich bin mit Bruni Prasske verabredet.«

»Das bin ich.«

»Nein! Wieso? Ich meine, Sie sind doch eine Blondine.«

Uns wurde schnell klar, dass ich sie mit einer anderen Frau verwechselt habe, die gemeinsam mit Bruni auf einem Foto auf ihrer Website zu sehen ist. Wir lachten beide darüber, und ich sagte Bruni sofort, dass ich überhaupt nicht enttäuscht über ihre blonden Haare sei.

Bruni war mir von Anfang an sympathisch. Ihre Offenheit und ihre lebendigen Augen voller Lebenskraft schenkten mir Vertrauen und gaben mir den Mut, eine Stadtführung mit ihr zu machen.

Sie setzte sich auf den Rücksitz meines Mopeds, und zunächst fuhren wir in Gegenden, in denen der Verkehr am schlimmsten ist. Ich beobachtete sie heimlich in meinen Rückspiegel, weil ich sehen wollte, wie sie auf dieses Chaos reagierte. Seltsamerweise beklagte sie sich nicht einmal und sagte sogar noch, dass der Verkehr hier nicht schlimmer sei als in Teheran. Das hat mich sehr beeindruckt.

Bruni interessierte sich mehr für Menschen als für Sehenswürdigkeiten. Also planten wir, einen Bekannten zu treffen, der als ehemaliger Vertragsarbeiter in der DDR gewesen war. Über diese Menschen wollte Bruni schreiben.

Später besuchten wir China Town und dann lud ich sie zu mir nach Hause ein. Bei der Gelegenheit zeigte ich ihr den ersten Film von Herrn Grabe. Sie sollte etwas über den Vietnamkrieg, *terre des hommes* und mein Schicksal erfahren. Nach dem ersten Film wollte sie auch noch den zweiten, dritten und auch den Film von Herbert Wüst und Willi Müller anschauen. Ich war erstaunt, wie sie die Hitze in meiner Wohnung aushalten konnte, und vor allem war ich verwundert über ihre Geduld und ihr aufrichtiges Interesse.

Schon bei ihrem ersten Aufenthalt im Frühjahr 2007 war ich überrascht, wie schön die Tage mit Bruni waren. Ich weiß nicht, wie ich es anders ausdrücken soll, aber sie gab mir meinen Wert als Mensch zurück. Etwas, das man mir hier weggenommen hatte, war plötzlich wieder da. Ich erkannte mich kaum selbst wieder.

Oft fragte ich Bruni, ob sie sich nicht schämte, wenn sie hinter mir auf meinem Dreirad saß. Weil ich ein Behinderter bin, starrten uns immer alle Leute an. Damals konnte sie noch nicht verstehen, welche traurigen Erlebnisse mich diese Frage so oft stellen ließen.

Jeden Tag freute ich mich auf Bruni. Unsere Gespräche wurden immer intensiver, und ich entdeckte, dass wir in vielen Dingen einer Meinung waren. Damals wollte ich eigentlich nicht, dass unsere Beziehung so eng wurde, weil es ja doch nur auf einen traurigen Abschied hinauslaufen und mein Leben schwerer machen würde, wenn sie morgen nicht mehr in Saigon wäre! Aber es war längst zu spät. Sie hatte bereits einen Teil meines Herzen gestohlen, ohne dass ich es gemerkt hatte. Vielleicht war es passiert, als wir über unsere Kindheit geredet hatten.

Nie zuvor habe ich so viel über mein Leben gesprochen wie mit ihr. Schuld daran war sie, denn sie fand immer den richtigen Moment für ihre Fragen und trug den Schlüssel bei sich, um meine Verschlossenheit zu öffnen.

Monate nach unserer ersten Begegnung war ich ziemlich verwirrt, als Bruni mir am Telefon sagte, dass sie gern ein Buch über meine Lebensgeschichte schreiben wollte. Ich weiß nicht, welche Bedeutung meine Geschichte für andere Menschen hat, aber zunächst hatte ich Angst, durch die Arbeit an einem Buch meine schmerzlichen Erinnerungen und auch die peinlichen Erlebnisse aus einem langen Schlaf zu erwecken. In meinem Leben war ich schon häufig am Ende meiner Kräfte und wollte am liebsten all meine Erinnerungen an Deutschland vergessen, weil sie nicht zu meinem Leben in Vietnam passten und mich noch trauriger machten. Aber all die vielen Jahre hatte ich auch immer wieder das Gefühl, ein Teil von mir sei bis heute noch irgendwo in Deutschland geblieben, und dass dieser Teil von mir nicht in

Vietnam angekommen war. Ich fühlte mich in gewisser Weise unvollkommen.

Es war ein Glück für mich, gemeinsam mit Bruni an diesem Buch arbeiten zu dürfen. Ich weiß es zu schätzen, wie viele Anstrengungen sie auf sich nahm, um mich gedanklich wie auch körperlich über Wochen und Monate zu begleiten. Ohne ihre Unterstützung und Anregung hätte ich es nie geschafft, so viel über mich zu erzählen. Noch nie in meinem Leben hat man mir so viele Fragen gestellt.

Noch immer spüre ich ihren Schweiß an meinem Rücken, habe ihr Rufen in meinem Ohr, wenn sie sich während der Fahrt auf meinem Moped zu mir herüberbeugte. Noch immer spüre ich ihre Energie durch meinen Rollstuhl strömen, jedes Mal, wenn ich daran denke, wie sie mich Treppen hochzog oder mich mit aller Kraft über den Strand zog, um mir damit eine Freude zu machen.

Je mehr sie sich auf ihre ganz besondere Art um mich kümmerte, desto mehr verlor ich die Klarheit über ihre Person und unser Verhältnis zueinander. Manchmal kam sie mir wie eine Krankenschwester vor, manchmal wie eine Trainerin, dann wie eine Freundin, und oft auch wie eine große Schwester. Ich selber wurde zu einer anderen Person, wechselte ständig meine Position und spürte die Verwirrung meiner Gefühlswelt. Jeder Tag brachte neue Überraschungen und ich war machtlos gegen meinen inneren Aufruhr. In manchen Momenten verlor ich meine Sicherheit als Mann und schämte mich dafür, dass ich ihr so wenig geben konnte. Dieses Gefühl kenne ich auch gegenüber meiner Freundin Yen. Es tut mir manchmal sogar leid für sie, dass sie mich liebt.

Das war auch der Hauptgrund dafür, warum ich mit Bruni lieber in Saigon bleiben wollte. Auch wenn es hier keine Ruhe für uns gab, war es mir trotzdem angenehmer. Hier war ich auf halbwegs sicherem Boden. Sie musste mich immer zu unseren Ausflügen überreden. Und zum Glück ließ ich mich immer schnell überreden. Wenn ich damals in Deutschland hätte bleiben dürfen, dann hätte ich heute vielleicht nicht solche Hemmungen und belastende Gedanken.

Die Zeit mit Bruni schenkte mir nicht nur neue Erfahrungen, sondern gab mir auch die Gelegenheit, mich selbst besser kennen zu lernen. Und inzwischen bin ich überzeugt davon, dass man auch als »kaputte Maschine«, so wie ich eine bin, sehr viel mehr schaffen kann als gedacht. Mein Mut und meine Hoffnungen werden so lange weiterleben, wie ich den richtigen Menschen begegne. Ich wünsche mir sehr, mit meiner Geschichte Menschen, die irgendwo auf der Erde Tränen um ihr Leben und ihr Schicksal vergießen, einen kleinen Trost und Mut zu geben, während ich meine Suppe weiterkoche.

An Bruni

Es war eine Ehre für mich, diese wunderschöne Zeit mit dir zusammen »arbeitend« erleben zu dürfen. Jeder einzelne Tag wird unvergesslich für mich bleiben. Nie zuvor habe ich so viel geweint und gleichzeitig so viel gelacht wie in den herrlichen Wochen mit dir. Ich bedanke mich für deine Freundschaft, deine Geduld und dein Verständnis. Es gibt leider nicht genügend Worte, mit denen ich meine Dankbarkeit beschreiben kann. Ich möchte dir nur sagen, dass ich in meinem nächsten Leben – wenn es denn eins gibt – dein echter kleiner Bruder sein werde und du meine echte große Schwester. Ich werde mit dir durch deine geliebten Berge wandern, mit dir um die Welt reisen und allen Menschen, die ratlos und unglücklich sind, Hoffnung und Mut geben.

Mögen deine zukünftigen Bücher weiterhin Menschen aus ihren schmerzlichen Lebenslagen befreien, so wie du es für mich getan hast. Und vor allem: Möge Gott all deine Wege segnen!

Vietnamesisches Namensregister

Chinh	Freundin, die mit Dien in Deutschland war
Hai	Bruder
Manh	Freundin, die ebenfalls in Deutschland war
Nghia	Querschnittsgelähmter Auslandsvietnamese aus Seattle, den wir am Flughafen kennen lernten
Nga	Blinder Freund, der in Deutschland lebt
Ngoc	In weiblicher Form: Schwester
Ngoc	In männlicher Form: Freund, der ebenfalls in Deutschland war. Lebt im Mekong-Delta
Phu	Einerseits Bruder. Andererseits bester Freund, der ebenfalls in Deutschland war. Phu starb im Frühjahr 2008 an den Folgen einer Lungenentzündung
Tien	Bekannte (von Bruni Prasske) aus dem Hotelviertel, die in einer Schneiderei arbeitet
Tho	In weiblicher Form: Freundin, die in Deutschland lebt und bei *terre des hommes* arbeitet

Tho	In männlicher Form: Freund, der in Deutschland war und in den achtziger Jahren gemeinsam mit Dien in Saigon eine Ausbildung zum Uhrmacher absolvierte
Sanh	Freund, der ebenfalls in Deutschland war. Er starb 1997
Yen	Diens Partnerin

Nachbemerkung

terre des hommes – Hilfe für Kinder in Not

Das französische »terre des hommes« bedeutet »Erde der Menschlichkeit«. Wie menschlich eine Gesellschaft ist, zeigt sich im Umgang mit den Kindern. Denn Kinder leiden am meisten unter Krieg, Hunger und Armut.

terre des hommes ist ein internationales entwicklungspolitisches Kinderhilfswerk. Die Gründung der deutschen Sektion von *terre des hommes* im Jahr 1967 hing eng zusammen mit den Schreckensbildern aus dem Vietnamkrieg. Eine Gruppe engagierter Menschen wollte dem Elend der Kinder dieses Krieges nicht länger tatenlos zusehen. Die erste Hilfsaktion des neu gegründeten Vereins *terre des hommes* war die Organisation von Rettungsflügen für verletzte Kinder aus Vietnam, die in Deutschland in Kliniken und Rehabilitationszentren behandelt wurden.

Heute hat *terre des hommes* mehr als 1.500 ehrenamtliche Mitarbeiterinnen und Mitarbeiter, die sich in 145 Orten engagieren. *terre des hommes* fördert mit Spendengeldern in 26 Projektländern mehr als 400 Projekte für Not leidende Kinder. Unterstützt werden einheimische Partnerorganisationen in Asien, Afrika und Lateinamerika, die Not leidenden Kindern helfen und die Eigeninitiative der Menschen stärken. *terre des hommes* hilft Straßenkindern, verlassenen und arbeitenden Kindern, kümmert sich um Kinder, die Opfer von Krieg und Gewalt wurden und sorgt für deren Ausbildung. *terre des hommes* unterstützt Jungen und Mädchen, deren Familien an Aids gestorben sind, setzt sich ein für die Bewahrung der biologischen und kulturellen Vielfalt und für den Schutz diskriminierter Bevölkerungsgruppen.

Die *terre des hommes*-Mitarbeiter in den Koordinationsbüros in Afrika, Asien und Lateinamerika betreuen die Projekte in den jeweiligen Regionen und stehen im engen Dialog mit den Partnerorganisationen vor Ort. So wird sichergestellt, dass die Projektarbeit flexibel auf regionale Erfordernisse und neue Entwicklungen reagieren kann. Die Partnerorganisationen fördern gezielt die Beteiligung von Kindern und Jugendlichen an der Formulierung der Projektziele und unterstützen deren Kampagnen und Aktionen zur Durchsetzung ihrer Rechte.

In Deutschland mischt sich *terre des hommes* als Anwalt für Kinderrechte in die Politik ein. *terre des hommes* ist unabhängig von Staat, Parteien und Religionsgemeinschaften und nimmt klar und kritisch Stellung, wenn politische Entscheidungen, wirtschaftliche Interessen oder das Verhalten einzelner Menschen sich gegen Kinder und ihre Rechte wenden.

»Nach über 40 Jahren können wir auf Erfolge zurückblicken, die uns ermutigen«, so die Bilanz der Vorsitzenden Ursula Pattberg. »Aber immer noch gibt es viele Kinder, die unter Armut und Gewalt leiden, die unter gesundheitsschädlichen Bedingungen arbeiten müssen und keine Chance auf Schulbildung haben. Darum muss unser Einsatz weitergehen«.

terre des hommes finanziert seine Arbeit überwiegend aus privaten Spenden:

Spendenkonto 700 800 700,
Volksbank Osnabrück eG,
BLZ 265 900 25

ERFAHRUNGEN
Bruni Prasske
Mögen deine
Hände niemals
schmerzen
Iran. Eine verbotene Liebe
BASTEI
LÜBBE

»Bilder haben ihre Schicksale.«

STERN

Denise Chong
DAS MÄDCHEN HINTER DEM FOTO
Die Geschichte der Kim Phuc
Erfahrungen
448 Seiten
8 Seiten Bildteil
ISBN 978-3-404-61515-5

1972 geht ein Foto um die Welt: Es zeigt die neunjährige Südvietnamesin Kim Phuc, die mit schmerzverzerrtem Gesicht um ihr nacktes Leben läuft. Napalmbomben, die feindlichen nordvietnamesischen Stellungen galten, fügen ihr schwerste Verbrennungen zu. Innerhalb von Tagen geht ihr Bild weltweit durch die Presse und wird zum Sinnbild für das Leiden aller zivilen Kriegsopfer. Die weitere Lebensgeschichte des Mädchens hinter dem Foto bleibt jedoch nahezu unbekannt und wird hier erstmals authentisch und sensibel dargestellt.

Bastei Lübbe Taschenbuch

»Ich werde oft gefragt, wie man so mutig wird – ich weiß es nicht, aber ich lade Sie ein, mit mir auf Spurensuche zu kommen!«

Bettina Eistel
DAS GANZE LEBEN UMARMEN
Autobiografie
304 Seiten
16 Seiten Bildtafelteil
Gebunden mit Schutzumschlag
ISBN 978-3-431-03710-4

Als Bettina Eistel zur Welt kam, sollte es noch 19 Tage dauern, bis die Rezeptpflicht für das als harmlos bekannte Schlaf- und Beruhigungsmittel Contergan beantragt wurde. Als dem Antrag stattgegeben wurde, war es für viele Tausend Kinder bereits zu spät: »Meine Mutter erschrickt noch heute, wenn sie an die Totenstille zurückdenkt, die damals im Kreißsaal herrschte, als ich aus ihrem Bauch schlüpfte. Ich war zwar ein Wunschkind, aber dann das.«
Ein abhängiges, dauerbetreutes Leben schien unabwendbar. Doch Bettina Eistel wollte schon immer mehr: Die erfolgreichste Dressurreiterin in Athen und doppelte Europameisterin 2004 erzählt ihr Leben. Und sie lehrt uns, das Schicksal anzunehmen …

Ehrenwirth